供给侧结构性改革
理论模型与实践路径

贾康 冯俏彬 刘薇 苏京春 ○著

GONGJICE
JIEGOUXING GAIGE
LILUN MOXING YU SHIJIAN LUJING

企业管理出版社
ENTERPRISE MANAGEMENT PUBLISHING HOUSE

图书在版编目（CIP）数据

供给侧结构性改革理论模型与实践路径/贾康等著. -- 北京：企业管理出版社，2018.11

ISBN 978-7-5164-1699-0

Ⅰ.①供… Ⅱ.①贾… Ⅲ.①中国经济—经济改革—研究 Ⅳ.①F12

中国版本图书馆CIP数据核字（2018）第065155号

书　　名	供给侧结构性改革理论模型与实践路径
作　　者	贾　康　等
责任编辑	聂无逸　张　羿　周灵均
书　　号	ISBN 978-7-5164-1699-0
出版发行	企业管理出版社
地　　址	北京市海淀区紫竹院南路17号　邮编：100048
网　　址	http://www.emph.cn
电　　话	编辑部（010）68701891　发行部（010）68701816
电子信箱	niewuyi88@sina.com
印　　刷	北京环球画中画印刷有限公司
经　　销	新华书店
规　　格	710毫米×1000毫米　16开本　22.5印张　350千字
版　　次	2018年11月第1版　2018年11月第1次印刷
定　　价	69.00元

版权所有　翻印必究·印装错误　负责调换

前言

以供给创新释放需求潜力、获取创新动力对接中国梦

贾 康

着力推进供给侧结构性改革和着力提升供给体系的质量和效率,是中国在新的历史阶段、站在改革开放形成的新起点上,继续大踏步跟上时代,去实现现代化伟大民族复兴宏伟目标的战略方针,是在"强起来"新时代构建现代化经济体系对接"中国梦"的主线。

世界金融危机冲击之后,研究者迫切需要将理论密切联系实际,做深刻的反思,于是就必须回答:为什么主流经济学界对于危机没有做出准确的预测,也没有在这方面体现出人们所期待的经济学对于政策实践有效的指导?反思之后,在新供给经济学研究群体所做的不懈探讨之中,已逐渐形成新供给经济学这一概念下不同视角的理论研究成果,并提出了系统化的思路和政策主张。针对供给侧五大要素提出的理论考察模型,对未来大历史纵深的供给侧改革推进路径与现实问题导向下的建设性意见,原理上都出自解除供给约束、释放需求潜力、获取创新动力的基本逻辑,事关一系列经济学理论认识的"破"和"立",并必然引向中国必须强调的攻坚克

难、久久为功的配套改革。

本书是在已有的新供给经济学基础理论层面研究成果的进一步条理化、认识深化与结合区域案例的展开。面对读者力求深入浅出地给出相关认识，在此前言部分，试对供给侧结构性改革的相关认识勾画以下九句话的要点。

第一句话：**供给与需求是一对相辅相成的概念，过去经济学界讨论较充分的是需求管理，但其局限性现已十分清楚**。讲到供给侧，以及所关联的供给管理问题，在过去经济学的基本认识框架中，就是对应于供需关系——需求与供给这一对概念的。经济学研究的资源配置，在宏观层面来看，就是要寻求总供需的动态平衡，适当处理这种对立统一关系。过去的经济学教科书中，以需求管理为重点的最为典型的重大成果，是在"凯恩斯革命"以后确立的国家干预中要自觉地通过总量调控来反周期操作。需求管理的总量指标是单一的、均质的、可通约的广义货币供应量。整个市场上可用的资金，银根的松紧，从国家干预的政策角度去施加影响，或者扩张，或者收缩，这就是以需求管理去矫正与对冲有效需求不足，或者抑制经济过热。在凯恩斯主义的认识框架里面，为使总供需得到平衡，必要时政府可不惜打赤字，得到平衡以后，则认为通过市场自身功能，在总供需恢复平衡状态过程中已自然而然解决了结构优化问题，所以，也就不用再做更多的供给侧探讨了。但是我们现在所必须深化讨论的供给侧问题，恰恰是在原来的需求管理理论与政策实践经验的基础之上，面对亚洲金融危机、世界金融危机的教训与启示，注意到凯恩斯主义和对凯恩斯主义持不同思路与观点的其他如新古典主义、货币主义等的局限性：虽然看起来它们往往有明显的不同，但是它们的认识分析框架中有一点却是高度一致的，即都是在假设了供给环境以后，就聚焦于需求侧，而把供给侧的问题放在一边不予讨论了。

接着要说第二句话：**应首先肯定需求是经济发展的原生动力**。在作为一对矛盾的供需关系分析中，首先应在学理上肯定，需求是人类经济生活、社会生活中的一种元动力，从逻辑上讲，是始发、本原的一个动力因素。因为人存在，需有自身的需求——第一位是要生存，在生存问题能够解决后，还需要温饱、需要富裕、需要发展、需要享受——这种需求作为动力源而促成满足需求的生产与经营活动，非常容易理解，也是必须肯定的原生第一动力。但是，把这种需求放到经济学分析里面，实际上需要给出一个严格界定的需求概念，则必须是有支付能力的购买力形成的有效需求，而不是漫无边际、永远不可能完全满足的需求意愿。人们有效需求的提高，是伴随经济发展表现为一种上升趋势的。中国现在已进入中等收入阶段，以后还要走向高收入阶段，居民收入的上升在托举着有效需求的上升。那么，认识这种元动力，当然就会在马斯洛的需求层次分析框架里具有升级逻辑——它总是要往更高需求层级上发展的。关于这种有效需求概念，在凯恩斯框架里已经认识到，它并不直接对应到充分释放的状态上，有可能出于边际消费倾向不足和其他种种原因，出现宏观经济运行的有效需求不足，使很多潜在的有效需求不能被激活而转为储蓄状态沉寂下来。如何充分调动、发挥需求的潜能，无法仅仅在需求侧讨论而获得较完美的解决方案。

所以，第三句话就要说到供给这一侧：要认识到**供给对于需求的响应机制和这种响应机制所表现的创新特征与结果，实际上划分了人类社会发展的不同阶段和不同时代**。人类最初从动物界分离出来，需要"社会化"生存，最开始供给对于需求的响应机制是以原始人群本能地分工合作去从事采集和狩猎，来满足"活下来"的需求。这种供给机制，之后经历漫长的过程，会上升到一个供给侧重大创新的能力，就是农业革命——从此人类可以通过农耕相对稳定地满足自己生存的需要，而且这种创新还发展出更多的剩余产品和一些其他更为丰富的供给手段，使社会成员中的一部分有可能满足其更多的发展需要，以及高端的一部分人的享乐需要，也可能得到更充分的满足。以此种生产力的升级为决定性因素，人类社会必然告别原始共产主义的氏族部落状态而进入阶级国家状态。再往后，最为重大的供给创新和能力升级则是发生了工业革命，在工业革命之后又有细分的蒸汽时代、电气时代、自动化机械时代，现在是全球化的信息时代，有人称为第三次产业革命时代。这些都是因为供给侧的生产力通过创新跃上台阶时，一个一个的阶段上特征鲜明、具有决定性的成功创新，由此划分了不同的经济阶段和不同的时代，决定了生产关系视角上社会形态的更迭。

再往下说，第四句话：**在"凯恩斯革命"以后，从注重需求侧的管理要发展到**

充分地注重供给侧管理，这是经济学理论和政策实践方面的应有进步。"大萧条"发生后的"凯恩斯革命"与"罗斯福新政"，从理论与实践的结合，总体上认同了国家要起到必要的干预作用，实行有政府调控和侧重反周期的需求管理。这一被称为"挽救了资本主义"的彪炳史册的反周期需求管理显然侧重的是总量型管理，这很有必要，也有其自亚洲金融危机、世界金融危机以后愈发暴露的局限性，为突破局限就必然要讨论供给管理。在反周期调控的操作过程中，首先考虑的是年度的和短期内的问题，即要判断当下是处于经济发展周期的哪个阶段，需要扩张流动性还是需要收缩流动性，从而引出比较简洁的操作。但是，一旦认识到需要讨论和掌握与之对应的调控中的供给管理，必然侧重的是结构问题。供给侧复杂的众多要素抽象起来涉及五大要素，即劳动力、土地和土地代表的自然资源、资本、科技创新、制度与管理，它们的指标是不可通约的，很多是使用价值上的特定属性，各要素相互之间又形成了结构化的搭配和组合。不同要素的区分，首先产生了结构问题，跟随这个结构问题而来的，还有不同要素的组合问题，会成为更加复杂的生产力结构与生产关系结构的综合性问题，要处理轻重缓急，什么是重点，什么是非重点，以及怎样组合的机制问题。这又会涉及很多"快变量"与"慢变量"的问题、活跃的竞争性要素与相对稳定的制度性要素的关系问题——客观上，需要把短期和中长期衔接起来，才能掌握好通盘的优化方案与路径。所以，这种供给管理的复杂程度是相当高的，对研究者和调控当局极具挑战性。过去，经济学里实际上是以一句话就打发掉了供给管理研究的挑战性：只要在市场上有公平竞争环境里的要素流动，政府掌握好反周期的需求管理，就会通过资源配置中的优胜劣汰自然达到市场出清和结构优化的平衡状态。但这里隐含的前提性理论假设是"完全竞争"。世界经济金融危机冲击之后，我们的一项重要而关键性的反思就是：完全竞争假设为经济学分析提供了重要的模型框架，带来很多的启发，但是面对实际生活，还必须矫正还原，把前提性假设进一步升级为非完全竞争，因为即使是最发达的市场经济体，真实的环境也是非完全竞争。这方面我们过去的认识是不到位的，现在则要迎难而上，力求认识到位，才能适应现实生活中的客观需要。所以，供给管理的意义就自然而然地凸显了：在经济学反思和创新中间，我们无法回避非完全竞争的情况下，怎么样优化供给管理这样复杂的问题。

那么再往下有第五句话：我们应强调，在中国和世界的实际生活里，要支持经济增长中的升级版，认识、适应和引领新常态，实现可持续的、包容性的发展，就必须特别注重以供给创新来激活和释放需求潜力，通过创新驱动和供给管理解决好结构优化问题。既然在前面的分析里已经提出和强调了非完全竞争，中国又是处于非常明显的市场发育不足状态，非完全竞争的种种问题比发达经济体要更明显更复杂。如果说政府要在让市场发挥资源配置决定性作用的同时更好地发挥作用，在它能够作用的空间里面，就必须更加强调如何对应理性的供给管理。认识、适应和引领中国成为中等收入经济体后的新常态，可以从习近平总书记APEC（亚太经济合作组织）峰会讲话里面关于新常态的内容提炼三个关键词。第一个关键词是"中高速"，这是中国进入中等收入阶段后必然出现的阶段转换，速度不可能再是"高速"，而要降到"中高速"了。第二个关键词是"结构优化"，没有结构优化就不能适应阶段转换以后实现经济发展质量提升的"升级版"的要求，只有结构优化和经济增长质量提高，才能化解"矛盾凸显"的制约，实现"可持续"的和"包容性"的发展。那么，怎样有作为地实现结构优化？必须"创新驱动"——这是第三个关键词。其逻辑连接十分清楚，可知实际上我们现在所致力的供给侧创新，就是要在结构优化的追求上对接我们主观能动作用发挥中的创新驱动，形成中国现代化新阶段上动力体系的转型升级。这种创新驱动在中央决策层的表述里称作"释放新需求、创造新供给"，其基本逻辑就是要抓住创造新供给来引导、释放中国潜力极其巨大的新需求——从供需这个关系来说，是先说需，后说供，但这里边主观可为的事情，要抓住"矛盾的主要方面"，从供给侧入手。

接着说第六句话：**供给侧涉及的结构问题可归结为非常复杂的供给管理问题，但制度结构的优化是龙头，是"纲举目张"的总纲**。比如，人们所讲的产业结构、技术经济结构、区域结构、收入分配结构、企业组织结构等，这些无不直接或间接地联结着供给侧需要优化的制度安排中的制度、体制结构，必然需要确立制度供给这个重大命题。对于各种要素的供给和制度供给，我们强调应该在经济学的新框架中，将供给侧打通，特别是供给侧有效制度供给的问题，应该成为中国如愿完成经济社会转轨和跨越中等收入陷阱的关键。使制度创新、管理创新和技术创新互动，以制度创新打开科技创新和管理创新的空间，才能有效合成创新驱动的"第一动力"。党的十八届五中全会所表述的系统化的发展新理念有一个排列：创新发展、协调发展、绿色发展、开放发展和落到归宿上的共享发展。这里面的制度创新是最关键的，在中国经济社会转轨过程中具有龙头意义，是习近平总书记所说的中国现代化的"关键一招"，是李克强总理所说的"最大红利"。这样的一些表述，在学理上说，正是我们应完全认知清楚的一组要素结合中的基本关系。

所以接下来要有第七句话：**需要处理好供给侧五大要素组合关系的推陈出新，聚焦全要素生产率**。供给侧各要素的供给形成对于需求元动力的响应机制，在发展中和不同的发展阶段上"各领风骚"，但又必须在阶段转换之后于组合状态上"推陈出新"。这五大因素的前三项，在一般经济体的经济起飞过程中间，在达到中等收入水平之前的阶段上，可以较多地和比较容易为人所知地生成它们的贡献和支撑力量。比如说，劳动力在低端经济体中，一开始表现为存在大量的农村剩余，在中国就是进入改革开放阶段之初，大量的几乎无限供给的农村剩余劳动力形成了我们低廉劳动成本的比较优势，改革开放过程中这样的低廉劳动成本促使我们从开始的补偿贸易、初级加工，一路走到了现在的"世界工厂"，这个比较优势的支撑力是非常明显的。另外，我们的土地使用和自然资源开发过去长期处于不与市场机制对接的状态，一旦由深圳特区开始跟市场对接了，进入加快工业化和市场化的过程，便是无价变有价，低价变高价，所带来的物质利益导向刺激激活了各种各样要素与它的结合，在土地和自然资源空间的、物理的条件上面施加了其他各种要素以后，生机勃勃、生龙活虎的超常规发展过程就表现出来了。深圳在全国首创土地的"招拍挂"有偿出让，这个客观过程是先做起来、后立普遍规则，其后撑起了中国工业化、城镇化的超常规发展。第三个要素是资金和资本，一开始我们本土严重短缺，是依靠引进外资，而这同时带来了先进的技术和管理，又促进、催生了国内民间的原始积累过程，到现在民间资本已经非常雄厚——合在一起看，印象上已是中国总体的市场情况中不缺资金。这个过程推动着中国经济从原来的低水平发展状态走到了现在总量达到世界第二，人均水平已经到了中上等收入阶段。但是，现在排在前面的三大要素，在进入中等收入阶段之后，合乎规律地与其他经济体一样，可提供的动力和发展支撑力在衰减：近年与劳动力相关的人口红利因素和低廉人工成本所表现的比较优势，都已经离我们而去，转变为几年间到处反映的招工难、用工贵、民工荒。正面讲，这首先是使劳动者，特别是低端劳动者受益，表现是粗工、壮工、农民工的工资基于市场选择在提高。既然招工难，为了维持雇员能稳定于工作岗位，就必须出更高的工资，正是这样不断地往上涨，合在一起，托着社会进入更多共享发展成果和中等收入阶段的状态。但负面来讲，这同时正在表明，原来的比较优势必然丧失，我们一些传统的制造业不得不考虑转到具有劳动成本比较优势的越南、老挝、柬埔寨、孟加拉、缅甸等地，这是新阶段需要应对的必然发生的变化。国内的土地到了近年，由实际的市场条件形成的成本水平已经非常之高，在运用它的过程中的代价是前所未有地高。中国城镇中心区、建成区还要不断地扩大，因为未来几十年还将有 4 亿左右规模的农村居民要转到城市定居，所需要的扩大建成区的地皮现在主要是靠讨价还价的对价机制——征地、拆迁、补偿，直观的成本水平前几年在北京就达到 1∶5，即每 1 平方米的拆迁要对应 5 倍面积的商品房代价。试想一下，100 平方米拆迁在北京便可得 500 平方米商品房，大概等于多少钱呢？五环以内的均价至少已是每平方米 5 万元以上，谁碰上这事，一夜之间就至少是几千万身家的富翁了。但这些情况实际上隐含的是不可持续性，对我们今后发展的综合成本形成严重制约，以及产生相关的社会不公平因素。非常明显，以后如按已有的发展套路再做起来，原来的要素贡献支撑力越来越弱了，而麻烦越来越多了，市值日益凸显。至于我们的资金和资本运用，已看得很清楚，就是经济学早已分析指出的常规投资边际效益递减已经普遍大量发生，现在去找好的投资机会似乎越来越难了，可远不像前面一二十年，处处有让人眼睛发亮的投资项目。于是，后面的两大要素，现在要更多地引领潮流了，必须由它们更多发力了。总体而言，在五大要素"各领风骚"的基础上，现在于组合上的"推陈出新"，主要看重的就是后面两个：科技与制度。科技创新，早在前些年我们已经意识到"走创新型国家之路"必须狠抓，没有它，全要素生产力提升不上去。这方面相关的供给管理特点是非常鲜明的，比如，国家中长期科技发展规划，就是必须以非常鲜明的结构性设计规划形成通盘考虑，无可回避地必须挑选和安排发展中间的重大专项。那时候内部排列了16个重大专项，其中的大飞机项目曾纠结、争论了几十年，而制定中长期规划时下决心以举国之力支持来做。经过若干年努力之后，现在终于看到最新的进展，国产大飞机进入取得适航证阶段。诸如此类的科技创新，如果处理得好，是邓小平说的第一生产力，它在生产力的三大要素——劳动力、劳动对象、劳动工具上面不是做加法而是做乘法，所以它是"第一"。这是一个全要素生产力所涉及的"索洛余值"理论分析所指的增长支撑力来源，非常重要，而且过去大家已经有此意识。但是，过去学理认识的相对薄弱之处，是未解决制度经济学应该如何与此打通的问题，应该明确说清楚：全要素生产率概念内还应有一个制度供给问题，这个要素对于生产力更是乘数效应。如果是从以制度创新打开管理创新、技术创新空间这个视角来说，它不是做加法，而是在做乘法。对于要完成经济社会转轨的中国，它是龙头，是统领，是"纲举目张"概念中的"纲"。

至此，我们所讨论的供给侧结构性改革可以有带总结性质的第八句话，就是：现已明确表述的"供给侧结构性改革"的核心内涵，就是要在历史新起点上攻坚克难，通过继往开来的改革深化来进一步解放生产力，以完成中国的现代化伟业。这与原来邓小平的"三步走"现代化谋划和改革开放大政方针，以及十八大以后所确立的"四个全面"总体战略布局完全吻合，但是又有特殊的新意、更明确的重点和对接到操作的新的要求，以及社会主义政治经济学学理支持的需要。

上述八句话，可以把观察认识供给侧结构性改革需要注意的一些不同侧面的事情串在一起。但是，应当正视：对于供给侧改革这个概念，各个方面的认识还是见仁见智，而且往往可以表现得很不一致。

所以，第九句话主要说**供给侧改革"不是什么"**，稍做展开来回应不同的质疑。很有冲击力的一个说法，是质疑供给侧改革要搞一个新计划经济。的确，我们传统体制下搞的集中计划那一套，不都是供给管理吗？计划管理属于供给管理这一点没错，传统体制的内在逻辑，是认可一个无所不知、无所不能的社会中心，可以自上而下地把所有具有结构特征的事都一起管了，包括一个工厂里要建个厕所，它都要审批。但现在的供给侧改革，绝对不能这么理解，因为现在我们所讨论的相关资源配置问题，是在十八届三中全会有非常明确表述的"市场资源配置决定性作用"这个认识突破之后，以坚持市场取向改革为前提，就是深化体制改革之路上的承前启后、继往开来。所要解决的供给侧的结构优化，最看中的机制是主要通过优胜劣汰的市场机制，来消化、排除落后产能，补短板、降成本等是在这几年实践中间宏观调控所表述的"让市场充分起作用"这样一个哲理取向之下的实际推进。所跟着强调的新意，就是非常明确地要加上合理的政府规划和政策引导，这确实是寻求政府要更好地发挥作用。把这样的政府规划说成计划，也未尝不可，因为邓小平同志"南方谈话"的时候处理的认识突破就是这个问题：计划和市场不是基本制度层面的问题，而是运行机制层面的问题，不必贴姓"资"姓"社"的标签。现在的新供给，就是要在让市场充分起作用的基础之上，使合理的政府规划和政策引导形成一个"有效市场加上有为、有限政府"的优化状态，这是完全可以说清楚的"守正出奇"，所以绝不是一个简单的所谓新计划经济，当然也要应对复杂的挑战性创新问题，也要警惕以供给侧改革为名实行旧体制复归的倒行逆施。因为这里面隐含的"守正出奇"任务需正确把握的通道空间是很窄的，既遵循市场经济共性规律，又在中国特色国情和发展阶段制约之下合理形成"中国特色"，才能以供给的成功出奇制胜或升级，带动需求方面的潜力释放，既给企业更多发挥聪明才智的引领和激励，又确实使"政府更好发挥作用"时有为而不乱为。考虑到中国改革深水区问题的复杂性，我们确实必须时刻警惕政府方面的体制弊病偷梁换柱卷土重来，要严防出现以改革之名却与改革逆向而行的扭曲和种种错误做法。

那么，政府如何更好发挥作用和在引导、支持创新升级这方面如何优化政策与机制，也是理所当然必须讨论的重大问题。我们过去多年探讨的一系列问题，如与市场对接、同市场兼容的政策性金融，近年重视讨论和推进的 PPP（政府与社会资本合作），无非都是在认识市场、尊重市场、敬畏市场的同时，必须处理好要怎么样引导市场建设，并且还要加上政府政策的促进、助推作用的问题。中国在追求超常规发展的守正出奇之路这个命题之下，特别要抓住这一点：我们不是只要简单地走其他市场经济的老套路，就能一路实现现代化，一个现代化"中国梦"从追赶到赶超的"三步走"战略和十九大后进一步部署的"新两步走"战略，一脉相承地有它客观的、可能的、必要的中国特色的内容和"守正出奇"的可塑性空间。中国特色不是简单地生造出来的，是在可能的空间里面确实把我们自己一些客观特点和潜能发掘出来，把相对优势要素凝聚起来并冲抵我们的相对劣势而形成的。这样一种政府作为，必然要在通盘战略思维上把"比较优势战略"和"追赶—赶超战略"合理结合，追求以理性的供给管理延续改革开放以来的超常规发展态势，也必然要应对新阶段演变里面一系列的需求侧变化特征，如需求已表现出多样化、小规模、定制化并要对接日新月异的信息化等特征。需求方自身不可能明确地把"用户体验升级"的这种需求马上定型为它具体要得到什么，必须由供给侧的创新来成功地给出适应多样化、个性化、定制化、小规模化与信息化、智能化特点的有效供给——成功的供给样式会使需求者眼前一亮，会激活需求方面有效支付的潜力，也就是说有效供给成功的"用户体验"会引领市场潮流。原来古老萨伊定律所说的"供给创造需求"，一定要在这个"升级版"意义上、在用户体验升级上来做出最新的解释。当然政府在这方面通过支持战略性新兴产业，支持创新，支持科研人员把科技成果更多成功转化而起作用的产业政策、技术经济政策等，都是可以也有必要对接上去的，关键是需经受怎样把握政策倾斜的合理机制与如何达到"出奇制胜"意愿的历史性考验。

　　再往下，还可点到为止地做一些"驳论"。应指出，一些讨论里面，确实还存在关于供给侧和总供需平衡状态认识的一些极端化、表面化、简单化和情绪化问题。极端化是有人认为讲供给侧就否定了需求侧，抹杀了需求侧的重要性。不应做这种理解，需求是元动力，需求侧始终是重要的，但我们过去在需求侧的认识和相关的调控思路比较成熟、经验比较丰富的同时，应有的供给侧认知却没有跟上，这才是真问题。关于表面化，举一个例子，就是有人讲，什么供给、什么供给侧，不就是概念在这里变来变去吗？还非得把供给加个"侧"字。发言者没有理解这里面已随表述而强调了非常实质性的内容，如果把这仅看成是一个概念求新的语言游戏，这显然是不对的，不应如此表面化地看问题。需要有一定耐心去了解经济学里原有的成果，再看看由反思而切入供给侧所讨论的问题是不是有值得重视的新意。还有简单化，比如说有学者认为，供给侧解决的问题就是短期问题，就是要通过减税解决当下的问题而不涉及长期问题。这个理解应该说太简单化了——只是注意到了美国供给学派强调的减税，而中国现在所讨论的整个供给侧改革和供给体系的问题，是一个宏大的系统工程式提升质量与效率的问题，有供给管理所涉方方面面的因素必须放在一起做理性讨论的特征，而且关于短期、长期的认识恰恰是说反了：需求管理所解决的宏观调控问题主要侧重于短期，而理性供给管理所解决的是从宏观到微观贯通的中长期结构优化问题，所以绝不能认同上述的简单化见解。所谓情绪化，就是指当下中国整个社会氛围里很容易出现的一种情况，在有不同观点时，指责对方时是指责别人的动机，却不讨论人家提出的论据，比如说中国强调新供给的学者"是给自己脸上贴金"，却对严肃的论据探讨视而不见，这显然是不可取的。至于另外的不同角度的观点，还可举一例，就是有学者认为中国现在重要的、关键的问题，不在供给侧，而是需求侧的通缩问题。这个观点倒是很明快，但应当认为没有抓住要害。通胀、通缩是过去需求管理里边要解决的早已经看清楚的两个极端上的总量问题，如果把现在的认识还停留在老套路上，认为中国出现了通缩压力，那么实行扩张，问题就解决了，这是个不二法门，也是过去一向所说的所有的通胀都是货币现象，反过来，所有的通缩也都是货币现象的认知框架——似乎只要在整个市场银根松紧问题上下反周期调控的功夫，其他问题就迎刃而解了。这是不符合我们现在所讨论的供给侧改革真实问题的丰富内涵的，我们不能认同简单地沿用过去对付通缩再来一轮有力度的刺激就能解决问题的思路与方案。这些都是我们在讨论中应该说清楚的。

希望读者朋友以一定的耐心，了解本书后面各章条理化展开的内容。我们衷心期待各位的批评指正和共同努力之下的认识深化。

目录

第一章　论供给侧改革的创新意义 / 001

第一节　供给侧改革是理论密切联系实际的创新 / 001
一、新供给绝非供给学派的简单模仿 / 002
二、"三破"：破偏颇、破脱节、破滞后 / 003
三、"四立"：立框架、立原理、立融合、立体系 / 005
四、基于理论密切联系实际的创新服务全局 / 007

第二节　供给侧改革是问题导向下引领新常态、激活要素潜力的动力体系再造创新 / 008
一、需求侧总量调控不可以"包打天下" / 008
二、结构性动力体系的作用空间需在"供给侧"构建 / 010
三、要素层面要破解"供给约束"与"供给抑制" / 012

第三节　供给侧改革是通盘规划的系统工程式全局长远创新 / 013
一、框架：实现法治框架下的规划先行 / 014
二、制度：打开制度结节，开展以多规合一为取向而先行、动态优化的多轮顶层规划 / 014
三、分类融合：要素分类视角对"多规合一"的把握 / 015
四、动态优化：锁定不同发展阶段每轮顶层规划的主要矛盾 / 016

第四节　供给侧改革是以改革为核心、现代化为主轴的制度供给创新 / 018
一、现代国家治理：国家治理体系和治理能力的现代化 / 020
二、现代市场体系：市场在资源配置中发挥"决定性"作用 / 023
三、现代财政制度：财政是国家治理基础、重要支柱与全面改革支撑 / 027

四、现代政治文明：全面改革联结"全面法治化"/ 030

五、现代发展理念：以创新为"第一动力"、改革为"关键一招"的守正出奇 / 036

第二章　供给侧改革相关基本学理的认识框架 / 038

第一节　供给侧结构性改革的背景、基本思路与要领 / 038

第二节　经济发展动力体系的完整认知 / 043

第三节　供给侧五大要素组合的优化，要聚焦全要素生产率 / 049

第三章　我国供给侧改革的大纵深、理论模型与实施路径 / 054

第一节　长周期：我国推进供给侧结构性改革的大纵深时代背景 / 054

第二节　供给侧结构性改革的理论模型——诸要素及其运动规律 / 057

一、影响经济长期增长的决定性因素是供给侧的五大要素 / 057

二、要素始终处于循环往复、相互继起的运动过程之中 / 058

第三节　正确理解供给侧结构性改革中的政府与企业定位 / 061

第四节　供给侧结构性改革的实施路径 / 065

一、从低效、过剩领域中释放要素：以五大重点任务为切入点 / 065

二、破解阻碍要素自由流动的壁垒和障碍：深化重大关键领域的改革 / 066

三、优化要素配置：大力促进实体经济升级和积极发展新经济 / 068

第四章　改善供给侧环境与机制，激发微观主体活力，创构发展新动力
——"十三五"时期创新发展思路与建议 / 071

第一节　中国特色的宏观调控：必须注重理性的"供给管理" / 072

第二节　我国基本国情与未来经济社会发展的战略选择 / 075

一、高度重视三大国情约束条件 / 075

二、未来经济战略目标与战略分期 / 077

第三节　解除供给抑制、放松供给约束是提高我国经济潜在增长率、变微观潜力为发展活力的关键所在 / 079

一、改革开放以来我国经济发展取得巨大成就主要是依靠供给侧改革 / 079

二、当前我国经济仍面临严重的"供给约束"与"供给抑制"，呼唤着实质性的供给侧改革创新举措 / 080

三、新供给经济学首先是改革经济学：攻坚克难的改革是统领，
改革中"守正出奇"是关键 / 083

第四节 优化供给侧环境与机制，释放潜力托举经济质量"升级"式
增长的主要政策建议 / 084

一、立即调整人口政策，从控制人口数量转向优化实施人力资本战略 / 085

二、积极审慎推动土地制度改革，逐步建立城乡统一的土地流转制度 / 086

三、全面实施金融改革，积极解除"金融抑制"有效支持实体经济 / 086

四、切实以改革为企业经营创业活动"松绑""减负"，激发微观经济活力 / 087

五、大力实施教育改革和创新驱动战略，培育高水平人才，有效建设
创新型国家 / 088

第五章 供给侧结构性改革中的"三去一降一补" / 094

第一节 把握供给侧三个词语的联结关系 / 094

第二节 "去杠杆"须区分宏观与微观 / 095

第三节 "去产能"应正确把握实质和机制 / 096

第四节 及时总结去产能的正反两方面经验 / 098

第五节 房地产"去库存"亟应对于"分化"的情况分别施策 / 100

第六节 "降成本"方面，政府的职责是深化改革，降低制度成本 / 101

第七节 "补短板"，需要因地、因企、因行业制宜的定制化方案 / 101

第六章 供给侧结构性改革中的基础性改革 / 103

第一节 基础性改革的主要内容 / 103

一、能够有效发挥资源配置"决定性作用"的现代市场体系的
产权基石以及微观基础层面的改革 / 104

二、能够在市场作用旁边"更好发挥作用"的政权体系的职能
合理化与架构合理化的改革 / 107

第二节 以基础性改革配套融汇合成供给侧改革的六大重点政策建议 / 109

一、推动大部制改革、深化行政审批制度改革及"多规合一"制度建设 / 109

二、继续深化财税改革，有效对接和支撑政府治理体系与能力现代化 / 110

三、有序推进国有企业改革，促进国有资产收益和存量的转置 / 111

四、解除金融抑制，有效支持实体经济，全面深化金融改革 / 112
　　五、加快政府职能转变，解决凸显的制度供给不足问题 / 112
　　六、改善收入分配与再分配相关制度，打造"橄榄形"现代社会结构 / 113

第七章　基于"胡焕庸线"的考察：以供给侧"非常之策"，破解中国可持续发展的"非常之局" / 115

　　第一节　对经济发展中"胡焕庸线"的再审视 / 116
　　第二节　必要的学术交代：相关理论综述式点评与廓清 / 119
　　　　一、本研究定位：交叉学科的集成创新 / 119
　　　　二、能源经济学及其与本研究的关系 / 121
　　第三节　对基本国情的认识：三重叠加的"半壁压强型"发展制约 / 122
　　　　一、实证量化考察："划线"与"不划线"的迥异 / 122
　　　　二、在"胡焕庸线"因素之上"压缩型—密集式"发展阶段因素的叠加 / 126
　　　　三、中国基础能源"以煤为主"形成的第三层叠加因素 / 128
　　第四节　优化中国能源、环境战略必须把握的特殊针对性 / 135
　　　　一、发电方面为何摆脱不了以煤为主的局面 / 136
　　　　二、取暖方面为何摆脱不了以煤为主的局面 / 137
　　第五节　与"供给管理"的天然联系和特定的要求 / 138
　　　　一、"问题导向"引出的供给侧挑战 / 139
　　　　二、对"供给管理"的特定要求：使管理调控与特定针对性相结合 / 142
　　第六节　供给端发力的路径探析及对策重点 / 145
　　　　一、路径探析 / 145
　　　　二、对策重点 / 147
　　第七节　小结与余论：以理论烛照、引领实际——正视供给管理的重大课题 / 151

第八章　增供与收税：房地产领域的改革思路与策略 / 153

　　第一节　如何认识房地产领域的现状与问题 / 153
　　第二节　在"税收法定"轨道上推进房地产税改革 / 161
　　　　一、税收法定，加快立法 / 162
　　　　二、房地产税改革的必要性、可行性 / 164

第三节　房地产税制改革的推进要领 / 173

第九章　PPP创新的制度供给效应、特征与法治化关键要领 / 176

第一节　PPP的六大正面效应 / 176

一、缓解城镇化、老龄化带来的财政支出压力，构建政府履行职能的有效机制 / 176

二、以PPP的推进实现社会公众的共享发展，形成"1+1+1>3"的公共服务绩效提升机制 / 177

三、拓展一批企业的生存发展空间，有利于进一步构建成熟健全的现代市场体系 / 178

四、实现与"混合所有制"改革的内在联通，形成国企改革和民企发展的共赢局面 / 179

五、以一种选择性的"聪明投资"机制促进"过剩产能"转变为有效产能，增加有效供给，引领新常态 / 179

六、天然对接"全面依法治国"，倒逼、催化中国高标准法治化营商环境的打造 / 180

第二节　PPP的四大重要特征 / 181

一、PPP的创新性 / 181

二、PPP的规范性 / 182

三、PPP的专业性 / 183

四、PPP的长期性 / 184

第三节　PPP创新发展中制度机制的探索实践 / 185

第四节　PPP的立法应正视和解决矛盾，以合理法规保障其可持续发展 / 188

第十章　论国土开发城乡顶层规划与供给体系的优化提效 / 191

第一节　思考的起点 / 192

第二节　西方规划学理论脉络梳理与反思 / 194

一、源起与发展 / 194

二、社会学批判 / 195

三、一些重要反思 / 196

第三节　规划的经济学理论基础 / 197

一、政府规划关联经济学原理中的市场失灵范畴 / 198

二、发展经济学强调的后发优势阐释后发经济体对顶层规划的诉求 / 199

三、空间经济学与制度经济学基于"交易"描述城市静态均衡 / 200

四、新古典研究框架强调城镇化进程中的"自由迁徙" / 202

五、新供给经济学解困：供给优化腾挪城镇化及城乡一体化永续发展空间 / 202

第四节　从中国看顶层规划的供给管理属性 / 205

一、中国规划前瞻性不足、水准不高的表现及影响 / 205

二、经济赶超战略实施中的城镇化迫切要求顶层规划 / 209

三、顶层规划过程正是供给管理过程 / 211

四、顶层规划这一供给管理活动的牵头主体应是政府 / 213

第五节　从国际典型案例看规划供给管理的实践及实现路径 / 214

一、从规划到顶层规划的巴黎供给管理案例：奥斯曼规划及"奥斯曼"回归 / 215

二、产生于顶层规划的巴西利亚：静态与动态理性看待两极评价 / 216

三、多轮顶层规划下的日本：经济赶超下城镇化的典型范例 / 217

四、顶层规划下所完成的供给管理是经济增长与发展的关键之一 / 219

第六节　"多规合一"顶层规划的供给管理对策建议 / 220

一、实现法治框架下的规划先行 / 221

二、打开制度结节，开展先行的多轮顶层规划 / 221

三、基于要素分类对"多规合一"的内在把握 / 222

四、锁定不同发展阶段每轮顶层规划的主要矛盾 / 224

第七节　京津冀一体化协同发展 / 226

第八节　结语：供给侧优化的实现与经济增长潜力、活力释放 / 231

第十一章　要素供给与制度创新（之一）
——区域实践谋划：Z市供给侧结构性改革研究 / 233

第一节　供给侧结构性改革战略方针及基本要领 / 233

一、供给侧结构性改革的核心内涵和基本要领 / 234

二、Z市供给侧结构性改革的基本要领：聚焦"全要素生产率"的规划先行 / 236

三、要把"三去一降一补"放在供给侧结构性改革整体逻辑关联之内 / 240

第二节　Z市现阶段"三去一降一补"的基本情况、重点任务和对策 / 242

　　一、Z市现阶段"三去一降一补"的基本情况 / 242

　　二、Z市现阶段"三去一降一补"的重点任务 / 249

　　三、Z市"三去一降一补"重点任务的对策分析 / 250

第三节　推进Z市供给侧结构性改革的综合思路 / 260

　　一、以前期"三去一降一补"的工作为基础，打造优势产业集群、
　　　　优化产业链条，实现新一轮实业振兴带动的升级发展 / 261

　　二、依托基础设施优势和重要战略机遇期，实现Z市超常规"跃升"式发展 / 261

　　三、立足市情，精准把握Z市供给侧结构性改革的政策内涵 / 262

　　四、克服眼前困难，坚持以创新驱动战略引领供给侧改革，实现
　　　　经济增长新旧动能转换 / 262

第四节　推进Z市供给侧结构性改革的政策建议 / 263

　　一、加大投融资机制创新，为产业升级换代提供多样化的资金支持 / 263

　　二、构建房地产市场热销与产业升级发展的内洽机制，实现"宜业、
　　　　宜居"双目标 / 265

　　三、抓住某新区发展契机，促进Z市产业升级 / 266

　　四、大力发展文化教育医疗服务业，优化软环境，提升Z市
　　　　产业发展的接续能力和后劲 / 267

　　五、锐意改革，优化升级发展的制度环境 / 268

附件一　财政支持科技支行的H市经验及启示
　　　　——H市银行科技支行调研报告 / 269

　　一、H市银行科技支行的业务概况 / 270

　　二、H市银行科技支行集成政府资源与市场资源的主要方式 / 272

　　三、H市财政通过支持科技支行业务发展而支持科技型中小企业成长的启示 / 275

　　附件：H市银行科技支行相关情况一览 / 278

附件二　"珍珠项链"模式、科技金融生态创新与新供给管理
　　　　——基于浙江ZX公司调研 / 282

　　一、ZX公司概况：一家有理想和创新特色的科技金融服务公司 / 283

　　二、从供给端以"珍珠项链"模式开展科技型中小企业金融服务的本土创新 / 286

　　三、优化宏观供给管理，改善科技金融生态的思考 / 295

第十二章　要素供给与制度创新（之二）
　　　　　　——区域实践谋划：Z市供给侧结构性改革研究 / 300

　　第一节　认清有关工业园区的宏观指导思路 / 300

　　第二节　以供给侧改革创新推动S市工业园区的升级发展 / 303

　　第三节　总体思路的进一步凝练 / 310

　　　　一、打开放牌 / 310

　　　　二、过改革关 / 313

　　　　三、搭创新台 / 315

　　　　四、促结构优 / 316

代跋：将中国改革开放的现代化伟业进行到底 / 319

　　一、改革开放的伟大历史意义 / 319

　　二、已有的巨大进步，前行的任重道远 / 321

　　三、改革发展现阶段的四个基本特征 / 324

　　四、全面改革中攻坚克难的压力、动力与可用经验 / 326

　　五、回顾"南方谈话"，进一步解放思想，以全面配套改革冲过"历史三峡"
　　　　而迎接现代化伟大复兴 / 328

参考文献 / 334

鸣谢 / 338

第一章

论供给侧改革的创新意义

"供给侧改革"是"供给侧结构性改革"的简称,是 2015 年年末以来中国经济与社会生活中的高频热词。在新时代以创新发展为"第一动力"的中国现代化进程中,对于供给侧改革的重大创新意义,可从以下四个层面来加以考察。

第一节 供给侧改革是理论密切联系实际的创新

理论一定是要服务现实的,但理论自有其超越片断现实、局部现实的规律认知追求,以及高于一般经验、直觉的指导性品质,这才构成了理论服务现实的价值之所在。学理层面的"供给管理"与"需求管理"不可偏废,并应将制度经济学、发展经济学、转轨经济学的启迪与影响,一并纳入新供给经济学理论体系,从而引出从供给侧发力应对现实挑战、破解瓶颈制约的一整套认识和建议。

一、新供给绝非供给学派的简单模仿

2011年后组建的新供给经济学研究小组，发展成为2013年正式注册成立的中国民间智库——华夏新供给经济学研究院，形成了在"新供给"学术研究方向上积极的研究群体，已有《新供给经济学》等多部公开出版物和多份研究报告反映这种努力下的研究成果。

新供给经济学强调，经济学的基本框架需要强化供给侧的分析和认知，这样一个始发命题或可说源于萨伊的古典自由主义定律，并在新时代、新经济、新兴市场的背景下，被赋予了弥补片面注重需求管理之缺陷的新思想。此外，还正视现实强化针对性，在肯定"完全竞争市场"假设于理论模型具有意义的基础上，指出须扬弃和升级这种与现实环境大相径庭的假设，注重还原资源配置中"非完全竞争"的真实场景，力求以此为改进了的认识基础，来扩展模型和洞悉现实。

虽然需求具有原生动力性质，但是供给侧生产力和创新能力升级换代的演变，却可以决定人类社会生产和经济发展的不同阶段。在人类历史中经济发展大的划分上，有石器时代、青铜时代、铁器时代，工业革命后走到了蒸汽时代、电气时代、信息时代，这些都是在供给侧由递进的不同升级换代形式所决定的时代划分，每一次产业革命的爆发都同时伴随着实际肇始于供给侧的创新，而每一次供给侧的创新实际上又都直接提升着人类物质需求的满足度。如图1-1所示。

特别值得注意的是，新供给经济学所强调的时代进步与我们置身其中的后发经济的"追赶—赶超"密切相关。基于"后发优势"所认知和可强调的技术模仿、技术扩散带来的红利，发展中经济体可以实施经济高速发展的追赶，而随着技术差距的缩小，势必呈现出后发优势红利收敛的趋势，这种收敛压力放在新供给经济学所强调的供给侧观察视角下，应当是在每一波供给侧创新完成之后的一个稳定时期中，追求以技术革命开启新的上升阶段和时代，对冲下行因素和凝聚质量、效益提高的升级效应，使这种追赶和将随之掀起的新发展浪潮最终对接"后来居上"的赶超。制度供给所带来的改革红利，除了能够降低经济增长和发展中的成本，还是新技术发明创造的首因，是中国这样的后发经济体赶上乃至寻求最终超前于先发经济体的现代化进步的关键。

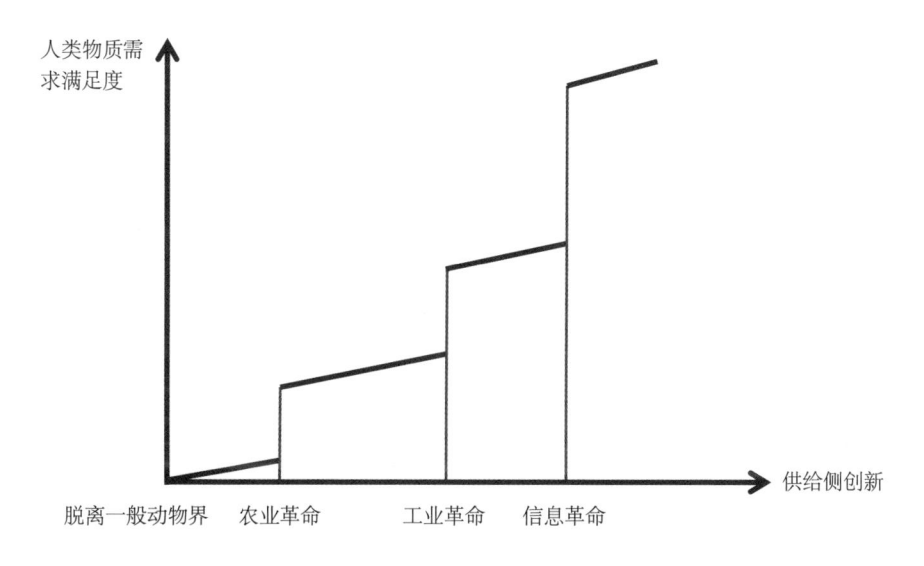

图1-1　供给侧创新作用原理的量化表达（阶跃量化曲线）

回顾经济学理论的发展脉络，"供给侧"学派的源流呈现了"萨伊定律——凯恩斯主义——供给学派兴起——凯恩斯主义复辟——供给管理"这样两轮"否定之否定"的发展轨迹。21世纪渐具形态的"供给管理"，以美国在发生世界金融危机后宏观调控中的应用为例，而影响可观，但实际上处于刚刚揭开序幕、方兴未艾之阶段。因此，中国供给侧结构性改革，恰逢学界的"供给侧"经济学又一轮形似复辟的浪潮，但其不是贴标签式地选择新概念，不是否定需求侧和简单模仿，搬用美国供给学派减税为主的思路，而是实行承前启后、继往开来、理论密切联系实际的创新，借鉴中外所有需求管理、供给管理的有益经验，又侧重于供给体系建设、服务于现代化历史使命的系统工程。

二、"三破"：破偏颇、破脱节、破滞后

从世界金融危机和中国改革开放的现实生活经验层面考察，众多研究者认为：

经济学理论迄今已取得的基本成果亟待反思。我们认为，这一中外人士反复提到的挑战性问题，可以归结为经济学理论所需要的、在新供给研究中已致力做出的"破"，这至少集中于以下三大方面：

第一，主流经济学理论认知框架不对称性的偏颇。古典经济学、新古典经济学和凯恩斯主义经济学虽然各自强调不同的角度，都有很大的贡献，但是共同的失误又的确不容回避，即他们都在理论框架里假设了供给环境，然后主要强调的只是需求侧、需求管理的深入分析和这方面形成的政策主张，都存在着忽视供给侧、供给管理的共同问题。最近几十年有莫大影响的"华盛顿共识"，理论框架上是以"完全竞争"作为对经济规律认知的假设条件，但是回到现实，即联系实际的时候，并没有有效地矫正还原，而是实际上拒绝了对供给侧做深入分析，在这样一个重要领域存在明显不足。世界头号强国美国前几十年经济实践里，在应对滞胀的需要和压力之下应运而生的供给学派是颇有建树的，其政策创新贡献在实际生活里产生了非常明显的正面效应，但其理论系统性应该说还有明显不足，他们的主张还是长于"华盛顿共识"框架之下、在分散市场主体层面怎样能够激发供给的潜力和活力，但弱于结构分析、制度供给分析和政府作为分析方面的深化认识。

第二，经济学主流教科书和代表性实践之间存在的"言行不一"的脱节。美国等发达市场经济在应对危机的实践中，关键性的、足以影响全局的操作，首推他们跳出主流经济学教科书来实行的一系列区别对待的结构对策和供给手段的操作，这些在他们自己的教科书里面也找不出清楚的依据，但在运行中却往往得到了特别的倚重与强调。比如，美国在应对金融危机中真正解决问题的一些关键点上，是教科书从来没有认识和分析过的"区别对待"的政府注资，美国调控当局一开始对雷曼兄弟公司在斟酌"救还是不救"之后，对这家150多年的老店任其垮台，而有了这样的一个处理后又面对不良局面总结经验，再后来对"两房"、花旗等金融机构，一直到实体经济层面的通用公司，就分别施以援手，以大量公共资金对特定主体的选择式注入，是一种典型的政府区别对待的供给操作，并且给予经济社会全局以决定性的影响。但令人遗憾的是，迄今为止，美欧有影响的经济学家和代表性的经济学文献，一直没有对此做出像样一些的总结和具有"理论联系实际"较高水准的认识提升工作。

第三，政府产业政策等供给侧问题在已有经济学研究中的薄弱和滞后。比如，在经济发展中"看得见摸得着"的那些"产业政策"方面，尽管美国被人们推崇的经济学文献和理论界的代表人物均对此很少提及，但其实美国的实践可圈可点，从20世纪80年代《亚科卡自传》所强调的重振美国之道的关键是"产业政策"，到克林顿主政时期的信息高速公路，到近年奥巴马国情咨文所提到的从油页岩革命到3D打印机，到"制造业重回美国"，到区别化新移民和注重新兴经济等一系列的亮点和重点，都不是对应于教科书的认知范式，而是很明显地对应于现实重大问题的导向，以从供给侧发力为特色。不客气地说，本应经世致用的经济学理论研究，在这一领域，其实处于被实践远远抛在后面的"不够格"状态。

三、"四立"：立框架、立原理、立融合、立体系

有了上述反思之"破"后，我们强调，必须结合中国的现实需要，以及国际上的所有经验和启示，以更开阔的经济学理论创新视野，考虑我们能够和应当"立"的方面。

第一，立框架。经济学基本框架需要强化供给侧的分析和认知。在基础理论层面我们强调：应以创新意识明确指出人类社会不断发展的主要支撑因素，从长期考察可认为是有效供给对于需求的回应和引导，供给能力在不同阶段上的决定性特征，形成了人类社会不同发展时代的划分。需求在这方面的原生意义当然不可忽视，但对于有效供给对需求引导方面的作用，过去却认识不足。我们从供给能力在不同阶段特征上的决定性这样一个视角，强调不同发展时代的划分和供给能力，以及与"供给能力形成"相关的制度供给问题，具有从基础理论层面生发而来的普适性，也特别契合于解决在中国和类似的发展中国家怎样完成经济社会转轨和实现可持续发展方面的突出问题。

第二，立原理。正视现实，加强经济基本理论支点的有效性和针对性。过去经济学所假设的"完全竞争"环境，虽带有大量理论方面的启示，但它毕竟可称为一种1.0版的模型。现在讨论问题，应进而放在非完全竞争这样一个可以更好地反映资源配置真实环境、涵盖种种垄断竞争等问题的基点上，来升级、扩展模型和洞悉现实。需求分析主要处理总量问题，指标是均质、单一、可通约的，但供给分析要复杂得多，处理结构问题、制度构造问题等，指标是非单一、不可通约的，更多牵涉到政府与市场核心问题以及相互之间的基本关系，必然在模型扩展上带来明显的挑战和非比寻常的难度，但这是经济学创新与发展中绕不过去的重大问题。更多的中长期问题和"慢变量"问题，也必然成为供给侧研究要处理好的难题。

第三，立融合。市场、政府、非营利组织应各有作为并力求合作，这也是优化资源配置的客观要求。在明确认同市场总体而言对资源配置的决定性作用的前提下，我们还需要有的放矢地来讨论不同的主体——市场和政府，还有"第三部门"（非政府组织、志愿者、公益团体等），它们在优化资源配置里面可以和应该如何分工、合作、互动。由分工、失灵到替代，再由替代走向强调"公私合作伙伴关系（PPP）"式的合作，反映了人类社会多样化主体关系随经济发展、文明提升而具有的新特征、新趋势。

第四，立体系。制度供给应充分地引入供给分析而形成有机联系的一个认知体系。在中国要解决充满挑战的现代化达标历史任务，必须特别强调以推动制度和机制创新为切入点、以结构优化为侧重点的供给侧的发力与超常规的"追赶—赶超"长期过程。新供给经济学认为，应有最为宽广的视野，最为开阔的心胸，把人类文明发展在经济学及相关学科领域的一切积极成果，集大成式地形成科学体系，把供给侧"物"的视角上生产力要素供给分析认识与"人"的视角上生产关系制度因素的分析认识，内洽地、有机地结合在"认识世界，改变世界"的人类社会进步努力之中。

四、基于理论密切联系实际的创新服务全局

简要地说，以上这些"立"，是生发于对经济规律的探究，面对古今中外的实践，兼收并蓄已有经济学和相关学科的积极成果，但首先是既对应于中国的"特色"和背景，又服务于中国现代化的赶超战略。邓小平所强调的"三步走"，可理解为一种实质性的赶超战略。其间前面几十年主要是追赶式的直观表现，最后的意图实现，则确切无疑地指向中华民族能够实现伟大复兴，在落伍近二百年之后又"后来居上"地造福全中国人民和全人类，这也就是习近平主席所说的"中国梦"愿景。这个"中国梦"绝不是狭隘民族主义的，而是一个古老民族应该在和平发展崛起中对世界和人类做出的贡献，是数千年文明古国在一度落伍之后，应该通过现代化来加入世界民族之林第一阵营、在人类作为命运共同体发展共赢中做出自己应有的、更大的贡献，其出发点和归宿，就是更好更快地把中国人民和世界各国人民对美好生活的向往，变为我们这个星球上的现实。

我们深知，相关的理论和认识的争鸣是难免的和必要的，而在中国现在的讨论中，似乎还很难避免简单化贴标签的倾向。比如说在一般的评议中，某些思路和主张很容易被简单地分类——某些观点被称为新自由主义，某些观点被称为主张政府干预和主张大政府，有些则被称为是主张第三条道路。贴标签的背后，是认识的极端化和简单化。

我们认为，对于理论研究的"从实际出发"，应该加以进一步的强调。"一切从实际出发"既要充分体察中国的传统（包括积极的、消极的），充分体察中国的国情（包括可变的与不可变的），也要特别重视怎样回应现实需要——有些已认识的固然是真实合理的现实需要，但也会有假象的现实需要即不合理的、虚幻的诉求，我们要通过研究者中肯、深入的分析，来把这些厘清。既从实际出发体察中国视角上必须体察的相关各种事物，同时也要注重其他发展中国家以及发达国家的经验和教训、共性和个性，包括阐明和坚持我们认为现在已经在认识上可以得到的普世的共性规律和价值。

第二节 供给侧改革是问题导向下引领新常态、激活要素潜力的动力体系再造创新

我们所致力构建的新供给经济学认为，仅从需求侧看重"三驾马车"并将其认作经济增长的动力，这种认识非常不完整，因为经济发展动力的认知框架，需从需求侧对接供给侧的结构性动力机制构建，才能得以完整。

一、需求侧总量调控不可以"包打天下"

按照经济增长"三驾马车"理论，人们已结构化地将消费、投资和净出口，视为需求侧总量之下应划分出来认识经济增长的"三大动力"。凯恩斯主义的分析得出：由于消费需求、投资需求和出口需求构成的有效需求总的倾向是不足的，所以认为政府应当通过宏观调控手段刺激总需求，同时还不得不具体处理消费、投资和出口间的关系，从而才可实现宏观经济增长的目标。这一认识框架的内在逻辑，实已指向了一个重要判断：必须把对应三方面需求的结构性响应因素——供给的方面纳入研究，但在传统经济学中这一框架隐含的（非内洽的）"完全竞争"假设下，在绝大多数经济学家那里，这种应继续努力探究的供给侧分析认识却被简化为"市场决定供给结构并达于出清"而无须再做分析的处理。

我们则认为，"三驾马车"不能构成经济增长根本动力的原因，在于其并不能仅在需求侧继续实现其"动力"特征与功能。消费、投资和出口三大认识上所称的"动力"，其实已形成"需求"这一"元动力"层面不得不再做出其结构分析而派生出的结构化认识框架，一旦脱离了元动力层面而变为合力的部分，便已失去了元动

力属性和定位，所以严格地做学理的推演，这三个力自然不可能归为"根本动力"，只是"动力"的不同传递区域在人们认识上的一种归类。从研究者针对实际生活应做的需求元动力的回应考察，或动力响应机制认知来说，不能不进一步沿需求侧的"结构化"认识，推进到供给侧响应机制的相关分析认识——意在反映和指导实际生活的经济学理论理应如此。如果仅局限于消费需求、投资需求和出口需求的层面，便走入了近年学界已普遍不再满意的局限性状态。

第一，仅从需求侧看消费，带有过强的静态特征，这与真实产品市场中种类更新日新月异这一现实大相径庭，许多新消费动力的产生，并非因为消费需求发生了多大变化，而恰恰是对消费的供给发生了变化，从而激活了一部分有效需求的潜力。

第二，仅从需求侧看投资，带有过强的主观特征，按照对投资需求的重视，似乎刺激了投资需求就能够在经济体量上有所体现，而现实的经济实践绝非如此，最典型的例子就是中小企业投资需求强烈而充分，但投资供给却往往跟不上；同样的投资规模，不同的投资机制和投资结构，结果可能有天壤之别，诸如此类的例子不胜枚举；资本市场中如资源错配、结构性失衡的格局长时期存在，在这种情况下再大力刺激需求，于宏观经济而言显然极易导致长板更长、短板更短，有百害而无一利。

第三，仅从需求侧看出口，多带有纯比较优势理论与纯汇率理论主导的色彩，出口产品在国际市场中影响力越大，则对本国宏观经济增长的拉动作用就越强，这种利用经济学抽象模型演绎的分析无可厚非，但真正落实到全球化背景下的开放经济中，发展中国家通过后发优势赶超发达国家的增长路径，显然难以得到全面解释。常识就可以告诉我们，仅仅是实际汇率的变化并无如此大的魔力，先进经济体对后进经济体的"高端选择性供给"，往往对于双边贸易的中长期基本格局可以具有某种决定性意义。

一言以蔽之，"三驾马车"完全无法认作拉动经济增长根本动力的道理在于：对需求"元动力"的回应和传导，关键已不在需求侧，要完整认识和把握经济发展中的动力体系，必须把"三驾马车"的结构性特征延伸，转移至供给侧，才有动力体系的"全景图"和覆盖最关键部分的重要内容。

二、结构性动力体系的作用空间需在"供给侧"构建

"三驾马车"所强调的消费、投资和出口需求三大方面的分别认知，只有连通至消费供给、投资供给和出口供给，才有可能对应地成为各自需求的满足状态，其中蕴含着由需求侧"元动力"引发的供给侧响应、适应机制，或称其所派生的要素配置和制度安排动力体系与机制。

在经济增长动力的全景图上，首先，我们当然应该肯定需求的原生意义，人活着就会有需求，有需求才有各色各样被激活的动机和满足需求的创业、创新活动。但特别值得注意的是，这些创业、创新活动的动力实已传到、转移到供给侧，供给是需求元动力（"第一推动力"）之后由响应而生成的最重要的"发动机"与增长引擎。事实上，人类从茹毛饮血时代发展到今天，已看到科技革命产生巨大的生产力飞跃，创造着上一时代难以想象的供给能力，同时这些原来让人难以想象的供给，并没有充分满足人类的需求，原因在于人类作为一个适应环境进化的物种来说，其需求是无限的。正因为如此，现实地推动人类社会不断发展的过程，虽然离不开消费需求的动力源，但更为主要的支撑因素从长期考察却不是需求，而是有效供给对于需求的回应与引导。在更综合、更本质的层面上讲，经济发展的停滞其实往往不是由需求不足，而是由供给（包括生产要素供给和制度供给）不足引起的。就其一般而言，要素供给（如生产资料、劳动力、技术供给等）是经济层面的，与千千万万的微观主体相关联；而制度供给是政治社会文化层面的，直接与社会管理的主体相关联。人类的长期发展过程正是因为具有不确定性的科技创新终能产生一次次科技革命，带来一次又一次生产力的提升，也进而推动制度安排的一轮又一轮改革和优化，使总供给能力一次次大幅度提升，促进并保持了经济长期发展中的升级与繁荣。人类的供给能力现实地决定着人类的发展水平，也正是因为这种原因，我们可划分人类社会的不同发展时代：狩猎时代、农业时代、工业时代、信息技术时代，以后随着生命科学技术的不断飞跃，我们还可能会迎来生物技术时代。与之相呼应，人类社会经济形态与制度框架上经历了自然经济、半自然经济、自由市场经济、垄断市场经济和"混合经

济"的各种形态，包括中国这个世界上最大发展中经济体正在开拓与建设的"中国特色的社会主义市场经济"。我们所处的当今时代，全球化的社会化大生产所具有的突出特点，就是供给侧一旦实行了成功的颠覆性创新，市场上的回应就是波澜壮阔的交易生成，会实实在在地刺激需求增长。这方面例子已有很多，比如乔布斯和他主导创造的苹果产品，再比如"互联网电子商务与金融"这种带有一定颠覆性特征的创新，等等。

其次，应当特别注重供给侧投资的特殊性、针对性和结构特征。需求侧强调的投资需求，概念上还是总量中的"三足鼎立"的"一足"（即"三驾马车"中的"一驾"），而一旦表现为对应投资需求的投资供给，便成为生产能力的形成与供给，成为消费和出口的前提，并天然地要求处理其具体的结构问题——事实证明这恰恰不是传统概念的需求管理所能够完全处理好的。在市场发挥"决定性"作用的同时，只要不是纯理论假设的"完全竞争"环境和完全的"理性预期"行为，政府的供给管理就必不可少，而且在实践中往往还会表现为决定性的事项（可观察美国应对世界金融危机的关键性举措）。仅刺激或抑制投资需求，并不能解决好结构性问题，必须同时处理好投资的结构优化政策与机制，以达到基于结构优化形成的投资质量与综合绩效的提升，才会形成势必推动经济增长的动力（发动机）。比如，当下中国进入"新常态"增长的最关键投资动力源，就包括应当启动以增加有效供给的选择性"聪明投资"，来实现"补短板、挖潜能、转主体、增活力、提效率、可持续"，以达到投资拉动经济增长的意愿目标。至于外贸的出口净值也决不属于需求管理可直接解决的对象，真正应抓住的，是在全球化进程中的自身结构优化，以及不断提升国家综合竞争力。

消费供给、投资供给和出口供给，实际上构成了供给侧的动力机制，这种动力机制带有非常明显的结构性特征。与需求侧的均质、可通约明显不同，供给侧的产出是千差万别、不可通约的产品和服务，以及以各种特色表现的必须具体设计、鲜可照搬的制度供给——产品服务供给的升级换代产生"供给创造自己的需求"的巨大动力，制度供给的优化更会带来"解放生产力"的巨大"引擎"与"红利"效果。"物"的供给能力的竞争，也相应地呼唤着与之匹配"人"的利益关系视角的制度供给优化竞争。只有通过上述这种与需求侧"元动力"相对应的供给侧的结构性动力机制的优化构建，我们才能促使经济增长的"动力体系"浑然天成又升级换代。

不论是理论工作者还是实际工作者，所普遍认可的"创新驱动"显然是一种关于发展动力的描述和认知，但如果放到需求侧与供给侧的分别考察中，便可知实指供给问题。因为需求是永无止境的，即是"永新"而"无新"的，经济调控管理所讲的有效需求，只能是指有货币支付能力的需求，即可通约总量状态下的有支付意愿与能力的需求，这种需求会升级、细化、个性化等，却在其本身无法具有、无所谓其"创新"含义；唯有到了供给侧，创新才是有实质意义的、必然具体地细分（即结构化）的，且在成败上是不确定的、变化多端的，因而特别需要制度激励，包括以制度环境来试错、容错，最终达到创新成功。在一般而言的经济发展中，供给侧的调控管理均不可回避和忽视，对于后发、转轨的经济体，供给管理的重要性往往还会更为突出，比如中国，在特定阶段和历史时期内，以制度供给统领的全面改革式创新驱动，必然成为其可持续增长的现代化过程能否如愿实现的"关键一招"。

三、要素层面要破解"供给约束"与"供给抑制"

总结已有的经济理论分析，可形成供给侧要素结构认知的一个简化的理论模型，即支持经济长期增长的要素（动力源）主要有五个：劳动力、土地及自然资源、资本、科技创新、制度与管理。国际经验表明，各经济体在进入中等收入阶段之前，前面三项对于经济增长的贡献容易较多地生成和体现出来，而进入中等收入阶段之后，后面两项的贡献更大，并且极其关键。所以，中国新时代的增长动力构建，实为城镇化、工业化、市场化、国际化、信息化与民主法治化发展过程由五大要素动力源合乎规律地优化重构而成的混合动力体系。结合中国当前的实际情况，前几个要素方面都存在明显的供给约束与供给抑制，需要通过全面的制度改革，化解制约，释放经济社会的潜力，提高经济增长的活力。涉及的主要问题是：

第一，人口红利下降，劳动力成本上升，低廉人工成本比较优势正在与我们渐行渐远。

第二，土地制度僵化落后，自然资源粗放、低效耗用。

第三，金融压抑明显，对实体经济的多样化融资和升级换代支持不足。

第四，教育体制扭曲、僵化，科技创新驱动力弱。

第五，政府职能与改革不到位，制度供给仍严重滞后。

这些问题的具体表现和破解之策，本书后面将做专门的考察、分析和论述。总之，中国进入中等收入阶段和改革深水区后，供给侧大要素的供给抑制与供给约束均已表现得相当明显，要素组合中制度、科技两大"全要素生产率"主动力源的潜力发挥问题已成为关键。作为一个转轨中的发展中大国，追求"后来居上"的现代化，为成功实施赶超战略，在政府职能方面必然要有意识地把需求管理与供给管理相互紧密结合，而且尤需做好供给管理。特别应当注重制度供给，在新的时期以全面改革为核心，来促进供给侧解放生产力、提升竞争力，以此生成中国经济社会升级版所需的有效供给环境条件，解除供给约束，推动改革创新"攻坚克难"、冲破利益固化的藩篱，充分激发微观经济主体创业、创新、创造的活力。这是续接和有效增强经济增长动力的"关键一招"，也是从要素投入、粗放增长转向供给升级、集约增长，引领市场潮流而创造需求，得以实质性联通"脱胎换骨、凤凰涅槃"式结构调整的主要着力点。

第三节 供给侧改革是通盘规划的系统工程式全局长远创新

在中国发展新阶段的"问题导向"下，克服"一条腿长、一条腿短"的发展不协调和结构失衡弊端，就要追求全面、协调、可持续的发展，也就特别需要高水平的"规划先行，多规合一"。政府牵头提供的这种"通盘规划的供给"，是供给管理与供给体系的极为重要的内容和引领机制,涉及系统工程式的全局长远创新。

以规划来处理生产力结构和社会生活结构中区别对待和通盘协调问题的解决方案,实质上就是形成综合要素供给体系必须前置的规划供给,以其带出供给管理的全过程。中国现阶段必须"先行"且走向"多规合一"的顶层规划中,相关内容至少应考虑框架、制度、分类融合和动态优化四个方面。

一、框架:实现法治框架下的规划先行

顶层规划一方面应做到避免规划中缺乏前瞻性导致很快出现严重供给短缺所引发的更多成本投入,另一方面须做到可放可收。经济社会发展最大限度避免"试错—改错"的有效手段就是国土开发、城乡一体化发展中的"规划先行",所有与不动产相关的项目建设,都应当建立在具有前瞻性、力求高水平的科学规划基础之上,同时法律所规定的规划权的行使,绝不能独断专行、率性而为、朝令夕改。顶层规划关系到发展中经济体能否实现赶超战略目标,具体内容涉及一个经济体国土范围内从城市到农村的所有区域,土地开发利用、生态环境、文教卫体、交通、市政、水利、环卫等各个方面。国际国内多年的开发经验证明,在政府辖区以国土开发的全景图为"一盘棋",以各类项目建设为"摆棋子"式的配置形成相关不动产的过程中,是难以由基层、微观主体的"试错法"来形成合理结构的,必须由政府牵头形成尽可能高水平、经得起时间与历史检验的通盘顶层规划式的解决方案。一旦不动产配置失当,"生米做成熟饭",若不纠正,经济与社会的代价都太大,甚至是无法纠正的(试看北京市20世纪中叶城市规划因否定"梁陈方案"而造成的令人扼腕的后果)。

二、制度:打开制度结节,开展以多规合一为取向而先行、动态优化的多轮顶层规划

现阶段,中国尤其应当在多轮顶层规划开展之前,打开行政审批制度结节,以

达成"多规合一"的合意结果。截至目前，行政审批制度改革显然已经涉及更深层的体制性问题，要从减少审批项目的数量推进审批质量的提高，这就需要结合"大部制"和"扁平化"改革，实现政府职能机构的整合式瘦身消肿改造与新境界中的协调联动。除了提高行政法治化程度，顺应精简机构的要求之外，更要扩充动态优化设计至全覆盖，以后择时启动整个"大部制"框架下的、行政审批的国家标准化工作，而后联通"规划先行，多规合一"相关工作的开展。多年来由不同部门分头来处理的国民经济发展规划和国土开发、城乡建设、交通体系、环境保护、产业布局、财政跨年度规划等，都应该纳入"多规合一"的综合体系，并基于全国统一的行政审批信息数据库和在线行政审批平台，矫治"九龙治水、非旱即涝"的弊端，实现决策体系和业务流程的优化再造。

就中国的经济社会发展现状而言，所有发展中出现的矛盾和问题亦不可能通过某一次顶层规划全部解决，势必要通过动态优化式处理结构性问题的多轮顶层规划逐步落实。但每一轮顶层规划都应当建立在基于现状对未来力求科学预测的基础上，将城建、交通、文教卫体、市政、水利、环卫等方面规划合理地打上"提前量"与"弹性空间"，从而最大限度地减少沉没成本的发生，提高增长质量、社会和谐程度和发展可持续性。

三、分类融合：要素分类视角对"多规合一"的把握

经济增长要素可分为竞争性要素和非竞争性要素，前者包括土地、劳动力和资本，后者则随第三次科技革命的爆发，在以往所强调的科技和制度基础上，附加了信息。除了这些经济增长的动力要素外，某一经济体发展过程中还存在制约要素，主要包括财政三元悖论制约、社会矛盾制约、资源能源制约、生态环境制约等。顶层规划，显然就是将以上经济增长要素与经济发展制约要素全部纳入系统考虑，通过理性的供给管理实现供给侧优化，从而促使经济活力最大化。特别值得注意的是，在经济增长中，土地要素对经济增长产生贡献的效应往往与交通网络有关，交通网络越发达，土地要素对经济增长做出有效贡献的能量（经济上可量化为"级差

地租")就越大。科技创新与制度供给,就社会全局和长期而言,则完全或几近完全属于效用不可分割、受益无竞争性的"公共产品"。随着经济发展,无论采用发展经济学中所强调的弥合二元模式的城乡一体化,还是采用规划学中所强调的区域性、大都市圈或城市群,都是体现城市自身形态的升级,而这一升级于经济增长的要素支持效应就是环境承载能力、多元要素流通能力、合意配置能力等的提升。以技术、制度和信息构成的非竞争性要素更多决定着质量增长的实现。经济发展的相关制约要素则决定着经济增长要素在多大程度上能够顺利发挥作用,顶层规划中应当尽量通过合理的供给侧安排缓解经济增长制约。

这里表述的"多规合一",实际上包括国民经济和社会发展规划、城乡建设规划、土地利用规划、生态环境保护规划以及文教卫体、交通、市政、水利、环卫等专业规划分类基础上的有机融合。如城市通盘规划中的交通规划决定着城市的运转效率,因此城市交通规划也是都市圈、城市群规划是否能够形成的关键所在;城市生态环境规划目标在于通过规划实现人与自然的有序组合和平衡,因此城市生态环境规划在工业化时期,首先是体现制约特征,在后工业化时期,则颇具更高层次综合境界追求的特征(如"望得见山,看得见水,记得住乡愁")。

四、动态优化:锁定不同发展阶段每轮顶层规划的主要矛盾

经济社会发展的不同阶段,其所面临矛盾的紧迫性会有所不同。"多规合一"的顶层规划下,每一轮顶层规划都应当首先锁定解决当时面临的主要矛盾。从国外经验来看,首先应当解决的就是动态地在产业布局基础上进行均衡性区域规划。

顶层规划首先应当考虑的是工业化相对落后地区增长极的培养、工业化中等发达地区城市点的扩大,以及工业化发达地区城市辐射力的增强,这势必要求通过国土规划、产业布局规划、交通规划、环保规划及专项规划的合理衔接、搭配,形成有效合力。针对工业欠发达地区,可启动依托当地资源禀赋建立差别化工业基地的

规划项目，工业化水平的提升势必吸引更多人口入驻目标城市，因此目标城市应根据工业、产业发展规划预测未来的人口增长、收入增长，并针对劳动力数量、人口结构及居民收入的预测，有针对性地配以交通、文教卫体、市政、水利、环卫等方面的专项规划。

针对工业化中等发达地区，可启动以几个"城市点"共同带动"城市面"的一体化规划发展。这一轮顶层规划，是基于由几个"城市点"所划的大区域"都市圈"，其最终追求的发展目标则要形成"城市群"式的均衡发展。以中国现阶段经济社会发展的案例观察，京津冀一体化协同发展和称为"千年大计"的雄安新区，就是这一阶段必须优化顶层规划的典型。北京"大城市病"已非常突出，天津既有产业发展潜力又有纠结烦忧，它们周边的河北地区却相对落后，显然有协调、均衡的必要。这一类型的顶层规划，应特别注重"网络"和"网状结构"的应用和落实。交通运输网络是关键，地铁、公路、城际铁路等的供给全面跟进，能够实实在在地缩短附属中心与原城市中心之间的空间距离。对于人口已达 2300 万人以上的北京市而言，城市运转所面临的问题绝非再建几条环路就可以解决的，势必要突破现有格局，建立"大首都圈"，以北京市、天津市为点，以外围的河北省为一体，在顶层规划中疏解首都非核心功能，确立卫星城式的首都"副中心""北京城市副中心"和新的增长点。在"副中心"等区域，力求在高水平上全面落实国土规划、产业规划、功能区规划、公共交通规划、住宅区等一系列内容综合而成的顶层规划。在新城建设的过程中，则应当特别注重为未来发展预留动态优化的空间，同时可在预算约束线以内尽量高水平地加入对建筑设计规划、自然生态规划与人文保护规划的创新。

现代城市的产生和发展是生产力不断集聚的结果，而随着城市自身规模扩大、数量增多，在地理区位、自然条件、经济条件、贸易往来、公共政策、交通网络等多重作用下，会逐步形成一个相互制约、相互依存的统一体。中国目前较为典型的城市群包括沪宁杭地区、珠三角地区、环渤海地区和长株潭、成渝、沈大等区域，这些区域已经形成的"一体化"态势，需在进一步发展中高水平制定区域层面贯彻总体发展战略的顶层规划，应在总结经验教训的基础上，把在区域内会产生广泛关联影响的产业发展、基础设施建设、土地利用、生态环境、公用事业协调发展等方面的规划内容做出升级版的有机结合。

第四节　供给侧改革是以改革为核心、现代化为主轴的制度供给创新

30余年发展带来的"中国奇迹"固然是依靠全面开放、利用人口红利参与全球分工和竞争等带来的比较优势所促成的，但更主要是依靠改革调动了相关经济资源的积极性、潜力与活力。但中国的市场经济在逐步替代计划经济、降低交易成本、提高经济效率的同时，其制度优化进程还存在明显不对称之处。目前，我国一般产品市场已基本完全放开，但要素市场和大宗基础能源、资源市场仍然存在严重扭曲，人为压低要素价格，从而粗放地（高能耗、高污染地）促进经济增长。也正是与此有关，对生产者和投资者的补贴，使得经济严重依赖投资和形成大量过剩产能，经济结构失衡的矛盾在前些年间迟迟不能有效化解，甚至趋于突出。因此，我们必须在实质性推进"顶层规划"下的全面配套改革中，更多依靠市场力量对经济结构进行调整，从而合理地运用市场和政府力量的结合，顺利实现向较高水平的"升级版"经济增长方式和可持续增长路径转变。这里最为关键的要领是，应考虑从根本上通过一系列的改革衔接短期诉求与中长期目标，化解制约我国长期发展和全要素生产率进一步提升的深层制度因素。值得再次强调，在研究者"理论密切联系实际"的分析考察中，有必要把供给侧的重要主体——公权体系和供给形式中的重要内容——制度供给，更充分地纳入"新供给经济学"集大成包容性的理论框架，来面对中国改革深水区重大的现实问题寻求解决之道。

以政府和立法、司法机构一并构成的公权体系，其所必然实施的制度供给，是客观存在、有弹性空间（即有可塑性）和必有高下之分的。在中国追求现代化的历

史过程中的供给管理，除经济部门、产业、产能、产品、技术等结构方面的供给内容外，最关键的还须着眼于打开"制度红利"这一转轨中最大红利源的释放空间，形成激发经济社会活力、潜力的有效制度供给，以及实现相关改革决策的较高水准。

制度安排层面深刻变革的取向是坚定不移地市场化，但又不能简单限于、止步于市场化概念下的作为。"使市场在资源配置中发挥决定性作用"的基本认识是千难万难之后实现的重大思想解放式突破，但市场的"决定性作用"绝非可以理解为决定一切领域和一切事项。其实，中国独特的市场发育和经济赶超正是改革中最难处理的一项基本矛盾：国际竞争的基本现实已不允许我们再常规地、跟随式地经历和等待以平均利润率机制主导的漫长的市场发育及经济结构优化的自然过程，需要从供给侧得到一种比自然、自发的市场配置在某些领域、有限目标下更强有力的机制——政府"理性主导"机制，并使之与市场机制"1+1>2"式地叠加，才能逐渐接近并最终实现赶超目标。把后发优势与理性的政府主动作为结合在一起，摆脱经济学发展到凯恩斯主义、新古典学派和货币学派的"百家争鸣"仍未摆脱的"需求—供给不对称框架"，在现实生活中就要着眼于此，形成凌驾于"政府与市场绝对冲突"或"要么政府，要么市场——二者必居之一"旧式思维之上的新思想、新理论、新方法，来指导改革与发展的实践。在尊重市场、培育市场的"旁边"，供给侧的特定作为必须包括政府积极有效地建设市场、组织市场和"合作式"地超越市场平均利润率机制的自然过程。"混合所有制"有望成为其重要产权基石，进而推进国有经济部门的实质性改革和"现代市场体系"在中国的发育和成形。基于党的十八届三中全会通过的带有顶层规划意义的《中共中央关于全面深化改革若干重大问题的决定》（以下简称《决定》），以及党的十八届四中全会所强调的"全面依法治国"，"供给侧"制度变革的总纲应当体现其最浓缩、最不可忽视的精神实质，即从现代国家治理、现代市场体系、现代财政制度到现代政治文明所形成的重要逻辑联结。

一、现代国家治理：国家治理体系和治理能力的现代化

中共中央关于全面深化改革的《决定》中将"现代国家治理"表述为"国家治理体系和治理能力的现代化"。所谓"治理"，是强调把管理和自管理、组织和自组织、调控和自调控有机结合而最大限度地调动一切潜力、活力，来解放生产力，实现包容性发展。所谓"现代化"，是需基于不同经济体横向比较而得出的概念，具体而言，是世界民族之林横向比较后进入文明发展前列状态的判断。作为四大文明古国之一，中国在鸦片战争之后落入距离"现代"特征越来越远的境地，一路积贫积弱、被动挨打、内忧外患。作为"甲午惨败"后中国方面的创痛性回应的"戊戌维新"，仅百日便告失败。至 20 世纪的百年间，中国历经三件大事。第一件大事是辛亥革命推翻千年帝制。当时的政治领袖孙中山先生表达了非常清晰的取向，即"振兴中华"。这一明显带有"现代化"取向的愿景表述，还落实到具体的一套《建国大纲》，即经过三个阶段"走向共和"：一是军政，即扫平各路军阀以奠定统一基础；二是训政，即开发民智，提升国民素质，让百姓知道民主法治为何物；三是宪政，即革命党功成身退，最后还权于民实现"五权宪法"下的共和。然而，非常遗憾的是中国却随后很快陷入宋教仁遇刺、袁世凯窃国、军阀混战和外族入侵，甚至曾走到"最危险的时刻"——亡国灭种的边缘。第二件大事是 1949 年中华人民共和国成立。沿着孙中山先生"三民主义"重要认识的逻辑，这件大事实际上解决了孙先生所说的三民主义的第一条——"民族"，即中国最主要的国土版图上终于摆脱了内战和外国干涉欺凌的局面，作为一个统一的民族国家在世界舞台上从此站了起来。在此基础上，以"一五"计划为标志，中国迅速开展大规模经济建设。逻辑上是要解决"民族"之后的第二条——"民生"，但其后在取得成就的同时又历经种种坎坷挫折。第三件大事则是终于迎来了 1978 年以后的改革开放。此时，邓小平清楚地确立了"三步走"现代化战略，生产力的提升和经济的发展意味着真正进入解决"民生"问题的实质性阶段。截至 2000 年，"三步走"战略的前两步目标已提前实现，下一个阶段性目标是 2020 年在民生上实现"全面小康"之后，于 2035 年基本建成社会主义现代化，于 2049—2050 年，建成现代化强国，社会生

活中也合乎逻辑地包含着三民主义的另一条——"民权"，而这一目标要靠"依法治国""依宪行政"民主法治体系的建立、健全来实现。对此，党的十八届三中全会后的党的历届全会和十九大以"全面依法治国"和"强起来"新时代的部署做出了清楚明白的对接。

中国共产党人进入执政阶段，对于"实现现代化"的历史性、战略性取向，始终是坚定不移的。启动"一五"计划之后，毛泽东主席曾经在1956年前后反复讨论怎么样发展更快更好些，并在讨论过程中形成了《论十大关系》。他说搞社会主义必须发展起来，如果中国搞了多年社会主义，还是没能发展起来，是要被开除"球籍"的（即丧失在地球上自立的资格）。中国在20世纪60年代前期告别"三年困难时期"后，在全国人民代表大会上，周恩来总理明确宣布了总体奋斗目标，即20世纪末（指2000年）我国要实现工业、农业、国防和科学技术的现代化，简称"四个现代化"。即使是在"文革"中的1975年，重病中的周恩来总理在全国人民代表大会上，又一次明确宣布了"四个现代化"的奋斗目标。这样的目标引领确实对全体社会成员产生了强烈的激励鼓舞作用，形成了莫大的社会影响和向心凝聚力。1979年后的改革开放中，邓小平设计勾画了现代化伟大民族复兴"三步走"战略，提出了2050年前后中国要以主要人均指标达到当时中等发达国家水平而实现现代化的宏伟奋斗目标。后来的种种技术性修正（如由工农业总产值到国民生产总值、再到国内生产总值的指标选取），都是服从这个基本思路表述的，无伤于这个伟大战略构想的总体水准。可以认为，经济学相关的模型或测算并没有为邓小平当年勾画这一宏伟战略提供多少量化的决策参考，但改革开放的总设计师邓小平看准了中国的潜力所在，并在其后由实践证明了这一决策的高水准。当2000年第二步目标（"翻两番"）提前实现之后，中国经济发展又在近年跃至世界经济"第二位"，那么2050年实现第三步目标就成为十八届三中全会提出"现代国家治理"面对的最实质性问题。为解决好这个问题，中国要在原来的治国理念上实现一个重要提升，即强调"治理"。"治理"与"管理"虽一字之差，但内在逻辑与导向却有明显不同，调控管理是表述政府居高临下、自上而下掌控的架构，而治理则是要求有多元主体更多平面展开、充分互动而形成最大包容性的发展所匹配的制度安排和机制联结。"治理"体系包括管理和自管理，调控和自调控，组织和自组织，更为注重的是以横向展开的良性、包容性"多赢"发展，来充分调动各方面的积极性和一切潜力、活力。

习近平总书记已把中国现代化"三步走"战略目标凝结为"中国梦"的生动概念，这与百多年来志士仁人的主流追求和孙中山、毛泽东、邓小平的现代化战略思维一脉相承。在多年的探索和奋斗之后，中国"伟大民族复兴"的内涵已有了充分提升和明确的理性支点：第一，"中国梦"是从人本主义立场出发的，即习近平总书记所讲的"人民群众对美好生活的向往就是我们的奋斗目标"。实现"中国梦"是为人民群众谋幸福，且这种幸福是要正确处理眼前与长远、局部与全局利益关系的实质、可持续的幸福。第二，"中国梦"不带有狭隘民族主义局限，而是寻求世界各民族"命运共同体"的多赢、共赢，是在全面开放中以经济手段为主走"和平崛起"之路。邓小平当年有一个全局性的基本判断，即我们现在所处的时代是"和平与发展的时代"，也就是说，我们的时代主题已不是要解决原来"战争与革命的时代"战略判断之下"谁战胜谁"的问题，而是要解决如何共赢发展的问题。供给侧创新所形成的"核威慑"现实已清楚表明，虽局部的摩擦、战乱仍然不断出现，但第三次世界大战可以避免已成为极大概率事件，正因为如此，邓小平特别强调一定要抓住战略机遇期，"扭住"经济建设为中心一百年不动摇，再不可丧失机遇。在这个大背景下，邓小平提出了2050年前后中国经济发展的主要人均指标要达到当时的中等发达国家水平——当邓小平十分艺术、含蓄地做出这种谋划时，这一目标听来并无多大震撼力，毫不咄咄逼人。但几十年过去，中国经济总量已上升至世界排名第二位之时，人均GDP却仍排在世界第一百位左右，由此可见，如果中国再经过30多年的奋斗，能够以世界第一人口大国的身份达成人均指标排名进入前20位左右（即中等发达国家水平），再配之以其他现代化要素，综合国力在世界民族之林中势必将名列前茅。这一"后来居上""后发先至"的现代化赶超战略，是中国"伟大民族复兴"不可否定的实质内涵。中国的现代化进程，十分明显，一不能走历史上某些经济体大量海外殖民之路；二不能走另一些国家"剑走偏锋"的军国主义之路，只能在全面开放框架下走与全世界"做生意"的经济社会和平发展之路,以"三步走"而联通抵达"中国梦"的战略设计,实质上是从"韬光养晦""不争霸"连接追赶过程,最后实现伟大民族复兴。

然而,当前中国正站在历史发展的新起点上,一方面"从未如此接近"民族复兴,另一方面却有"矛盾凸显"无可回避、外部面对国际竞争的同时,内部从"物"的角度遭遇的资源环境制约(如雾霾代表的环境危机因素)和"人"的角度面临的人际关系矛盾制约(如收入分配、财产配置方面普遍感受到并引起了强烈不满的不公与紊乱)日趋明显,要想如愿跨越由大样本统计现象表明的"中等收入陷阱"阶段,就必须依靠"60条"《决定》所规定的实质性全面改革来化解矛盾和隐患,在2020年实现全面小康的同时,使全面改革"取得决定性成果",即攻坚克难推进全面改革化解矛盾制约和阻碍,才能继续"大踏步地跟上时代"。

总之,"现代国家治理"这个核心理念,必是在中国人过去所有的追求和逐步形成的现代化认识基础之上,承前启后、聚焦到全面改革取得决定性成果与"中国梦"愿景追求之上的,党的十九大把这一认识浓缩地表述为:供给侧结构性改革是构建现代化经济体系的主线。

二、现代市场体系:市场在资源配置中发挥"决定性"作用

与全面改革取得决定性成果相关联,必然要讨论总体资源配置的机制问题,以及经济基础决定上层建筑,文化、政治也必须在资源配置经济机制层面之上一并解决好的制度建设基本取向问题,这就直接涉及党的十八大报告所强调的政府与市场关系这一"改革的核心问题"。此问题又必然联通到党的十八届三中全会《决定》中紧跟"现代国家治理"的第二个核心概念,即"现代市场体系"。在相关表述上,《决定》第一次于中央最高层级文件上明确要求"使市场在资源配置中发挥决定性作用",这是极其来之不易的。邓小平在1979年改革开放之初接见外宾时,就明确提到:社会主义为什么不能搞市场经济,我们也要搞市场经济。但此话当时对内不做传达,秘而不宣。为什么呢?当时邓小平意识到

如果那时传达下去，会吵作一团，于事无补。在百废待兴、亟须发展之际，他作为高超政治家的要领是少争论，最好不争论（他曾说"不争论是我的一大发明"，不想争来争去，把时间都消耗掉、机遇丧失掉），要力求把"实事"做起来。此后，中国渐进落实了一系列"实事"：第一，从容忍、鼓励农村的"分田到户"走向联产承包责任制，几年之内使农村面貌改观；第二，以"杀出一条血路"的决心和魄力在深圳等地建立特区，"撞击反射"、梯度推移；第三，"摸着石头过河"，微观层面试行国有企业基金与利润留成，宏观层面上设计渐进改革，首先于1980年从财政实行分灶式吃饭开始放权，并在向地方放权的同时，明确要求权力要继续下放到企业，让企业活起来，打开财政分权这个空间以后，后续的计划体制改革、投资体制改革、劳动人事制度改革、金融制度改革等再逐步推出；第四，1984年终于通过中央全会的形式正式做出关于经济体制改革的决定，总体上定位为"有计划的商品经济"；第五，1986年考虑经济改革必须配上政治体制改革，否则经济改革就走不远，并把"有计划的商品经济"进一步表述为"国家调节市场，市场引导企业"，即政府不再是一竿子插到底管控企业，而是使用法治化环境中规范的经济参数手段（如利率、税率、折旧率）影响生产要素的价格信号，给出微观主体自主做出生产经营决策的空间，以解放生产力，使千千万万分散的市场主体的聪明才智可以得到最大的自由选择空间真正地释放出来；第六，1989年的"政治风波"发生后，邓小平曾不得不做出妥协姿态：那两句话（指"国家调节市场，市场引导企业"）如果认为不合适，可以先不提，但他又给出十分强硬的态度："党的十三大的政治报告一个字都不能改"，要把人民群众公认是改革的人放到领导岗位上；第七，在1992年年初有决定性意义的邓小平"南方谈话"后，中国得以在几个月内由最高决策层确立了社会主义市场经济目标模式，继之，1994年财税配套改革就成为打造社会主义市场经济中的间接调控体系的重头戏。然而，即使是在确立市场经济目标模式之时，文件中的表述也只是说到使市场在资源配置中"发挥基础性作用"。现在，又经过20余年的发展，终于有了《决定》所说发挥市场在资源配置中的"决定性作用"，这就把汉语语境中的市场经济应有的资源配置机制合乎逻辑地说到位了。当然，这个"决定性作用"是对于资源配置总体而言,并不是市场决定一切,不是在每一个场合、每一个具体领域,特别是非经济领域都决定,紧跟其后的是有"政府更好地发挥作用"的要求。习近平总书记曾以很长一段话对"决定性作用"做出专门解说,其核心意思在于这一表述有利于实质性地解决好党的十八大所提出的"政府和市场关系"这一改革核心问题,有助于实质性地推动攻坚克难的配套改革。

"决定性作用"的表述,对于今后中国长远发展的影响一定是不可忽视的、巨大的,特别是在"决定性作用"概念后,还强调地提出了市场经济基石——产权制度层面值得大书一笔,具有突破性意义的表述——要大力发展"混合所有制",把它作为基本经济制度的重要实现形式。对于混合所有制的理解虽然还有分歧(比如有的专家学者说,多种经济成分并存就是混合所有制,我们并不认同,"并存"问题在改革开放初期就早已解决),但我们认为应有的认识之关键点,是现在所强调的"混合所有制"的内涵,实际上是在一个个企业体内,以股份制这种现代企业制度形式,联结于内部治理结构,以最大的包容性,把所有的产权包括"公"的股、"非公"的股,"国"的股、"非国"的股都混合、涵盖在里面,寻求多赢、共赢——更实质的追求,便是有效解决国有股"一股独大"、民营企业如何突破"玻璃门""旋转门""弹簧门"等问题。

萨缪尔森《经济学》中提炼的"混合经济"概念,刻画到股份制这个产权基石形式上,实际上与此是相通的:如以通用汽车、通用电气等跨国公司为代表来做观察,其股权结构已高度分散,通用公司最大股东的股权份额只有区区几个百分点,不少普通劳动者和产业工人都有股份,这就是我们早就听说的所谓"人民资本主义"。这种混合所有制的运行形式是在高度法治化情况下,使所有权益纠纷都能够低交易成本地依法解决的标准化股份制。股份制的现代企业制度,对于市场经济中产权制度基石的处理,提供了顺应社会化大生产的发展、工业革命后人类文明提升过程的良好制度载体。实际上,混合所有制在我们观念上所要求的突破,就是要淡化和摒弃过去面对企业股权层面是"国进民退"还是"国退民进",穷追不舍地问到底是姓"公"还是姓"私"、到底是姓"社"还是姓"资"的"贴标签"思维,以微观层面的现代治理呼应宏观全局的现代治理，进一步打开包容性发展的潜力空间。

如果考察PPP（Public Private Partnership，过去直译为"公私合作伙伴关系"，现意译为"政府与社会资本合作"）与混合所有制的天然对接，我们可以对混合所有制调控机制的包容性与适应性（响应机制）方面形成更为充分肯定的认识。PPP中典型的项目开发主体SPV（Special Purpose Vehicle，特殊目的载体，即特殊项目实体），正是清晰的混合所有制，而且政府的内在动机是天然地不想"一股独大"。基于这种混合所有制，PPP实现的融资模式的创新，通过政府、企业、专业机构"1+1+1>3"的绩效提升机制，又升华为管理模式和治理模式的创新。

近十余年来影响全球经济运行的调控大事件，一是针对亚洲金融危机，二是针对美国次贷危机引发的全球"金融海啸"与金融危机。亚洲金融危机在我们身边最有冲击力的事件之一，是媒体所称的"港元保卫战"，索罗斯在香港地区市场布局后启动其"狙击"时，特别行政区政府的应对措施是把隔夜拆借利率一下提高300%，使游资的运作成本一下高得难以想象——当然这也就加剧了股市的急跌，但是特别行政区政府又动用政府外汇基金和土地基金入市托住股市，结果没有发生索罗斯预测那么深度的跌落情况，这就是混合所有制框架下特有的调节调配空间。"港元保卫战"的结果是索罗斯在香港地区没有如在泰国等地那般得手。当香港地区的金融市场恢复稳定后，特别行政区政府又以盈富基金模式，逐步有序地出售手中"官股"，尽量减小对市场的影响，而且还可以卖个好价钱，溢价部分成为公共收益。这是混合所有制框架下的调控产生了很好正面效果的案例。美国爆发金融危机后，政府实际上跳出主流教科书和"华盛顿共识"的套路，在供给侧区别对待地出手调控：在一开始没有救雷曼公司导致局面迅速恶化后，美国当局总结经验，分别出手为"两房"、花旗、通用注资。美国并没有争议过这个操作中姓"社"还是姓"资"的意识形态问题，也就是认为，在这个特殊的调控阶段，需要有这样的操作，从而使混合所有制的包容力对于以后整个经济全局产生了明显的正面效应，不仅使美国的经济社会走向稳定，而且使世界性的危机恐慌得到收敛。目前，中国一个迫切需要解决的认识问题，其实就是不要再陷入前几年实际讨论水平不高、谁也说服不了谁的"国退民进"还是"国进民退"的简单化争议，特别是不要再简单地贴用姓"社"姓"资"的标签，把握好实事求是导向下的企业改革"真问题"。

混合所有制是社会主义市场经济基本经济制度的重要实现形式，这是中央在过去已有关于"股份制是公有制的主要实现形式"认识基础上的新的提升，并一定会助推民企发展中真正冲破"玻璃门""旋转门""弹簧门"，使公的、非公的股份共赢发展。马克思在《资本论》中说过，如果没有股份制，铁路的兴建还将是不可想象的。马克思有生之年已敏锐意识到股份制的包容性对于经济和公众的影响，指出它是原来私有制的一种"扬弃"，但是还没有体现如何总体冲破资本私有制的外壳，所以马克思称之为"消极扬弃"。一百多年又过去了，随着人类社会发展、文明提升，我们的认识应与时俱进，应实事求是地考虑这一认识从"消极扬弃"走向"积极扬弃"。比如，上市公司作为标准化的股份制公司模板，在上市环节其英文表述为 go public（走向公共），绝非"私"的导向与逻辑了。这种产权非常清晰、充分披露信息、体现社会责任、接受全社会监督、对公众产生正面效应的公众公司，其实已不能再以严格的私有制一言以蔽之，它既带有混合所有制的框架形式，也具有不同成色的"混合实质"。未来中国要在"社会主义市场经济"中继续"大踏步地跟上时代"，混合所有制一定会打开空间。这对中国今后几十年完成"中国梦"愿景，其影响一定是非常深刻和长远的。

三、现代财政制度：财政是国家治理基础、重要支柱与全面改革支撑

《决定》中第三个重要的逻辑链接，是把"现代国家治理""现代市场体系"以及"使市场在资源配置中起决定性作用""积极发展混合所有制经济"结合在一起后，又引出了作为基础支撑的"建设现代财政制度"的要求。文件中明确指出，财政是"国家治理的基础和重要支柱"，这在如此高规格的文件中是第一次，但完全

符合学理，是一种严谨的表述。财政可称为政权体系"以政控财""以财行政"的分配体系，处理的是公共资源配置问题，而公共资源配置及其优化一定会拉动和影响整体资源配置及其优化。财政预算体现国家政权活动的范围、方向、重点和政策要领，以"钱从哪里来，用到哪里去，以什么机制取之于民、用之于民"的财力安排规范政府该做什么，不该做什么，怎么作为，既不越位，也不缺位，使政府能"更好地发挥作用"——这种公共资源配置中政府职能的合理化，当然要成为现代国家治理的基础，这完全符合所有的经济学知识和逻辑演绎分析，没有任何夸大。因此，推进现代财政制度的构建，也就是要对应"60条"的主旋律，为全面改革做支撑。这是对财政服务全局的必然要求，也是对整个中国完成现代化转轨的历史性考验。

面对2020年，我们要力争使全面改革取得决定性的成果，否则全面小康即使实现，其意义可能也是大打折扣，因为虽然从人均收入指标的动态趋势看，以"稳增长"措施使2020年达到原已设定的要求几无悬念，但只讲全面小康而无改革取得决定性成果，并不足以解决跨越"中等收入陷阱"、转型陷阱的现实挑战性问题。我们应该更多地注意把握住问题的实质——目前改革已经推进到"攻坚克难"阶段，所有容易做的事已经做完了，好吃、容易吃的肉吃光了，剩下的都是难啃的硬骨头。习近平总书记反复说的"要冲破利益固化的藩篱"，就是学者常说的要冲破既得利益的阻碍。在此背景下，任何一项改革都可能称得上千难万难。中央成立了深化改革领导小组，对所有改革的事情做出一元化的统筹指导和协调。对于当下改革阶段特征做基本判断时，可提出三个基本概念。第一是矛盾凸显期，前文已提及矛盾最主要凸显为两点：一个是资源环境的制约，比如大家都能感受到雾霾的冲击；另一个是人际关系的紧张，比如中国现在谈到收入分配，几乎人人都认为不公平、有问题——这些矛盾如果不能有效化解的话，"中国梦"前景中的阴云会越来越重；第二是深水区，换句话说就是习近平总书记所说的"好吃的肉吃光了"，现在于深水区牵一发而动全身，要动真格的，特别需要配套、统筹规划；第三是关键时期，中国的转轨已到了"新权威主义"的尾巴阶段，但仍不可能设想以全社会完全分散化、布朗运动式地实现社会制度安排的全套更新，所以必须强调执政党"壮士断腕"般的自我革命、在中国共产党作为执政党可以有效组织各种资源的情况下，未来一段时间这种所谓新权威主义的组织能力，有可能使我们相对便捷地去自我革命和贯彻后来居上的发展战略。然而新权威主义是体现为效能递减曲线的，并且不能天然地保证我们如愿走到伟大复兴现代化目标实现的轨道上，也有可能走岔道。今后十余年，是决定中国能不能在度过1840年后的低落时期并终于走到面对2020目标的新起点之际，继续大踏步跟上时代完成"中国梦"目标的关键时期。

在这种情况下，战略层面的思维是一定需要居安思危，防患未然，要有紧迫性。这种紧迫性可以用祁斌先生所说"两只老虎的赛跑"来比喻，中国现阶段整体的形势就像有两只老虎在赛跑，一只叫"改革"，另一只叫"社会问题"。这两只老虎各自要素齐全，似乎也看不太清楚对方，但都在往前跑，哪只老虎跑得更快一点，将决定中国的命运。周其仁教授后来意味深长地补充指出：改革还要和新生代的主流诉求赛跑。试观察社会上的"80后""90后"以及"00后"，他们可能已没有耐心来听前辈们"忆苦思甜"和讲解"主旋律"，他们可能大多不会有多少兴趣去深究1949年中华人民共和国成立后各个发展阶段的得失，但他们是会有主流的诉求和以"人心向背"形成的"水能载舟，亦能覆舟"的社会力量的。

辛亥革命后，孙中山先生在海宁观潮之后曾题写："世界潮流浩浩荡荡，顺之则昌逆之则亡。"这种只能顺应、不可违拗的世界潮流，我们现在可以归纳为这样几条：第一是工业化。这别无选择，中华民族作为世界上唯一的几千年古老文明没有中断的民族，落伍就是从工业革命开始的，民族复兴必须在工业化中迎头赶上。第二是城镇化。工业化必然伴随城镇化，过去我们曾经历几千万人上山下乡，逆势操作，得到的是沉痛的教训。第三是市场化，即市场取向改革，我们的探索已落到邓小平"南方谈话"之后锁定社会主义市场经济目标模式。第四是国际化或全球化，已表现为以中国的"入世"来锁定全面开放格局。邓小平同志的判断非常清楚：不改革开放是死路一条。正是有了这样巨大的扭转，我们的路才越走越宽。第五是信息化，或者说高科技化，也即对所谓第三次产业革命大潮我们绝不可再擦肩而过。除此之外，显然还有另外一个重要的不可逆转的要素，即依法治国、法治化、民主化。新生代的主流诉求一定会在上述这些的发展轨道上综合体现出来。

财政作为国家治理的基础和重要支柱来服务全局，就要以合理的财力分配和自身的改革，支撑全面改革的攻坚克难和对于现代化文明的顺应发展与社会进步。

四、现代政治文明：全面改革联结"全面法治化"

2014年12月举行的党的十八届四中全会，以"法治化"为主题，鲜明强调了"依宪治国""以宪行政"的总原则，并给出了法治建设上的"全面依法治国"指导方针和推进制度建设的部署；2015年10月举行的党的十八届五中全会，则形成了以"创新""协调""绿色""开放"与"共享"为主题词的系统化发展理念。这两次全会与党的十八届三中全会的改革精神贯通，从而构成以创新驱动全面改革联结"全面法治化"现代政治文明、践行现代发展理念的"供给侧"制度变革总纲的进一步延伸。

要想实现全社会可预期的稳定环境与健康发展，就要贯彻现代文明范畴里的法治。比如，紧密结合经济生活与社会经济行为，从法律的角度分析财产权问题及其社会意义，将有一系列的逻辑节点可以展开。首先要说到根本大法——宪法。经济社会转轨中，其实中国宪法还必须酌情修订。对于1982年在彭真同志主持之下修订的宪法，现在很多人是给予高度评价的，但其后仍不可避免要做多轮修订。最近一轮修订，在原来宪法条文里表述的"公有财产神圣不可侵犯"的旁边，增加了"合法的私人财产不受侵犯"。说到"公有财产神圣不可侵犯"，在表述上"神圣"两个字只是形容、渲染意义的，关键在"不可"两个字，这意味着公有财产受侵犯的情况下，一定要有惩戒措施跟上；而到了私有财产，现在只是说合法的私有财产不受侵犯，并没有交代受侵犯怎么办。这就体现了对其条文酌情改进的必要。如果这个表述是在平时文章或者口头言说里出现，无伤大雅，但是写入庄严的宪法，我们认为还是不够格的，它没有解决在"私有财产权入宪"这一重要问题上，"受侵犯了以后怎么办"的问题。但是从另一个角度来说，这句话写进去总比没有好，所以要承认上一轮修宪有进步，但是水平尚不太高。现实生活中合法的私有财产受侵犯的情况还是不少，比如有"重庆打黑"已揭露出来的各种各样侵犯合法私人产权的案例。

习近平总书记所说"把权力关进制度的笼子"，是非常有建设性的。共产党是执政党，执政党是有权力的，这个权力就是公共权力。公权由一个一个具体的私人执行，实际生活中肯定会发生扭曲，立法的关键是把权力关进制度的笼子，力求最大限度减少扭曲。如果"笼子"是法律，那么就还要说到一个我们的治国理念——法治（不是"法制"，翻译成英文不是 rule by the law，而是 rule of the law）。现代文明要实现健康的民主化，一定要配之以"法治"的治理概念，真正"走向共和"。在义理上讲，"法制"（rule by the law）以法律为统治工具，"法治"（rule of the law）则是"法律的统治"，表达"法律最大"的价值思想。"法制"强调法律的工具价值，"法治"强调法律体现公众意志和至高无上的权威。"法制"是静态的法律制度体系，制度体系有好有坏。"法治"则是一个好的法律制度体系得到有效实施的动态描述，逻辑取向上说，"法治"只有好的法治，没有坏的法治。法治的首要任务是剔除现有制度体系中的"恶法"，法治的目标是"良法善治"，也就是"好的法"运行在现实秩序中，达到了"好的效果"。

在严重缺乏法治传统的中国，法治体系的建立，当然首先要优化宪法。宪法是根本大法，最上位的法，如前所述，在经济社会转轨中，看来中国的宪法还需要一轮一轮地修改。宪法下面则需要有完整的法律体系。这段时间，中国法律体系建设理念上最值得称道的一个进步，是在"法律"和"法规"的发展中形成两个方向，即负面清单和正面清单。负面清单所列上去的是不能做的事，这是对企业、对市场主体最适合的"高标准法治化营商环境"的打造，以上海自贸区为代表而首先明确提出，其后党的十八届三中全会《决定》提出要全面实施负面清单，因而对于企业和市场主体来说，"法无禁止即可为"——只要是负面清单上没有的，什么事情都可以做，"海阔凭鱼跃，天高任鸟飞"，充分发挥自主权和创造性。正面清单则适用于公共权力，即"法无规定不可为"，政府作为手握公共权力的主体，在没有法律规定予以授权的情况下是没有权力做任何事的——"权为民所赋"。而且"有权必有责"，呼应于权力清单要有责任清单，落实问责制。这一套逻辑隐含的实际内容，是抑制官员动机中内在的"权力最大化、责任最小化"不良匹配，使权责约束清楚到位。把对市场主体的负面清单和对调控主体的正面清单合在一起，显然是一种比现在状况更加理想的法治环境。

由如此规则笼罩着、覆盖着的法规体系，第一重要的事项是"有法可依"，无论是负面清单还是正面清单，都力求能够一步一步推到全覆盖。当然这只是一种向理想目标的"无限逼近"，比较成熟发达的经济体，比如美国、英国，也不敢说自己浩如烟海的法律条文或案例能把所有的事情都穷尽了，也需要不断动态地优化，中国作为一个转轨国家更是如此。在有法可依的起点上再往下走，还有人们已说惯了的"执法必严""违法必究"，这和现实生活的差距也还很大。其实，在"有法可依"后面、在"执法必严"前面，中国现在特别需要强调的是有"良法"可依。目前尚有很多"法"的水平是相当低下的，甚至可说合法不合理的情况比比皆是，另外合理不合法的事情也相当多。改造恶法、不良法，是全民族无可回避的任务。白纸黑字未必代表着公平正义，对于一些有争议的问题，如果简单"依法执行"，并不一定能很好地解决。

邓小平在改革开放初期提出，要把党和国家的制度建设问题放到非常高的地位上，制度设计好了，坏人就不可能任意横行，制度设计不好，好人也会被动犯错误。只有制度才有稳定性、长期性和有效性，才能摆脱依靠以领导人的个人意志、注意力、偏好决定党和国家整体运行轨迹的风险。习近平总书记提出的"依宪行政"下的全套规范制度建设，与之是一脉相承的。但这些在现实中还是会遇到一些很有挑战性的问题，举两个具体的例子：一是上海自贸区。创立自贸区时，所需的众多新规则与现行法规都有所冲突，所以综合部门对其持反对态度，依据就是"讲法治"，但中央很快发出明确信息，现实中所有和自贸区所需新规发生的矛盾，在处理上都要给自贸区让路。二是当年中国加入世界贸易组织（WTO），所有和WTO规则相抵触的法规都要以"清理文件柜"而被清理掉。这些与严格执行法规的理念看上去似有所冲突，但如果要使法治能够达到一个合格的境界，就必须考虑鼓励先行先试因素和"变法革新"，必须给出弹性空间。先行先试的意义是积累经验，不能说试验无懈可击、非常完美，就是成功了，而以后出现调整就失败了——可以此视角看待中国屡屡成为舆论热点的房产税在沪、渝的"两地试点"。习近平总书记已非常明确地表示，今后的改革要继续鼓励先行先试，要继续鼓励摸着石头过河。

中国要走向现代化国家，走向"国家治理现代化"的境界，不建设法治社会是注定没有出路的。习近平总书记强调"司法腐败是最大的腐败"，则是直指这一问题对我们现在执政党"自然法"式合法性意义的严重销蚀和挑战。习近平总书记在司法工作会上提出要清除我们司法队伍中的"害群之马"，取向是"让人民群众从每一个案件中看到公平正义"，这个方向完全正确。但是实际生活中，不可能让中国天文数字的每个案件都能真正符合公平正义，我们要尽一切努力使案件不公平正义判决的比重下降到最低限度。

在把握潮流、创造历史的关键时期，我们所要掌握的一大重要问题是如何化解矛盾以及跨越种种陷阱，在这个过程中，除"中等收入陷阱"和"转型陷阱"外，具体的陷阱概念中，还有已经被很多人意识到的"塔西佗陷阱"。2000多年前的历史学家、政治学家塔西佗指出，在社会生活中存在着一个政府公信力的临界点，过了这个临界点，政府的所有决策即使是正确的，也会无济于事，局面将变得不可收拾。我们在某些局部场合（如贵州瓮安等处的群体事件）已经看到这样的威胁。另外，政治局会议讨论住房问题时，已提出"福利陷阱"问题。虽然我们应该从人民群众最关心、涉及直接利益的事情做起，但政府作为调控主体，还必须考虑在眼前利益与长远利益，局部利益与全局利益、根本利益之间，怎么样权衡，否则"福利陷阱"会把我们拖入"中等收入陷阱"，最典型的前车之鉴，就是一些拉美国家。一百多年前，阿根廷跟美国的人均GDP等经济指标不相上下，但现在美国已经成为头号强国这么长时间，阿根廷则进入"中等收入陷阱"后一蹶不振，其他许多拉美国家也是大同小异。"民粹主义"基础上的福利赶超，结果不仅是福利不可持续而从云端跌落尘埃，一起跌下来的还有发展的后劲，痛失好局之后所有社会矛盾全被激发出来，引出多少社会动荡，多少血泪辛酸。中国经过前面40年的发展，有了历史性的新起点，已进入中等收入阶段，但绝不是以后自然而然地就能实现"中国梦"了，如何真正避免这些陷阱，是有重大实际意义的真问题。

西方主流意识中的"现代化"是和中世纪切割，在告别"黑暗的中世纪"后进入一个新的境界，转折点是文艺复兴。文艺复兴有很强烈的人本主义色彩，引导形成的主流意识是法国大革命和美国《独立宣言》追求确立的自由、平等、博爱、民主、法治。党的十八大提炼的三个层次二十四个字的核心价值观（国家层面的"富强、民主、文明、和谐"；社会层面的"自由、平等、公正、法治"；个人层面的"爱国、敬业、诚信、友善"）里面，实际上包容了所有自文艺复兴以来人类文明不断提升的主流要素。必须承认无论是西方还是东方，某些属于人性的东西是相通的，比如孔孟之道里的"己所不欲，勿施于人"就完全立得住，是普世的，只要明确这个立场，就一定会引到按照人类社会文明发展的取向来处理人际关系。所以从另外一个角度来说，虽然"现代化"这种主流意识带有一定的西方色彩，但不能简单地认为是西方中心论，不能在文明比较的情况下认为西方的都立得住，东方的都立不住，这是需要具体分析的。东方的一些东西，在我们合理地发掘它的积极因素之后，要使之更好地跟外部世界互动，形成"美美与共，天下大同"的境界，虽然道路很漫长，但是趋势越来越清楚：在全球化时代、互联网时代，如果不寻求多赢共赢，就可能会处处碰壁，甚至头破血流。相反，如果更多地强调"己所不欲，勿施于人"，讲民主法治和相互尊重，那可能就是增加朋友、减少敌人，在中国的和平发展、和平崛起中走通"人类命运共同体"的共赢、多赢之路。

人们说到的"现代化"横向比较的概念，是不断动态推进的组合，这个动态推进也需要依靠一些基本原理去实现，比如"自由"应是法治限制之下的，否则无法处理个体自由间的冲突；"民主"要走向共和，否则可能引出"多数人的暴政"。共和是承认所有参与主体的诉求都应该得到尊重和表达，然后做理性的讨论，寻求最大公约数。辛亥革命以后，我们中国人苦苦探索，但一直没有走到真正的共和境界。共和一定是汇集了一切人类文明发展积极成果的"包容性发展"

的境界。

所以"现代化"不是一个可以贴东西方标签的问题，应该在全球化新阶段东、西方互动的过程中不断提升其综合境界。公共资源、公共权力的配置即公共事务的处理是社会发展在哪个阶段都躲不开的，比较初级的解决形式叫"宫廷解决"，氏族公社后期开始私有制因素影响公共权力使用之后，带来了冲突，进入阶级国家状态，权力和利益冲突的宫廷解决就是宫廷政变式的你死我活，比如中国历史上大大小小几十次的改朝换代，很多的皇帝就是在你死我活之中把对手包括亲兄弟统统杀光，自己才能坐稳江山巩固权力，这种残酷的宫廷解决方式显然不符合人类文明发展趋向。第二个阶段的解决方式叫"广场解决"，更多的人知情，在广场上大家一起来做"群体事件"式的解决，但是广场解决的实际结果往往达不到一个平衡点，无法解决后，就会由广场解决转变为"战场解决"，近些年最典型的就是在中东和埃及等地发生的一系列事件演变，广场的派别对抗演变成夺人性命的流血事件。现代人类文明最值得推崇的解决方式是"会场解决"，最典型的是美国酝酿宪法，在费城会场里讨论一百多天，从议事规则一点一点抠起，最后抠出美国宪法。"会场解决"后没有简单的谁输谁赢，或者说输方不注定永远是输方，下一轮可以按规则继续再来，这有点类似于奥林匹克规则，大家遵从一个中立的公正裁判。中国要真正走向现代社会，不是贴东西方标签的问题，是在看到前边的探索之后，把各种各样人类文明提升的要素，真正综合在一个现代国家治理的制度联结里，形成一种可持续的制度安排。这其中有很多重要的探索，也有种种细节的问题。试以一句话概括：简单的单线文明论、西方中心论是带有片面性的，但要承认文艺复兴直接引导了带有偶然性但实际上决定了其后世界全貌的工业革命，以及一些特定的因素汇集支撑美国形成一个世界头号强国的全套要素组合。中国的伟大民族复兴，要认同"顺之则昌，逆之则亡"的世界潮流，争取达到把中西方所有的文明要素组合在一起、融汇在一起的可持续发展状态。

五、现代发展理念：以创新为"第一动力"、改革为"关键一招"的守正出奇

党的十八大之后，"全面深化改革"和"全面依法治国"的部署又继续推进到党的十八届五中全会提出的以创新发展为"第一动力"结合协调、绿色、开放发展而统一于共享发展的系统化的现代发展理念，在此背景下，决策层十分清晰地表述了"着力推进供给侧结构性改革"的指导性意见。把供给管理依其内在规律摆在长期视野中，更多加以强调和优化，是合乎逻辑地服务实现中国现代化伟业之全局战略。作为一个转轨中的发展中大国，我们要追求的必然是以"追赶—赶超"过程而达到后来居上的现代化"伟大民族复兴"。中国"三步走"现代化之路，其实就是邓小平设计的从追赶到赶超而和平崛起的现代化过程。"中国梦"作为第三步战略目标实现之时一个非常形象化的表述，其实现过程中，过去我们更多依靠了"后发优势"，而推进到认识、适应还必须加以引领的"新常态"新阶段，并面临"强起来"新时代需完成的现代化历史飞跃任务，现在一定要努力转为更多地争取供给侧发力的"先发优势"。我们认为，大思路定位必然是以供给侧改革、创新引出整个供给体系质量、效率和综合功能、绩效的总体跃升，体现为以改革为现代化"关键一招"的制度供给"守正出奇"。

所谓"守正"，就是政府更好发挥作用的前提是要充分认识、适应和尊重市场规律，对市场要怀抱敬畏之心，充分尊重市场机制在资源配置中总体而言的决定性作用。这是人类历史上各经济体长期实践反复证明了的"共性"规律。所谓"出奇"，就是还必须充分认识和把握中国特色社会主义市场经济发展中必然要处理的特定"个性"，在关于国情、阶段、相关制约条件、发展机遇的通盘理解与判断基础上，不是简单照搬他国的经验和自己过去的经验，而是建设性、创新性地打开"有效市场＋有为、有限政府"合成的有效供给体系的潜能、潜力空间，在政府履行职能方面有意识地把"总量型"需求管理与"结构型"供给管理相互结合，特别是把"理性供给管理"作为"十三五"及中长期中国经济升级发展、可持续发展的内在要求和具有"矛盾主要方面"分量的重要组成部分。"供给侧结构性改革"命

题承前启后、继往开来地紧密结合"有效制度供给"这一改革的关键。守正出奇的含义，一言以蔽之，就是实施理性的供给侧改革创新——以形成有效制度供给为统领的供给体系，更好地解放生产力来回应需求侧的演变，而在创新驱动中继续超常规实现经济、社会的发展。中央决策层已把"供给侧改革"这样一个视角，从学理层面提升到中国特色社会主义政治经济学对于政府科学决策的支撑，未来中国在供给侧改革视角上的开拓进取，也正是践行以制度供给为龙头、现代化为主轴的创新发展过程。

第二章

供给侧改革相关基本学理的认识框架

供给侧结构性改革是落实当代中国"四个全面"战略布局("全面小康、全面改革、全面依法治国、全面从严治党")的指导性战略方针。我们一些有共识的研究者,在世界金融危机发生之后的反思中,意识到学术研究的创新方向一定要抓住供给侧。在做出相关研究努力的过程中,于基础理论层面提出了新供给经济学框架。近年看到决策层明确提出关于供给侧结构性改革的表述之后,我们进一步受到鼓舞和鞭策,需要进一步深入领会中央精神和努力深化相关研究。本章试对供给侧结构性改革及相关基本学理,进一步做出框架性勾画认识。

第一节 供给侧结构性改革的背景、基本思路与要领

决策层提出供给侧改革的背景,总体来说,可由两条线索来认识:一是在党的十八大以后,大政方针逐步清晰化;二是我们的经济运行出现了阶段转换,必须认识、适应和引领新常态。

中央大政方针的一步步清晰化,如前章所述,可把握为十八届三中、四中、五中全会推进"四个全面"过程中最关键的几个基本概念、关键词的链接:从三中全

会所要求的"现代国家治理""现代市场体系""现代财政制度",对接关于市场在资源配置中发挥决定性作用的认识突破,实际上解决的是以这种明显有别于"管理"的"治理"新思维新概念,来推动实现制度安排的创新,政府总体来说在资源配置中充其量是起辅助性作用,但是要更好发挥作用。这种认识再对接到四中全会的"全面依法治国"即现代政治文明,以及五中全会所强调的创新发展作为第一动力引领协调发展、绿色发展、开放发展,最后落到归宿的共享发展的"现代发展理念",再匹配六中全会的"全面从严治党"——这些实际上都可以再浓缩和融汇到"四个全面"战略布局中。

这样的大政方针之下,我们要认识、适应和引领新常态,完成中国于2010年进入中等收入阶段后合乎逻辑必然要处理的增长速度下台阶、而增长质量必须上台阶这样一个挑战性的、带有历史性转换意义的任务。

在上述两条线索的背景下,我们可以进而领会五中全会之后,中央财经领导小组第十一次会议上习近平总书记特别强调的"供给侧结构性改革"战略方针。在此之前,已口风递出(大家已经意识到中央越来越强调供给侧),以后又有很多展开的论述,但是第十一次会议上习近平总书记的五句话,已经比较完整、精练地表明了决策层关于这个战略方针的基本认识和里面内含的逻辑关系:"要在适度扩大总需求的同时,着力加强供给侧结构性改革,着力提高供给体系质量和效率,增强经济持续增长动力,推动我国社会生产力水平实现整体跃升。"

第一句话,"要在适度扩大总需求的同时",实际上告诉我们,供给侧的被重视、被强调并不否定需求侧的意义和作用,还要继续做好需求管理。但是话锋一转,第二句、第三句是鲜明体现习近平总书记所说的我们现在认定矛盾的主要方面是和需求对应的另外一侧,就是供给侧——在供给侧的着力,首先落在改革上,"着力加强供给侧结构性改革"所说的这个改革指什么?就是邓小平当年确立的改革开放大政方针所说的那个"生产关系的自我革命",就是要解决供给侧的"有效制度供给"的问题,即通过这样的改革,以有效制度供给来进一步解放生产力。

为什么现在把三个词合在一起表述?有人说有点文绉绉的,老百姓念起来也拗口,但我们的体会是,这显然体现着最高决策层特别强调的我们现在的科学决策、政策优化一定要有中国特色社会主义政治经济学的学理支撑。讲改革，现在说全了便是"供给侧结构性改革"，首先其新意表现在供给侧，就是认定要在改革深水区攻坚克难来解决有效制度供给的问题——讲改革必然要讲到的是制度供给，这完全是顺理成章的表述；同时，又带出另外一个特征，即结构性，因为从制度供给来看，涉及的就是制度结构、利益格局，隐含着习近平总书记说了多次的要"冲破利益固化的藩篱"这个啃硬骨头的改革任务。"供给侧"和"结构性"合在一起，落到改革上，三个要素组合而成的表述，学理上是非常严谨的，而且也意味着我们的决策层现在充分注重以政治经济学学理基础与科学决策、政策优化密切结合在一起，推进我们的现代化进程。这个供给侧结构性改革概念，有时候被简称为"供给侧改革"，习近平总书记说这样也是可以的，中文的表达习惯是可以简称，"供给侧改革"讲的就是"供给侧结构性改革"，但后者有了表达的简化，只是不要忘了结构性的含义是内在的。

有的学者，比如前一段时间北京大学晏智杰教授表达学术观点认为，供给侧改革"淡化""排斥"了体制改革和深化改革，又说承认有供给侧改革的必要，但是供给侧改革要"从属"于体制改革。我们不同意这种不当的、混乱的看法。现在我们从学理上来做分析认识，就是改革即是作为解放生产力的"生产关系的自我革命"，这个改革发生在供给侧，解决的正是有效制度供给问题，也就是一定要解决制度结构优化的问题、冲破利益固化藩篱的问题。供给侧结构性改革是浑然一体、与体制改革完全一致的一个强化了学理色彩的概念。

接着要说，"改革"这个概念只是讲了供给侧的一个制度要素，还要把供给侧其他要素合在一起成为一个体系，就是第三句话，要"着力提高供给体系的质量和效率"。关于这个供给体系，我们可以给出一个理论模型——千差万别的供给侧各种要素、实际生活中指标不可通约的这些要素，可以抽象为五大要素，就是劳动力、土地（和由其代表的自然资源）、资本、技术创新，以及制度与管理。寻求供给侧整个体系质量和效率的提高，需要强调，在不同发展阶段上，五大要素各领风骚，各有贡献，但是在发展阶段转换进入中等收入经济体和出现新常态之后，它们之间的组合却必须推陈出新，必须实现动力体系的转型和升级。前面第二、第三句话所说着力来加强的改革和整个供给体系的问题，显然是个系统工程，这也就表明，并不是像有人简单所说的中国人搬用了美国里根经济学和供给学派减税为主的主张——对以往有益的东西我们当然要借鉴吸收，但是美国的供给学派还只是有一个较窄的视界，过去学术界的评价就是供给学派的体系性不足，它强调了减税，里面有值得我们看重的思想与启发，但它哪里能像中国现在这样，以供给侧改革处理的是全局和长远的一个系统工程，所以跟它"不是一回事儿"——这是习近平总书记的原话。我们理解当然不能说"不是一回事儿"就完全否定供给学派，完全不借鉴了，但我们不能简单认同美国供给学派隐含的新自由主义的学理逻辑，我们是要把政府的作用和市场的作用达到一个合理的结合（以有效市场加上有为、有限的政府），这些显然与美国供给学派的哲理是有明显区别的。

第四句话"增强经济持续增长动力"这句话表达的含义，首先是供给侧改革所要形成的效益和结果，是要解决经济社会发展可持续性的问题，这也不是横空出世全新的命题，在胡锦涛任总书记期间，我们已经把邓小平简洁而正确表述的"发展是硬道理"升华为"全面、协调、可持续的科学发展是硬道理"的科学发展观，而现在是在科学发展观这个思路下，把可持续性问题的解决，直接结合到动力体系的转型和升级上。所以，新意是直接把动力问题标示上去了，这个动力体系是要改造原来已有局限性的需求侧"三驾马车"的动力认知，而要把"三驾马车"的结构化逻辑进一步推展到供给侧，形成对整个动力体系的完整认知和把握（这当然也值得再做学理层面的展开分析）。把动力的转型升级这个问题处理好，内在体现了现在所抓的解决可持续性问题，是把聚焦点更清晰地放在对冲下行因素必须找到新的动力源，实现动力体系新旧转换这个基本认识上。

第五句话，总结了供给侧改革追求的是什么——是促进我们国家"社会生产力水平实现整体跃升"。所谓整体跃升，在学术上表达的，就是发展曲线并不是一个简单的上扬曲线，它是一个"阶跃式"上升的曲线，波动中一个一个台阶往上走，整体跃升式的发展，实际上就是追求一种超常规发展。邓小平说的现代化"三步走"，以及"南方谈话"所说的发展是在波动中一个一个阶段抓住机遇往上提升，每一波中总要争取再上一个台阶，这是符合经济社会客观规律的。整体跃升式的发展，内含的其实也就是这些年间中国政府体系中各级都认同的、到了地方发展战略设计中是直截了当写上去的"超常规发展""跨越式发展""弯道超车式"的发展。关于这种发展诉求体现为超常规发展战略,也有不同的认识,比如林毅夫教授所强调的新结构经济学里面蕴含的基本原理,是要把握好资源禀赋,然后用比较优势这个原理来解释整个发展,以及新结构经济学的思路。我们认为其局限性也就在这个地方:光讲资源禀赋基础上的比较优势,并不解决超常规发展的问题。中国以常规发展不会连通中国梦,因为我们是在工业革命之后落伍了,必须通过追赶完成赶超,后来居上,才能完成伟大民族复兴。这样一种愿景并不是凭空而来的,世界各个经济体的发展在这方面早有丰富的实证案例,表明不会是齐头并进的发展,必然是你追我赶的发展——过去英国在发展中赶超了荷兰,后来美国在发展中赶超了英国,为什么现在不能设想中国在发展中赶超美国代表的发达经济体第一阵营呢?这个方面学理上的分析也可援引西方学者的一些成果,比如"蛙跳模型"等,不是凭空想象。当然,这里面也有一种危险性:处理不好它会落入"大跃进"式的背离经济规律的误区。

这就像产业政策的情况。在前一段对产业政策的讨论中,张维迎教授完全否定产业政策,但这种认识在实际生活中得不到任何国家案例上的回应,属于学者推到极端的一种说法。当然,他的说法虽极端,对于政府可能走偏的分析认识确实是很有启发性的。林毅夫教授的说法强调了产业政策有必要性,讲了怎么样设计产业政策的问题,但我们认为除了怎么设计之外,最关键的是产业政策怎么贯彻执行的机制问题,光讲"有为政府"不够,还得讲"有限政府",还得把政策倾斜机制通盘合理化,避免在供给侧结构管理的方面出现非常容易发生的政府失误,这些也都还需要展开分析和做深入的研讨。

回到这个跃升发展命题上,我们要追求超常规发展,必须坚定不移。邓小平设计的三步走,前两步已经提前实现,是超常规的,最后这一步横跨50年,中央又规划了一个中间节点目标,是2020年实现全面小康。实现全面小康,现在看只要在"十三五"托住6.5%以上的年均增长速度,再加上社会政策托底,比如七千万人脱贫等,就能够交代出来,但最大的考验是2020年是否能取得中央要求的配套改革决定性成果。现在供给侧结构性改革,就是要在改革的关键时期攻坚克难，以求能够继续实现整体跃升式的超常规发展。这样的一个超常规现代化发展战略，我们认为是中国必须把握好，在学理层面继续对它深化认识的一个非常重要的思维线索。应特别强调的就是，不能只停留于比较优势战略的认识——比较优势战略在它的天花板上，就是走在前面的经济体必然由于利益考量，使你花多少钱也买不来你认为他应该给你的那个他手上以比较优势表现的高科技产品核心技术。在比较优势战略旁边，还必须匹配上我们要尽可能控制风险而力求出奇制胜的赶超战略。

很显然，这5句话包括了非常丰富的内容。接着，我们可从学理上简要勾画一下基础性认识层面的相关基本概念和关于动力体系的分析。

第二节　经济发展动力体系的完整认知

在基本概念上，应当承认，供需是经济生活中一对相反相成的概念，需求是原生动力，供给对需求的响应构成经济循环与经济生活，而政府需要介入其中时，过去首先认识到要从总量上去促进总供需的动态平衡。技术路线上其实也有一对概念，就是需求管理和供给管理。但过去比较成套路的，认为经验较丰富、认识较成熟的是需求管理，即反周期的总量型宏观调控，但是世界金融危机发生之后，发现它的局限性非常明显，成熟度是不高的。于是，从经济学的成果评价来说，就必须承认我们过去主流经济学总体成果的不对称性，必须得到校正，必须将供给管理的认识加以深化。我们在这方面的探讨，就是在承认需求是经济生活中的原生动力之后，要特别强调供给侧对于需求侧的响应机制和它的特征才是划分经济发展不同阶段和不同时代最关键的因素。这一理论上的分析认识可表现为一个阶跃曲线的表达（参见本书第一章图1-1）。

为进一步展开说明，可进而把人类发展过程简单列出一个表。如表2-1所示。

表2-1 供给侧视角的人类社会发展概况

时代特征	供给侧特征与突破（人与物，生产力）	制度特征与进展（人与人，生产关系）
旧石器时代（Paleolithic Period）	以使用打制石器为标志	在洞或巢中混居、群居（生成分工合作的采集、狩猎的组织）
新石器时代（Neolithic Period）	以使用磨制石器为标志（发明了陶器，出现了原始农业、畜牧业和手工业，酝酿产生农业革命）	氏族公社（组织功能扩展至农耕等）
青铜器时代（Bronze Age）	以青铜采冶业为标志（犁铧，兵器）	国家出现与奴隶制
铁器时代（Iron Age）	以铁制工具和武器的应用为标志	奴隶制社会加速瓦解，封建社会在欧洲成为主流，皇权、农奴与佃农；亚洲有中国或"东方专制主义社会"
蒸汽时代（机器时代，The Age of Machines）	以机器的广泛应用（机械化）为标志（机器代替了手工劳动，工厂代替了手工工厂）	工业革命与资本主义社会（资本主义战胜封建主义；工业化和城市化进程明显加快；资本主义国家社会关系发生重大变化，工业资产阶级和无产阶级成为两大对立阶级；自由经营、自由竞争、自由贸易为主要内涵的自由主义经济思潮兴起；资本主义国家加快殖民扩张和掠夺；世界市场初步形成；二千年帝制在中国被推翻。）
电气时代（The Age of Electricity）	以电力的广泛应用（电气化）为标志（电力、钢铁、化工、汽车、飞机等工业迅速发展，石油开始成为最重要的能源之一）	社会主义实验，资本主义调整
信息时代（The Age of Information）	以计算机技术的广泛应用为标志，计算机技术的发展经历了数字处理阶段、微机阶段、网络化阶段、大数据阶段，并正在走向人工智能阶段（半导体、互联网、移动互联、万物互联、"智能化""共享经济"……）	社会主义实验中的改革转轨，资本主义调整（"和平与发展"特点），全球化+新技术革命（思考：信息时代下，对内：制度和治理结构不断发生变化；对外：全球化程度和世界格局不断发生变化），"命运共同体"的共赢发展

说明：该表格由作者创建；表中资料参见：[美]阿诺斯. 全球通史：从史前史到21世纪[M]. 吴象婴，等译. 北京：北京大学出版社，2006.

第一列是关于各个时代可以认定的质的变化，勾画一个一个台阶往上发展的特征，从旧石器时代开始一直到现在的信息时代。第二列是在供给侧观察的生产力

(人和物关系）这方面一个一个台阶往上的发展。第三列是生产关系（人和人的关系）方面，标明社会形态、制度特征方面一个一个台阶向上的发展。这三者之间有它的对应性。最粗线条地说，人类社会最开始脱离动物界，是以社会成员从事分工与合作中的采集和狩猎这种供给机制，来满足社会成员最基本的"活下来"的生存需求，这便是当时对于原生动力需求的供给侧响应机制。生产力发展过程中，后来推进到出现农耕文明、农业革命，这就上了一个大台阶。农业革命带来的是社会成员可以相对稳定地在预期中和结果上，经过季节的更迭，取得不仅满足他们生存需求的有效供给，而且其中的一部分人还可以得到满足他们发展需求和享受需求层面的有效供给。按照历史唯物论来解释，到了这个阶段上，剩余产品的形成有这样的可能性以后，使供给侧有这样上了台阶的新支撑力以后，人类社会就必然摆脱、告别原始共产主义的氏族部落与公社的社会形态，而转入阶级国家的社会形态。再往后，生产力这一列的变化推进到又一重大事件，即终于走到了工业革命，而且是在地理大发现之后伴随着全球化展开的。工业革命时代，又具体可以区分为蒸汽时代、电气时代、自动化机械时代和我们现在面临的信息时代。一个一个台阶往上走，现在生产力可以支撑的我们经济生活中最前沿的新概念是什么呢？就是从20世纪五六十年代有半导体的发展以后，已延伸到现在的信息技术革命，这个信息技术突破性的标志是互联网，迅速发展到现在的移动互联网，移动互联又匹配上大数据、云计算等科技的创新，进而推进到现在的智能化概念。在匹配上所有这些技术创新条件的情况下，我们现在遇上的最前沿的概念就是"共享经济"。原来认为是排他性的经济资源配置，现在可以共享了。比如前些年大家知道的分时度假酒店，那是信息可以充分沟通的情况下已能够便利实现的。到了现在，出行的网约车、顺风车，信息已可以便捷处理和解决它的衔接与支付问题。再推进是什么？已为人们日趋了解的电动汽车，往前看，若干年内就可能出现这样一种最前沿的新状态：电动车晚上停在停车位，接上充电桩，这时候给它充的电是电网里最便宜的电力供应，因为夜间整个社会用电量降下来了，此时电最便宜。充电后到了白天，你不用车的时候，随身携带的智能手机上会跳出一个提示：你可以卖出多少电，而且能卖一个好价钱。这样，过去纯粹是一个消费单位、利益排他的私用车，现在变成了一个生产单位，整个社会可以共享这些生产的能力，这里面全是赢家，没有输家——这种共享的能力就是依靠信息网络、移动互联、大数据、云计算、分布式能源、智能化电网等这些供给侧创新形成的，最便捷地使整个资源配置效率空前地提高了。

这种共享经济在生产力支撑之下，对应而提供的社会形态方面最前沿的概念是什么？就是"包容性发展"，就是我们现在说的"治理"概念之下政府和非政府的多元主体充分互动而调动一切潜力和活力的发展，就是现在习近平总书记说了多次的中国的发展是在和平发展中和其他经济体共赢的"人类命运共同体"式的发展，要"摒弃你输我赢的旧思维"。这绝对不是空话，在这里稍微展开一些相关分析：这个"人类命运共同体"显然是在全世界范围之内支撑中国和平崛起、和平发展的一个极其重要的基本哲理概念，它前面的逻辑源头在哪里？当年邓小平得到历史机遇可以对全局提出他的指导意见之后，20世纪80年代，他明确提出，我们时代的主题是和平与发展。当时这个话说出来似乎并没有太大的冲击力，但是我作为研究者，几十年间反复回想，邓小平这样一个判断的意义非同小可，是最基础的战略判断。如果认为时代的主题是和平与发展，那么它否定的是什么？否定的是前面那个毛泽东时代的战略判断——认定我们的时代是战争与革命的时代。两个战略判断所引出的后面的整个发展思路是极为不同的：你既然认为是战争与革命的时代，要解决的是"谁战胜谁"的问题，那就必须按照当年的要求，要立足于打第三次世界大战，而且要立足于早打、大打、全面地打，解决了"谁战胜谁"之后再搞建设，以深挖洞、广积粮来对接解放全人类，那就必须以阶级斗争为纲年年讲、月月讲、天天讲，就必须抓住无产阶级专政下继续革命，别无出路。毛泽东的战略判断后面的推理，每一个环节都是逻辑自洽的。到了邓小平这里，是和平与发展作为时代基本特征与主题，自然就引出他所说的再也不可错失战略机遇的战略思维，就一定要强调抓住经济建设为中心，坚持这个基本路线一百年不动摇，通过"三步走"实现中国的现代化伟大民族复兴——这个战略目标是在前面的这个战略判断基点上自然地一步一步推出来的，它也是充分地逻辑内洽的。前面这两个不同的战略判断基点，只能是按照实践检验真理来做评价，实践证明哪个战略判断更符合现在人类发展的现实呢？显然是邓小平的战略判断。学者的分析就是说，到了供给侧的供给能力所推进到的核威慑时代，简而言之，第三次世界大战发生成为极小概率事件（这就是邓小平说的历史机遇），虽然局部的摩擦和局部战争还不可避免，但是国际上综合评价的核毁灭威胁的烈度是降低的，世界上每年发生的战争的综合烈度也可以得到总体大趋势而言的逐渐降低。现在当然还有很多的不确定因素，不敢说"黑天鹅"事件就不再出现，但是人类社会希望之所在，就是依靠现在供给侧的核威慑，倒逼和推进到一起寻求"命运共同体"式发展。宏大的命题其实回到学理上的分析，就是一句话：生产力的特征和根本上由生产力决定的生产关系的特征，都是发生在供给侧，这是所应特别强调的基本原理。

需求侧也在变化，但是需求侧的变化我们可称为"永新而无新"——人的需求如果从广义来说，它永远不会得到满足，人性如此，贬义的说法叫"贪得无厌"，比如大家都知道的渔夫与金鱼的寓言。可设想一下，把一个乞丐一路抬高到国王的高位，他还想再多活500年呢。这种漫无边际的无限需求，经济学无法讨论，经济学讨论中必须给它一个定义，就是有货币支付能力的有效需求，这就好讨论了。随着经济社会发展，社会公众收入在提高，钱包鼓起来以后他们拥有消费者主权来决定这个钱怎么用，有效需求的实现必须得到供给侧的回应与引领。需求者的变化特点，是总要不断提升他的用户体验，使自己的满意度不断往上走，但他自己并说不清楚什么东西能使这个满意度真正得到。一定是供给侧成功的创新，让处于需求方的社会公众眼前一亮，欣然把自己钱包里的钱拿出来去参与交易，这就是供需互动中有效供给所引领形成的经济循环。这个循环做得顺畅，就是经济生活中间发展的动力强劲，具有繁荣的特征，而且使社会能享受可持续的繁荣；如果没有这样一个很好的供给侧动力即有效供给不断创新的支撑，发展动力就不足，会使我们感觉到经济低迷，升级换代遇阻，甚至是落入危机境况。这也就是经济动力体系的简要原理。

所以，从苹果产品案例来看，我们要承认乔布斯作为创新者，超出一般人的想象，实现了一个智能手机时代代表性的供给侧成功创新，从而引领全球消费潮流。这样一个成功的供给创新——苹果智能手机，当然不能说它以后就长盛不衰，但至少从乔布斯那时候的iPhone4开始，曾经在引领全球发展过程中风靡天下，不是一呼百应了，而是一呼万应、一呼亿应的效果，很清晰地体现了以成功的创新引领和创造需求，释放市场潜力，提升景气水平，促进经济繁荣和人民福祉这样的贡献。

另外一个案例，我们可以分析它里面的问题之所在。同样是"用户体验"的升级换代中，中国老百姓已经进入了家庭卫生洁具要以坐便器来升级的发展阶段。这种社会生活中需求的升级，理应得到供给的回应，但在中国本土市场上没有形成一个良性循环，中国本土有坐便器卖，但就是没有看到大家一起出手去热购它。然而中日关系有所和缓以后，大量的中国旅游者到日本去，不约而同买"马桶盖"回国。这种热购怎么解释？一开始认为中国本土上我们的技术水平和制造工艺不过关，有这种供给能力的落差。后来发现不对，买回来的马桶盖是中国杭州附近本土厂家按照那边的订单生产的，说明我们的供给侧在本土上不缺少这种技术和工艺的供给能力。那么缺的是什么呢？缺的是我们国内市场制度环境的有效供给。国内的家电市场中"鱼龙混杂"，董明珠说，"大家都在处关系"，处关系的结果就是鱼龙混杂局面的持续，应该被淘汰出局的迟迟不出去，优胜劣汰机制无法实现大家认为可以形成稳定预期的那个有公信力的购买目标，对于假冒伪劣心有余悸的情况下，公众几乎谁都不敢出手去买。而到了日本，一下情况变了，口口相传的公信力就是有全套的质量保证，有全套的政府监管，你买了放心，回来使用不会有任何烦恼。就是这个区别告诉我们，现在我们要解决的供给侧的动力体系的问题，往往是必须以中国转轨过程中制度供给为龙头才能解决的问题。供给侧的要素里面，西方在比较成熟的市场经济情况下往往不强调制度，但还是合乎逻辑地形成了制度经济学这样一个新兴学科框架，中国人更要看重这个视角。

从这些角度看下来，可以再简要勾画一下可认知的动力体系。动力体系原来所讲的，是在需求管理视野之下的"三驾马车"，即投资需求、消费需求和净出口需求——这样一个认识，有它的进步意义，是对过去作为一个总量的需求概念，不得已要做出结构性的处理，分成三块。但是这个结构化的逻辑它并没有走完，应把这个逻辑传导、转移到供给侧，进一步展开其结构状况，才能形成对整个动力体系的完整认知与把握。到了供给侧，一个重要的认识提升是要把原来的完全竞争假设替代为不完全竞争假设。原来学者不是不知道还有供给侧分析，而是供给侧的分析面对的结构问题太复杂，学者难以建模和量化分析，很难发表出论文，令人望而生畏，同时又有可以一句话打发掉的认识，即到了供给侧，复杂的结构问题可以通过各个厂商在竞争中间实现要素自主流动的配置，达到市场出清状态，该卖的全卖出去了，那时候的结构就是个合理结构。所以，学者一方面意识到供给侧这方面太复杂，建模建不起来，另外一方面似乎无须建模，自然地以"完全竞争中达到市场出清"一句话就打发掉结构问题。现在不行，我们所说的经济学创新突破，就是必须在看到很有启发意义的完全竞争假设这个前提之下，认识到这个假设的不足，必须把这个假设提升到 2.0 版的非完全竞争，因为这不论是在中国，还是在美国，都是现实世界中的真实图景。到了非完全竞争假设下，政府的调控就不应仅仅是需求管理的反周期了，一定还要有政府作为主体促进优化结构的政策供给，比如产业政策（当然它是"双刃剑"，政府处理不好也会形成新的失误）；另外，政府必须做好制度供给，即致力于使市场形成有效的制度环境来优胜劣汰。这就是关于动力体系要说清楚的：需把"三驾马车"结构特征传递、转移到供给侧，把所有供给侧要素的结构问题及其机制放在不完全竞争假设条件之下，形成一个关于经济发展动力体系的完整认识和把握。

第三节　供给侧五大要素组合的优化，要聚焦全要素生产率

按这样的理解，就需要再进一步展开分析一下供给侧的五大要素。第一章已涉及的基本认识，是千差万别的各种要素，可提炼为劳动力、土地及其代表的自然资源、资本、科技成果应用以及制度和管理五项。前文所讲已内含的认识是讲到供给侧，首先强调制度供给是龙头，是中国转轨过程中要抓的一个纲举目张的关键，但是后面跟着的所有相关要素也都有必要讨论。如果按照供给侧五大要素这个理论模型来看，可以首先引出一个基本认识，就是各个经济体在发展到中等收入阶段之前的那个阶段上，前面三个要素对于增长的贡献比较容易被人们所认知，会比较清晰地体现出来。这时候后两个要素也在发挥作用，但是相比之下，前面三个是一望而

知的，相当直观。

比如，中国改革开放后大家都注意到劳动力一旦可以流动——所谓"农民工"流动起来不叫"盲流"了，所带来的中国农村区域几乎无限供给的低廉劳动力这个比较优势，就形成中国在国际合作与竞争环境里超常规发展的支撑力，低廉劳动成本的比较优势支持着我们一路走到"世界工厂"，总量走到全球老二。土地和自然资源改革开放之后，从深圳开始要靠竞争取得土地使用权、资源开发权，跟在后面的是市场经济物质利益驱动之下多元主体竞争中间一波一波生龙活虎的超常规发展。资本方面，我们一开始本土资本匮乏，但是只要有开放，外商都非常清晰地知道中国有利可图，所以外资迅速流入，跟着的不仅带来了资金，而且带来了技术和管理，实际上就催生、培育、也在竞争中倒逼了中国本土的资本原始积累过程，走到现在可以说中国本土上的民间资本、社会资金已经相当雄厚。但这三样在这些年恰恰是在支撑力上滑坡：2010年以后，我们整个经济一路下滑，与此是直接相关的。劳动力方面，首先从珠三角开始，现在演变成全国性的招工难、用工贵、民工荒，说"招工难"，反过来说就是"就业容易"。所以，这些年就业的情况还是相当不错的，而且就业里低端劳动力、粗工、壮工、农民工，包括家政服务的保姆，他们的工资增长超过平均增长水平，使我国0.49高位的基尼系数（官方数据），现在已经逐年缓慢回升到0.46。正面讲这是到了一定发展阶段，到了这个火候，劳动者共享改革发展成果，特别是低端劳动者受益，薪酬要价能力上升；负面讲这就是"无可奈何花落去"，我们原来一个很有支撑力的比较优势现在正在迅速撤空，于是从珠三角开始必须"腾笼换鸟"，原来的传统产业要往外迁到越南、柬埔寨、老挝、孟加拉、缅甸等地方去，跟当年这些产能往我们这里流动，是一个道理。到了这个阶段，腾了笼换不来鸟，怎么办？怎样才能换来？这就是要解决的问题，就是要升级换代。不能成功地实现"换鸟"，那就将像温州案例，痛失好局，表面上开始是"跑路事件"暴露它资金链的严重问题，然后是实质性的产业空心化表现出来了。那么多的民间资本，可以去炒楼、炒大蒜、炒绿豆，就是不能支持实体经济升级换代，这就把进一步的发展憋住了。如果温州这样的不良案例又发生在东莞，或更多地发生在两个三角（这里只是假设），那中国的前途一定是落入"中等收入陷阱"。这就是一个从劳动力这方面我们已可看到的新挑战。合乎发展一般规律的是，原作为比较优势的低廉劳动成本的支撑力滑坡，劳动力本身解决不了这个问题，要找到其他能对冲这一下行因素的新发展动力源。

土地和自然资源方面的潜力仍然在，统计局公布的中国2016年的真实城镇化水平（户籍人口的城镇化率）才41%，未来一路走到70%左右的高位，才会转入低水平发展阶段——这是国际经验可佐证的。现在户籍人口城镇化率41%后面的这约30个点的发展空间，一年上一个点也要走30年，本来是我们的"引擎和动力源"，弥合二元经济过程中会不断释放出巨量需求，伴随一轮一轮基础设施升级换代和建成区扩大，一轮一轮产业互动，一轮一轮人力资本培育——吸引各种要素投入的时候，是可以得到全球有效供给对我们的支持的，这就是和平发展、和平崛起，与全球做生意就解决了问题。但是现在如果不在机制上另辟蹊径，我们就会被憋住，因为现在城乡接合部一轮一轮扩大建成区的征地拆迁补偿，每一轮的钉子户都可把综合成本迅速抬高，而且不断生出一些极端的恶性案件。比如大家知道在网上不少长时间余波未平的案件，都是征地拆迁补偿问题上出人命，影响社会稳定。必须另辟蹊径，要像重庆地票制度、土地收储制度那样，使有效市场+有为有限政府找到新的实现机制。

还有资本，现在一边是大量手上有钱的主体找不到合适的投资对象，另一边是三农、小微企业苦苦得不到应有的融资支持，大家都在大声疾呼普惠金融、草根金融、绿色金融，说了这么多为何总是两头对不上？这就是表明我们现在常规投资的边际收益递减在中国市场上已经大量普遍发生，破解之道就是要创新，另辟蹊径，守正出奇——这就延伸到已讨论多年的如下认识框架：政策性金融支持体系必须与商业性金融在中国较长期地双轨运行，这里面的风险是非常明显的，处理不好双轨运行就是涉租寻租、乌烟瘴气，处理得好就是出奇制胜，就是超常规发展、阶跃式发展去赶超，这正是我们现在面临的考验。

总体来说，在前三项要素支撑力下滑的同时，后两项要素便须更多地加以注重。后两项一个是科技，称为"第一生产力"；一个是制度和管理，称为"最大红利"——领导人所说的改革是现代化"关键一招"，也正是此意。"第一"和"关键"

这两者的关系怎么理解？我们认为吴敬琏老师的一句话很重要，在中国转轨过程中一定意义上讲，"制度高于技术"。科技是第一生产力，邓小平已说得非常简洁、非常正确，这个第一生产力不是在生产力传统要素劳动力、劳动对象、劳动工具上做加法，而是做乘法，不是多出个第四要素，是在前面三个要素上来个乘数和放大，所以，它是第一。马克思、恩格斯的认识，是科技在人类历史上表现为一种革命性的力量，即形成了"颠覆性创新"的推动力，但这个第一生产力要真正能够形成，必须遵循科技规律，必须对不确定性极大的科技创新给出所需的相关制度环境，特别是其内含的人文关怀，要有法治与制度保证。大量的科研创新活动里，产学研结合的一线人员，所面临的是巨大的不确定性风险，怎么能让他们专心致志、心无旁骛地去做这种事情，没有人文关怀的制度环境是不可能在这方面真正一路往前推进创新的。

这个制度环境在中国就是一个非常引人注目的问题，前面大半年，中国的高校、科研机构出了什么问题？创新环境严重扭曲。李克强总理多次批评繁文缛节，国办专门发出优化学术环境的文件，习近平总书记讲话强调要给这些知识分子创新人才获得感和幸福感，再往后中办、国办联合发文，直接指向怎"增加知识价值为导向的分配政策"和改善科研经费管理制度。现在社科基金等和地方层面开始动了，也还有待有关部门把全套实施细则提出和落实。这个纠偏，针对着什么？中国实际生活里动不动煞有介事来执行的一套东西，冠冕堂皇、振振有词是加强管理，但完全是依照官本位、行政化加强管理的逻辑，违背科研规律，打击科研人员积极性。"第一生产力"按照这样的一个逻辑，是不可能顺利发挥出来的。

这样的一个观察，如果对照硅谷，很能说明问题。硅谷看起来政府很开明，也并没有什么特别多的支持，但是它确实是有政策的：园区得到政府开明的待遇，包括一些税收的优惠等，更关键的是在硅谷，没有人能够想象政府公权在手的管理环节上的人员，会以官本位行政化的方式去约束这些科研人员怎么用他的科研经费，包括自愿参加、承包性质的横向课题经费——我们这里对这些科研经费还要往前找倒账，就是中国众多科研人员、学者要追溯计算前几年（哪怕是自愿参加的横向课题）经费里，即使是白发苍苍的科学家，如果没有行政司局级待遇只能坐高铁的二等座，你坐了一等座，坐了商务座，对不起，那个钱你要退赔，吐出来。高校系主任以上的人担任独立董事拿的独董薪酬可能为数不少，统统吐出来。这种科研人员所受到的打击，在硅谷能想象吗？根本不可能，这就是区别。

所以，应特别强调现在中央所说的全要素生产率，聚焦的就是后面两项，而且首先要讲的是有效制度供给。由制度和科技形成的全要素生产率，是在西方学者提出的"索洛余值"基础上须做更清晰刻画的升级版：索洛强调的是科技，我们则要把制度和科技放在一起，而且实际上在转轨过程中，要把中国的制度变革摆在全要素生产率的关键。聚焦于此，我们才有出路，才能对冲下行压力，打造升级版。对策思路上，主题就是完善供给侧环境和机制，激发微观主体潜力和活力，在引领新常态过程中打造新的动力体系去追求长远发展，跨越"中等收入陷阱"。

第三章

我国供给侧改革的大纵深、理论模型与实施路径

以往的研究（贾康、冯俏彬，2015；苏京春，2016）已经强调：供给侧结构性改革是以"攻坚克难"为核心内涵，即通过深化改革来解决有效制度供给问题，以进一步解放生产力、支持中国的现代化进程的时代选择。我们始终力求从理论密切联系实际的视角，形成条理化、系统化的新供给经济学认识框架。此章的意图，是进一步阐释我国供给侧结构性改革所处的大纵深历史背景，并基于要素及其运动规律，构建出我国供给侧要素组合及其结构性改革的理论模型，进而廓清政府、企业在供给体系与供给侧改革中的各自定位，并描绘出我国供给侧结构性改革的实施路径与目标方向。

第一节 长周期：我国推进供给侧结构性改革的大纵深时代背景

诸多迹象表明，长周期正在按其大致的节奏来临与演化。在经济学说史上，俄国经济学家、统计学家尼古拉·康德拉季耶夫曾在1925年所著的《经济生活中的长期波动》一文中，运用英国、法国、美国和德国等主要工业化国家的价格、利率、

进口额、出口额、煤炭和生铁产量等时间序列统计资料,总结出经济发展存在着长度为 50~60 年的长期波动,其中前 20 年左右是繁荣期,经济发展一派兴旺;其后将经历一个 10 年左右的衰退期;接着步入 10 年左右的萧条期,最后迎来 10 年左右的回升期。在其所研究的 1780—1920 年这 140 年中,资本主义经济已经历了两个半长周期的波动[1]。这就是著名的"康波周期",亦即生产力发展周期理论。

约瑟夫·熊彼特和其他许多经济学家也认为,资本主义经济运行中的确存在着"繁荣""衰退""萧条""复苏"四个阶段及其相互循环,但熊彼特重点指出技术创新是推动经济呈现周期性变化的主要影响因素,在他看来,在相当大的程度上,经济增长的周期也就等于技术革命的周期。据此,他把资本主义经济发展分为三个长周期:一是从 18 世纪 80 年代到 1840 年,纺织工业的创新在其中起了重要作用;二是从 1840 年到 1897 年,创新进入蒸汽和钢铁时代;三是从 1897 年到 20 世纪 50 年代,是电气、化学和汽车工业创新引领的时代。[2]以此扩展开来,可以进一步看到,从 20 世纪 50 年代到 90 年代,也经历了一个由半导体技术创新肇始的电子信息时代,时间长度也为 50 年左右。在此之后直至当下,技术革命的浪潮正一路推进到互联网、移动互联和人工智能时代,大数据、云计算等重大技术进步伴随信息化、全球化进程,正引领世界在"和平与发展"主题下展开新一轮的创新大潮,"数字经济"迅速兴起,"共享经济"方兴未艾。

正如生物进化中存在"蹦移"[3],技术进步特别新旧交替之际也往往伴随着某种间断与回退。2008 年发生的世界金融危机打断了此前高歌猛进的全球化进程。从那时到现在,时间又过去多年,整个世界仍然处于危机后的阵痛时期与高不确定性时期。

---

[1] 具体为:(1)从 1789 年到 1849 年,上升部分为 25 年,下降部分 35 年,共 60 年;(2)从 1849 年到 1896 年,上升为 24 年,下降为 23 年,共 47 年;(3)从 1896 年起,上升 24 年,1920 年以后是下降趋势。到他著书之时,第三次长波的衰落期仍在继续。
[2] 熊彼特. 经济发展理论[M]. 北京:商务印书馆,1990.
[3] 又称间断平衡论,1972 年由美国古生物学家 N. 埃尔德雷奇和 S.J. 古尔德提出。基本意思是指物种进化是跳跃与停滞相间的过程,不存在匀速、平滑、渐变的变化,但新物种一旦形成就会有一个很长的时期处于相对稳定和平衡的状态。转引自:凯利. 失控——全人类的最终命运与结局[M]. 北京:新星出版社,2010:129.

其主要表现是：美国经济温和复苏但不稳固；欧洲经济持续低迷，欧盟在英国"脱欧"公投之后前景未卜，多国右翼势力抬头；日本长期处于几乎零增长的停滞中；新兴经济体和发展中国家同样也面临较大困难。为了刺激经济，欧盟、日本等多个国家央行开启了"负利率"时代，而在国际关系层面，则是民族主义、贸易保护主义和逆全球化思潮明显抬头，在相当大程度上说，当今世界正在发生的令人瞠目结舌的变化，正是这一轮长周期变化的具体表现——我们可在熊彼特周期理论的基础之上，继续刻画出第四波长周期的图形和第五波的前半部分（见表3-1）。直言之，当今世界经济正处于第五波长周期中的衰退期。

表3-1　工业革命之后的四个长周期

	繁荣	衰退	萧条	回升	标志技术及产品
第一波	1782—1802	1815—1825	1825—1836	1838—1845	纺织机、蒸汽机
第二波	1845—1866	1866—1873	1873—1883	1883—1892	钢铁、铁路
第三波	1892—1913	1920—1929	1929—1937	1937—1948	电气、化学、汽车
第四波	1948—1966	1966—1973	1973—1982	1982—1991	汽车、计算机
第五波	1991—2007	2007—（2017）	（2017—2025）	（2025—2035）	信息技术

资料来源：周金涛、郑联盛（2010）关于康波周期的相关研究以及作者个人观点；表中数据为周期起始和结束年份，括号内年份为作者估计时填入。

长周期理论的重大启示在于：既往两百多年中，经济增长与繁荣主要源自那些改变世界历史的重大技术突破所引爆的产业革命以及随之而来的经济结构"跃升"。反过来说，经济衰退与萧条也主要是因为技术红利的消退，即新技术这棵大树上"低垂的果实"被享用殆尽所致的产业和经济结构老化。但纵观整个历史，人类的发明与创新精神永不止步。假以时日，新的技术革命必将来临，而经济也将重归增长与繁荣，人类也因此进入下一个高速发展期。

长周期理论明确了我国供给侧结构性改革的历史定位。它清楚地表明，2008年金融危机之后的世界经济恢复尚需时日，全世界可能还需要十年以上的时间耐心等待。与之相适应，已进入新常态的中国经济，将迎来下一次繁荣与快速增长，同样也需要一个较长的时间。它也清楚地表明，唯有技术层面发生的重大突破，方能引领世界经济彻底走出衰退与下行的泥淖，发展新经济势所必然。长周期理论还提示我们，在各个阶段转化之际，往往新旧交织、结构性矛盾频现，这与近年来我国在"黄金发展期"特征仍存之时却进入了"矛盾累积""隐患叠加"的风险期的现实情况也基本一致。结合中国实际来看，长周期理论所揭示的"第五波"，在时间段上基本上与邓小平同志提出的我国实现现代化"三步走"战略中的"第三步"（2000—2050年）重叠（贾康、苏京春，2016），也与本届政府最为关注的跨越"中等收入陷阱"、实现中华民族伟大复兴的"中国梦"的时间段完全一致。因此充分认识这一背景，不仅有利于加深对推进供给侧结构性改革的历史纵深与时代背景的相关认识，而且能从理论上进一步明晰新技术、新经济的发展对中国经济转型升级的极端重要性，更加深刻地认识并合乎逻辑地推演出我国供给侧结构性改革的方向与实施路径，意义十分重大。

第二节 供给侧结构性改革的理论模型——诸要素及其运动规律

一、影响经济长期增长的决定性因素是供给侧的五大要素

基于经济增长理论和新供给经济学等方面的已有成果，我们在肯定需求的原生动力意义又明确供给对需求的响应机制是生产力水平阶跃式发展的关键性动力贡献基础之上，从供给侧把经济增长的要素抽象为劳动力、土地与自然资源、资本、科技创新、制度与管理五大方面。笼统而言，这五大要素都不可缺少，对经济增长都有贡献，但在经济发展的不同阶段，它们的相对贡献有所不同，且不同要素相互之间的组合情况在极大程度上影响乃至决定着经济增长态势及其综合效益。所以，适

应经济增长的阶段转换、在五大要素的结合方面"推陈出新"、顺应规律创新发展就十分必要。

五大要素形成经济增长的一组函数，其理论模型可表示如公式①：

$$G = f(L, R, C, T; I) \qquad ①$$

其中，G代表经济增长，L代表劳动力，R代表土地与自然资源，C代表资本，T代表科技创新，I代表制度与管理（冯俏彬，2016；贾康，2016）。经济学意义上的要素，是指所有经济主体在从事生产经营活动时，都会涉及的主要投入。但在不同发展阶段和不同时期，各要素的作用力度和影响效应，则各有不同。一般而言，在经济增长的早期，劳动力、土地、资本是最明显、最主要的要素。在经济体进入中等收入阶段后，科技创新、制度这两大要素一般会表现出巨大的潜力以及对冲前三项因素支撑力滑坡的重要价值，甚至成为全要素生产率（TFP）的主要贡献因素（贾康，2015；彭鹏、贾康，2016）。放眼未来，从技术变革的角度看，五大要素中还可考虑加入"数据"或"信息"这个新兴要素。

以上五大要素还可以做两个层次的划分：一是流动性、竞争性较强的要素，主要包括劳动力、土地与自然资源（使用权、开发权层面）、资本、科技创新；二是非流动、非竞争性要素，主要是指制度。制度安排以及由此生成的制度环境虽然也始终处于变迁之中，但总体而言属于慢变量，属于由生产力发展所决定的生产关系范畴，要经由诱致、压力等综合作用而不断发生演变、进化，最后才形成特定历史条件下正式或非正式的制度供给体系。简言之，制度供给是对经济社会生活中已经存在的制度需求所做出的相对滞后、相对稳定但又具有显著能动性作用的响应（贾康、冯俏彬，2004），其所提供的有利于或不利于竞争性要素充分流动、顺畅重组的环境与条件，也就总合而成为有利于或不利于"解放生产力"的生产关系、社会形态。

二、要素始终处于循环往复、相互继起的运动过程之中

从"经济人假设"出发，人类的经济活动过程就是为满足人的利益而发生的供

给与需求互动的无限循环过程，亦即社会再生产过程。在供给侧，劳动力、土地及自然资源、资本、科技创新等诸种竞争性的要素始终处于不停息的运动过程之中，其运动的方向是以效率最大化为目标，在一系列的竞争中最终落实于"用户体验"最大化所形成的市场占有率与回报水平。简而言之，效率与收益是引导要素流动的直接驱动力，而用户体验的提升是收益驱动带来的社会检验机制与运行客观结果，也是最根本的支持力量。进一步说，促成要素流动的基本机制是竞争中社会平均利润率的形成过程，即凡是回报低于社会平均利润率的行业或部门，要素将会流出，且回报率越低，要素流出的驱动力越大；凡是回报等于社会平均利润率的行业或部门，要素会处于相对稳定状态；凡是回报大于社会平均利润率的行业或部门，要素将会流入，且流入的数量与速度，与该行业的实际利润率高出平均利润率的程度成正比。就一个行业而言，随着要素的流出或流入，其收益将逐渐向社会平均利润率收敛，直到等于社会平均利润率，此时要素运动便在此行业归于相对稳定。表示如公式②[1]：

$$K_i = \Delta P V_i^{\Delta P} t^{\frac{1}{\Delta P}} \qquad ②$$

其中，K_i 为第 i 行业资源流入量；P_i 为第 i 行业的利润率；P_a 为社会平均利润率；$\Delta P = P_i - P_a$，V_i 为第 i 行业单位时间资源流入量；t_i 为第 i 行业资源流入时间。

从动态的角度看，当 $\Delta P_1 > \Delta P_2 > 0$ 时，$V_i^{\Delta P_1} t^{\frac{1}{\Delta P_1}} > V_i^{\Delta P_2} t^{\frac{1}{\Delta P_2}}$，要素加快流入；当 $\Delta P_1 < \Delta P_2 < 0$ 时，$V_i^{\Delta P_1} t^{\frac{1}{\Delta P_1}} > V_i^{\Delta P_2} t^{\frac{1}{\Delta P_2}}$，要素流出；当令 $P_i = P_a$ 时，$K_i = 0$，要素处于均衡状态，既不流出，也不流入。

从全社会视角观察，在任何时点上，要素都处于三种不同而又紧密相连的运动状态之中：

（1）向外释放。基于资本逐利的驱动，与其伴随的竞争性要素永远在寻找既定条件下的收益最大化，那些不能达到社会平均利润率的领域，将失去要素的青睐，要素会从这些领域流出。这种要素释放过程越是便捷顺畅，便越是有利于社会生产

---

[1] 感谢西南财经大学陈建东教授提供的帮助与支持。

力中潜力的发掘和经济运行总绩效的提升。

（2）向内吸引。从低效领域释放出的要素所进入的流动过程，是以寻找收益更高的领域为方向。越是收益高的部门或领域，越能吸附要素前来集聚。在这种吸附机制发挥作用时，要素能否流动，以及在何种便捷程度上能够自由流动，是关键性的影响条件。

（3）重组。各种要素的流动形成重组过程。一旦要素找到更高的收益机会，将如铁屑被磁石吸附一样集聚，进而还会产生一系列"化学反应"，在互动中有机结合，逐渐形成特定的结构特征，并最终体现为某种产业部门结构和经济结构。整体而言，要素始终在或紧或松、或快或慢地实行重组，由此生成的经济结构也就在不停息的过程中动态演化。越是便捷灵活的释放、吸引运行机制，要素的重组越有效率和质量，相关的结构状态也越具有效率上的合意性。

这种关系与过程，如图3-1所示。

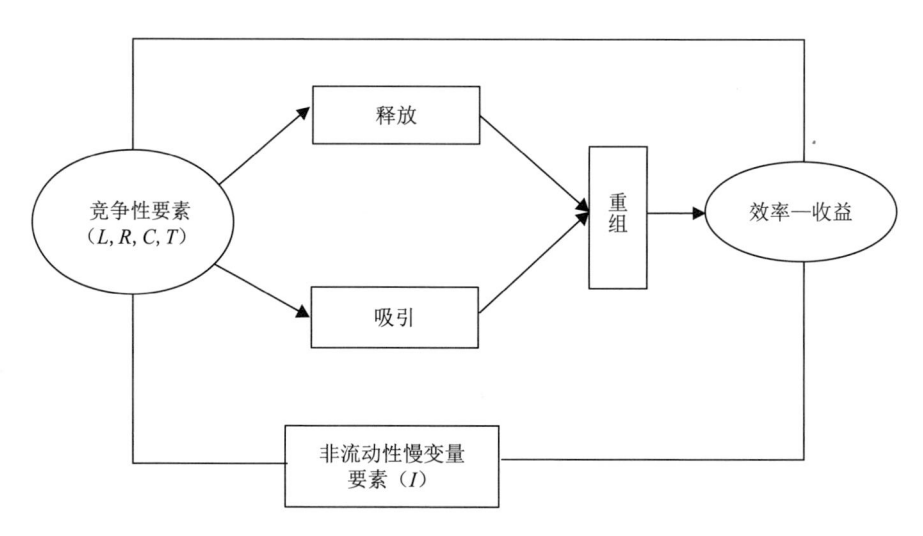

图3-1 经济社会中的要素运动图示

当然也要指出，以上三个前后相继的要素运动过程主要是一种理论抽象，就某一具体的时间、地点而言，要素永远同时处于三个状态之中。由于经济发展中整个体系自身的异质性，以及"破坏性创新"在不同领域中发生的非均衡性、突发性、间断性，因而总有一些领域利润率高而另一些领域利润率低，总有一些人能发现与把握更多更好的盈利机会而另一些人则不能，所以各竞争性要素始终会处于不停息的运动过程之中。正是这种寻求更高回报与利润的内在驱动机制，经由供给回应需求，形成经济增长澎湃不息的动力。所以经济增长的过程，也就是要素不断寻求得到更高回报的过程，反过来，要使经济不断增长，就必须为要素在流动中去寻求最大回报创造更加自由、灵活的条件，提供更为丰富的机会。

那么，要素的释放与吸引机制是否灵活、便捷，要素重组与结构动态优化过程是否顺畅，主要由什么决定呢？这是由供给侧五大要素中的非流动、非竞争性要素——制度供给起决定性作用的。如前，制度安排与"制度环境"当然也是处于变迁之中的，但总体上属于慢变量，是由生产力发展所决定的生产关系范畴，它由经济社会发展的种种因素所诱致、所推动，经由渐进的自然演变和主动设计，最终形成正式和非正式的制度供给。但制度一旦形成，就在一个较长时期内处于相对稳定状态，影响并塑造着一个社会中所有主体的激励机制与行为方式。对于中国这样的转轨经济体，从计划经济到市场经济这一伟大制度变迁以及社会主义市场经济制度的发展与不断完善，过去是，现在也是实现我国现代化战略目标最具根本性的决定因素。

第三节　正确理解供给侧结构性改革中的政府与企业定位

供给侧结构性改革的主战场是要素市场建设。基于上述理论模型表达的要素运动理论，可以比较清楚地回答一个各方高度关注的问题：在供给侧结构性改革中，政府与市场主体（企业）各自应如何定位？在要素流动、互动所实现的资源配置中，应怎样分工合作？

落实到与经济增长相关的各个不同主体上，五大要素可以进一步细分成以下三个层面：

（1）微观层面。一般厂商或企业在从事生产经营活动时，涉及的要素主要有三个：劳动力、土地和自然资源、资本，可简称为"人""地""钱"。不同的企业家，运用自己独特的眼光与才能，把这三个要素组合而成特定的生产或者服务供给能力。在一个经济体中，大部分的企业是在这个层面发挥其市场主体作用。

（2）微观与中、宏观结合层面。大企业集团、跨国公司、行业龙头企业等在从事生产经营活动时，除以上三个要素外，还会特别注重"科技创新"这一要素。这是因为，一方面对于大企业而言，科技创新能力决定着其核心竞争力的高低和"百年老店"式长寿生存发展的能力，事关大企业是否能保持行业中的龙头地位以及能否获得超额利润；另一方面由于科技创新所具有的巨大的不确定性，往往耗费巨大，一般只有大企业才有实力进行长期、巨额的投入。另外，在工业化中后期的发展中，一大批在战略性新兴产业领域寻求创新发展的中小企业，在与"新经济"同向而行的风投、创投、天使投资基金支持下，也把科技创新作为关键性的发展支撑条件和成长突破口，力求形成自己的核心竞争力，并成功地以"硅谷经验"而引领了新潮流。再往上一些，无论是大企业集团，还是科技型中小企业，都可将自己的科技创新活动与政府在中观、宏观层面提供的产业政策、技术政策和财税金融政策等相结合，追求科技这一"第一生产力"与经济社会结合所产生的巨大乘数效应。另外，地方、中央政府从中观、宏观层面所必须牵头编制与实施的国土开发顶层规划（贾康、苏京春，2016）亦成为与企业在微观层面自主选择的要素组合紧密相关，甚至成为其前置式条件的重要方面。这正是因为人们从世界产业发展史中深刻地认识到，科技创新和实现重大技术突破毫无疑问是"阶跃式"经济发展的直接动能源泉和主要支撑力量，政府必须注重从支持基础教育、基础科研入手，培育创新与创新能力，同时积极以产业政策、技术经济政策和财税政策等助力科技创新的达成。

（3）宏观层面。这一层面属于政府的主要作为空间，对应的是作为慢变量的制度要素供给。制度经济学已经充分证明，制度对于推动一国经济实现增长和繁荣具有极端重要性，而政府是社会中唯一的、垄断性的正式制度供给者（同时也是非正式制度强有力的影响、引领者），所有其他的主体——企业、家庭、个人等——都是在政府以公权力维系的制度规则的"天花板"下面行动。比如，以政府为主体的国土开发顶层规划，是所有市场主体进行各色各样要素组合的综合性前提（贾康、苏京春，2016），与"自然垄断"有关的通盘不动产和网状系统的空间配置，也必须纳入政府为主体的规划这一制度供给之中。进一步地，政府还要从宏观上统筹设计运行与收入再分配相关的制度体系，如税收、福利、抚恤救济等，以求正确地权衡、处理经济生活中一向存在的"公平（均平）"与"效率"的矛盾关系（贾康，2012）。总之，由政府主导所形成的有效制度供给这一要素，对于经济增长的重要性无与伦比。已有研究表明，无论是工业革命发祥地英国、市场经济高度发达的世界头号强国美国，还是20世纪后半期崛起的"亚洲四小龙"、改革开放中迅速发展的中国都提供出了"制度变革促进经济增长"的绝佳案例，而在撒哈拉以南、中东一些国家所见到的普遍贫穷与战乱，与它们缺乏一个强有力的政府以及有效的制度供给密不可分。当然也要看到，政府发挥作用的"有力""有为"内在地需要与其职能、作用范围的"有限"之间形成合理匹配，政府主导下的有效制度供给应当形成"包容性"的机制特征，才能契合人类文明发展的主导潮流和适应微观主体在要素流动中发挥潜力、活力的客观需要。

因此，依以上认识来把握供给侧结构性改革的内在逻辑，认识政府与企业关系在这一框架中的各自功能与作用定位，可简要归结为四点：

第一，在供给侧结构性改革中，企业（由企业家主导）的作为空间，是积极改进以劳动力、土地与自然资源、资本、科技创新为主要内容的要素组合状况，提高所供给的商品或服务的质量和效益，在优胜劣汰中形成和提升核心竞争力。

第二，在供给侧结构性改革中，政府（由决策官员主导）的作为空间主要是改革、是改进制度供给与推进制度创新，特别是在"生产关系的自我革命"中攻坚克难、改变那些不适应生产力发展要求的经济社会管理规则、方式与机制，为企业从事生产经营活动创造更好的"高标准法治化"包容性环境和条件，释放出经济社会的一切发展潜力与活力。

第三，在推进供给侧结构性改革中，政府不能也不应当下到企业层面，下到要素具体组织层面，过多介入产业调整与企业重组等具体事项。应当特别注意尽量不用、慎用行政性手段去组织实施所谓"达标"，而应当力求供给与施行那些能有效引导出市场主体合意行为的相关制度。

第四，在推进供给侧结构性改革中，政府与企业要找准合作领域，优化合作机制。政府与企业合作的领域主要在科技创新，无论是大企业还是科技型中小企业，都可与地方政府乃至中央政府所提供的产业政策、技术经济政策和财税、资金政策等相结合，以形成和发挥科技作为"第一生产力"的引领作用和乘数效应。另外还要创新政府与企业的合作机制，近几十年愈益得到重视和长足发展的PPP不仅提供在公共工程、基础设施、产业园区与新城连片开发等方面的政企合作新机制，而且也为各类要素的组合创新提供广阔舞台。

此处关于政府与企业定位的考察，实际上已从"完全竞争"假设出发考察"必然"，又扩展到加入"非完全竞争"考量的"应然"认知框架，如图3-2所示。

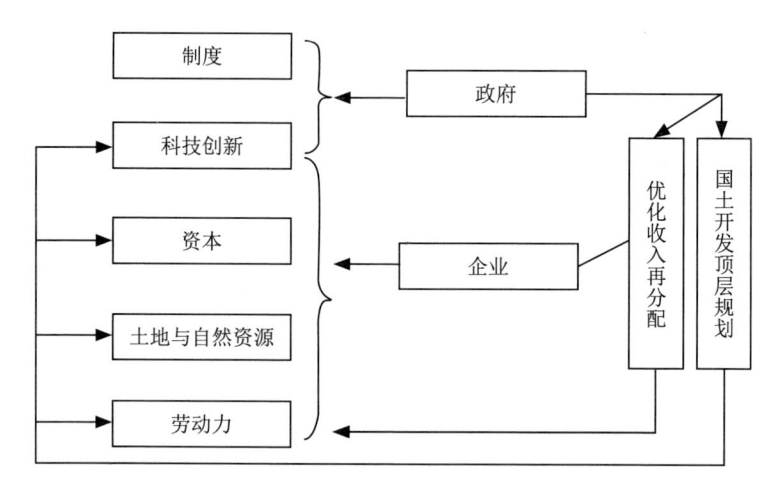

图3-2　要素视角下的供给侧结构性改革中政府与企业的定位

第四节　供给侧结构性改革的实施路径

当前，我国以"三去一降一补"为切入点的供给侧结构性改革，已经在各地展开，不少人形成了一种偏于简单、狭隘的认识，即供给侧结构性改革就是完成这五大任务。对此，有必要从理论与实践相结合的角度做出进一步的分析以扩展相关认识。

基于要素"释放——吸附——重组"的运动规律和长周期理论所指示出的技术方向，可以看出，我国供给侧结构性改革要考虑一个既有先后顺序又紧密相连的"三步走"战略：第一，从低效、过剩领域中释放要素，体现为完成"三去一降一补"这五大任务；第二，深化结构性改革，系统性地优化制度要素的有效供给，促进竞争性要素的自由流动；第三，积极抓抢新技术革命的机遇，大力发展新经济并基于"互联网+"战略推动传统产业升级换代，以形成要素优化配置的"升级版"，为迎来新一轮经济增长与繁荣夯实基础。

一、从低效、过剩领域中释放要素：以五大重点任务为切入点

2015年中央经济工作会议指出的"去产能、去库存、去杠杆、降成本、补短板"这五大任务，主要针对的是过去刺激政策留下的"后遗症"，目的是推动市场出清，提高供给体系的质量和效率。一是积极稳妥"去产能"，优化供给结构。目前重点针对的是钢铁、煤炭、水泥、造船、电解铝这五大产能严重过剩行业，通过提高产品、质量、环保等标准，治理"僵尸企业"，淘汰落后产能，释放宝贵的要素资源。当前，需要特别注意防止在去产能过程中过于夸大行政力量的作用。对于为数不多的成规模的大型企业，如能认定是不可救药的"落后产能"的组成部分，固然

可以便捷地使用"关停并转"行政性手段来加以迅速处理，然而面对我国总量已达七八千万的全部市场主体，政府没有能力去一一甄别占绝大多数的中小微企业中谁是落后产能的代表，真正的有效机制是促进公平竞争中市场充分起作用的"优胜劣汰"。所谓"过剩产能"，其划分界限实际上也是飘忽不定的，"有效投资"的创新机制如PPP，可以在一夜之间把一部分过剩的产能，转变为非过剩的有效产能，所以"去产能"的真谛是形成正确的激励约束机制，以市场竞争"优胜劣汰"地淘汰落后产能，而不是依靠政府去严格划定过剩产能而后关停之。二是"去库存"，消化房地产供给侧的冗余存量。目前，我国三四线城市房地产库存严重，已成为拖累经济的重要因素。今后一个时期，要以多种政策手段与经济杠杆的合理组合，来积极化解这部分房地产库存，促进房地产业健康发展。三是防范风险"去杠杆"，确保经济安全。近年来，我国杠杆率上升较快，其中既包括宏观上的广义货币供应量指标偏高，又包括非金融企业的负债率指标偏高，需要具体设计合理可行的风险控制方案，防范化解风险因素。四是多举并重"降成本"。目前我国各类制度性交易成本过高，特别是税外的"五险一金"、行政性收费与其他各类隐性成本等，造成企业综合负担很重，需要从财税、金融、社保、流通、能源、廉政建设等多个领域发力，以配套改革打好降低企业成本的"组合拳"。五是雪中送炭"补短板"，扩大有效供给，即补足经济社会发展中明显形成短板、瓶颈的方面，如精准扶贫、优质教育、普惠医疗、多种形式养老、城乡基础设施升级、科技创新重大事项、"三农"发展等，为经济社会发展营造更好的条件。

二、破解阻碍要素自由流动的壁垒和障碍：深化重大关键领域的改革

供给侧结构性改革的本质属性是改革的"攻坚克难"。从供给侧角度看，目前在我国要素流动方面，存在着明显的不当约束与抑制，种种制度壁垒和过度垄断的存在对此难脱干系，亟须通过深化改革，降低准入、消除壁垒，为要素自由流动创造良好条件和环境。

（1）国有企业改革。由于历史原因，当前正在进行中的去产能、去杠杆、去库存等工作，在相当大程度上都指向国有企业，因此国有企业改革在供给侧结构性改革中首当其冲。改革的方向应坚持政企分开、明晰产权、顺应市场规律，建立现代企业制度与治理机制，实施混合所有制战略重组，将国有企业的改革与民营企业的发展纳入共赢的轨道。

（2）行政审批制度改革。这一改革的目的是规范政府的行权方式，管住管好政府这只"看得见的手"，把简政放权做到位。一方面政府应从对大量经济社会事务的具体管理中脱身出来；另一方面积极加强宏观调控、市场监管、公共服务和社会管理等方面的职能，按"大部制"和"扁平化"原则对整个政府机构进行系统化改造，以优化市场环境、释放经济社会活力。

（3）金融与投融资制度改革。金融是现代经济的核心，资金是市场经济运行的血液。投资这一重大经济支持因素，需匹配融资的杠杆力量并有效地防范风险。针对我国金融体系长期存在的结构性失衡、金融产品的多样化严重不足和金融风险因素频发等问题，今后应积极引入多元金融和投融资主体，发展多层次资本市场，加强金融宏观审慎监管和促进互联网、PPP等"新金融"和新型投融资机制建设，配套深化改革。

（4）财税改革。财政是国家治理的基础与重要支柱，是政府与企业、中央与地方、公权体系与公民间财力分配体系与基本经济关系的枢纽性机制。需要坚持分税制改革大方向，按照扁平化取向构建中央、省、市县三级架构，以"一级政权，配有一级事权、一级财权、一级税基、一级预算、一级产权、一级举债权"为体制原则，再配之以中央、省两级自上而下转移支付的现代分税分级财政制度，形成优化处理中央与地方财政体制设计方案，推动税收制度由间接税为主转向直接税为主转变，并合理形成地方收入体系，深化预算制度改革等，形成良好的经济社会利益分配与调节机制。

（5）科技制度改革。创新对于今日之中国，其重要性无论怎么强调都不过分。当务之急是基于教育改革破解人才培养的"钱学森之问"，以科技改革打造符合科研规律的创新体系，长效支持基础科研，大力推进科技创新与产业经济的融合，在高端"买不来的技术"特定领域要靠原始、自主创新艰难前行，在中高端则依靠全面开放和"拿来主义"，将"引进、消化吸收再创新"与"集成创新"相结合，最终建成"创新型国家"。

（6）土地与不动产制度改革。土地制度和不动产制度是国家的基础性制度，关系到国计民生方面重大利益格局的优化，需要政府在配套改革中长远谋划、审慎把握、积极推进。土地制度改革的难点主要集中在农村集体经营性用地、农民承包地和宅基地等的流转机制、城乡接合部征地、拆迁、补偿等方面。应积极总结重庆"地票"、土地收储制度和深圳化解原住民土地与不动产历史遗留问题的实践经验，结合国家已推出并有明确时间表要求的不动产登记，以及《物权法》规定的用益物权自动续期、十八届三中全会要求的加快立法、适时推进的房地产税改革等事项，攻坚克难，化解多种矛盾，打开通向长治久安的新路。

（7）优化人口政策与劳动力市场改革。人力资本是经济增长最根本的支持因素。随着我国人口红利的逐渐消失和老龄化社会压力的逼近，必须在"放开二孩"后继续优化调整我国人口政策，将以计划生育为核心的人口控制模式，果断过渡到以优生和提高人口质量为核心、更加鼓励生育的人口战略。同时，要大力完善与人口流动密切相关的户籍制度改革、社会保障制度改革等，以真正形成城乡一体化、全国统一的劳动力市场。

三、优化要素配置：大力促进实体经济升级和积极发展新经济

从低效过剩领域释放要素和通过结构性改革促进要素自由流动，是要引出要素按市场规律形成资源优化配置这一各方期待的结果，提升供给侧经济体系的质量和效益，解放生产力。结合前文关于长周期的有关理论认识、当前世界产业结构在新技术革命大潮中的变化以及我国经济增长中认识、适应和引领新常态的新要求等，我们可以做出一个重要判断，即以优化资源配置为目标的要素运动，必将流向实体经济转型升级和大力发展新经济这两个方面。换言之，在经济增长新阶段上，为跨越"中等收入陷阱"所必须实现的实体经济升级和新经济的发展，将是衡量我国供

给侧结构性改革是否取得成功的主要标志。

供给侧改革的根本目标之一是振兴实体经济。要以制度、科技为抓手，聚焦全要素生产率，支持我国实体经济向上冲破"天花板"，实现产业的转型升级。从历史的角度看，我国珠三角、长三角等原增长极区域实行的"腾笼换鸟"式的经济结构调整，正反映了原来支撑我国一路走到"世界工厂""总量全球第二"的低廉劳动成本、土地开发潜力等比较优势在进入中等收入阶段后正在逐渐消退而必须进行新一轮的产业转型升级。"腾笼"就是要把相当大一部分传统制造业产能转移到国内欠发达地区或周边经济体，这和改革开放初期这类产能由外部向我国转移是一个道理。"换鸟"就是要实现产业、产品的升级换代。但如腾了笼而换不来鸟，冲不破向上跃升的"天花板"，那就将被憋住而痛失好局。温州所代表的挫折局面，已对我们敲响了警钟。促进实体经济转型升级势在必行。

供给侧改革的根本目标之二是大力发展新经济。新经济主要是指基于互联网为基础的经济创新发展成分，主要包括两个方面：一是以互联网为基础设施所产生的新产业、新业态和新商业模式；二是传统产业在"触网"（"互联网+"）后所打开的新空间、新领域，涉及全部第一、二、三产业，既有"三产"中的电子商务等新兴产业和业态，也包括"二产"中的智能制造、基于社会化大生产的新型定制化生产等，还涉及"一产"中有利于推进适度规模经营的"订单农业"、家庭农场、"产超直通"以及农业与第二、三产业的融合发展，等等。当前，我国已经成为互联网第一大国。根据《中国互联网络发展状况统计报告（2015）》，截至2015年12月，我国网民规模达6.88亿，比整个欧盟的人口数量还要多，互联网普及率为50.3%；手机网民规模达6.2亿，无线网络覆盖明显提升，网民Wi-Fi使用率达到91.8%。与之相适应，我国的互联网经济举世瞩目。目前世界上十大互联网企业中，我国占了四家。以阿里巴巴集团为例，其2015—2016年的总交易额达到3万亿元人民币，已超越沃尔玛成为全世界最大零售平台，被业界视为零售业务由线下全面转向线上的标志性事件。据国家统计局的数据，2015年全国网上零售额38773亿元，比上年增长33.3%。其中，实物商品网上零售额32424亿元，增长31.6%；非实物商品网上零售额6349亿元，增长42.4%。有国际组织预测，到2020年我国零售市场的线上渗透率将攀升至22%，市场规模总计达10万亿元。再以当下仍处于"成长的烦恼"阶段的分享经济为例，其发展势头更是令人啧啧称奇。根据《中国分享经济报告》的结论，2015年，我国分享经济市场规模已达到19560亿元，主要集中在金融、生活服务、交通出行、生产能力、知识技能、房屋短租六大领域。分享经济领域参与提供服务者达5000万人左右（其中平台型企业员工数约500万人），约占劳动人口总数的5.5%。保守估计，参与分享经济活动总人数已经超过5亿人。展望未来，预计未来五年分享经济年均增长速度在40%左右，到2020年分享经济规模占GDP比重将达到10%以上。新经济展示出的不可思议的潜力与空间，为陷于经济下行泥淖的我国经济乃至世界经济带来了希望的曙光，也代表着我国供给侧结构性改革和经济加快转型升级的前沿与大方向。放眼全球，当前世界正处于第三次产业革命的"入口"上，我国有望与美国等发达国家站在争抢新经济制高点的同一起跑线上，能否抓住这一历史机遇，是中华民族能否实现伟大复兴、重回世界之巅的关键，迫切需要在继续争取运用好发展中经济体的"后发优势"的同时，有效形成供给侧发力"守正出奇"的结构性改革"先发优势"。

总之，我国推进供给侧结构性改革具有鲜明的时代背景、长纵深视野与十分突出的现实意义，并可通过理论模型给予通盘考察，进而准确地把握优化、提升供给侧诸要素质量与效益的基本要领。一言以蔽之，供给侧所涉及的竞争性要素能否顺利释放、流动、重组，并形成从低效率部门向高效率部门的顺畅转移，是决定我国经济能否长期可持续增长的本源性动力机制和关键性制度安排。综观全局，我国供给侧结构性改革正是意在"问题导向"之下，准确抓住阻碍增长的关键因素，以有效制度供给为龙头，解决在新的历史起点上继续大踏步前进的迫切问题，向着"全面建成小康""跨越中等收入陷阱"和中华民族伟大复兴的"中国梦"挺进。只要方向正确、着力点清晰，我国完全有可能在当今世界性的结构性改革中，在即将到来的波澜壮阔的新经济时代，走在前列，先人一步，使我国这一曾经在前几次工业革命中落伍的文明古国在"追赶—赶超"的现代化进程中后来居上，并为构建人类命运共同体做出自己应有的贡献。

第四章

改善供给侧环境与机制，激发微观主体活力，创构发展新动力

——"十三五"时期创新发展思路与建议

2011年以后，我国经济告别两位数增长状态而进入潜在增长率"下台阶"的新阶段，"新常态"其"新"已在经济下行中明朗化，而其"常"还有待实现，需要完成探底、在企稳后对接一个增长质量提升且尽可能长久的中高速增长平台。对此至为关键的结构优化和创新驱动，必须以实质性推进"攻坚克难"的全面改革来保障。面对"十三五"规划期，党的十八届五中全会基于系统化表述的发展新理念，提出了"释放新需求，创造新供给"的指导方针。为处理好新阶段动力机制转换与优化、促使微观经济主体潜力与活力充分释放的相关问题，十分需要注重在整个经济体系的供给侧，正确把握改善其环境与机制的思路和要领。在传统的总量型需求管理还有一定作用和优化提升空间（主要在短期、年度的"相机抉择"概念上）的同时，我们迫切需要以创造新供给释放新需求，着力改善供给环境、优化供给侧结构与机制，特别是通过改进制度供给，大力激发微观经济主体活力，构建、塑造和强化我国经济长期稳定发展的新动力。在中央财经领导小组第十一次会议上，习近平总书记强调："在适度扩大总需求的同时，着力加强供给侧结构性改革，着力提高供给体系质量和效率，增强经济持续增长动力"，这为以中长期视野推动我国社会生产力水

平实现"升级版"的整体跃升，给出了极为重要的指导。

第一节 中国特色的宏观调控：必须注重理性的"供给管理"

在我国进入"中等收入"阶段后，增长状态合乎规律地由"高速"向"中高速"下调，尚在延伸中的弥合"二元经济"过程将继续释放出巨量需求，但适应和满足需求的供给机制，其动力结构正在经历深刻的变化：前期支持高速增长的人口红利、低廉劳动力等比较优势，需要向"全要素生产率"转型求得替换；原来我国作为低起点发展中经济体的"后发优势"，正需要从低端产业向中、高端产业爬升；近年我国主要经济指标之间的联动性亦出现变化，居民收入有所增加而企业利润下降，消费上升而投资下降，宏观调控层面货币政策持续加大力度而效果不彰，旧经济疲态显露而以"互联网+"为依托的新经济崭露生机，东北区域经济危机因素加重，而一些原来缺乏基础优势的西部省市则异军突起。简言之，中国经济的供给升级客观需要和结构性分化过程，正趋于明显。相应于这番情景，必须看到，过去侧重总需求管理的宏观调控手段的可用空间已经显著收窄。在"新常态"下，投资尤其是政府常规投资的边际收益率持续下降，国际需求低迷且不确定性明显，国内需求方面，家电、汽车、住房等大宗"耐用品"已基本走完排浪式消费的历程，正在向个性化、多元化和对接"服务型消费"方向转化，结构性的优化细分成为发展潮流和经济成长性的新支撑因素。因此，基于总量调控和短期考虑的需求管理，已远不足以"包打天下"。鉴于我国最近两轮通胀—通缩压力转变都有明显的结构性特征（通胀构成因素中，以食品价格推动为主因，在CPI的上涨因子中高居50%~85%的份额，其他多种商品价格几乎没有上涨），因而仅靠货币政策的总量调节难以从根源上消除引发通胀或通缩的高权重因素。财政政策方面，经历了上一次4万亿元政府投资安排为代表的一揽子扩张性刺激政策后,进一步以财政政策手段刺激经济的安全空间也已收窄,特别是考虑到我国基本上没有可能再提高宏观税负、未来社会保障支出压力伴随老龄化进程极为巨大等情况,就更是如此。

与此同时,中国经济存在着十分突出的结构性问题,由不平衡向较平衡状态做调整以及由被动的高代价平衡向积极主动较低代价的平衡做调整,势在必行,而且变不均衡为均衡的过程,同时也就是释放潜力、激发活力、合成动力、打造"升级版"的过程,客观上需要特别发挥供给侧管理的结构调整作用,即力求在短板上增加有效供给。应考虑:

(1)我国是世界上最大的发展中国家和最大的"二元经济"体,为解决好"三农"问题,需要在广阔的国土上积极稳妥地推进农业产业化、新型工业化和合理的城镇化,以及基本公共服务的均等化,实施扶贫攻坚、社会主义新农村建设和城乡一体化举措。这需要在一个历史时期中投入天文数字的财力。面对城镇化继续提升、伴随新农村建设和基本公共服务均等化,我们仍然感觉投入不足,大量可做、应做的事情还只能循序渐进,区分轻重缓急、孰先孰后,逐步去办。经济低迷时实行政策扩张,还可以尽力在这方面多办一些事。

(2)我国的区域间差异在这些年的发展过程中仍然巨大,亟须通过合理的统筹协调来有效地贯彻中央确定的西部大开发、振兴东北等老工业基地、中部崛起和京津冀一体化、长江经济带发展和"一带一路"倡议等,适当加大中央政府转移支付的力度,控制区域差距、促进区域协调发展。这也需要为数可观的财力,可用的钱还甚感不足。

(3)我国在争取 2020 年实现全面小康和努力构建和谐社会的过程中,有与民生密切相关的一系列公共产品和公益服务亟待增加供给。例如,实行义务教育全面免费后的质量提升、建立城乡基本医疗保障、基本养老保障体系,健全已有的城乡居民低收入保障制度,进一步发展城镇住房基本保障制度;保护生态、治理污染以改进城乡人居环境(如进一步解决欠发达区域至少还有数千万人尚未得到安全饮水保证条件的问题、力求控制与消除已带环境危机特征的雾霾威胁,以多种手段促进"绿色发展"),等等,莫不需要大量的资金来做重点投入。

（4）我国为有效促进经济增长方式转变，实现可持续发展，必须贯彻国家中长期科技发展规划，走创新型国家之路。为支持从发展基础科研、实施国家科技重大项目到促进科技成果产业化各个方面的自主创新，要在实行科技体制和管理体系改革、提升绩效的同时，下决心继续增加科技投入和研发开支，并努力提升其绩效。我们仍然是处于资金制约之下的科技投入相对不足、绩效待升状态。

（5）我国的经济社会转轨还在持续过程之中，还应继续瞻前顾后为支撑全面改革垫付和填补转轨成本。某些颇具难度的改革事项如"新医改"，原来曾预计三年内要求8500亿元左右的新增财力"结构化"地投入其关键领域和环节，实际情况是早已成倍付出而收功还未有穷期。

（6）我国国防和必要的重点建设，仍需可观的资金做重点支持。

总之，如果我们在原来货币政策的"从紧"和财政政策的"稳健"搭配，转入认识适应和引领"新常态"的适度宽松的货币政策与扩张性积极财政政策的搭配之后，坚持有所区别对待地在我国"三农"、社会保障、区域协调发展、自主创新、节能降耗、生态保护、支持深化改革等领域，运用结构性对策加大要素投入的力度，和促进相关机制创新改进以放大资金投入的效果，便是通过"供给管理"加强了这些经济社会中的薄弱环节，即增加了国民经济中的有效供给和可持续发展支撑条件，并适应了激发微观主体活力、增强经济发展动力的环境建设客观需要。这只会改进而不会恶化总供需的平衡状态，只会有利于维护"又好又快"的发展局面而不会助长下一期的通货膨胀和经济过热，而且将会增强我国在国际竞争环境中的综合竞争力和发展后劲。综合考虑，在中国的调控实践中，针对客观需要并结合世界金融危机以来全球范围内对经济学理论及政府实践的反思，应当把"供给管理"摆在长期视野中并更多地加以强调和优化。作为一个转轨中的发展中大国，追求"追赶—赶超"式后来居上的现代化，大思路定位必然是"守正出奇"，在充分尊重市场总体而言的资源配置决定性作用的同时，也在政府职能方面有意识地把总量型需求管理与结构型供给管理相互紧密结合，特别是把理性的供给管理作为"十三五"及长时期内"更好发挥政府作用"的中国特色社会主义市场经济的内在要求和重要组成部分。

第二节　我国基本国情与未来经济社会发展的战略选择

世界金融危机之后，全球主要国家经济增长分化加剧，美国已完成复苏，欧元区在波折中温和复苏，日本停滞不前特征改变不大，而大部分新兴市场国家则面临较为严峻的经济下行压力。这种发达经济体之间以及发达经济体与新兴经济体复苏步伐不一致的局面，加剧了世界经济的不平衡，使我国经济发展的外部环境面临更大的复杂性和不确定性。正在步入经济发展新常态的中国，无论是从人口总数、市场规模还是从经济发展潜力看，都是一个超大经济体的"巨国"，虽然仍有巨大的发展空间、回旋余地和调适弹性、抗跌韧性，但处于增长速度换挡、经济结构调整、发展方式转变、增长动力转换的交替关口与阵痛期，外部全球竞争和内部"三期叠加"之下，各类矛盾和风险隐患不能忽视。关于我国供给环境、条件与约束的考察认识，将有助于做出新时期正确的经济社会发展战略抉择。

一、高度重视三大国情约束条件

立足国情，放眼未来，谋划中国发展战略，应当高度重视以下三个视角的基本国情因素和相关的供给环境。

（一）"半壁压强型"的巨大能源、环境、空间压力约束

对于中国基本国情的理解认识，亟有必要注重著名的"胡焕庸线"——由胡焕庸教授于 1935 年提出，其以黑龙江瑷珲（今称黑河）和云南腾冲为两点确定的直线，将中国领土划分为东南和西北二部（故亦称"瑷珲—腾冲线"）。该线倾斜约

45度，以该线为界，当时东南半壁36%的土地供养了全国96%的人口，西北半壁64%的土地仅供养4%的人口，两者平均人口密度比为42.6∶1。随着后期人口普查工作的陆续进行，相关数据显示，60余年间东南部人口的绝对数值已由4亿多增长为12亿多，但比较1935年，只减少了2个百分点（数据口径均不包括台湾省）。截至目前，已历80余年的发展过程（包括多轮次的"支边"等），"胡焕庸线"这条"神奇的中部主轴"对中国人口分布格局所揭示的内容，基本不变！

以"胡焕庸线"为重要线索来进一步认识中国基本国情对经济发展的特殊制约和挑战，具有非同寻常的现实意义。最简要地说，与近年资源、环境矛盾凸显（如雾霾所代表的环境危机因素）有内在因果关联的是：中国的人口密度、汽车空间密度及能源空间消耗密度等，高度集中于东南沿海一带，形成"半壁压强型"的资源、能源耗用及相伴随的环境压力，再加上前些年"压缩饼干式"和粗放式外延型经济发展阶段中超常规的高峰期密度提升系数，又再加上中国资源禀赋条件决定的基础能源"以煤为主"伴生的异乎寻常的环保压力，势必引发高压力区和高压力阶段上，基础能源、禀赋结构叠加而成的中国"升级版"可持续发展所面对的矛盾凸显，其所形成的"非常之局"，使得以供给管理"非常之策"调整结构、维持生态、优化供给环境、释放增长空间的任务，越发迫切和不容回避。

（二）"中等收入陷阱"历史性考验阶段的到来

"中等收入陷阱"决非所谓"人为问题"和敌对势力打压中国的"概念陷阱"，它作为一种全球统计现象，以比喻式表述而反映出的是真实世界中的"真问题"，更是一个在我国中长期经济社会发展过程中关乎现代化"中国梦"命运的顶级真问题。基于1962—2013年全球数据，对成功跨越"中等收入陷阱"经济体的路径进行研究，可得到相关结论：成功者跨越"下中等收入陷阱"期间GDP增长率均值至少为8.50%，跨越"上中等收入陷阱"持续时间均值为15.9年，这期间GDP增长率均值为5.08%；中国前面跨越"下中等收入陷阱"持续时间为14年，GDP增长率均值为9.87%，表现不错，但今后在"十三五"及中长期将面临跨越"上中等收入陷阱"的严峻考验。国际经验还表明，中等收入经济体成员在试图摆脱"下中等收入陷阱"

和"上中等收入陷阱"的过程中,不乏出现"晋级—退出—再晋级"的反复。我国如何顺利走出"中等收入陷阱"的潜在威胁,伴随有国内外一系列矛盾纠结和棘手难题,特别是渐进改革"路径依赖"之下制度性"后发劣势"的可能掣肘。这是摆在决策层及全体国民面前一道严肃的历史性考验课题,并对优化供给环境和机制提出了重大要求。

(三)最大发展中国家弥合二元经济走向"共富"过程的严峻现实挑战

由于自然和历史原因,我国是世界上最大的多民族城乡二元经济体,改革开放以来,虽力求通过首先允许一部分地区、一部分人先富起来而走向共同富裕,但意愿中的"共富"进程明显滞后,并由于主要的制度变革尚未到位,城乡二元特征仍然十分明显,区域差距和居民收入及财富差距有所扩大,最发达的东南沿海、北上广中心城市景象堪比发达国家,而广大的中西部一些地区则形似贫穷落后的非洲国家,伴随着分配秩序紊乱、分配不公多发等问题。如何将城乡、区域差距和居民收入差距、财产差距保持在各方面能够承受的范围内,特别是如何实现收入财产分配中的公平正义,已形成一种严峻的挑战,并将深刻地影响与联动发展进程中的供给环境与机制优化问题。

二、未来经济战略目标与战略分期

党的十八大指出:"我们必须清醒认识到,我国处于并将长期处于社会主义初级阶段的基本国情没有变,人民日益增长的物质文化需要同落后的社会生产之间的矛盾这一社会主要矛盾没有变,我国是世界最大发展中国家的国际地位没有变。"党的十九大在指出我国社会的主要矛盾已转化为"人民日益增长的美好生活需要和不平衡不充分的发展之间的矛盾"的同时,再次清晰地强调了我国"仍处于并将长期处于社会主义初级阶段的基本国情没有变"以及我国"是世界最大发展中国家的国际地位没有变",这是我们必须"牢牢立足的基本实际"。基于这种基本判断，应认识到国情特征以及我国近14亿人口消费品市场的供给端呈现的"本国生产为主，海外进口为辅"的特点，势必要逐步在全球化与"和平崛起"过程中，逐渐接近美国"全球供给、海外进口为主，本国生产为辅"的市场结构，这决定了中国在相当长时期内不断推进经济、社会"升级版"的演变中，供需的主要矛盾方面在于抓好供给端。从经济生活的实际情况看，近年国庆、春运期间"火车票一票难求""高速路车满为患""旅游景点摩肩接踵""出境旅游呈现排浪"等现象，以及房价房租上涨趋势、看病难看病贵、择校难学费贵等问题，清楚地表明了我国在居民收入上升中有着巨大的真实需求，而结构性供给不足的矛盾十分突出，并且将与种种矛盾凸显和解决过程伴随而长期存在。因此，我们认为，"十三五"和今后一个较长时期的战略目标应当是：先在"升级版增长平台"上使经济企稳、发展动力转型提升，进而实现全面小康、跨越"中等收入陷阱"，继续从"追赶"对接到"赶超"，以实质性的"全面改革，全面依法治国和全面从严治党"对接现代化"伟大民族复兴"的"中国梦"。

放眼未来，以2049年即中华人民共和国成立100周年为界，我们认为大致可做如下战略分期：

——2016—2020年，推进改革攻坚克难，全面建成小康社会并力求十八届三中全会以来的改革顶层规划中排列的重大、基本改革任务取得决定性成果。

——2021—2030年，乘势架设改革创新之桥跨越"中等收入陷阱"，建设创新型国家、打造高收入国家。在2035年，实现十九大规划的基本建成社会主义现代化国家的战略目标。

——2031—2049年，持续强化软硬实力，阔步重返世界之巅。在2049—2050年节点上，将我国建成现代化强国，实现"中国梦"。

第三节　解除供给抑制、放松供给约束是提高我国经济潜在增长率、变微观潜力为发展活力的关键所在

一、改革开放以来我国经济发展取得巨大成就主要是依靠供给侧改革

进入"新常态"之前的30多年，中国经济实现了年均近10%的高速增长，总量规模在世界各国当中的排名上升到第二位，占全球经济的比重由以前的不足2%升至10%以上。2010年，我国人均GDP超过4000美元，进入中等收入国家行列。近些年来，我国人均GDP继续上升，2016年已达8000美元以上。此种巨大规模经济体的长期高速增长，在人类经济史上罕见，成就的取得，主要是中国在以经济建设为中心的正确基本路线指导下，在总供给管理角度（制度供给和结构调整）开创性地实现了从计划经济向市场经济转轨的变革，极大地释放了供给潜力（当然同时也比较有效地对总需求进行了管理调控）。回顾历史，我国改革不断深化的进程正是不断调整落后、僵化的生产关系以适应不断发展变化的生产力的过程，正是不断自觉进行供给侧改革、释放微观市场主体潜力与聪明才智、提升经济社会发展活力的过程。自20世纪80年代以来，我国经济体制改革进程中召开过数次意义重大的"三中全会"。1984年10月召开的党的十二届三中全会做出《中共中央关于经济体制改革的决定》，阐明了经济体制改革的大方向、性质、任务和各项基本方针政策，富有远见地断言，"改革是为了建立充满生机的社会主义经济体制"，并指出："为了从根本上改变束缚生产力发展的经济体制，必须认真总结我国的历史经验，认真研究我国经济的实际状况和发展要求，同时必须吸收和借鉴当今世界各国包括资本主义发达国家的一切反映现代社会化生产规律的先进经营管理方法。"1993年11月召

开的十四届三中全会做出《建立社会主义市场经济体制的决定》，里程碑式地提出了建立社会主义市场经济体制的总体思路与目标模式，利用有利的国际环境来加快国内的改革发展，是当时强调"战略机遇"的主要着眼点。20世纪90年代以来中国在加快内部经济改革的同时，努力融入国际社会和世界经济，逐步建立一整套基本市场经济制度，也为此后十多年的经济高速增长提供了良好的制度条件，2003年10月召开的十六届三中全会做出《完善社会主义市场经济体制若干问题的决定》，成为进一步深化经济体制改革的纲领性文件，为全面建设小康社会奠定了坚实基础。2013年，党的十八届三中全会做出《关于全面深化改革若干重大问题的决定》，使市场在资源配置中的决定性作用终于表述到位，并形成了具体操作点多达336项的改革顶层规划（即"60条"），是在新时期、新形势下进一步释放经济社会潜力、活力的重大举措，也为供给管理注入了新时代背景下的新内容新要求。其后，十八届四中全会关于"全面依法治国"的部署，五中全会系统化表述的发展新理念，则是制度供给的全面配套和发展观念更新的升华，构成互相呼应的总体协调与完整布局。

二、当前我国经济仍面临严重的"供给约束"与"供给抑制"，呼唤着实质性的供给侧改革创新举措

本书第一章已论及，依据经济理论研究分析可以认为，支持经济长期增长的要素（供给侧动力源构成因素）主要有五个：劳动力、土地及自然资源、资本、科技创新、制度与管理。国际经验表明，各经济体在进入中等收入阶段之前，前面三项对于经济增长的贡献容易较多地生成和体现出来，而进入中等收入阶段之后，后面两项的贡献更大，并且极其关键。所以，中国新时代的增长动力构建，实为城镇化、工业化、市场化、国际化、信息化与民主法治化发展过程由五大要素动力源合乎规律地优化重构而成的混合动力体系。结合我国当前的实际情况，这几个要素方面都存在明显的供给约束与供给抑制，需要通过全面的制度改革，化解制约，释放经济社会潜力，提高经济增长活力。

（一）人口红利下降，劳动力成本上升

我国人口总量居世界第一。改革开放以来，以农民工及其家庭成员为代表的农村人口向城市、向工业领域的巨量转移，是支持我国获得当今经济发展的主力贡献因素之一。但是，据学界测算，在2011年前后，我国经济发展中的"刘易斯拐点"已经出现，2012年后社会劳动适龄人口规模每年净减少数百万人，以低廉劳动"无限供给"为特征的劳动力转移及劳动适龄人口充裕状况对于中国经济的贡献和支持已现颓势，近年在各地不断出现的民工荒、招工难以及劳动力工资水平明显上升，就是明证。与此同时，我国人口结构已明显老龄化。新供给团队的研究表明，在未来不到10年，我国将步入超老龄化社会，速度之快超过日本。通观全球人口与国力变化史，人口基数与结构的变化对国力、国运长远而言带有决定性的作用。因此我国自20世纪70年代以来执行的以严格控制人口数量为目标的人口政策，已到了非调整不可的时候，切不可再做拖延。

（二）土地制度僵化落后，自然资源粗放、低效耗用

我国土地及相关自然资源管理方面存在的供给机制不能适应市场经济机制的问题十分明显。随着城镇化的发展，大量邻近城市的农村土地（包括集体建设用地和宅基地等）通过各种形式转化为城市发展用地，这本是城市化的题中应有之义。但是，由于现行土地管理制度过于僵化，未能形成与时俱进的供给机制，征地、拆迁、补偿越做越难，越做综合成本越高，并引发诸多社会冲突与群体性事件，以及"小产权房"等棘手难题。除土地之外，我国其他各类自然资源方面，也存在着比价关系严重扭曲、市场化价格形成机制缺失，以及政府发展经济急切而强烈的动机之下的粗放、低效使用，已经造成近年来各方面有深切感知的、公众意见十分强烈的各类水体、土壤、大气污染问题以及资源能源挥霍式耗用等严重问题。

（三）金融压抑明显，对实体经济的多样化融资和升级换代支持不足

无论是从国内储蓄还是外汇储备上看，我国似乎都是世界上"最有钱"的国家。

但从资本的使用效率上看，从实体经济得到融资支持的程度上看，我国金融领域存在的供给抑制与供给约束又可居世界之冠。一是利率市场化虽已踢出"临门一脚"，但在覆盖多种金融产品的融资价格竞争性形成机制方面，其实还处于"行百里者半九十"的关键性路程；二是金融市场主体"大小不均"，主体的国有比重过大而民资外资比重过低、超级银行占比过大而中小型金融机构占比过小；三是间接融资比重过高，直接融资比重太低；四是资本市场结构不合理，主板市场占比过大而创业板、新三板、场外股权交易市场还严重不足；五是除银行间投融资体系高利差抬高融资成本之外，设租寻租、"红顶中介"等，又将创业创新活动的综合融资成本抬得更高。这些导致长期以来我国对经济增长贡献可观，特别是对就业贡献最大的广大中小微企业，得不到较充分的融资供给，实体经济升级换代"突破天花板"得不到投融资供给机制的有力支撑，"三农"领域的金融支持也始终盘桓于政策倡导层面而实质性进展十分缓慢，大众创业、万众创新面临的实质性融资门槛，仍然相当高。

（四）教育体制扭曲、僵化，科技创新驱动力弱

早在党的十六大文件中，就提出了建设创新型国家。我国经济增长的动力机制应当而且必须强化创新驱动，已成为各方共识。但从进展看，科技研发的创新活力和相关人才的培养、供给机制，被官本位、行政化、官僚主义、形式主义和种种违反科研规律的不当制度机制所遏制，一方面我国科研人员的论文发表数、专利申请数快速增长、已名列世界前茅，另一方面科技成果向产业、市场的转化率不到10%，究其原因，相当重要的前置环节——教育领域即人才培养体系中，由于严重的行政化、应试教育化等而抑制创造性人才的生长，形成"钱学森之问"的难解之题；具有支撑意义的基础科研领域中，激发科技人员潜心研究的体制机制不到位；应用研究中，一是科技成果转化的激励机制明显滞后，二是知识产权保护不力，三是后勤支持机制落后，四是狭窄的部门利益形成"条块分割"式创新阻碍和资源条件共享壁垒。在党风廉政建设的"八项规定"推出后，还出现了相关管理部门把本应约束官员行为的这些规则，按"官本位"标准全面套用于科研领域来对知识分子和创新一线人员"加强管理"的明显偏颇，严重打击了科研人员的积极性，不得不依靠中

央发文再做纠偏。

（五）政府职能与改革不到位，制度供给仍严重滞后

改革开放以来我国经济社会获得的巨大增长和进步，与政府管理理念的改变、职能的调整、方式的转化、体制机制的不断优化有极其密切的关联。但随着改革进入深水区，政府职能的优化进程与制度变革的推进，已经大为滞后。一是关键功能不到位。市场经济条件下政府的主要功能应是维护公平正义和市场监管、公共服务与社会管理，但实际生活中，市场公平竞争环境受到过度垄断、设租寻租、"红顶中介"等的困扰与损害，假冒伪劣等不良行径往往不能得到有效监管和打击；应有的公共服务被管理部门与环节上的"权力最大化、责任最小化"之争和扯皮推诿所销蚀；应履行的政府社会发展管理规划职能，其形态与水平明显落后于时代要求，各方一再呼吁把经济社会发展与国土开发整治、城乡基础设施、交通运输、生态环境保护、产业园区和主体功能区"多规合一"，始终难有实质性进展。二是关键和重点领域改革不到位，如财税改革、土地改革、金融改革、国企改革、收入分配改革、人口战略调整等，大都慢于社会预期，十八届三中全会后首先由政治局审查通过的财税配套改革方案，实施中已出现与时间表要求不匹配的明显迹象。三是政府支持经济发展手段方式陈旧，仍然习惯于以"政"代"经"，以"补贴""优惠""专项"等吃偏饭方式，代替扎实的市场环境打造与市场基础建设。四是政策机制的设计质量往往不高，效果还有待提升，如政府主推的棚改、医改、中心区域交通体系建设等，大方向正确但所提方案纰漏、缺陷不少。

三、新供给经济学首先是改革经济学：攻坚克难的改革是统领，改革中"守正出奇"是关键

作为一个转轨中的发展中大国，追求后来居上的现代化，为成功实施赶超战略，在政府职能方面必然要有意识地把需求管理与供给管理相互紧密结合，而且尤需做好供给管理。这既是基于我国30多年来改革开放的基本经验，更是基于当下经济发

展的现实需要，也是基于对西方主要发达国家近年来在调控、管理经济方面一系列经验教训的总结。特别应当注重制度供给，在新的时期以全面改革为核心，来促进供给端解放生产力、提升竞争力，以此生成我国经济社会升级版所需的有效供给环境条件，解除供给约束，推动改革创新"攻坚克难"，冲破利益固化的藩篱，充分激发微观经济主体活力。这是续接和有效增强经济增长动力的"关键一招"，也是从要素投入、粗放增长转向供给升级、集约增长，引领市场潮流而创造需求，得以实质性联通"脱胎换骨、凤凰涅槃"式结构调整的主要着力点。

新供给经济学的思维重点，首先是强调在"四个全面"战略布局新时期，"攻坚克难"地从增加有效供给角度实施制度创新供给和结构优化，衔接从短期到中长期目标的运行调控。因而供给管理的手段，既需充分地尊重和敬畏市场，又要理性地、"守正出奇"地引导和建设市场，以经济手段为主，与深化改革优化制度供给紧密结合，进一步解放生产力，构造"又好又快"发展的持续动力源，实现全面小康与"中国梦"。

第四节　优化供给侧环境与机制，释放潜力托举经济质量"升级"式增长的主要政策建议

以"实现中华民族的伟大复兴和人民群众的美好生活""强国富民"为根本发展目标，以"改革开放、动力混成、创新包容"为主驱动力，需更注重以中长期的高质量制度供给统领全局的创新模式，取代短期需求调控为主的凯恩斯主义模式，在优化供给侧环境机制中，强调以高效的制度供给和开放的市场空间，激发微观主体创新、创业、创造的潜能，提升全要素劳动生产率，以释放潜力、激发活力托举新常态的经济社会"质量升级式"发展，稳增长、优结构、护生态、防风险、惠民生。

根据我们的测算，随着我国经济到达"巴拉萨—萨缪尔森效应"（实际汇率上升）和"刘易斯拐点"（劳动成本上升）时，我国经济的潜在增长率合乎逻辑地有所

下降。初步估计未来几年间,我国非加速通货膨胀经济增长率(NAIRG)在8%左右,而非加速通货紧缩经济增长率(NADRG)在6%左右。以此而言,近年掌握的6.5%~7%左右经济增长率,如政策和工作不出大的偏差,应可实现,关键是需同时引导市场预期和"升级版"的演变过程进入良性循环,争取相对顺利地通过市场"优胜劣汰"压力为主的阵痛期,对接一个尽可能长时间的升级版中高速增长平台。在我国,往往在经济下行压力明显时,也正是改革推进阻力较小之时。应抓住时机,推进改革优化供给侧环境机制,为我国的长远可持续发展夯实基础。以下为我们的主要建议。

一、立即调整人口政策,从控制人口数量转向优化实施人力资本战略

纵观世界史,国家兴衰与人口的变化息息相关。面对我国劳动人口明显下降、老龄化社会加速到来的趋势,必须尽快、果断调整我国人口政策。在严格的控制人口政策按原"三十年为期"框架实施了30多年之后,我国实已进入调整人口政策的最后窗口期,绝对不能在这个问题上犯颠覆性错误。一是仅对体制内几千万适龄家庭人群适用的"一胎管制政策"和"单独两孩政策",在终于推进到"放开两孩"政策后,还亟须尽快转变为"放开三胎"乃至放开计划生育,此举近中期可缓解原"计划生育"引致的一系列社会问题并提振消费,中远期可在提升人民群众"幸福感"、夯实和谐社会根基的同时对冲部分人口老龄化压力(中央十八届五中全会宣布的"放开两孩"政策调整出台后,本可以并应当较快做出动态推进的后续优化举措);二是将以计划生育重点针对体制内的人口控制,过渡到以整个社会全面优生和提高人口质量为核心的人口战略,并进一步改写为以教育和提升创新能力为核心的人力资本战略。另外,促进人口流动、适当吸引移民也应当成为我国人口政策的重要内容:一方面,要以实施城乡基本公共服务一体化为制度依托,顺应城市化进程中人口从农村向城市流动的历史性趋势;另一方面要适度放开移民政策,既要积极引入高端、优质的创新型人才,在需要的时候也要有序引入熟练技工。总之,从各

方面情况看，人口政策的调整是人心所向、成本最低、见效最快、利国利民、福及千秋万代的"仁政"，应当尽快颁行。

二、积极审慎推动土地制度改革，逐步建立城乡统一的土地流转制度

土地是被称为"财富之父"的根本资源，土地制度是国家的基础性制度，也是供给管理极为重要的内容。土地制度改革事关利益格局的重大调整，需要长远谋划、积极审慎。当前，土地制度改革的焦点主要集中在农村土地方面（涉及集体经营用地、农民承包地和宅基地）。我们建议积极落实十八届三中全会《决定》中的有关精神，明确农村集体经营性建设用地入市范围和途径；建立健全市场交易规则和服务监管制度，积极总结借鉴重庆等区域以"地票"制度处理远离城市中心区的农民在农地"占补平衡"框架下分享城镇化红利的经验。全面推动农民承包土地使用权的确权、流通、转让、租赁制度，保护农民的合法权益。探索农民住房保障在不同区域"户有所居"的多种实现形式。应充分重视深圳特区"先行先试"环境下形成的"国有平台，整合分类，权益求平，渐进归一"土地制度改革经验，在逐步建立城乡统一的土地产权框架和流转制度过程中形成兼顾国家、单位、个人的土地增值收益分配机制。土地征收中严格界定公共利益用地范围，规范程序，公开信息；建立对被征地农民的合理、规范、多元的补偿和生活保障、生产引导机制。

三、全面实施金融改革，积极解除"金融抑制"有效支持实体经济

基于金融是"现代经济的核心"的重要性和防其变为"空心"的防范风险的必要性，要针对我国金融市场的结构失衡、功能不全和"金融抑制"，全面推进金融改革。一是进一步深化金融机构特别是国有控股商业银行改革，适当降低国家持股比例提升社会资本持股比例；二是积极发展证券、保险等非银行金融机构；三是在政

策性融资机制创新中构建多层次、广覆盖、可持续的开发性金融、农村金融、绿色金融、科技金融等服务体系;四是依托存款保险制积极发展一大批社区银行、村镇银行,通过降低准入门槛,引入民间资本或将现行的民间放贷机构合法化,增加金融供给主体和金融产品,健全小型、微型企业融资体制,并引导小贷公司按"资本金融资、自负盈亏、自担风险"原则发展,改进小微企业的金融服务;五是依全面放开存贷款利率管制,实现市场化定价的方针,在利率市场化的"临门一脚"——放开存款利率上限取得突破后,乘势推动融资成本竞争性形成机制在商业性金融领域的全覆盖;六是以显著提升直接融资比重为目标,大力发展多层次资本市场,在继续完善主板、中小企业板和创业板市场的基础上,积极探索覆盖全国的股权交易市场,并推动"大资产管理公司"建设;七是提高金融业稳健性标准,积极稳妥地推进银行业实现第三版《巴塞尔协议》的相关要求,防范银行表外业务风险,牢牢守住不发生系统性风险、控制区域性风险的底线;八是加强金融业监管,落实金融监管改革措施和稳健标准,完善监管协调机制,界定中央和地方金融监管职责和风险处置责任;九是积极做好条件准备等待机会适时实行人民币在资本项目下的可兑换,支持人民币国际化。

四、切实以改革为企业经营创业活动"松绑""减负",激发微观经济活力

结合当前企业的实际情况,应以"负面清单"原则取向,创造"海阔凭鱼跃,天高任鸟飞"的高标准法治化营商环境。一是以自贸区为标杆,进一步简政放权,降低门槛、减少准入限制,同时改革监管方式,优化服务,推动全国统一的行政审批标准化改革,建立覆盖所有法人、自然人的全国性信息信用系统,执行统一的市场监管规则,以此最大程度地减少社会交易成本,为企业创造良好的经营环境。二是积极推动基本养老金社会统筹的改革,适度降低我国社保缴费率,同时加快推进实施基本养老"费改税"步伐;建立全国统筹的社保体系可结合调入国资经营收益等机制。三是进一步清理收费,降低企业实际综合负担特别是税外负担,在

深化财税改革厉行结构性减税的同时，应注重彻底切断行政审批与收费之间的利益关联，分类重建收费管理的体制机制，将"准税收"性质的收费、基金尽快调入一般公共预算，"使用者付费"性质的收费、基金应在基金预算中加强成本核算与信息公开，行业协会、中介组织所提供的服务收费应打破垄断、增强竞争、压低负担水平，对"红顶中介"、设租寻租所强加的企业负担，更应结合反腐倡廉来有效消除。

五、大力实施教育改革和创新驱动战略，培育高水平人才，有效建设创新型国家

以改造应试教育和去行政化为重点的教育改革势在必行，以利于培养造就一大批创新人才。面对新一轮生产力革命（"第三次产业革命"）的挑战，我国从中长期发展来看，需要在高端"买不来的技术"领域靠原始、自主创新艰难前行，在中高端依靠全面开放和"拿来主义""引进、消化吸收再创新"与"集成创新"结合，最终建成"创新型国家"，完成从工业时代经济向与"第三次产业革命"接轨的"中国新经济"的转轨。可以预计，信息产业、新能源产业、高铁式重大装备制造业、生物产业和纳米产业等战略性新兴产业，插上"互联网＋"的翅膀，正在或可能成为中国经济的新引擎。为力求主动，必须积极深化科技体制改革，完善支持自主创新和成果转化的政策体系，引导各类创新主体加大研发投入，调动社会各方面参与和推动自主创新的积极性。要完善以企业为主体、市场为导向、产学研结合的技术创新体系；加强创新型人才队伍建设，重视培养引进高科技领军人才；培育创新文化，保护创新热情，宽容创新挫折，形成有利于创新的全社会氛围，多元化支持从发展基础科研、实施国家科技重大项目到促进科技成果产业化各个方面的自主创新，提升创新绩效。要充分遵从科研规律，切实对"官本位""行政化"管理纠偏，以激励有力、制约到位、分配合理、管理科学的制度规范，调动全体科研人员的积极性与创造力，使科研投入的绩效水平得到提高。

供给端的以上举措，离不开我国行政、财政、国企、收入分配、价格、投资等

多方面的综合配套改革。对此，我们有以下建议：

（1）"结合式"深入推进行政审批制度改革、大部制改革和"多规合一"制度建设。

深化行政审批制度改革，现在已经触及更深层的系统性、体制性问题，需要从"重视数量"转向"提高质量"，以法治化、系统化、标准化、信息化、协同化、阳光化为指针，结合"大部制"改革内在逻辑，职能、机构、编制协调联动，"结合式"将行政审批制度改革向纵深推进。一是大力提高行政法治程度，建立严格的行政审批事项准入制度，防止边减边增、先减后增；二是顺应大部制改革前景，动态优化设计、择时启动行政审批的国家标准化工作；三是积极落实"规划先行""多规合一"政府职能优化再造工作，可先形成部际联席工作框架，动态对接未来的大部制机构改革和流程优化，发改、国土、城乡、交通、环保、产业、财政等都必须纳入"多规合一"综合体系；四是建立全国统一的行政审批信息数据库及在线行政审批平台，提高政府管理的信息化水平；五是积极推动行政审批业务流程再造，提高系统性与协同性；六是深化收费制度改革，以破除各类收费的"收、支、用、管"一体化为核心，彻底切断行政审批与收费之间的利益机制；七是对社会中介组织进行合理培养引导，促进竞争，提高素质，正确地行使其承接政府转移功能之作用。

（2）继续深化财税改革，支持政府治理体系与能力现代化。

财政的实质是公共资源配置的体系与机制，是国家治理的基础和重要支柱，既与公共权力主体的系统化改革高度关联，也与整体资源配置机制改革息息相关。正因为如此，改革开放以来，我国历次重大改革均以财政体制改革为突破口，且取得了巨大的成功。当前，需要继续借力于十八届三中全会后率先启动的财税改革部署，调适优化政府、市场、社会之间的关系。一是加快建设以"规范、透明、绩效"为特征的现代预算管理制度。以"预算全口径"为原则，将政府的所有收入和支出（包括尚游离于"四本预算"之外的债务、各类公共资源资产、各类公共权力收支等）都纳入管理；以"管理全过程"为原则，全面建立以权责发生制为基础的政府综合财务报告制度；深化推行绩效预算、加强财政审计、推动财政问责制，形成覆盖财政资金管理全程的政府收支管理制度体系；实施中期预算框架，建立跨年度预算平衡机制；加快推进预算公开，提高财政透明度，包括扩大公开范围、细化公开内容，完善预算公开机制，强化对预算的外部监督检查等。二是以减少间接税、增加直接税为切入点，建立现代税收制度。"营改增"改革全覆盖后需抓紧优化细化实施细则。消费税改革应结合"问题导向"抓紧形成和推出实施方案。资源税改革要进一步扩大覆盖面并对接各配套联动改革事项。房地产税要加快立法进度，力争不再拖延。个人所得税改革应坚决校正单纯改变起征点的错误氛围，理顺改革设计，分步走向"综合、分类相结合加分项扣除"模式。三是建立事权和支出责任相适应的中央与地方财政体制。可依托正在进行的权力清单、责任清单改革，由粗到细试编和逐步明确各级政府事权清单，再对接以预算支出科目为量化指标的各级支出责任一揽子清单。结合省直管县打造三层级框架，积极推进省以下分税制财政体制。构建由地方税、转移支付等共同组成的地方收入体系，促进地方政府事权和支出责任相适应。以促进基本公共服务均等化为导向，优化重构转移支付制度。

（3）有序推进国有企业改革，促进国有资产收益和存量的转置。

规模庞大的国有经济是中国特色社会主义的组成部分。大型国有企业在中国经济社会中发挥的重要作用，是顺应社会诉求将更大比重的资产收益上交国库，支持我国社会保障体系的运行和公共服务的增量提质。今后，随着国有经济"战略性改组"和"混合所有制"改革、资源能源价格形成机制配套改革的深化，中央政府在国资委管理范围内的100多家企业收缩至几十家以后，应积极探索通过立法方式，确定各类企业的设立依据、政策目标、国有资产收益的合理转置等相关规则，形成规范法案，并在动态优化中全面形成国有资产收益和存量形态的合理转置，在法治化制度体系中服务于全社会公共目标：在坚持"资产全民所有，收益全民所用"的基本原则之下，完善国有资本经营预算（资本预算）管理体制，提高利润（资产收益）上缴比例进而对社会保障和其他公共服务的支出加大支持力度，合理纳入全口径预算体系统筹协调。各类公益型资产处置（如文化企业转制过程中国有资产的处置）也应纳入国有资本经营预算体系中来，以此充实社会保障基金、强化基本公共服务均等化的财力支撑，真正体现国有经济的优越性及全局性贡献。

（4）改善收入分配与再分配相关制度，打造"橄榄形"现代社会结构。

科学、合理、公平的收入分配制度是国家长治久安的保障。必须看到我国长期以来存在的收入分配矛盾问题成因复杂，不可能通过实施某种专项、单项的改革达到"毕其功于一役"的目的。但总体来说，一是初次分配要侧重于讲效率，二是再分配要侧重于讲共富。在初次分配领域，政府要维护产权规范与公平竞争的规则与环境，尊重、培育和健全市场的资源与要素配置机制，合理调节各地最低工资标准并适当引导企业劳方与资方在工薪分配上的集体协商等，促进社会资源的优化配置和社会财富的最大涌流。在再分配领域，一是建立健全我国税收制度的收入调节功能，坚定地逐步提高我国直接税比重，开征房地产税，改革个人所得税，研究开征遗产和赠与税；二是完善我国社会保障制度，力争在"十三五"期间实现基础养老金全国统筹，建立兼顾各类人员的养老保障待遇确定机制和正常调整机制，发展企业年金和职业年金，加快健全覆盖全民的医保体系，加大保障性住房的供给规模并优化供给机制；三是改革转移支付制度，增强其平衡区域收入差异、人群差异的调节功能，如加大对中西部地区特别是革命老区、民族地区、边疆地区和贫困地区的财力支持，加大教育、就业、扶贫开发等支出，加强对困难群体救助和帮扶，大力发展社会慈善事业等；四是消除部分行业的过度垄断因素，提升相关收入分配制度规则的透明度；五是加强对非工资收入和财产性收入的引导和管理，严厉打击贪赃枉法、权钱交易、行贿受贿、走私贩毒、偷逃税收等相关的黑色收入，同时清理整顿规范种种"灰色收入"——其中合理的、需修正的，都应阳光化，不合理的则应予以取缔；六是积极推进官员财产报告与公示制度的改革试点；七是在管理和技术层面加强"问题导向"，有针对性地解决诸如国家特殊津贴专家标准严重不一等遗留多年的问题。分配调节的导向，是逐步形成中等收入阶层成为主体的"橄榄形"现代社会结构。

（5）以满足公共服务需求、优化结构和调动潜能为大方向，积极理顺基础资源、能源产品比价关系和价格形成机制，积极实施选择性"有效投资"和PPP机制创新。

针对我国基础资源、能源产品的比价关系和价格形成机制的严重问题，要抓住煤炭资源税"从量变从价"改革已形成框架、电力部门改革已有部署的时机和基础，以"从煤到电"这一基础能源链条为重点，攻坚克难实行理顺比价关系和价格形成机制的配套改革，以利内生、长效、全面地促进全产业链节能降耗和释放市场潜力。

在优化供给侧环境机制的同时，必须看到，由于我国仍然处于城市化进程的中期，政府投资部分仍然可以作为的广阔空间。在经济下行中，结合优化结构、提升发展后劲、改善民生等需要，应积极考虑加大选择性"有效投资"（即可以增加有效供给的"聪明投资"）的力度。其投入要素又正是我国现成的所谓"过剩产能"的一部分，并吸收和消化相关的劳动力、施工力量与管理力量。投资选择的对象，首先可包括新型城镇化与城乡一体化建设中的基础设施，如一大批中心城市的交通、公用事业基础设施的升级换代、城市管网更新扩建（"综合管廊"模式）、"海绵城市"建设、区域交通互联互通、全国大江大河治理、农田水利设施建设与整修等；其次应考虑产业领域，如以节能降耗减排为特征的示范园区和示范项目建设、重点企业的技术改造、各类生产性服务业等；再次是环境领域，不仅需要加快水体、大气、土壤的污染治理，而且需要加快优化能源供给方式，调整能源、资源利用的结构和技术路线，大力加快煤炭清洁利用的设施投资建设，加快发展地铁、轻轨等综合性快速公共交通，加快污水处理厂、垃圾处理厂等环保设施建设，多措并举加快节能减排降污；最后是民生领域，如未来几十年内将需求激增的健康养老产业，仍存在突出结构性供给矛盾的教育，以"住有所居"为目的的棚户区改造，公租房、共有产权房等保障性住房供给，各类以满足人民群众日益增长的文化、体育需求的设施建设与产业开发等。这些基础设施、公共工程项目，都应充分注重以有限的政府财力通过PPP机制发挥"四两拨千斤"的放大效应和乘数效应，拉动民间资本、社会资金合作供给，并提升绩效水平。

总之，我们认为中国经济社会发展的现代化进程已经到达一个非比寻常的关键时期和历史性的考验关口，仅以短中期调控为眼界的需求管理已不能适应客观需要，应当及时、全面引入以"固本培元"为主旨、以制度供给为核心、以改革为统领的新供给管理方略，针对中国经济社会的重大现实问题，"中西医结合"多管齐下，共收疗效。为适应中国新一轮经济发展中打造有效动力机制的总体要求，亟应注重从供给侧入手，针对当前和今后一个时期面临的突出问题和矛盾，从微观主体即创业、创新、创造的市场主体层面，释放经济社会的潜力、活力，托举中国经济的潜在增长率，促进总供需平衡和结构优化、加快增长方式转变，进而为实现中华民族伟大复兴的中国梦扫清和拓宽道路。

第五章

供给侧结构性改革中的"三去一降一补"

第一节　把握供给侧三个词语的联结关系

供给侧结构性改革的要领，实际工作中首先是以"三去一降一补（去产能、去库存、去杠杆、降成本、补短板）"为切入点。但为正确理解和掌握它，必须把"三去一降一补"放在供给侧结构性改革整体逻辑关联之内。如果从中央这一战略方针直接字义上来看，有三个词语：供给侧＋结构性＋改革。首先要注意到，它是落在"改革"上的，这表明什么呢？可知决策层所强调的这个概念，就是在邓小平于改革开放新时期之初就设定为大政方针的"改革"之路上承前启后、继往开来的要求。但是这里又突出了一个新意，新在直接标明了"供给侧"，即改革就是要解决供给侧的有效制度供给问题，并表明了决策层通过相关分析认定，我们现阶段矛盾的主要方面就在于供给侧，必须面对与需求侧总量问题迥然不同的供给侧的"结构"问题，首先是制度结构优化、利益格局调整、"冲破利益固化的藩篱"的问题，攻坚克难推进改革而解决好有效制度供给，进而提高整个供给体系质量和效率。这三个词语联结而成的鲜明表达是得到"社会主义政治经济学"的学理支撑的。

如果把供给侧结构性改革的以上三个概念联结在一起理解，结合现实经济生活，对于"三去一降一补"这样供给侧改革的具体要求及实施要领，需要做进一步的考察分析。

第二节 "去杠杆"须区分宏观与微观

说到"去杠杆"，可以直截了当地讲，首先这在宏观上是间接调控体系里货币政策当局主导的控制广义货币供应量（M2）方面要把握的要领，与"适度扩大总需求"而同时宏观审慎地防范风险的权衡有关，也与如何更好地掌握总量型的需求管理有关。在这个意义上，它的操作与我们各个地方、各个行业、各个企业并没有直接关系。其他宏观管理部门，则需要对我们的货币当局提供协调和配套支持：比如近年的财政政策，强调要提高赤字率，而提高赤字率意味着举借债务的规模要扩大，财政部门的领导已指出，这是以财政的加杠杆服务于全局的去杠杆，体现了全局观与国家层面的部门协调——这是从宏观角度来说必须把握的"去杠杆"概念对于相关管理主体的要求。

另外，从地方政府视角来说，应有一个清醒的认识：全局的去杠杆并不排除局部的加杠杆，而且局部的加杠杆一定是要求"理性供给管理"的结构性加杠杆。比如，我们知道，在全局去杠杆的同时，地方政府在本地发展战略实施过程中需要发力支持优化结构的一些关键点上，却是需要加杠杆的；大量三四线城市去楼市库存，也是需要配合必要的政策措施而加杠杆的。这些都迫切需要以一种理性的供给侧的管理方案来设计，以求达到优化结构、从而也服务于降低总体杠杆风险程度的意愿。总之，管理当局要协调好的事情，是地方、行业在这方面，应理性地处理好怎样以必要的结构性加杠杆来顺应全局去杠杆，从而贯彻好发展战略的问题。这是典型的理性供给管理的任务。

至于微观企业主体降低自身负债率的"去杠杆"，则是必须因企制宜讨论的问题，并没有一个"一刀切"的合理解决方案，政府一般也不应按某个量值做硬性要求，关键是企业在竞争中要结合自己的生产经营战略策略，力求于定制化个案处理中达到对负债经营较高水准的风险防控。微观的"去杠杆"，实质是一个个企业特定的"资金供给管理方案"问题。

第三节 "去产能"应正确把握实质和机制

"去产能"应正确把握实质和机制：

其一，不宜笼统地讲去所有的"过剩产能"。我国现在必须聚焦的是去落后产能。各个行业里产能的过剩还是不过剩处在不断变化中，准确的说法是，在特定行业、特定领域里高高低低可比的产能中，靠下的低效率、重污染的落后产能，是可以相对而言较好界定的概念和较好把握的去除对象。去产能工作重心放在去落后产能这个实质问题上，才能更直接、更聚焦地对应我们所追求的结构优化和打造升级版。

其二，所谓"过剩产能"，是可以通过我们的一些创新机制比如 PPP 来改变其属性的。PPP 即现在官方文件所表述的"政府和社会资本合作"的机制，这一创新显然会把一部分过剩产能瞬间转为有效产能。原来政府在要做的公共工程、基础设施，以及产业园区连片开发这些建设项目上，往往"心有余而力不足"，现在可以吸引、拉动出已雄厚起来的民间资本、社会资金、包括外资一起来做。只要把这个事情做得好，便会产生一系列正面效应，包括缓解政府未来很长时间段上城镇化和老龄化压力之下的财政支出压力；使民生改善，老百姓得实惠而且实惠可持续，因为它是政府、企业和专业机构"1+1+1>3"的绩效提升机制，也正是落实共享发展的机制创新；它还会给一批与政府合作的企业打开取得"非暴利但可接受"的长期投资回报这样的生存发展空间；它又对接混合所有制改革，以及对接非常重要、中国必须推进的法治化、民主化制度建设，是一种对全面法治化的倒逼机制和催化剂。

同时，它又是在引领新常态过程中可以把一部分所谓过剩产能成功转为有效产能、进行有效投资（"聪明投资"）的创新机制。比如在北京，在原来地铁四号线 PPP 项目的基础上，现在继续运用这种成功经验引进外资建设地铁 16 号线，正是缓解首都公共交通体系有效供给不足的一个重要的建设项目。如无 PPP，16 号线动工建设可能还遥遥无期，有了 PPP，便可以把这一建设项目立即启动，而且是"好事做实、实事做好"。加快项目建设所需要的钢材、建材、施工设备等的一大批订单，对应的是什么产能呢？正是一部分原来所谓的"过剩产能"——PPP 这个机制创新会把一部分所谓的过剩产能很快转为有效产能。

其三，我们需要意识到，在行业、企业升级换代中，并不应把所有在竞争力上有一定劣势的企业马上认定为所谓的僵尸企业，"僵尸企业"这个概念是可以用的，但是应仅限于少数确实无可救药而迟迟未出局的企业。某些在竞争中已经感到有压力、有困难的企业，如果能成功地实现升级换代的创新，就可能改变面貌，原来被人们认为是过剩产能的代表，可能转为有效产能的组成部分，这是可变的，是要有"事在人为"的努力加入进去的。所以，在去产能方面，一定要真正聚焦到在整个行业或者某一个领域里那种应被市场竞争淘汰的落后产能能不能去除这个关键问题和"真问题"上。

其四，这一点非常重要：去产能的主体与机制何在？去产能中，对于为数不多的某些成规模的企业，政府如认定它是落后产能代表，在没有挽救的可能性的情况下，可以由政府为主体实施关停并转的操作，这是最便捷的操作，但是这种方式的适应性非常有限。中国现在整个企业数量、市场主体数量，已是 8000 万个以上，大量的中小微企业中谁是落后产能代表，政府没有本事一一甄别，必须在依靠政府维持公平竞争的制度环境、让整个市场机制发挥作用的过程中，以竞争中的优胜劣汰解决去除落后产能的问题。这是一个最重要的去产能的主导机制。

第四节　及时总结去产能的正反两方面经验

在深化供给侧改革的进程中，亟须总结近年"去产能"方面的运行情况，掌握好"去产能"的实质内容及其合理机制。不应过于注重有关部门算出一个总规模以后，表面上看砍掉了多少产量，关键是那些真正需要淘汰的落后产能，怎么能被挤出去。我国钢铁行业、煤炭行业从整个产能规模看起来是过剩的，所以成为2016年去产能的重点，但是实际生活中如以行政手段为主把钢铁和煤炭产能总量的压减目标，作为指令性任务"切块"下达，由各地管理部门或者"拣软柿子捏"挑选去除对象，或者"排头砍去"一刀切操作，能够如愿达到去落后产能的结果吗？这种方式下，面对着千千万万分散的市场主体，政府管理部门其实没有能力去全面地一一甄别企业中的每一个是什么样产能的代表。对于为数不多的成规模的企业，可以作为重点对象来排查，能够认定真正无可救药的落后产能代表，可以"关停并转"，但这种操作的适应性是有限的。全国约8000万个以上的市场主体中，绝大多数是中小微企业，其中的那些落后产能，应该在划清某些必要的准入标准（如污染物排放的技术标准）之后，主要通过市场竞争中的优胜劣汰来去除，如果依靠行政官员去覆盖总计几千万个市场主体一一做甄别，不可能真正掌握好准确度。

实际生活中，我们很遗憾地看到，在这样的一个矛盾面前，管理部门的手段往往是倾向于靠行政指令来给出指标往下压任务，比如，整个钢铁行业和整个煤炭行业要求去多少万吨的产能，作为任务，然后层层切块，下达到各个地区，各地区再在本地相关的企业里靠行政手段挑选"去产能"对象，而实际带来的结果往往很容易发生扭曲与不公正，还有干脆"一刀切"地压产量的做法。以煤炭行业为例，2016年不少地方就是落入了不甄别的"一刀切"。煤炭行业经历了几年的困难、产品价位一路走低之后，2016年二季度以后煤品市场开始回暖，到三季度迅速回暖已成定局，而四季度听到的消息，是市场上的动力煤价格从原来的280元/吨左右直冲600元/吨，而焦炭已经从原来的600元/吨左右直冲2000元/吨。这样迅猛的回暖升温，逼得管理部门召开多次紧急会议，在全国重新考虑怎么样调配煤炭的供给能力。这个从"过剩"到"供应吃紧"急剧转变的背景是什么呢？是在前面的一段时间里，有关部门要求各个煤矿要按照一年内矿井开工运行不能超过276天来封顶。这就完全改变了过去煤炭行业里早已经形成全套经验的全年如无大修365天"连轴转"的工作状态。从经济学的角度来说，现在这种新的行政规定，看起来可以把整个煤炭行业的产量往下压，但实际上违背了生产规律，使一个个运行中的煤矿的固定成本分摊极不充分，原来摊到360天左右的，现在按行政要求只能对应至多276天的生产运行，实际上是以行政手段不加区分地压低所有煤炭生产企业的运行效率，其中不仅实际上保护了落后产能，而且还可能增加了矿难的隐患——可想而知：煤田的煤层气是需要不断抽取的，瓦斯等带来的不安全因素要靠这样的方式来控制，停工的这些天数里，抽气还是不抽气？从经济利益考虑，很多一线的具体工作管理者自然会把抽气系统停下来，那么什么时候开工再恢复？有没有经验要提前多少天恢复通风、先把气抽得比较到位才可以施工？处理不好，抽得不充分，是不是就进一步增加了瓦斯爆炸之类的矿难隐患呢？不客气地说，这样的结果是，煤炭行业的落后产能并没有被排除，反而由一刀切的产量控制把这些落后产能一起保护下来了。煤炭行业如此去产能，形式主义地好像有了一个交代，但落后产能实际上没有排除，显然这不是我们供给侧改革要追求的合理结果，没有真正体现全要素生产率这方面的提高，而且还可能带来该行业新一轮"大起大落"的隐患。

也就是说，这样的情况带来了现在值得重视的问题——在应充分肯定"去产能"已有成果的同时，我们必须注意，此轮煤炭行业的回暖是不是猛了一点？这个特征所带来的在下一个阶段可能的不良影响是什么？一个大起之后很容易出现的是过了一个临界点，便跟着是大落。我们不希望经济的运行是这样大起大落式地"打摆子"，行政手段为主最容易造成这样的"打摆子"。我们的房地产业不也是有这样的"治标不治本"问题吗？如果以经济手段为主充分发挥市场作用的制度框架迟迟不能建立，那么政府调控就是从一端摆到另外一端。这样的一些经验教训，非常值得认真总结。

第五节 房地产"去库存"亟应对于"分化"的情况分别施策

人们普遍意识到,"去库存"首先针对的是房地产,而房地产现在的情况是什么?一定要有结构分析。从大面上说,房地产现在叫作"冰火两重天",而所说的房地产的去库存,绝对不能施加于"火"那一面。北上广深早已经"火"得一塌糊涂,它还去什么库存?需要尽快组织有效的供给,缓解这种供需矛盾,平息民众新的不满。大量的二线城市,原来更多的感觉是"冰"的压力,2016年下半年后很快转成"火"的压力了,也要尽快借鉴现在一线城市的一些做法以及一些教训,要有提前量地提供有效供给。相匹配的基础性制度的供给问题,一定要尽快提到工作日程上。比如,中央所要求的"加快房地产税立法并适时推进改革",这个方针怎么跟现实对接已经可以看得更清楚了。所以,房地产去库存,现在真正要抓住的主要是大量三四线城市即"冰"的这方面怎么去库存的问题。在三四线城市去库存,又必须注意,不是简单依靠现在已有的商业性消费信贷支持就可以如愿地达到去库存目标的,因为三四线城市最值得争取的住房主体是所谓"农民工",未来几十年,我国还要有约4亿人从农村到城镇来定居,一开始他们被称为农民工,是因为户籍还在农村,但是需要在城镇中"住有所居"地形成与他们的需求所对应的供给,最主要的部分不是一般商品住宅——他们的支付能力大多还对不上,而是低价的共有产权房或者公租房,要把这样的供给在现在的存量基础上提供出来,就一定要使用政策杠杆。所以,这又是一个鲜明的例证:在房地产去库存方面,在全局的去杠杆、控制杠杆的同时,还必须或不得不处理好"政策性加杠杆"怎样合理解决的问题,这才能如愿地在三四线城市真正使一大批农民工住有所居,得到有效供给的共有产权房,而且在他们支付能力更低的时候,对应的则只能是公租房。这样如果做得好,确实可以把一些我们的房地产库存,从原来的"存"的状态转为"用"的状态。

第六节 "降成本"方面,政府的职责是深化改革,降低制度成本

关于"降成本",很显然,对于企业自己可以降低的成本来说,不用政府太操心,政府只要维护了公平竞争环境,企业会千方百计把事情做到极致,在"细节决定成败"的所有的节点上去控制成本、降低成本。从政府角度来说,真正需其发力的降成本,一定要针对制度性成本。在制度性成本里,税收上需要继续做好一系列可能的减税改革,但税收之外的非税收入这方面的成本,比如各种各样的行政性收费,仍达数百种,称得上"多如牛毛",亟应结合配套改革来减降;又如我国社保体系的"五险一金",还有降低的空间和必要。特别是隐性的成本,比如一个企业开办要盖几十个章,每个章后面跟着的都要有"打点",这种隐性综合成本能不能降下来,绝对不是减税概念能覆盖的事情,一定是综合配套改革概念才能覆盖和解决的问题,要抓住这个实质。

第七节 "补短板",需要因地、因企、因行业制宜的定制化方案

关于"补短板",需要清晰地注意到供给侧结构性改革和供给体系质量效率提高,在补短板方面的原则是非常鲜明的:一定是要解决结构问题,而这个结构问题在具体分析基础上的对策,必须在各地、各行业、各企业专门"对症下药"地形成,什么是其短板?怎么补?绝对没有一个笼统的拿来就可以套用的标准化解决方案。

这就是供给管理明显区别于需求管理的特点之所在：需求管理是相当清晰的指标单一、政府以调控进行反周期操作的模式，而到了供给管理、供给侧的补短板，特别强调的是因地制宜、因企制宜、因行业制宜，一定要有高水平的特定解决方案的设计，这是我们必须面对的供给侧结构性改革的挑战。

总之，按照中央供给侧改革的实质性要求，关键是要充分尊重市场在资源配置中的决定性作用，政府主要是维持一个公平竞争的环境和掌握负面清单的"市场准入"，力求在市场竞争中优胜劣汰地去做"三去一降一补"，这样我们才真正走上了一条加快发展方式转变的正路。在中央所要求的深化供给侧结构性改革过程中，我们十分需要进一步总结相关经验与要领，把中央关于供给侧结构性改革的本质精神贯彻好。

第六章

供给侧结构性改革中的基础性改革

党的十九大报告,要求建设现代化经济体系,必须坚持质量第一,效率优先,以供给侧结构性改革为主线。供给侧结构性改革,是在认识、适应和引领"新常态"的新阶段和中国特色社会主义新时代,实现"强起来"的伟大历史飞跃过程中,以"攻坚克难"的深化改革为核心内涵,进一步解放生产力、实现动力机制和经济体系转型、社会形态升级进步的系统工程,离不开基础性改革的呼应与支持。

基础性改革所处理的,是资源配置机制层面,在市场得以发挥决定性作用同时亦使政府更好发挥作用的制度创新安排,主要包括构建现代市场体系微观基础层面的改革,和打造更为合理的政府职能与架构的公权体系配套改革两方面。在此二者基础上,支持推进全面改革,提升国家软硬实力实现现代化,是实施供给侧结构性改革的基本路径。

第一节 基础性改革的主要内容

推进具有结构支撑作用的重大改革,应把握好重大改革的次序,优先推进基础性改革。

所谓基础性改革，属于在总体改革进程中具有基础性作用和引领功能的改革事项，其他重要改革可在基础性改革的铺垫之上延展。而"基础性"至少应包含两个层次的内容。其一是关于发挥市场机制作用、推动现代社会主义市场经济体系建设方面的改革；其二是关于政府职能与架构合理化方面的改革。

一、能够有效发挥资源配置"决定性作用"的现代市场体系的产权基石以及微观基础层面的改革

供给侧结构性改革的关键，是要以有效制度供给，解决生产要素的合理配置问题，核心则在于使市场在资源配置中起决定性作用。因此，作为改革优先事项的基础性改革，就需要着力构建和完善现代市场经济体系的微观基础。市场体系的基石在于产权体系和价格机制，围绕产权体系和价格机制的改革，涉及的是企业作为市场主体能够"活起来"的先决条件，是基础性改革的最基本层次。金融由于其现代国民经济的核心地位，财政由于其国家治理体系的基础与支柱地位，同样是基础性改革需要重点发力的优先领域，但主要涉及的是政府总体如何实施间接调控。

首先来看产权体系改革。立足我国当前国情，最需要明晰的产权较突出地集中在三大方面：其一是五大生产要素中非常重要与关键的和土地（自然资源）相关的产权问题，其二则是社会主义框架下的所有制改革及民企产权保护问题，其三是知识产权保护问题。

未来基础性改革，需要积极审慎推动土地制度领域改革。土地是特殊的、稀缺的根本性资源，土地制度是国家的基础性制度。因此，土地制度改革事关利益格局重大调整，需要长远谋划、积极审慎。当前土地制度改革的重点在于：一方面需要在城镇化过程中解决农村土地问题，包括集体经营用地、农民承包地和宅基地；另一方面要解决城市土地的70年产权到期续期及相应的土地流转制度问题。土地制度改革当中还应同步解决土地财政问题，这又与国土开发、自然资源开发中地方税源、税基建设和政府职能转变等紧密相关。

基础性改革同样离不开所有制改革，尤其是在国有企业所有权等理论与实践中

的重大问题上应有所突破。过去的历史经验已经一再证明，国有企业所有权不明晰到位（亦即悬空、虚置）形成的不完全契约，将导致一系列委托代理风险，突出表现为国有经济效率损失、激励缺位和资产流失。由于信息不对称等实际约束条件的存在，现实生活中大都难以形成理想化的完全契约。因此，从制度上解决不完全契约的风险，并将对应的风险和收益通过相应机制加以转化的改革，就尤为必要。特别是在继续深化混合所有制改革并对国有企业进行必要的"瘦身健体"的同时，"理直气壮"地做好做强做大国有企业、国有经济的今天，通过相关制度改革安排，一方面应切实分级厘清国有经济所有权问题，另一方面须将委托代理风险和对应收益关系落实，这是扎扎实实做好相关工作的基础。与之伴随的是如何落实产权保护制度的建设与完善。特别是对于民企、私企的产权保护，如何真正落实中央经济工作会议的要求，在加快编纂《民法典》（毕竟是慢变量）和纠正侵害企业产权的错案冤案（可以也应该是快变量）的过程中，给业已雄厚的民间资本、市场主体以方向感、安全感、希望感，从而引导形成长期行为。

知识产权领域的基础性改革对未来发展创新性国家、培养创新动能的供给侧结构性改革也至关重要。美国、欧洲和日本的经验都表明，知识产权制度是鼓励创新的重要基础，如专利正是给天才之火浇上利益之油。由此反观我国，未来一方面需要强化知识产权保护的相关制度安排和执法保障，降低维权成本、提高侵权成本，让创新者能够得到相应的回报；另一方面也需要设定合理的知识产权保护期限，从而在保护创新者先行的合理利润的同时，避免知识产权过度垄断而可能抑制公众利益应有的合理实现。

再来看价格体系相关的基础性改革。要发挥市场机制作用，价格机制作为市场"无形之手"的信息传导、资源引导渠道，必须理顺。价格领域基础改革应当包括四个层次：首先在于理顺基础资源、能源产品比价关系和价格形成机制，针对我国煤炭等各类矿产基础资源和石油、天然气（一次能源）和电力（二次能源）等关键能源产品的比价关系和价格形成机制中仍存在的扭曲、僵化等严重问题，需要抓住时机、攻坚克难，推动建立与完善市场化价格机制，并基于我国国情的"非常之局"，有意识地设计运用资源、环境税收和其他经济手段，形成以比价关系和价格形成机制引领低碳、绿色发展而克服雾霾等环境危机因素的"非常之策";其次是要对土地资源的"招拍挂"式单向价格提升定价方式,结合相关改革综合改进和优化,一方面合理实现土地价值并对接相关财税等方面的改革,另一方面避免价格畸高妨碍城镇化进程,形成良性循环;再次是对资本和劳动形成合理的、市场化的定价机制,对应二者的收益分配,辅之以政策引导的市场化调节手段和必要的再分配机制,从而理顺国民经济中的收入分配链条,形成既具备有效内生激励,又能够真正地兼顾效率与公平的基础性制度框架;最后是推动形成知识创新等全要素投入的市场化价格机制,这里应对接前述的知识产权领域和科研创新、一线激励知识价值创造的基础性改革,将其打通而整体推进。

基础性改革离不开金融和财政改革。我国应在维持稳定的前提下实施全面的金融体制改革,积极消除金融抑制,让金融体系充分竞争、金融产品充分多样化而有效支持实体经济。既需要明确金融的核心重要地位,又要防范其转为"空心"的风险,应针对中国金融市场目前存在的结构失衡、功能不全和金融抑制等问题,全面推动商业金融和政策金融相关领域的基础性改革,至少包括推动金融创新与对外开放、提升直接金融比重、逐步放松金融管制、守住系统性风险底线和加强完善监管、健全政策性金融与开发性金融,积极探索普惠金融、绿色金融等方面。其中,利率市场化作为我国金融领域的一项重要的基础性改革,已经形成了基本框架,但未来还需要进一步完善,充分地形成利率的市场化定价体系,而这与前文中所述的价格体制的基础性改革亦相辅相成。财政改革居于配套改革的要冲,亟应在1994年分税制改革基本制度成果基础上,在理顺各级事权、财权、税基链条上,整体呼应分级预算、举债和国有资产管理优化,实质性推进改革,配之以扁平化三级框架,达成中央、省、市、县各自有一级合理事权,再配上各自的一级财权、税基,形成各自的预算与产权、举债权,又进而匹配好中央、省两级自上而下的转移支付,佐之以辅助性横向转移支付,以进入可以较好服务于社会主义市场经济全局的"财权与事权相顺应,财力与事力相匹配"的境界。

因此,立足产权、价格和金融、财政的基础性改革,扎扎实实、齐头并进地推动相关市场化进程,是供给侧结构性改革所需要夯实打牢的重要基础。

二、能够在市场作用旁边"更好发挥作用"的政权体系的职能合理化与架构合理化的改革

尽管市场总体而言应当发挥决定性作用，但在矫治市场机制失灵、提供公共品等领域，需要政府体系通过职能与架构方面的改革来"更好发挥作用"，让政府的有形之手与市场的无形之手良好配合，以有效市场和有为、有限政府的结合共同推动经济、社会的良性发展。

政权体系改革需要从人口政策、行政管理架构、财税制度、国有经济和司法改革等领域发力，让政府职能与架构更趋合理。

第一，人口政策优化。我国长期以来实行的人口政策是数量管理框架，而人口要素所面临的政策名义的行政性约束加上家庭生育决策的经济约束（含预期因素）双重作用，目前使我国的人口出生率、抚养比处于历史低位，劳动人口明显下降，老龄化问题日趋严峻，人口红利行将消失。我国人口政策目前正处于必须做出大动作调整的最后窗口期。十八届五中全会已经出台了全面放开"二孩"的决定，而未来人口政策应当进一步放开，从数量管控思维转向质量优化为核心的新战略，同时向全面放开家庭自主生育决策过渡。促进人口流动、适当吸引移民的政策也应成为中国人口政策的重要内容，一方面以城乡基本公共服务一体化作为制度依托，另一方面也需要适度放开移民、积极引入相关创新人才和熟练技工。人口政策的思维转变具有战略意义和全局长远影响，通过政府作为来提前预判、对冲未来中国社会将面临的老龄化压力和人口风险，是当下人心所向、成本最低、见效最快、应尽快颁行的政府改革事项。

第二，行政管理改革。本届政府自上任以来就一直狠抓简政放权，眼下已不再需要过多强调数量而更应当重视质量，同时着力推动编制、行政和结构等方方面面的协调联动，结合所谓的"扁平化""大部制"，在行政审批制度改革不断深化、触及系统性和体制性"深水区"的情况下，共同向纵深推进。可随机构精简进而乘势对政府职能进行优化再造，积极推动"规划先行""多规合一"[①]落地。具体实施思路

---

① 国民经济和社会发展、土地开发利用、城乡基础设施、交通运输、生态环境保护、产业园区和主体功能区的多种规范、规则合一。

方面，可首先构建实施部际联席工作的实质性框架，同时动态对接到相关的流程再造和机构设置改革，不断优化，将政府职能纳入"多规合一"的综合体系；同时合理培养引导各类社会中介组织和公益性、服务性组织，鼓励良性竞争、提高服务水平，从而使之具备有效承接一部分政府职能转移的资质。

第三，通过深化财税制度改革作为支撑，促进政府治理体系与治理能力的现代化。财政作为国家治理的重要支柱和基础，应理解其作为公共资源配置体系与机制的本质，其既与公权执行主体的系统化改革密不可分，又和整体公共资源配置机制的改革高度联系。改革开放以来，可以发现我国的数次重大改革均是以财政体制的改革作为突破口，从而取得一次又一次举世瞩目的成就。当前的改革，更应当从十八届三中全会以来的财政改革切入，着重优化和调适政府、市场与社会这三者之间的关系。这一轮财税改革，从预算方面看，是以"全口径预算""全过程管理"为原则，积极推动建立中期预算、滚动预算编制框架下的跨年度预算平衡机制，推行引入权责发生制政府财务报告制度，同时着力推动预算公开；现代税制方面，目标已树立于调整直接税和间接税比重，直接税要强调财产性收入的调节功能，同时达到促进环境保护和包容性增长的目的，以"营改增"、消费税、资源税、环境税、房地产税和个税改革为重点；财政体制方面，要建立事权和支出责任相适应的中央与地方体制框架，以促进基本公共服务均等化为导向，促进地方稳定税源与税基建设，优化重构转移支付制度。显然，财税制度改革是这一轮政府职能与架构改革的重要抓手，是牵动其他改革的关键方面，因此财税制度改革的成败对改革全局将有决定性作用，亟须在重点和基本的财税改革任务上努力推进。

第四，国有资产管理体系改革。国有经济是中国特色社会主义市场经济的重要组成部分，而未来国有经济管理在从管资产向管资本的转变中，一方面需要继续做好做强做大国有企业、推进混合所有制经济成长、与民营经济协调发展，另一方面也需要顺应社会诉求，提高国有资产收益上缴国库的比重从而支持我国社会保障体系运行和公共服务提质增量。未来在推动国企治理结构改革和混合所有制改革基础上，政府对国企管理职能和管理角色将发生显著转变，从原本的管经营转向管股份，从原本的管预算延伸至管资产效益，从原本的直接管干部转向参与管理董事会而对接企业家市场。把市场擅长的事情交给市场，而政府应积极探索通过立法等方式，确立各类中央政府授权国资委管辖的企业的设立依据、政策目标、国有资产收益合理转置等规则，在法治化制度体系中服务于全社会公共目标，在"资产全民所有、收益全民所用"的原则框架下通过将国有资本、国有股份利润上缴纳入公共财政管理体系，真正实现国有经济优越性与全局性贡献，在充实社会保障基金、强化基本公共服务均等化财力支撑的同时，提高国有资本经营效益和相关的综合社会效益与全局范围战略层面的独特贡献。

第五，司法改革。供给侧改革不仅是经济领域的改革，更是推进国家治理体系和治理能力现代化建设的全面深化改革，而在全面推进依法治国的过程中，亟须提升以司法维护社会公平正义的水平，有效矫治和防抑司法不公，将司法权力关入法治化的制度笼子，推动司法透明化、阳光化建设。政府的司法改革，不仅是社会管理职能优化的要求，更是前述诸多如产权改革、行政管理改革、PPP创新等多方面改革与创新发展的基本保障，是为供给侧改革保驾护航的必要伴随条件，更堪称是基础性改革领域中的基础性改革。应在已展开的设立中央层次的巡回法庭和跨行政区划的法院、检察院改革试点基础上，及时总结经验，深化司法体系的机构改革和形成与各级事权合理化、社会生活法治化相匹配的公平正义司法环境。

第二节　以基础性改革配套融汇合成供给侧改革的六大重点政策建议

一、推动大部制改革、深化行政审批制度改革及"多规合一"制度建设

当前，行政审批制度改革已触及系统性、体制性问题的深水区，需要从数量考

核转向质量考核，以法治化、系统化、标准化、信息化、协同化、阳光化为指针，按照"扁平化"和大部制改革的内在逻辑，让行政审批制度改革"结合式"地向纵深推进。一是在贯彻落实十八大、十九大改革战略部署中不失时机推出系统化"伤筋动骨"式精简政府机构（大部制、扁平化）的方案，并大力提高行政法治程度，防止停滞、倒退。二是按照大部制改革要求，建立严格的行政审批事项准入门槛，并择机启动国家行政审批的标准制定工作。三是积极推动"规划先行""多规合一"，通过优化或再造政府职能，将发改、国土、城乡、交通、环保、产业、财政等方方面面的规划都纳入"多规合一"综合体系。四是建立全国统一的行政审批信息数据库及在线行政审批平台，提高政府管理的信息化水平，并积极推动行政审批业务流程再造，提高系统性与协同性。五是深化行政收费制度改革的同时应紧密结合机构精简，并彻底破除各类收费的"收、支、用、管"一体化，完全切断行政审批与收费之间的部门利益机制。六是合理引导和培育社会中介机构与组织，引入竞争、促进提质，从而能够有效地、正确地承接部分政府职能。

二、继续深化财税改革，有效对接和支撑政府治理体系与能力现代化

作为经济体制改革重头戏的财政体制改革，涉及政府和企业、居民的关系，中央和地方的关系，行政力量和市场作用的关系等，在整个供给侧结构性改革中可起到纲举目张的作用。总体思路在于十八届三中全会借助作为"排头兵"的财税改革的相关部署，优化和调适政府、市场及社会三者间关系。具体来看，至少包含三方面的要点：一是加快建设以"规范、透明、绩效"为特征的现代预算管理制度。制度建设过程中，应当遵循政府收支的"预算全口径"原则；全面建立符合"管理全过程"原则的权责发生制为基础的政府综合财务报告制度；加快推进预算范围和细化内容公开，提高财政透明度，完善预算体制，强化外部监督检查；形成政府收支精细化管理制度体系并覆盖财政资金管理全过程，包括绩效评估、绩效预算、财政审计、财政问责制等多个层次；建立健全跨年度预算平衡机制和中期预算框架。二

是以增加直接税占比、降低间接税占比为导向，建立现代税收制度体系。其中，"营改增"改革应在实现全覆盖后继续优化细则；消费税改革应以问题导向及早形成实施方案；资源税改革未来应继续扩大覆盖面并与其他改革事项实现联动和配套；房地产税作为房地产相关的基础性制度建设工作，应切实加快立法，力争及早推出；个人所得税改革应当以分步骤迈向"综合加专项扣除"模式而非单纯囿于起征点设置的相关讨论。三是需要逐步建立中央与地方之间事权和支出责任划分相适应的财政体制。依托于目前正处于不断进展之中的权力与责任清单改革，应逐步明确和试编制各级政府的事权清单，由粗到细，随后再对接到以预算支出科目为量化指标的各级支出责任一揽子清单。由此，结合"省直管县"等改革同步打造省以下的分税制体制，从而构建全新的、由地方税加转移支付构成的地方财政收入体系，才能真正促进地方政府的事权与支出责任划分相互适应。这就顺带要求在促进基本公共服务均等化的框架下优化和改进转移支付制度。

三、有序推进国有企业改革，促进国有资产收益和存量的转置

国有企业，尤其是大型国企，长期以来在关系国家安全和国民经济命脉的关键领域和主要行业中占据了主导和支配地位，是国民经济中关系国计民生的"定海神针"。国企改革是深化市场经济的重要一环。具体措施方面：一是随着混合所有制改革和国有资产的战略性重组不断深化，应当探索从法律层面明确各类企业的设立依据、政策目标、国有资产存量和增量收益的合理转置等规则的规范性法律陈述和法案文本，并以此为法治基础，结合国有资本投资、运营公司的体制设计，在动态优化中全面形成法制化的国资管理制度体系；二是在坚持"资产全民所有，收益全民所用"这一基本原则框架下，通过健全国有企业的经营预算管理和上调国资收益上缴比例，以及明确各类公益性资产处置方式，从而合理纳入全口径预算体系进行统筹，加大对社保和其他公共服务支出的支持力度，真正体现国有企业在社会主义市场经济中的优越性和全局性贡献；三是深化国有企业用人制度改革，逐步提高国企高管和混合所有制企业高管由人才市场（企业家市场）竞争产生为主的规范机制，

并对接由董事会决策的规范化高层管理人员的薪酬制度。

四、解除金融抑制，有效支持实体经济，全面深化金融改革

从存量资金规模来看，无论国内储蓄还是外汇储备，中国似乎都是世界上数一数二的国家；但就资金使用效率和金融对实体经济的融资支持而言，中国存在的供给抑制和约束又属于最严重的国家行列。而从问题导向考虑的相应措施要点包括：一是利率市场化"临门一脚"突破后，还需继续走完巩固其改革成果的关键性的"最后一公里"。二是亟须推动金融机构的多样化改革，改善目前我国金融市场上存在的规模、国有与民资外资占比、中小型金融机构占比等方面的不平衡、不充分问题。三是融资市场结构方面，间接金融比重过高而直接金融迟迟不能充分发育，股票一级市场的主板、二板、新三板规模对比悬殊，债券市场发展明显滞后，必须以多样化与健全完善为取向发展直接融资的资本市场，包括在配合养老体系打造基础养老金之外的企业年金、职业年金以及商业性养老保险等第二、第三支柱的改革中，积极大力发展共同基金等机构投资者和提高直接金融比重。四是资金供给的严重不平衡，包括长期以来对中国的经济增长和就业贡献卓著的广大中小微企业，面临间接融资为主的资金体系下的实际高利率，创新创业活动的真实综合融资成本居高不下，实体经济换代升级难以得到有效的投融资供给支持，"三农"领域始终难以得到实质性金融支撑，大众创业、万众创新面临金融供血不足和高门槛限制，所以必须结合"政策金融""普惠金融""草根金融""绿色金融"等概念，全面发展无缝对接的间接金融中商业金融与政策金融相互协同的完整体系。五是在PPP投融资创新领域乘势发展，形成金融创新的重要增长点。六是在人民币国际化方面，应积极筹划准备带有决定性、关键性的创造条件，推出资本项目可兑换的改革举措。

五、加快政府职能转变，解决凸显的制度供给不足问题

改革开放以来中国经济社会获得的巨大增长和进步，与政府管理理念的改变、

职能的调整、方式的转化、体制机制的不断优化有极其密切的关联。但随着改革进入深水区,当前政府职能和相关制度变革的推进形势,又已经明显体现出相对滞后于发展要求的特征。这主要体现在:一是政府的关键性功能尚不到位。社会主义市场经济条件下,政府的关键功能应侧重于维护公平正义、市场监管、公共服务和社会管理方面。但实际社会运行过程中,市场的公平竞争环境长期受到过度垄断、设租寻租等不法行为的困扰与侵害,假冒伪劣、侵害知识产权等行径往往不能得到有效监管和制止,同时公共服务供给水平也由于管理部门在行政环节上的"权力最大化、责任最小化"的争执与推诿而难以提升;政府本应履行的管理和规划社会发展的职能,也明显落后于社会要求,"多规合一"迟迟不能有实质性进展。二是诸如财税改革、金融改革、国企改革、土地改革、收入分配改革等重点领域和关键性改革尚不到位。尤其是十八届三中全会后政治局已通过的财税配套改革方案,在实际执行中已明显落后于相应时间表安排。三是政府依旧习惯于"以政代经",以"补贴、优惠、专项"方式取代更为符合经济发展规律的市场环境打造与市场基础设施建设等方面的努力,支持经济发展的手段落后于时代发展。四是政策机制的设计水平有待提升。诸如医疗改革、棚户区改造与保障房建设、大中城市中心区域交通体系建设等方面,实际执行方案往往纰漏不少,产业政策和技术经济政策实施中往往不能真正与市场机制兼容,结果沦为行政化的不当操作;"三去一降一补"的一些实施措施违背"市场优胜劣汰为主"的初衷,成了行政化的"一刀切",形式主义地压产量而实际上把落后产能一起保护下来了。凡此种种,都亟须在深化供给侧改革中正本清源,真正落实有效制度供给。

六、改善收入分配与再分配相关制度,打造"橄榄形"现代社会结构

必须看到我国长期以来存在的收入分配矛盾问题成因复杂,不可能通过实施某种专项、单项的改革便达到"毕其功于一役"的目的,总体要以"把激励搞对"和"适当抽肥补瘦"为原则,第一层次是初次分配要侧重于讲效率,第二层次是再分配

要侧重于讲共富。

政府在初次分配领域的主要职责主要有两个方面：一是维护公平竞争的规则环境和产权制度规范，尊重、培育和健全市场机制所主导的资源要素分配过程；二是通过建立各个地方合理调整当地最低工资标准的机制，以及适当引导资方与劳方的薪酬分配集体协商机制，从而促成社会财富生产最大化和社会资源配置最优化双目标规划条件下的最优或次优解。

在再分配领域，可采取的措施主要包括：一是健全具备收入调节功能的税收制度，包括提高直接税占比、改革个人所得税、适时开征房地产税、研究开征遗产税和赠予税；二是完善社会保障制度，包括力争及早实现（已讨论多年的）基础养老金全国统筹、建立更具包容性的养老保障待遇确定与调整机制、发展企业年金与职业年金及养老"第三支柱"、健全覆盖全体国民的医保体系、加大并优化保障房供给机制等；三是加强转移支付制度对区域收入差异和人群差异的再平衡与调节功能，例如向中西部地区尤其是革命老区、民族地区、边疆地区和贫困地区倾斜，加大对教育、就业、扶贫开发、困难群体帮扶方面的支出，引导鼓励社会慈善事业发展等；四是解除部分垄断行业的"特权"因素，提升收入分配制度的透明度与合理性；五是加强对"灰色收入"的清理整顿与规范，严厉打击包括贪赃枉法、行贿受贿、走私贩毒、偷逃税收等相关黑色收入，合理引导和管理非工资性收入；六是推动改革和试点官员财产报告及公示制度，结合精简机构适时向上调整公职人员阳光化的薪酬待遇以稳定体制内人才队伍；七是在管理和技术层面加强"问题导向"，尊重科研规律优化改进科研领域的经费管理制度和收入分配规则，有针对性地解决诸如国家特殊津贴专家标准严重不一等遗留多年的问题等。

第七章

基于"胡焕庸线"的考察：以供给侧"非常之策"，破解中国可持续发展的"非常之局"

中国正处于承前启后和平发展而崛起为现代化强国的关键历史时期。基于经济学总体反思的新供给经济学理论创新，必须密切联系实际地关注与支持中国的发展升级大局。而这亟须在"问题导向"下更全面、深入地把握与"中国国情"相关的现实挑战。

对于中国基本国情的理解认识，又有著名的"胡焕庸线"。此线由胡焕庸教授于1935年提出，其以黑龙江瑷珲和云南腾冲为点确定的直线，将中国领土划分为东南和西北二部（故亦称"瑷珲—腾冲线"）。迄今为止，虽已历70年有余，但中国人口密度分布基本格局依然遵循"胡焕庸线"这一条说来神奇的中部主轴。伴随着人口密度分布在此线两边的极度不均衡，"胡焕庸线"实际上还可揭示中国能源消耗密度和环境压力的极不均衡状态，并会引发与不考虑该线存在时所进行的分析结论迥异的认识。换言之，据此线考量所得结论，会凸显中国基本国情引出的资源环境压力与挑战的严峻性，可称之为中国发展方面的"非常之局"。

第一节　对经济发展中"胡焕庸线"的再审视

所谓"胡焕庸线"（亦称"瑷珲—腾冲线"或"黑河—腾冲线"），由中国地理学家胡焕庸于1935年在《中国人口之分布》一文中首先提出。该文囊括了胡焕庸编制的中国第一张等值线人口密度图，并清晰说明："今试自黑龙江的瑷珲，向西南做一直线，至云南腾冲为止，分全国为东南与西北两部：则此东南部的面积计400万平方公里，约占全国总面积的36%；西北部之面积，计700万平方公里，约占全国总面积的64%。唯人口之分布，则东南计4.4亿，约占总人口的96%；西北部之人口，仅1800万，约占总人口的4%。其多、寡之悬殊，有如此者。"[1]换言之，该线的特征可以描述为：以黑龙江瑷珲（1956年改称爱辉，1983年改称黑河）和云南腾冲两点确定一条直线，该直线倾斜约45度，以此直线为界，线东南半壁36%的土地供养了全国96%的人口；西北半壁64%的土地仅供养4%的人口，两者平均人口密度比为42.6∶1。随着后期人口普查工作的继续进行，相关数据显示，1982年我国第三次人口普查结论为东南部地区面积占比为42.9%而人口占比为94.4%，1990年第四次人口普查结论为东南部地区面积占比为42.9%而人口占比为94.2%，2000年第五次人口普查结论为东南部地区面积占比仍为42.9%，而人口占比为94.2%。60余年间东南部人口的绝对数值已由4亿多增长为12亿多，但其占比数值较1935年只减少了2%（数据口径均不包括台湾省）。到目前，已历70年的发展过程中（包括多轮次的"支边"等），"胡焕庸线"这条"神奇的中部主轴"[2]对中国人口分布格局所揭示的内容基本不变。"胡焕庸线"示意图，如图7-1所示。

---

[1] 胡焕庸. 中国人口之分布[J]. 地理学报，1935，（2）.
[2] 张林. 不可逾越的"胡焕庸线"[N]. 科学时报，2010-1-20:B1.

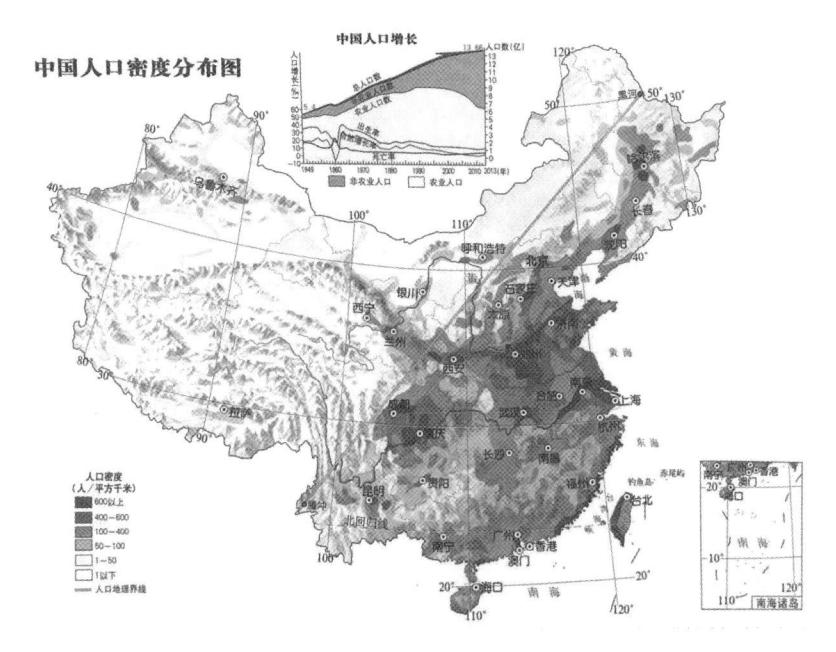

注：本图引自《中学地理全图》，中国地图出版社2013年7月第1版，2018年1月修订。审图号：GS（2013）1292号。

图7-1 "胡焕庸线"示意图

由此，"胡焕庸线"这一中部主轴不仅仅划分出极为悬殊的人口密度，同时也可为认识我国绝大多数社会居民所面临的随能源耗费、资源使用而伴生的空气、水流质量等资源环境问题带来重大启发。"胡焕庸线"一直是中国地理学界研究的重要命题，这一来自中国实践调研的结论，为发源于16世纪并发展至今强调地理环境对社会发展有着决定作用的地理环境决定论等相关研究，提供了重要线索和例证。然而，这一地理学界的重要结论对于认识中国发展问题的启发和可能贡献，远非"地理"或"经济地理"一般概念所给出的联系与推论空间所能容纳，尤其是在改革开放带来体制转轨、经济起飞、工业化与城镇化高速发展的现阶段，以"胡焕庸线"为重要线索来进一步认识中国基本国情对经济发展的特殊制约和挑战，具有非同寻常的现实意义。下文论述中，我们将以"地理"与"经济地理"定位的"胡焕庸线"为思考的起点，力求把空间、环境、能源与经济规划、经济发展战略等不同视角的思考打通，指出客观存在、无可回避的中国绝大多数居民生存空间内所存在的"压缩型—密集式"能源消耗压力,以及这种压力与近几十年重化工业为主支撑的经济起飞超常规高速发展阶段能源消耗高峰期的叠加,与中国"资源禀赋"决定的基本能源"以煤为主"所产生的环保压力的叠加,以及应对这种"三重叠加"的严峻挑战所必须设计、采用的发展模式升级与能源、环境战略策略,并说明这是"供给管理"性质的重大课题。笔者的分析路径和论述逻辑,可用图简要表示。如图7-2所示。

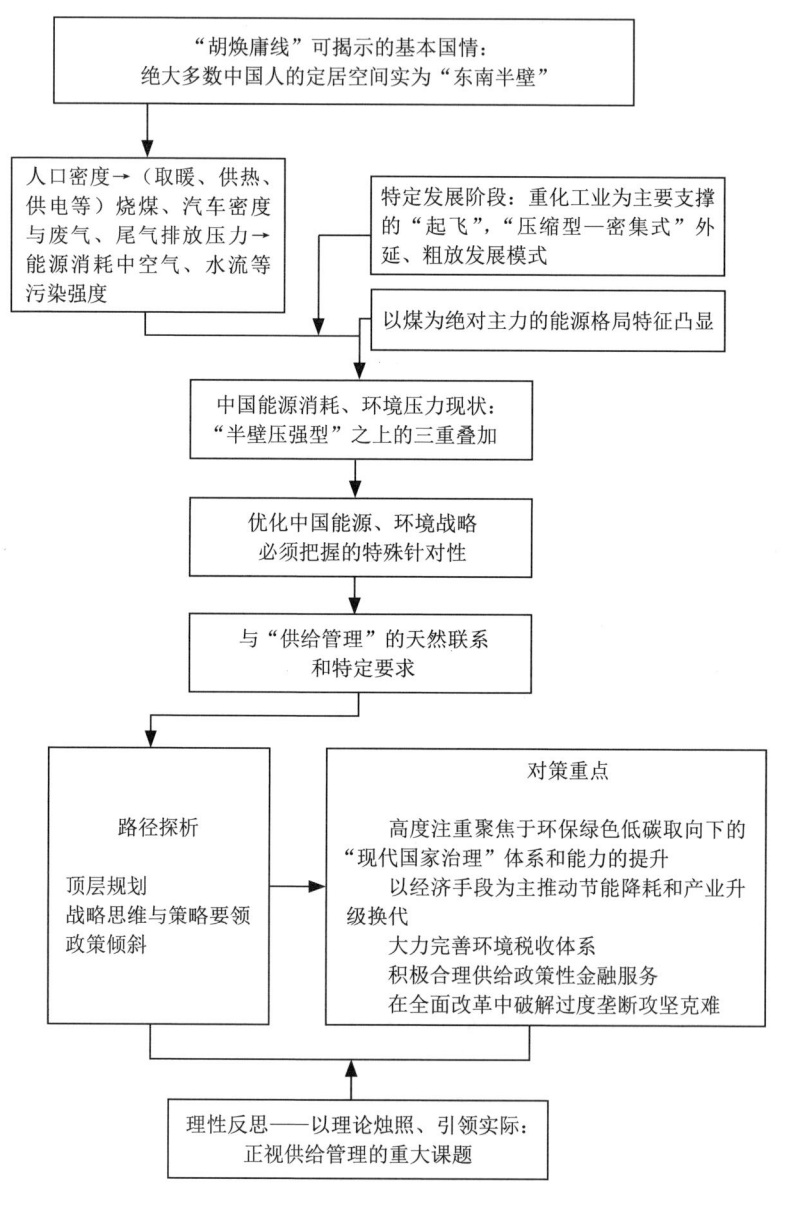

图7-2 论述逻辑框图

第二节　必要的学术交代：相关理论综述式点评与廓清

至此，我们将从"胡焕庸线"切入而引到"半壁压强型"之上的"三重叠加"能源消耗、环境压力问题，意在如实认识这一视角上中国基本国情的特殊性，并展开对策思路的讨论。但由于涉及"多学科研究"，在此还有必要做一廓清：对本研究涉及的相关理论做出简要综述，以更好地勾画理论基础。

一、本研究定位：交叉学科的集成创新

本文所述的"三重叠加"中，首先形成依托的是第一重认识，即"半壁压强型"。因此，本研究实是从"经济地理学"交叉式起点这一早已有之的学术平台出发，寻求由前人所未见的新认知因素升华、集成的新观点而服务于对策研究。正如我国著名科学家钱学森先生所言："地理科学是一个作为现代科学技术部门的科学体系，其性质的主要特点是自然科学与社会科学的汇合。"[①] 鉴于此，我们可知地理学与经济学的交叉作为研究中的必然，派生出的主要理论体系包括了经济地理学及新经济地理学、区域经济学及新区域经济学和空间经济学等。与本研究相联系的学术框架主要是经济地理学及新经济地理学。

关于经济地理学，顾名思义，研究的是经济和地理之间千丝万缕的联系：广义来看，人类最早在生产活动中对地理环境的必要观察，实际上就可以纳入这一研究范畴；狭义来看，经济地理学的名词最早起源于俄国经济学家米哈伊尔·瓦西里耶维奇·罗蒙诺索夫，后在苏联时期得到发展，并结合当时的政治经济环境而更名为

---

① 钱学森. 关于地学的发展问题 [J]. 地理学报，1989，(3).

马克思列宁主义经济地理学。在对巴尔札克等著的《苏联经济地理》这一当时大学经济地理教学唯一教材进行评述时，我国学界专家也对经济地理学的研究范围进行了界定："经济地理学是研究世界各地区生产分布和生产发展的条件的科学……主要的研究对象有三方面，生产分布、生产发展和影响分布发展的条件[①]。"1949 年以来我国可供查询的其他早期相关文献，也特别针对经济地理学的研究对象进行了论述，如"马克思列宁主义的经济地理学研究的中心问题是社会生产的配置法则。它研究各种不同社会经济形态下的生产配置法则；研究各国、各地区生产发展的条件和特点"[②]。效仿经济地理学的研究思路，学界对《水经注》《徐霞客游记》等典籍中的经济地理思想也进行了相关研究，本文不再赘述。然而，归根结底，经济地理学是研究生产的理论，注重的是空间视角一直可扩展为全世界范围的生产发展。

进入 20 世纪 90 年代，以保罗·克鲁格曼为代表的新地理经济学登上历史舞台，在经济地理学的传统区位理论基础上，引入世界贸易和新经济增长理论，创立了空间区位理论和新经济地理学，而其最突出的贡献正如瑞典皇家科学院的颁奖词所总结的那样："在自由贸易、全球化以及推动世界范围内城市化进程的动因方面形成了一套理论。"[③]此外，沿着《牛津经济地理学手册》中所采用的展开脉络，也可以清晰地观察到经济地理学及新经济地理学从关注生产这一起点出发，逐步迈向对城市与区域增长的关注，进而步入从国际投资贸易视角而分析全球经济一体化的发展轨迹[④]。

然而，本文发起的研究与前述经济地理学及新经济地理学所研究的框架并无太多交集，"胡焕庸线"作为中国国土特征造成的"半壁压强型"及我们继续考察说明的"三重叠加"，是在经济地理等相关经济增长的研究领域，客观地紧密结合中国在工业化、城市化进程中国民经济发展所关联的基本国情视角。换言之，本文发起的研究，目的在于以此基本国情为前提条件，尽可能透彻和到位地考察探索未来的经济增长路径，"胡焕庸线"在认识基本国情方面的展开分析可

---

① 巴尔札克，等. 苏联经济地理. 吴传钧译.[J]. 地理学报.1951，(1—2).
② 祝卓. 关于经济地理学研究对象的探讨[J]. 教学与研究，1954，(6).
③ 段学军，虞孝感，陆大道，等. 克鲁格曼的新经济地理研究及其意义[J]. 地理学报，2010，(2).
④ 陆大道. 西方"主流经济地理学"发展基本议题演变的评述——为"牛津经济地理学手册"中译本所作序言[J]. 地理科学进展，2005，(3).

以说既是一种对经济地理已有成果的延续探讨，也是一种进一步开拓相关视野，结合新阶段、新问题的科研创新。

二、能源经济学及其与本研究的关系

沿着"胡焕庸线""三重叠加"概念向下探索，涉及中国"压缩型—密集式"的经济发展导致能源、环境问题，以及中国能源利用结构中"以煤为主"的问题。这实际上使本研究与环境研究和能源经济学理论研究形成交叉。能源经济学最早起源于威廉·斯坦利·杰文斯的《煤炭问题》，尽管诚如凯恩斯所言，对于边际革命的代表人物杰文斯而言，此书并不能算作出色的著作[①]，但确实是首次利用经济学来研究煤炭问题的著作，可认为是能源经济学的发端。作为一项典型的交叉研究，现阶段能源经济学仍在不断发展和完善，从方向上来看，有的侧重于能源的开发、利用等分支，有的侧重于能源的市场、产品的价格等分支，有的侧重于能源与经济发展的关系，本研究的重点正是中国能源结构、能源利用与经济可持续发展、环境容量可承受之间的关系。

前述"胡焕庸线"导致的"半壁压强型"特征下形成三重叠加的发展制约，是基于我国经济发展实践中切实存在的矛盾问题而形成的条理化认识，这种发展制约是基于能源经济学已经确定的能源与经济发展之间存在的关系。林伯强、牟敦果（2009）认为，能源消费量的决定因素主要有经济发展水平、能源资源禀赋、产业结构、自然环境、能源转换效率和能源价格等[②]：经济发展水平越高，能源消耗量越大；能源资源禀赋越好，能源消耗量越大；经济发展结构中工业所占比重越高，能源消耗量越大；自然环境越恶劣，能源消耗量越大；能源转换效率越低，能源消耗量越大；能源价格越低，能源消耗量越大。其中，经济发展水平高所导致的能源消耗量大与工业化比重高所导致的能源消耗量大相比，两者对经济发展的意义显然是不同的。因此，对能源制约的认识不仅要通过能源消耗量来表达，而且要通过能源

---

① 凯恩斯．精英的聚会[M]．南京：江苏人民出版社，1998．
② 林伯强，牟敦果．高级能源经济学[M]．2版．北京：清华大学出版社，2009：149．

消耗的结构来表达。能源经济学认为，经济发展水平越高，对高耗能产品的需求和能源消费产品的需求也越多，最典型的指标是私人汽车拥有量，根据亚洲开发银行（2006）的研究，汽车拥有量与人均 GDP 水平成正比[①]；经济发展结构中工业所占比重越高，经济增长就越依赖高耗能产业，能源消耗量也越大；能源转换效率越高，说明能源相关技术水平越高，而技术水平的创新所带来的能源供给创新也同时会创造对能源新的需求，从而导致能源消费量的增加。

本文形成的相关认识，与能源经济学的已有成果不发生矛盾，但却是把相关理论要素紧密结合于中国国情的"有的放矢"以引出新的认知：对上文所述中国三重叠加的"半壁压强型"发展制约继续展开分析，不难发现，中国经济目前阶段上能源的消耗非常大，然而从人均能源消费量的角度来看，经济发展水平、能源转换效率比中国高的发达国家人均能耗水平，又远高出中国人均能耗水平，造成这种局面的原因当然也与能源消费结构有关。中国基础能源消费结构呈现突出的"以煤为主"局面，会带来巨大的环境压力问题，但是其成因，正是难以做出太大改变的"资源禀赋"国情和能源价格形成机制改革攻坚难题等"慢变量"，所以"以煤为主"的局面很难在短期内摆脱，应当视为一段时期经济发展的基本国情来寻求特殊的针对性。这些就不仅限于能源经济范畴了。

第三节 对基本国情的认识：三重叠加的"半壁压强型"发展制约

一、实证量化考察："划线"与"不划线"的迥异

尽管"胡焕庸线"的提出首先与人口密度相关，但是随着国内外学者对其的深入研究和认识的发展，不难发现该划分线下的诸多"巧合"：从气象角度看，"胡焕

---

① 参见亚洲开发银行 2006 年的报告：Energy Efficiency and Climate Change Considerations for On-road Transport in Asia。

庸线"与400毫米等降水量线重合;从地貌角度看,线东南部以平原、水网、丘陵、喀斯特和丹霞地貌为主,线西北部以草原、沙漠和雪域高原为主;从产业渊源来看,线东南部自古以农耕为主,线西北部自古以游牧为主,该线至今仍是农牧交错带,并是玉米种植带的西北边界。不仅如此,按照中国科学院国情研究分析小组根据2000年资料的统计分析结论,线东南部以占比为43.18%的国土面积供养了占比93.77%的人口,且集中了95.70%的国内生产总值（GDP）。从这些视角给予的启示出发,"划线"与"不划线"的不同考量下得到的迥异结论,足以发人深省。

（一）人口密度

"不划线":若不考虑"胡焕庸线"的存在,基于世界银行《世界发展指标》发布的2012年数据,以平均密度作为衡量标准,中国人口密度仅排名第11位（见表7-1）。中国人口平均密度是141人/平方公里,较美国人口的平均密度32人/平方公里,是其4倍多。

"划线":但若考虑"胡焕庸线"两边的不同情况,线东南部所占人口比重为94.2%而所占面积比重为42.9%,为统一口径以方便进行对比,按[135069（万）×0.942]/[960（万）×0.429]进行换算,可得到线东南部的人口密度为309人/平方公里,与美国人口密度相比,这时要高出接近10倍！由此可见,是否考虑"胡焕庸线"的存在,对中国人口密度相关基本国情的认识至关重要。可以说,做这种考量便直接揭示了中国绝大多数居民所处的区域在人口密度方面的实际现状。划线后中国东南部的占94.2%比重的居民如按生存环境中的人口密度指标,便会相当于表7-1排序中的第5位,而不再是第11位。

表7-1 2012年全球前20名高人口密度国家排名

排名	国家（或地区）	人口/万人	面积/万平方公里	密度（人/平方公里）
1	孟加拉国	15469	14.40	1074
2	印度	123668	328.76	376
3	日本	12756	37.78	338

续表

排名	国家（或地区）	人口/万人	面积/万平方公里	密度（人/平方公里）
4	菲律宾	9670	30.00	322
5	越南	8877	32.96	269
6	英国	6322	24.48	258
7	德国	8188	35.70	229
8	巴基斯坦	17916	80.39	223
9	意大利	6091	30.12	202
10	尼日利亚	16883	92.38	183
11	中国	135069	959.70	141
12	泰国	6678	51.40	130
13	印度尼西亚	24686	191.94	129
14	法国	6569	54.70	120
15	土耳其	7399	78.06	95
16	埃塞俄比亚	9172	110.36	83
17	阿拉伯埃及共和国	8072	100.15	81
18	墨西哥	12087	197.26	61
19	伊朗	7642	164.80	46
20	美国	31391	982.66	32

数据来源：世界银行 2013 年的《世界发展指标》。

（二）汽车空间密度

汽车保有量（Car Parc）一般是指某一地区社会居民拥有的汽车数量，通过在当地登记的车辆来统计，不包括摩托车、农用车等。根据美国汽车行业权威杂志《沃德汽车世界》（*Wards Auto World*）2011 年的统计数据，从绝对数量上来讲，美国是目前世界上最大的汽车拥有国，汽车保有量为 2.4 亿辆，而中国次之，汽车保有量为 7800 万辆。按照国际比较惯例，一般是从人均数量上进行比较，那么 2010 年全球汽车平均保有量为 1∶6.75（即每 6.75 人拥有一辆汽车），美国汽车平均保有量为 1∶1.3，而中国的汽车平均保有量为 1∶17.2。若简单从此数据来看，中国汽车保有量与世界平均水平及美国水平相比，增长空间似乎还很大。若从汽车空间密度的角度看，如不考虑"胡焕庸线"的存在，鉴于中国与美国领土面积大小几乎相当，粗略计算下来，中美汽车平均空间密度比，应为 2.4∶0.78；而实际上汽车数量的分布大都集中在线东南部，若将这一总量按 94.2% 的人口占比还原至这一面积占比为 42.9% 的国土上，中美汽车平均空间密度比为 2.4∶1.71（7800 万辆 × 0.942/0.429），即中国在如此低的汽车人均保有量前提下，东南半壁已达到与美国汽车空间密度近乎相当的水平。

（三）能源消耗空间密度

若以煤炭消耗的数据作为比较的依托（为统一口径，我们采用美国能源信息署〔EIA〕公开发布的 2011 年数据进行比较），美国煤炭消耗总量为 8.56 亿吨，中国煤炭消耗总量为 34.5 亿吨。从总量上来看，中国煤炭消耗总量是美国的 4 倍有余。进一步分析煤炭消耗的空间密度：若不考虑"胡焕庸线"的存在，鉴于中美两国领土面积相当，可大致得出中国煤炭消耗空间密度也大约是美国 4 倍这一结论。然而，由于中国煤炭的消耗主要集中于线东南部，若将此消耗总量还原至 42.9% 的国土上，便会得出中国煤炭消耗总量的空间密度（可称为国土面积上由人均消耗量合成的此单位面积上的消耗压强）在东南半壁实际已达到美国的 10 倍有余。

此外，从中科院得出的占比 43.18% 的国土面积上集中了 95.70% 的 GDP 这一结论进行倒推，也可看出中国平均数据掩盖了线东南部与线西北部之间发展状态的巨大反差。这种掩盖导致中国国情之中许多突出尖锐的问题由于"平均数"处理而得以美化、淡化，许多切实存在的尖锐问题平摊到全部国土面积上，而几近钝化于无形。

当然，类似的"局部高密度"问题在其他国家或地区也存在，如美国的纽约市、韩国的首尔区域、墨西哥的墨西哥城区域等，但主要经济体中以近乎居中"一分为二"的轴线而使整个国土上的情况在线两边判若云泥的案例，却极为罕见，应当归属为"特殊国情"问题。我们把此特殊国情状态称为"半壁压强型"能源、环境问题。(请注意:如果说美国约 40% 的东部国土也居住了大于 40% 的人口,那么要对比一下:且不说其东部人口远不及中国约 19/20 的比重,只需考虑美国总人口规模仅为 3 亿左右,国土面积却与中国大体相当,其"半壁压强"的量度怎么能和有近 14 亿人的中国相提并论?)

二、在"胡焕庸线"因素之上"压缩型—密集式"发展阶段因素的叠加

在"胡焕庸线"这一思考线索的启发下,前面以中国的人口密度、汽车空间密度及能源空间消耗密度等作为代表性指标,可得到中国资源环境问题的真实压力(压强值)较普通指标反映的程度远为严峻的基本结论。与此同时,我们还需要将另一个重要现实叠加在此项认识之上,即中国近几十年来施行的以改革开放中进入经济起飞状态为主要标志的"压缩型—密集式"发展阶段带有粗放特征的外延型高速增长,使又一层资源、环境压力也高密度地叠加于"半壁压强型"国情带来的能源、环境问题之上,势必使资源压力、能源消耗、环境污染等问题的严重程度随之升级。人口密度、汽车空间密度、能源消耗空间密度,再加上"压缩饼干式"和粗放式外延型发展阶段中超常规的高峰期密度提升系数,势必引发高压力区和高压力阶段上叠加而成的矛盾凸显。

按照《2005 中国发展报告》[①]中采用的统计口径(单位:千克油当量/美元),美国 1980 年、1990 年、2001 年的单位 GDP 能耗分别为 0.47、0.23、0.15,日本的数据分别为 0.22、0.10、0.08,中国的数据则为 1.04、1.24、0.49。1980—1990 年,中国的经济处于起飞阶段,但增长方式多以资源—投资密集式增长为主,单位 GDP 能耗呈现攀升趋势。随着深化改革扩大开放、确立社会主义市场经济体制、转变增长方式等一系列重大变革,中国经济转轨中单位 GDP 能耗逐步降低。具体而言,2004—2013 年十年间,中国单位 GDP 能耗(单位:吨·标准煤/亿元)依次

---

① 中华人民共和国国家统计局.2005 中国发展报告[M].北京:中国统计出版社,2005.

为：1.335、1.276、1.196、1.055、0.928、0.900、0.809、0.736、0.696、0.695，呈现出明显的逐步下降的趋势（见图7-3），在很大程度上反映了我国经济随工业化、城镇化程度的加深而发生的结构上的转变。然而，我们又不得不认识到，虽然单位GDP能耗的绝对数值在不断降低，但是该数值与国际水平相比仍然很高。应清醒地认识到：进入新千年，中国已明显降低的水平值才刚刚达到美国1980年的水平值，且是美国同期水平的3倍有余，是日本同期水平的6倍有余。

此外，中国的钢材、水泥消耗总量均在全球前三位之中，且生产中单位GDP能耗均高于发达国家数倍之上。目前我国电力、钢铁、有色、石化、建材、化工、轻工和纺织8个行业主要产品单位能耗平均比国际先进水平高40%；钢、水泥和纸板的单位产品综合能耗比国际先进水平分别高21%、45%和12%[①]。对于国土面积与美国相当、能源资源比美国匮乏的中国而言，30多年黄金发展期在"压缩型—密集式"增长基础上叠加的多方压力与负面效应，主要集中作用于仅占国土面积42.9%的东南部区域之上，并通过"外溢性"方式以空气污染等影响更大范围（如雾霾已频繁出现，动辄肆虐大半个中国及周边区域），落到可持续发展的层面势必形成极大压力，亟须正确认识，寻求出路。

2004—2013年中国能源消费和单位GDP能源消耗数据，如表7-2所示。

数据来源：国家统计局官方网站（http://data.stats.gov.cn）。

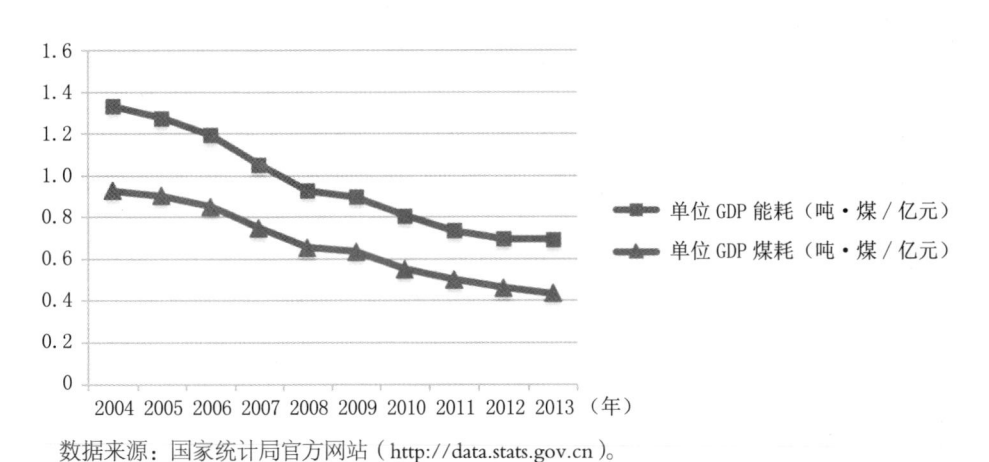

图7-3　2004—2013年中国单位GDP能耗和煤耗趋势图

---

① 温桂芳，张群群．能源资源性产品价格改革战略[J]．经济研究参考，2014，(4)．

表7-2　2004—2013年中国能源消费和单位GDP能源消耗数据表

年份	国内生产总值/万亿元	能源消费总量/万吨标准煤	煤炭消费总量/万吨标准煤	石油消费总量/万吨标准煤	天然气消费总量/万吨标准煤	水电、核电、风电消费总量/万吨标准煤	单位GDP能耗（吨·标准煤/亿元）	单位GDP煤耗（吨·标准煤/亿元）
2004	159878.34	213455.99	148351.92	45466.13	5336.40	14301.55	1.335	0.928
2005	184937.37	235996.65	167085.88	46727.41	6135.92	16047.80	1.276	0.903
2006	216314.43	258676.30	183918.64	49924.47	7501.60	17331.29	1.196	0.850
2007	265810.31	280507.94	199441.19	52735.50	9256.76	19074.54	1.055	0.750
2008	314045.43	291448.29	204887.94	53334.98	10783.58	22441.50	0.928	0.652
2009	340902.81	306647.15	215879.49	54889.81	11959.23	23918.47	0.900	0.633
2010	401512.80	324939.15	220958.62	61738.41	14297.32	27944.75	0.809	0.550
2011	473104.05	348001.66	238033.37	64728.37	17400.10	27840.16	0.736	0.503
2012	519470.10	361732.00	240913.51	68005.62	18810.06	34002.81	0.696	0.464
2013	568845.21	375000.00	247500.00	69000.00	21750.00	36750.00	0.695	0.435

数据来源：国家统计局官方网站（http://data.stats.gov.cn）。

三、中国基础能源"以煤为主"形成的第三层叠加因素

中国基础能源种类主要包括：煤炭、焦炭、原油、汽油、柴油、煤油、燃料油、液化石油气、天然气、电力等。然而，从多方数据分析中不难发现，尽管种类繁多，但是中国基础能源仍然突出地呈现出"以煤为主"的特征，这也成为中国"半壁压强型"发展制约中不利于环保的第三层叠加因素。

从可得数据看，中国基础能源突出地呈现"以煤为主"的特征，主要可从以下几个方面描述。

（一）总量：所占比重最大

从表 7-2 数据可知，2004—2013 年，中国单位 GDP 煤耗虽有明显降低，但同期煤炭消费总量上升了 66.83%，煤炭消费总量占能源消费总量之比仅从 0.695∶1 轻微下降为 0.66∶1，仍有 2/3 的分量。其占能耗的比重仍为最大，凸显能耗结构

中"以煤为主"的特征不变。从相对值来看（见图7-4），始终居于突出的主力地位；从发展趋势来看（见图7-5），煤炭消费总量近十年来不断攀升，且从变化态势来看，未来一段时间仍有攀升的趋势，石油、天然气消费总量近十年来虽也呈现逐步增长趋势，但增长幅度远不如煤炭消费总量大。在中国近年原油、天然气进口依存度已明显攀升至近60%的情况下，客观地讲已是"贫油国"状态，未来很长一段时间还看不到改变煤炭主力地位的相关可能性。

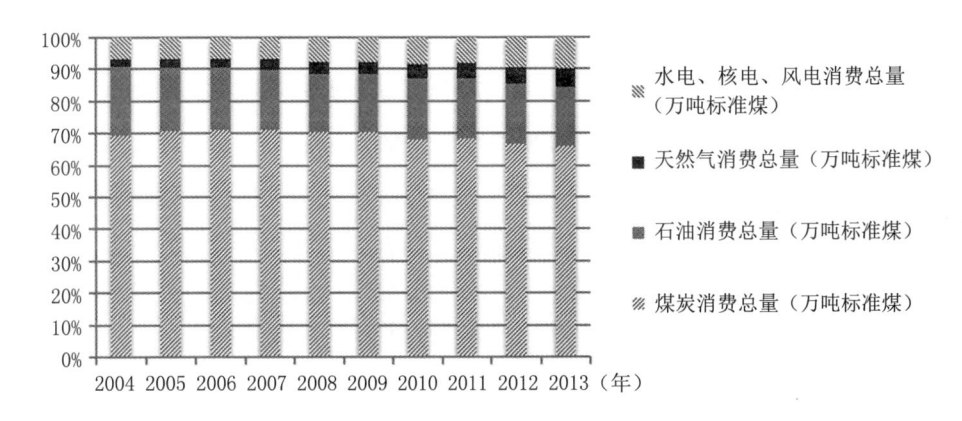

数据来源：国家统计局官方网站（http://data.stats.gov.cn）。

图7-4　2004—2013年中国能源消费结构柱状图（煤炭消费占比最高）

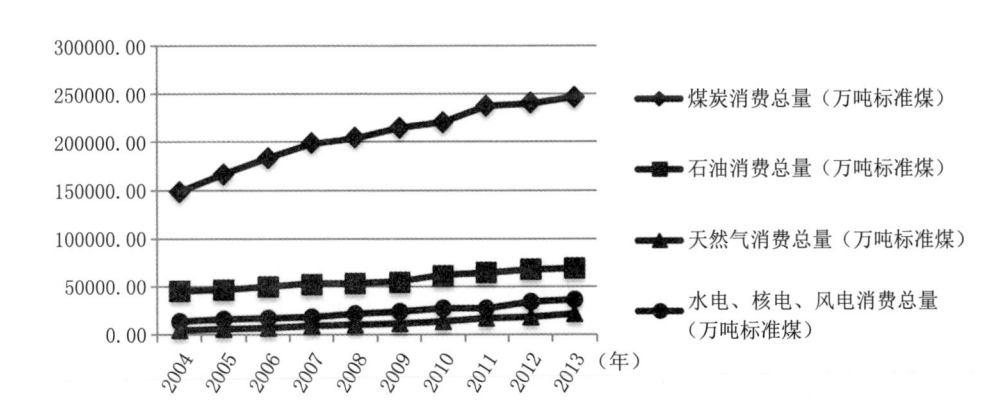

数据来源：国家统计局官方网站（http://data.stats.gov.cn）。

图7-5　2004—2013年中国能源消费分类别趋势图（煤炭消费仍在攀升）

(二）进口：攀升速率最快

2004—2012年，中国主要能源品种进口数据：从绝对值来看，煤炭进口量增长幅度非常大，2004年还低于燃料油进口量，2005年即攀升至与燃料油进口量相当的水平；从2006年开始，煤炭进口量仅次于原油进口量，攀升至中国进口能源的第二位，并且于2011年前后呈现赶超原油进口量的趋势；2012年，原油进口量为27103万吨，而煤炭进口量则为28841万吨，已超过原油成为中国进口的第一大能源；从相对值来看，2012年煤炭进口量为28841万吨，约为2004年煤炭进口量1861万吨的15.5倍，远超同期其他能源进口的增长速率（具体数据：2012年原油进口量约为2004年的2.2倍，柴油进口量约为2004年的2.3倍，其他石油制品进口量约为2004年的4.0倍，燃料油、煤油、液化石油进口量为负增长），成为在种种制约因素和利益对比制约之下，进口数量攀升速率最快的能源。如表7-3、图7-6所示。

表7-3　2004—2012年中国能源分种类进口数据表

指标＼年份	2004	2005	2006	2007	2008	2009	2010	2011	2012
煤进口量／万吨	1861	2617	3811	5102	4034	12584	16310	22220	28841
原油进口量／万吨	12272	12682	14517	16316	17888	20365	23768	25378	27103
燃料油进口量／万吨	3059	2609	2799	2417	2186	2407	2299	2684	2683
柴油进口量／万吨	275	53	71	162	624	184	180	233	621
煤油进口量／万吨	282	328	561	524	648	612	487	618	91
液化石油气进口量／万吨	641	617	536	405	259	408	327	350	359
其他石油制品进口量／万吨	384	443	443	689	666	1153	1731	1648	1548
汽油进口量／万吨	—	—	6	23	199	4	133	3	—

续表

指标＼年份	2004	2005	2006	2007	2008	2009	2010	2011	2012
天然气进口量/亿立方米	—	—	10	40	46	76	165	312	421
电力进口量/亿千瓦小时	34	50	54	43	38	60	56	66	69
焦炭进口量/万吨	1	1	—	—	—	16	11	12	8

数据来源：国家统计局官方网站（http://data.stats.gov.cn）。

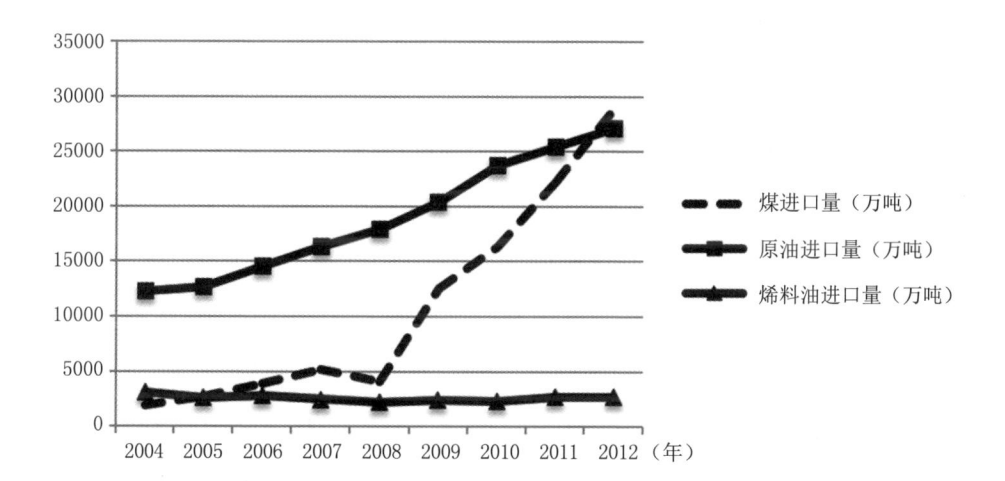

数据来源：国家统计局官方网站（http://data.stats.gov.cn）。

图7-6　2004—2012年中国主要进口能源趋势图

（三）结构：产业中工业煤炭消费占比最高，工业中以发电消费为首

基于相关数据，我们可以得知：第一，工业煤炭消费总量在煤炭消费总量中占比最高。就2004—2012年中国煤炭消费总量的产业结构看，工业煤炭消费占比最高，历年来所占比重都在90%以上，并且呈现逐年攀升的趋势，2011年和2012年，这一比重甚至已经超过95%。如表7-4所示。

表7-4　2004—2012年中国煤炭消费总量产业结构表

	2004年	2005年	2006年	2007年	2008年	2009年	2010年	2011年	2012年
煤炭消费总量/万吨	207561.29	231851.07	255065.45	272745.88	28095.92	295833.08	312236.50	342950.24	352647.07
工业煤炭消费总量/万吨	191864.98	215493.30	238510.23	256202.76	265574.20	279888.52	296031.63	326229.97	335714.65
工业煤炭消费占比/%	92.4	92.9	93.5	93.9	94.5	94.6	94.8	95.1	95.2

数据来源：国家统计局官方网站（http://data.stats.gov.cn）。

第二，工业煤炭中间消费中，发电中间消费煤所占比重最高。从绝对数值来看（见表7-5），在工业煤炭中间消费中，占据消费用途前三位的依次为：发电中间消费煤、炼焦中间消费煤和供热中间消费煤。从相对数值来看（见图7-7），前三种用途占工业煤炭中间消费的比重接近100%，且发电中间消费煤占比最高，一直保持在70%左右的水平。从趋势来看（见图7-8），供热中间消费煤水平基本稳定、稳中有升，炼焦中间消费煤增长趋势较为明显，发电中间消费煤曲线陡峭、增长幅度很大，且未来一段时期仍将呈现攀升趋势。

表7-5　2004—2012年煤炭中间消费结构表　　　　（单位：吨煤）

年份	发电	供热	炼焦	炼油及煤制油	制气
2004	91961.60	11546.60	26149.60		1316.40
2005	103263.50	13542.00	33167.10	—	1277.00
2006	118763.90	14561.40	37450.10		1257.10
2007	130548.80	15394.20	39659.00		1491.80
2008	135351.70	15029.20	41461.70	—	1227.20
2009	143967.30	15359.70	43691.70		1150.70
2010	154542.50	15253.10	47150.40	213.4	1040.10
2011	175578.50	16834.20	52959.90	345.7	870.5
2012	178531.00	20251.20	54068.40	—	798.6

数据来源：国家统计局官方网站（http://data.stats.gov.cn）。

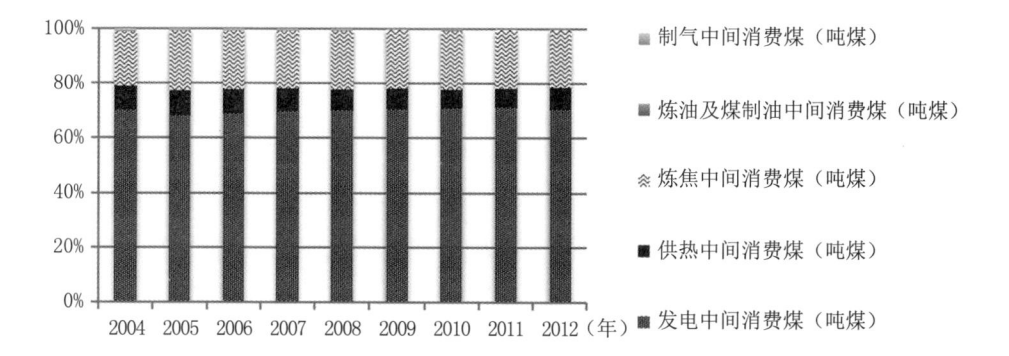

数据来源：国家统计局官方网站（http://data.stats.gov.cn）。

图7-7　2004—2012年煤炭中间消费结构比例图

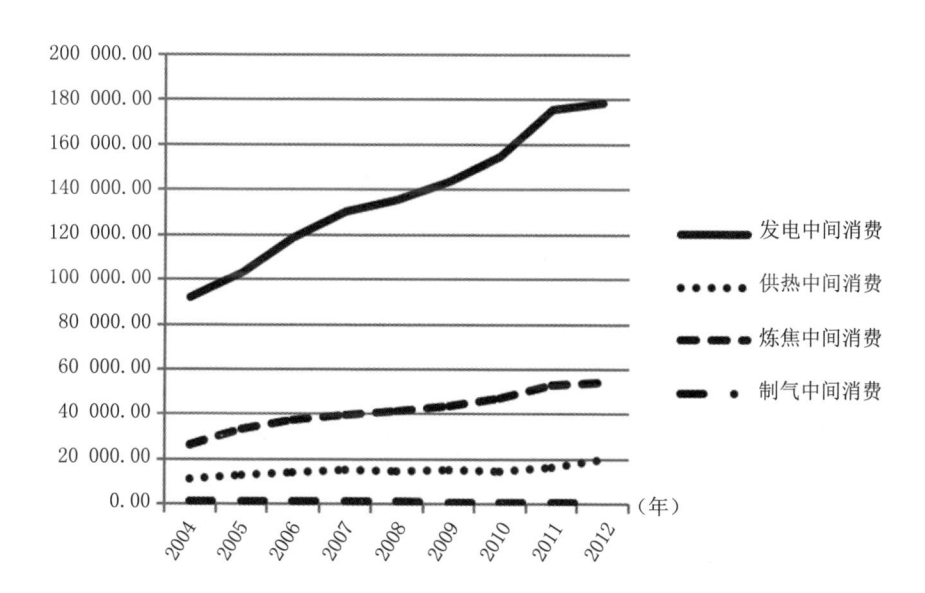

数据来源：国家统计局官方网站（http://data.stats.gov.cn）。

图7-8　2004-2012年煤炭中间消费趋势图

第三，炼焦中间消费煤作为煤炭消耗的第二高，其最终是将煤炭能源转化成焦炭能源，而焦炭能源实际上百分之百是煤炭能源的间接利用。从我国焦炭能源使用的产业结构来看，主要是用于制造业焦炭消费和黑色金属冶炼及压延加工业焦炭消费。

（四）能源生活消费中占比"超高"，是绝对主力

2004—2012 年中国人均主要能源生活消费数据，与电力、液化石油气等常用能源相比，煤炭消费量明显超出，占绝对主力地位（见表 7-6）。值得注意的是，生活煤炭主要是指生活中直接所用的煤制品（如烟煤、无烟煤等），而不包括生活中所用热力能源和电力能源中间接涉及的煤炭消费，若将此部分还原至包括直接和间接的生活煤炭消费总量当中，占比会大得多。

表7-6　2004—2012年中国人均主要能源生活消费量数据表　（单位：千克标准煤）

指标	2004年	2005年	2006年	2007年	2008年	2009年	2010年	2011年	2012年
人均能源生活消费量	175.7	194.1	211.8	233.8	240.8	254.2	258.3	278.3	293.8
人均煤炭生活消费量	75.4	77.0	76.6	74.1	69.1	68.5	68.5	68.5	67.8
人均电力生活消费量	22.6	27.2	31.4	37.9	40.8	45.0	47.1	51.4	56.6
人均液化石油气生活消费量	17.8	17.4	19.0	21.2	18.8	19.2	18.3	20.5	20.7

数据来源：国家统计局官方网站（http://data.stats.gov.cn）；换算标准参照：国家发改委：《各种能源折标准煤参考系数表》。

2004—2012 年，我国全部电力生产中，火电生产量占比为 83.0%~78.1% 的区间；按照 80% 左右的比例，将电力生活消费量折合成煤炭消费量，将使煤炭在生活消费中的"超高"占比更加突出（2012 年的数值将为 67.8+56.6×0.8=113.08 千克标准煤）。如表 7-7 所示。

表7-7　2004—2012年中国电力生产数据表　（单位：亿千瓦小时）

	2004年	2005年	2006年	2007年	2008年	2009年	2010年	2011年	2012年
电力生产量	22033.10	25002.60	28657.30	32815.50	34668.80	37146.50	42071.60	47130.20	49875.50
水电生产量	3535.40	3970.20	4357.90	4852.60	5851.90	6156.40	7221.70	6989.50	8721.10
火电生产量	17955.90	20473.40	23696.00	27229.30	27900.80	29827.80	33319.30	38337.00	38928.10
核电生产量	504.7	530.9	548.4	621.3	683.9	701.3	738.8	863.5	973.9
风电生产量	—	—	—	—	—	446.2	703.3	959.8

数据来源：国家统计局官方网站（http://data.stats.gov.cn）。

总之，中国基本国情下，本土资源储量、可用量决定的"资源禀赋结构"中最主要的能源产品是煤，以及"从煤到电"的具有"经济命脉"性质的能源供应链。对此格局，若企图改变，如再提高原油进口比例，已基本上无可操作空间；大力发展本土非煤的可再生能源，属"远水不解近渴"之安排，见效要经过较长期渐进过程；以新一轮价税财联动改革改变"煤炭成本偏低"比价关系和价格形成机制，将会有助于使改变"以煤为主"的进程得到一定加快，但总体而言，在可预见的一个相当长的时间段内，中国的基础能源供应"以煤为主"，仍将是难以改变的基本现实，而众所周知，煤的开发、使用全过程对于环境、生态和社会的压力是显然大于、高于原油和天然气等品类的，更不用说风电、太阳能电等可再生能源。且不提煤炭采掘中的安全事故问题，仅从采掘后的地层塌陷、环境修复问题，运煤过程的撒漏与相关粉尘问题，特别是烧煤（包括火电、炼焦等）废气排放所带来的大气污染、雾霾肆虐问题，都尤为棘手。这一特点，在前已分析的"半壁压强"格局、"压缩型—密集式"发展阶段的两重叠加之上，又客观地叠加了第三重环境压力，共同构成了我国能源、环境问题的特殊严峻性。

第四节 优化中国能源、环境战略必须把握的特殊针对性

如前所述，"半壁压强型"发展制约及其上的多层压力叠加，是指来源于"胡焕庸线"的现实存在对中国发展环境制约的第一层加压，加之特定发展阶段上"压缩型—密集式"粗放模式形成环境压力的第二层叠加，再加之"以煤为主"的环境压力形成的第三层叠加。在这"三重叠加"之重压下，如何有针对性地优化中国能源、环境战略，应对挑战消解压力，可谓意义重大。非常之局，当需非常之策，且势在必行、时不我待。考虑到中国极特殊地面临的这种发展制约，在优化能源、环境战略中，应特别注意规避"发展悖论"与"发展陷阱"，基于对中国特殊现状的正确认识和相关事项的全面、深入分析，提出具有针对性的、可以切实践行的能

源、环境战略。

比如，关于中国"以煤为主"的能源结构我们已经在上文中做了说明：对环境压力尤其大的煤，在能源消费总量中所占比重最大，在进口能源中攀升速率最快，在生活能源消费量中所占比重"超高"。据美国能源署数据显示，中国煤炭2011年消耗总量为34.5亿吨，是美国的4倍有余，占世界煤炭消耗总量的一多半，这些都是经济发展中的现实。因此，相关问题也接踵而至：为何摆脱不了以煤为主？回应这一问题的过程正是揭示优化中国能源、环境战略中所需要把握的特殊针对性的过程。鉴于中国煤炭消费有90%以上集中在工业，而工业煤炭消费则主要分布于发电、炼焦和供暖。其中，由于炼焦只能用煤，所以不仅是"以煤为主"，而且是百分之百地以煤为原料，可以说是煤炭能源通过炼焦这一环节而转换为其他能源名称。所以在这里我们只需从发电和供暖两大角度、针对能源使用结构来讨论为何无法摆脱煤炭作为最主力能源的现状。

一、发电方面为何摆脱不了以煤为主的局面

从发电耗能的结构上来看（详见表7-7和图7-9），中国目前水力发电在全部发电产能中占比已远不足20%，核电占比低于3%，并且随着前一段时间国家已经明确不在沿海之外的地方布局建设核电站的政策规定，核电的比重可能还将下降，与此同时，可再生的风能、太阳能等清洁能源虽然已经在努力开发，风能发电在近三年投入使用以来，其增长率也十分可观，但毕竟基数很低，从总体能源供应上来看都难挑大梁。太阳能发电方面，局面更是几近荒唐：各地迅猛发展的光伏产业在消耗资源、造成一定污染、终于生产出可以产生清洁能源的光伏电池产品之后，若干年间98%以上只能走出口渠道[①]，卖给环境比我们更清洁的外国人——直接原因

[①] "由于中国光伏产业链末端光伏发电市场尚未启动，98%的国产光伏组件出口国外。"《小议我国光伏产业链的薄弱环节》，http://www.windchn.com/solar/wfview000401683.html。"太阳能电池98%出口国外，相当于间接大量出口能源。"《六行业产能过剩 发改委将进行重点调控》，http://news.10jqka.com.cn/content/614/810/077/61481077.shtml。

是按照我国电力部门的体制机制，光伏电池无法入网（其实并不存在技术攻关方面的"硬障碍"问题，而是直接涉及配套改革里面"啃硬骨头"触及既得利益的体制问题）。

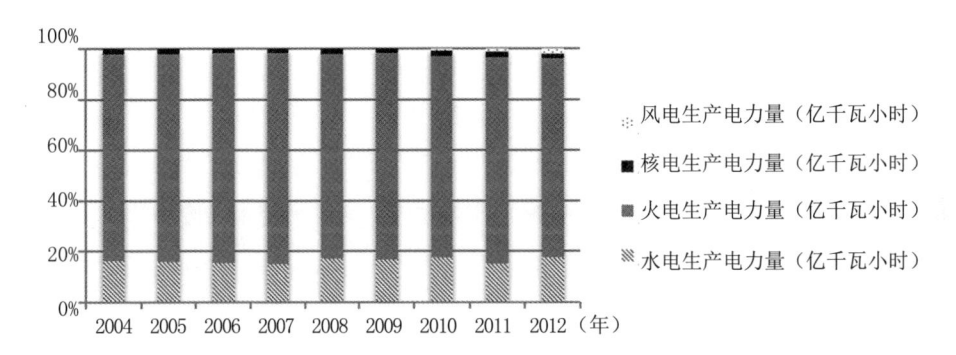

总之，未来可预见的一个时期，我国水电、核电比重可能会继续下降，太阳能电、风电难挑大梁的局面亦无法出现根本改变，电力供应的重担大部分还是要落到煤炭支撑的火力发电上。

数据来源：国家统计局官方网站（http://data.stats.gov.cn）。

图7-9　2004—2012年中国电力生产耗能结构图

二、取暖方面为何摆脱不了以煤为主的局面

取暖方面摆脱不了煤炭为主，源于中国现阶段的取暖模式和替代能源两个方面。

第一，取暖模式。北方城市以集中供暖为主，能源消耗的主要方式是"强制消费"煤炭能源；北方农村、南方城乡均以家庭自供暖方式为主，主要依靠煤、木炭和电力，其中电力主要还是间接依赖煤炭能源。虽然南方已有依靠天然气供暖的情况，但面临着价格昂贵而消费不起难以推广的局面。

第二，替代能源的困窘。以"生物柴油"为例。美国供暖采用的生物柴油（Biodiesel）是由动植物油脂（脂肪酸甘油三酯）与醇（甲醇或乙醇）经酯交换反应得到的脂肪酸单烷基酯。然而，这种十分清洁的能源尽管在法律、政策等层面已开始得到有力保障，但目前在我国推行仍存在着突出的矛盾与困难：首先，原材料很

难满足需求。生物柴油的生产技术含量并不算高[①]，我国早已能自主生产，原材料一般以地沟油、餐饮垃圾油、油料作物（大豆、油菜籽等）为主，但这样的原料在生物柴油的实际产业链供应中经常断裂，主要原因有三：一是我国目前对废弃的食用油尚无统一回收政策，供给方面经常产生恶意囤积地沟油等原材料的现象；二是养猪等行业对地沟油和餐饮垃圾油的需求竞争；三是地沟油经非法渠道转为食用油出售比卖给生物柴油生产厂家利润更高。除原材料很难满足要求以外，还有经济可行性问题：生物柴油这种具有很高正外部性的能源产品，无论使用物理法还是化学法都面临生产成本过高的问题，若无补贴地在市场中推行，基本没有价格优势。

总之，以上分析都是为了充分论证：在中国，"半壁压强型"格局加上"压缩型—密集式"发展阶段，再加上以煤炭为主的能源结构对发展形成了"三重叠加"的能源—环境制约，同时，与之相随的各项排放（废气、废水、废物等）所造成的环境压力，也集中于"胡焕庸线"东南部，即"半壁压强型"发展制约正在持续不断地引发"半壁压强型"排放问题。当我们认识雾霾（大气污染）、蓝藻事件（水污染）等现象时，需要抓住这个真实背景，再做出通盘分析、深入探究，才能引出正确对策。

第五节　与"供给管理"的天然联系和特定的要求

在对"半壁压强型"之上的三重叠加发展制约形成清醒认识的基础上，优化中国能源、环境战略策略所必须把握的特殊针对性，及其对于"供给管理"的天然联系和特定要求，也就呼之欲出。中国经济学人在世界金融危机冲击之后的学术理论

[①] 例如，"中国科学院兰州化学物理研究所的科研人员利用废弃食用油制备生物柴油的技术获得国家发明专利⋯⋯该技术主要采用废餐饮食用油为原料，复合催化剂一步反应，反应温度降低到60℃，工艺过程简单，反应周期短，反应温度低，能耗低，且生物柴油收率高达92%。利用该项技术制备的生物柴油可直接替代柴油，也可与柴油按一定比例添加使用，具有优良的环保性能和可再生性"。详见2010年1月18日发表在《科学时报》B4企业·合作版上的文章《废弃食用油制备生物柴油新展望》一文。

反思之中，已涌现了侧重供给侧研究的研究群体和一批聚焦"供给管理"的成果[①]，亦对于本文下面的分析认识提供了很有价值的铺垫和启示。

前述的"三重叠加"都关联特定国情之上的结构问题。在这类结构问题必然紧密关联供给问题之外，中国目前还存在着缺乏能源开发顶层规划，由于投资总量过度和结构不良导致的产能过剩及很大程度上由于粗放、低效造成的能源浪费，以及缓解这些问题迫切需要的制度供给明显不足等问题。

一、"问题导向"引出的供给侧挑战

突出问题1：能源开发利用缺乏顶层设计通盘规划。

以"电"为例。全国范围内社会生产生活所需的电力资源涉及火电、水电、核风、风电、太阳能电等。前已述及，可预见的将来，中国还不得不以烧煤发出的火电为最主要的电力能源供给方式。相关的战略层面的顶层规划需要包括：（1）火电与水电、核电、风电、太阳能电等在中长期如何协调配合地发展。（2）各类电力供给特定领域内的行业发展如何规划。（3）作为主力的火电发展中的重大关系如何处理：怎样考虑坑口电厂、非坑口电厂的布局和运煤路网、输电网的布局——因为我国铁路运输中一般情况下约有50%的运力是在运煤，国家统计局发布的2012年国家铁路主要货物运输结构数据（数据详见国家统计局官方网站），国家铁路全年主要货物运输量为322345.58万吨，而其中煤货运量就达到168515.29万吨，占比达到52.3%，运送的煤大部分是运去发电——在发电高峰季节，运力中用于运煤的占比可升高至70%。未来如多建坑口电厂，会减少铁路运输方面的压力，节省一部分相关的投资，但会增加输电网络的投资需要。到底如何筹划布局，涉及大量复杂的专门研究和全局视野下的高水平综合规划设计。

上述这些结构处理问题的有效解决方案，是地方政府和企业集团以"试错法"提供不出来的，只能依靠中央政府组织高水平的专家群体来协力提供。在未能形成

---

① 贾康．新供给：经济学理论的中国创新[M]．北京：中国经济出版社，2013．

通盘解决方案之前，如何以财政资金支持相关的开发建设，也是无法形成扎实可靠的决策依据的，因为我们无法看出某个电力产能建设项目或电力供应配套项目，作为"棋子"在棋盘全局中的地位、作用及其与其他棋子的相互关系，那么如何才能合理掌握先后顺序、轻重缓急、资金投入力度？在缺乏顶层设计通盘规划的情况下，未来发展中我国能源结构性的矛盾问题势必更加严峻。

突出问题2：产能过剩造成能源浪费后面的体制性原因。

产能过剩的实质是投资过度，我国产能过剩在相当大程度上是政府以投资拉动经济增长中过度干预市场和经济运行的必然产物，主要属于"体制性产能过剩"，即我国现阶段产能过剩主要是由于政府在GDP、税收、就业等导向下，通过运用手中的经济权力和政治权力，强力干预市场，大幅度拉低各项要素价格，对企业投资、生产经营活动产生强烈的不当刺激所致。投资过度、结构不良造成的产能过剩，势必造成能源的浪费，使本就严峻的能源问题和环境问题雪上加霜。

突出问题3：雾霾等环境威胁愈演愈烈，治理所需的制度供给问题最值得重视。

雾霾是以$PM_{2.5}$为主要构成因素的大气污染状态，中国2013年遭受雾霾之苦的省市已达30个，京津冀地区尤其严重，年内仅有少数时间不是雾霾天气，"民怨沸腾"而管理部门高度焦虑，实已形成了环境危机局面。尽管目前对雾霾的成因尚无清晰细致分析，但与工业化、城镇化推进中能源消耗的"煤炭依赖"，以及汽车尾气排放，显然存在直接关联。可以洛杉矶雾霾和伦敦雾霾为鉴：美国洛杉矶于1943年第一次遭受雾霾的袭击，并于接下来的50年持续处于一边忍受雾霾、一边坚持治理的状态中，据当时加州理工学院的荷兰科学家分析空气成分得出的结论，洛杉矶雾霾的罪魁祸首是汽车尾气中的二氧化氮和碳氢化合物。英国伦敦于1952年开始连续数日遭受大雾侵害，治理雾霾的工作也与洛杉矶类似，持续了几十年之久，而伦敦雾霾的罪魁祸首主要源自燃煤采暖及以煤为主的火力发电站中煤炭燃烧产生的二氧化硫、二氧化碳、一氧化碳及烟（粉）尘等污染物。据中国国家统计局数据显示，2012年中国废气中主要污染物排放构成为：二氧化硫排放量约为2118万吨，氮氧化物排放量约为2338万吨，烟（粉）尘排放量约为1236万吨。若把洛杉矶雾霾的成因和伦敦雾霾的成因对照中国现状来看，雾霾不时笼罩中国也就并不奇怪了。

第七章 基于"胡焕庸线"的考察：以供给侧"非常之策"，破解中国可持续发展的"非常之局"

作为一个后发经济体，中国本来有借鉴他国经验、避免重走"先污染，后治理"老路的可能，但为什么却未能如愿，反而表现得甚至"有过之而无不及"？防治环境危机不力，后面的制度供给问题最值得重视。在国情、阶段特征等基本不可选择因素之外，可塑性高的制度机制因素方面现存的重大缺陷，对雾霾等环境问题的恶化难辞其咎，即我国目前环境问题的重大原因来自于机制性的资源粗放低效耗用问题，涉及煤、电、油，恶化空气、水、环境，形成不良传导链条。比如，在我国一般商品比价关系和价格形成机制基本实现市场化之后，国民经济中基础能源这一命脉层面"从煤到电"（又会传导到千千万万产品）的产业链上，却存在着严重的比价关系和价格形成机制的扭曲、非市场化状态和由此引出的"无处不打点"的乌烟瘴气的紊乱局面，并且以表面上的"煤价、电价低廉"助长着粗放式、挥霍式、与节能降耗背道而驰的增长状态和消费习惯，在现实的比价关系和利益相关性的感受之下，社会中的主体几乎谁也不真正把节电、节水当回事！而在我国，节电、节水，实际就是节煤，就是抑制、减少雾霾。

我国现实生活中，存在两大悖反现象：一方面，官方反复强调科学发展、包容性可持续增长，但实际进展是在部门利益、垄断利益的阻碍下步履维艰，为此必须做的与煤、电相关而形成经济手段为主节能降耗长效机制的改革，一拖再拖；另一方面，公众对环境恶化、雾霾打击等的感受，日益趋向"民怨沸腾"，但一说到资源税、环境税等改革，却又会由其"加税"特征引发一片反对声浪，甚至有人会跳着脚骂娘，很不认同这种会牵动利益关系的经济调节方式。上述这种政府、民众两大方面的悖反和荒谬状态，导致"科学发展""生态文明"迟迟难以落地。我们必须依靠着眼全局、前瞻长远、逻辑清晰、设想周全的改革设计，并以更大决心、勇气、魄力和智慧构成的改革行动来破解悖反，把中国来之不易的现代化发展势头和仍然可能在相当长时期内释放的较高速发展和"升级版"发展的潜力，真正释放出来。

实话实说，节能降耗方面政府行政手段为主的选择式"关停并转"操作空间有限，仅适合为数不多的大型企业；以法规划定"准入"技术标准的"正面清单"方式，逻辑上说可面对中小企业，但如果以此为主导操作，一定会产生为数众多、防不胜防的"人情因素"和设租寻租，发生事与愿违的种种扭曲和不公，效果亦不具备合意性。面对国内业已高达6000万户以上的海量市场主体，真正可靠、效应无偏的转型升级出路和可充当主力的调控长效机制，是通过改革，以经济杠杆手段为主，让本应决定性配置资源的市场力量充分发挥公平竞争中的优胜劣汰作用，"内生地"、全面地、可持续地依托社会主体的利益考量自觉践行"节能降耗"，把真正低效、落后、过剩的产能挤出去，进而引发出一个绿色、低碳、可持续的经济社会发展"升级版"。

二、对"供给管理"的特定要求：使管理调控与特定针对性相结合

适应国情、优化结构、协调规划、制度建设等问题，都是有别于"需求管理"的"供给管理"问题。在世界金融危机发生前后，中国不论是存在较明显的流动性过剩和通胀压力、还是在其演变为流动性不足和通缩压力的情况下，针对某些领域的有效供给不足、投入滞后的结构性供需失衡，都十分需要运用政府理性的供给管理作用来强化经济社会的薄弱方面和"短线"领域。节能降耗、生态保护、自主创新等，恰是无法通过需求端总量调节来达成目标的，亟须运用结构性对策通过"供给管理"加大某些要素投入的力度和促进相关机制创新改进，来加强经济社会中的薄弱环节，以改进总供需的平衡状态和提升经济发展的可持续性。优化中国能源、环境战略对"供给管理"的特定要求，至少可从以下几方面来认识。

（一）资源开发和能源结构优化需要中央政府通盘规划中的顶层设计供给

比如，在全面考虑中国资源约束与进出口调节可能性等因素的前提下，对于全国电力中长期供给整体结构中有多少火电、水电、核电和风电、太阳能电等，迫切需要通过高水平的电力供应顶层规划通盘考虑、动态优化。这种顶层规划需要依靠中央政府合理有效的"供给管理"来实现，因为它注定无法依靠眼界相对狭窄的地方政府和分散的企业与企业集团在各自的自主、自发行为层面，通过"试错法"来形成一个具有长期合理性的格局，必须由中央政府牵头来形成优化布局，这正是中国政府体系转变职能中的重大问题，也是正确处理政府和市场关系核心问题的一个

组成部分。这种顶层规划客观上需要多方面、多层次的战略一起配合,发挥矩阵型功效。例如,电力行业的顶层规划,需要由整体能源战略的顶层规划来覆盖,在对火电、水电、核电和可再生能源的通盘考虑中,还应当特别注重火电与煤炭行业、环保行业发展规划的协调衔接,以及与交通运输网建设、输变电网建设良性互动的设计等。

(二) 消除产能过剩需要政府"深化改革"的相关制度供给

尽快解决我国产能过剩导致的资源、能源低效配置和浪费问题,关键在于真正让市场在总体资源配置中起决定性作用,着力通过深化改革和全面配套改革形成的"制度供给",消除政府不当干预生产要素价格而形成种种扭曲的体制土壤,推动政府以维护公平竞争和市场"优胜劣汰"机制为其基本定位,恢复正确的价格信号,通过比价关系和价格形成机制的市场化及其"优胜劣汰"功能,消除体制性产能过剩。

(三) 解决雾霾危机,倒逼供电供暖"能源清洁化"与重化工业、汽车产业等的技术供给和相关制度供给,实现创新升级

为缓解雾霾压力,对煤而言,除已提及的尽量控制和减少煤炭在全部能源组合中的比重即控制、降低煤炭依赖度之外,显然还必须大力促进煤炭使用、消耗中的清洁化,以供给管理手段激励煤炭能源绿色化技术的开发与利用,以及进一步开发"生物柴油"等清洁能源。鉴于中国很长时期内无法改变"以煤为主"的能源结构格局,更应特别注重煤转电能、煤液化、零碳排放技术(碳捕获技术)和清洁煤技术等为主的煤炭能源绿色化。重化工行业的节能降耗减排治污,显然也是治理雾霾的一大重点,相关的技术创新迫切需要得到制度机制创新的支撑来释放潜力与活力。以煤炭资源税"从量变从价"切入的改革及其带来的新一轮价税财联动配套改革,对此将有莫大的意义,会通过在全产业链传导的比价关系和价格形成机制调整优化,促使千千万万分散的企业出自利益动机"内生地"千方百计节能降耗和努力开发有利于节能降耗的工艺、技术与产品。另外,大力加强新能源汽车和电动汽车的研发也势在必行,雾霾问题的严峻性正在倒逼汽车行业技术升级和机制变革。中

国政府早已向电动汽车的购买者提供每辆车 3.5 万元至 6 万元的补贴，但囿于充电条件等原因，国内在使用电动车方面的进展不大。近来随着进口电动汽车高调进入中国汽车市场的冲击，亟须我们正视和借鉴这方面以美国为代表的国际经验。美国电动汽车特斯拉集团创立于 2003 年，短短几年时间已发展为国际电动汽车的领跑者之一。回顾特斯拉的诞生，可发现三个关键要素：一是特斯拉之父马斯克和艾伯哈德对其研发的战略谋划的巨大魄力，二是两大投资人的慧眼识英雄，三是政府在特定阶段上的大手笔政策性融资支持[①]。分析特斯拉的特色经营：一是将产品本身定位为高端电动跑车，锁定全球市场空白；二是以英国莲花汽车作为科研技术转化为生产力的桥梁，迅速推向市场；三是营销方面采用饥饿营销、限量供应及顶级名人效应；四是针对市场关注重点明确给出未来预期：如在中国将考虑首先于京沪线配建充电系统。特斯拉的创立和发展模式无疑为正在大力推行创新之路的中国带来了许多启示：美国的政府和学界在金融危机之后虽然并未在理念上如何强调供给管理，但在实践中，美国人供给管理的作为却可圈可点。政府在延续硅谷"无为而治"式传统的同时，却实质性地在关键点上发力，比如发放政策性大规模优惠贷款。中国在面对国内市场经济体制尚未建设到位、创新又尤其需要政府推动和引导的现状下，仅依靠需求端的总量调节显然很难如愿在国际竞争中成功追赶，亟须从供给端发力，以理性的供给管理推动电动汽车等一系列环保产品、产业的创立与成长；在面对"特斯拉"们对全球市场的布局时，我国政府更需要以多种手段引领本土厂商"与狼共舞"，在开放式竞争中跟上第三次产业革命的大潮，在着力寻求合作共赢中，以机制创新的组合调动和发挥技术上的"后发优势"的潜力，最终努力实现自主创新、集成创新和引进消化吸收再创新所合成的技术赶超，助力雾霾危机因素的控制和化解。

---

① "2009 年 3 月，特斯拉的家庭用车 Model S 原型完成。力推新能源战略的朱棣文和奥巴马参观了特斯拉工厂，马斯克拿到了能源部 4.65 亿美元低息贷款用于 Model S 量产。2010 年 7 月，特斯拉在纳斯达克上市。2013 年第一季度实现盈利，股票一度涨到 100 美元左右，先前无数质疑的声音都改口称赞它是未来。"『蒲实．埃隆·马斯克：无限的创想与意志的胜利[J]．三联生活周刊，2013，(39)．』

第六节　供给端发力的路径探析及对策重点

基于"半壁压强型"基本国情之上、三重叠加等相关分析认识，以及优化能源通盘规划、消解产能过剩、创新体制机制供给等相关供给侧问题的勾画，已引申出本文论题对于"供给管理"的天然联系和特定要求。服务于中国能源、环境战略策略的"供给管理"，可考虑以"顶层规划—战略策略—政策倾斜"路径展开：第一，尽快弥补能源开发利用缺乏高水平顶层规划而导致的横向结构战略空白，修正误区；第二，在顶层规划指导下的战略和策略应充分注重协调性和可操作性，细化到切实解决纵向贯彻落实中操作层面的问题；第三，以横向、纵向的供给要素到位为坐标系，有针对性的合理政策倾斜应切实跟进，起到矩阵型调节作用。我们主要的具体对策建议是，政府管理当局应聚焦于环保绿色低碳取向的"现代国家治理"体系、经济调节手段为主实施节能降耗和升级换代、完善环境税收和政策性金融服务、破解过度垄断等着眼点，来优化供给管理。

一、路径探析

（一）顶层规划

要克服多年来相因成习的弊端：在国内近年来各界已热议行政架构方面成立能源部或能源委的背景下，目前中国能源开发和使用领域却延续着计划经济色彩极其浓重、以多部门多头行政审批占据主导、管理体系权责不明、能源巨头各自为政、相关部门缺乏有效协调合理联动、监管实效乏善可陈的尴尬局面。更加深入地对这些问题进行考察，可得到如下认识：第一，中国主管能源的行政管理部门脱离了"全景图"的局部、点对点调控，使管理范围极宽泛，从某规划到某项目和某项价格，从准入到行为，处处扣死，延续的计划经济强势手段，导致行政审批权大如山，绩效却差（例如："十五"初期行政规划不当导致其后全国持续3年缺电，基于此相关部门在一年里批出2亿多千瓦的巨额电力投资项目，并继续于"十一五"期间审批了2亿~3亿千瓦的规模，至"十二五"才开始着手调整，供需对此大起大落，难现大致均衡状态）；第二，能源不似其他许多产业部门出现决策失误慢慢回调的"痛苦度"较低，一旦能源决策出现较大失误，且不论中国的现状是责任无人承担，即使有相关主体勇于站出来认错，也需要很长的扭转和调整期，"阵痛"绝非一朝一夕，其造成的能源浪费和低效问题（包括匮乏中的"强制替代"——如企业遇停电改以小柴油机组发电等）更是不计其数——对于中国这样能源—环境约束严峻，又正处于工业化、城镇化加速转轨时期的经济体而言，正可谓能源无小事；第三，在缺乏顶层设计和有效的通盘协调机制的同时，能源管理体系可谓错综复杂，石油、煤炭、天然气、电力、热力等，家家都以"老大"自居，各自为政，产业全链条上煤炭这样的主力能源，其开发、利用、消费事宜与多部门联系紧密，却往往于处理环节上权责不明、相互推诿、拖延无期、互不买账；第四，显然，我国作为主力能源供给的火力发电方面的电厂电站规划、建设，与国土资源开发通盘规划和交通网、输变电网等发展战略规划，必须结合在一起，纳入顶层规划的完全体系，因为只有如此才能在体现全貌的"全景图"下真正处理好结构优化、节能降耗、升级换代和投入支持、行业监管、体系动态优化、持续运转等相关问题。

（二）战略思维与策略要领

顶层规划下还必将涉及一系列战略权衡和策略选择。战略谋划层面有所确定后，策略考虑也带有"细节决定成败"的意义和影响力。以电力系统为例，在对电力产业格局相对清晰的顶层规划之后，接下来就涉及全套战略部署的确定，比如在火电、水电、核电、风电、太阳能电的通盘部署有了"全景图"的情况下，如何以火电产业升级换代、提高煤炭清洁化使用水平和能源使用效率等为重心，制定出水平合格的战略设计和相关的明确要领，包括如何加大可再生能源的利用空间，尽快推动太阳能电在财政补贴支持下竞价入网,如何推行煤炭的清洁化使用技术,等等。战略选择还联系到一系列更为具体的策略性、技术性考虑,例如火电中坑口电站的建设(所谓坑口电站,是指在煤的原产地建设的大型电站,优势是煤一采出可就地发电,节省煤炭的运送成本,煤产电后可直接输出,但会相应提出对输变电网建设的新要求),必须根据坑口电站建设所受到的自然和配套设施建设等条件约束,进行细致比较选择后布局,比如是否选择在某一主力煤矿坑口的哪个具体位置上建设主力电厂。就目前我国铁路运力至少50%用于运煤的现状来看,更多兴建坑口电站节省的将是铁路运输能力投资,同时也能够节省一些与之相关的附带投资,但与此同时,又需要增加输电网建设投资,权衡之中,地理、气候等条件和技术因素考量也要充分地综合在一起。类似的并非简单替代关系的考量和协调,在从战略抉择到策略选取的流程中决不在少数,这也是从顶层规划的战略通盘布局向带有战略、策略意义的具体项目上面的落实与必不可少的协调。

(三) 政策倾斜

在顶层设计、战略抉择以及随之而来的策略考量之后,势必还要求在整个矩阵型体系中配之以公共政策有针对性的倾斜支持。政策调节一旦带有"区别对待""支持重点"的特征,则与"供给管理"的天然联系便必会凸显,服务于战略权衡、落实策略选择的相关政策,将无可回避地呈现出选择式、倾斜式、区别对待式的相应特征。当然,这也是对决策主体、政策当局的考验。

二、对策重点

在面对未来的新起点上,为把中国今后超常规发展的路径走好而一直联通至"中国梦"愿景,就要充分重视从供给端最大限度地化解矛盾、调动潜力和激发创新活力,并避免出现不能承受的风险和较大失误。非常之局须有非常之策,与其他经济体相比,中国一定要有更强有力的能源战略、环境治理与生态保护方面的政府作为,但其中应该抓住不放的是以经济手段为主的机制建设,使市场决定性资源配置作用得到发挥的同时，可以更好地发挥政府作用，兴利除弊。在具体对策建议上，我们提出如下五个方面。

（一）高度注重聚焦于环保绿色低碳取向下的"现代国家治理"体系和能力的提升

十八届三中全会关于全面改革《决定》中"国家治理体系和治理能力现代化"的表述，高度概括了"五位一体"全面改革新时期的治国理念，其中以现代化为取向承前启后的所谓"治理"，实质上指的是一套多主体互动中最大包容性的制度安排与机制联结，其中有管理也有自管理、有调节也有自调节、有组织也有自组织，关键内容是以制度建设释放红利支持邓小平提出的"三步走"现代化战略目标的最终实现。基于这一认识，环保绿色低碳取向，必须有针对性地作为"攻坚克难"的重点之一，贯彻于整个治理体系和治理能力现代化提升的若干年阶段性进程中，在高水平顶层设计通盘规划下，在正确合理把握战略思维和策略要领下，形成以环保绿色低碳为取向的转轨升级与现代市场体系、现代财政制度的内在联系和良性互动，包括积极运用财政分配及其政策在供给端不可替代的特殊调节作用，促成具有科学性、合理性和聚焦于环保绿色低碳取向的"现代国家治理"体系建设"换挡升级"。

（二）以经济手段为主推动节能降耗和产业升级换代

面对如前所述极为严峻的能源—环境约束与雾霾式紧迫挑战问题，中国亟须十分有效地节能降耗，淘汰落后过剩产能，实现经济社会发展中从产业到消费的升级换代。欲达此目的，要清醒认识行政手段在市场经济环境下相关作用的有限性，以及法律手段的"慢变量"特点和"基础框架"属性，实践中必须更多地考虑以经济手段为主。我国能源、环境方面的计划与行政审批早已司空见惯，"关停并转"之声多年间不绝于耳，但政府在缺乏合格的顶层设计通盘规划的情况下，通过行政审批做出的碎片化决定，效果远远不尽如人意，关停并转仅能适应于少数企业，面对全国总量现已逾6000万户的海量市场主体，政府并没有本事正确地去逐一甄别哪些企业是过剩、落后产能的代表而应被关停并转排斥出局；法律的作用主要在于维护、保障企业公平竞争的规则与环境，原则性地规范必要的准入限制，但以法律形式和名义规定的准入量化标准，一旦面对千千万万分散的对象，由政府权力环节铺开去做，便会产生大量的设租寻租扭曲现象，不仅低效率，而且腐败行径会防不胜防，实际结果无法保证基本的公正性和有效性。简言之，一系列客观因素决定了行政手段为主无法保证科学合理，仅强调法律规定的准入仍难以避免扭曲而无法如愿落于实效。节能降耗上，政府能够明确给予的往往是方向性的东西，至于市场中千千万万家微观企业中到底形成怎样的结构、采取怎样的技术路线才能真正节能降耗和具有可持续性，只能在通过市场机制发挥充分作用并实现优胜劣汰的过程中才能知晓。把经济手段落实到可操作的层面，主要是指可从供给端"区别对待"并与市场机制兼容对接的规范的税收、支出补贴政策和政策性金融手段，比如，在可再生清洁能源的开发利用以及煤的清洁使用和生物柴油等方面推行有针对性创新激励的财政补贴、税收优惠和政策性融资支持等。

（三）大力完善环境税收体系

第一，积极通过资源税、消费税、环境税的改革，把全产业链中的比价关系和价格机制引向"内生的"节能降耗激励状态。（1）资源税方面。从全局资源配置来看，目前我国在一般商品价格已由市场决定的情况下，资源产品的价格，特别是基础能源仍然存在严重的比价关系与价格形成机制的扭曲问题，对经济和社会形成了不可忽视的负面影响，最典型的例子就是"从煤到电"这一基础能源命脉层面存在的体制机制严重扭曲。必须以资源税改革中将煤炭原来的从量征收转为从价征收为契机，实质性推进"从煤到电"理顺全套体制机制的配套改革，使能源比价关系和价格形成机制适应市场经济健康运行和节能降耗的客观需要，使千方百计节能降耗和在竞争中努力开发有利于节能降耗的工艺、技术和产品，成为千千万万家企业出于自身经济利益诉求的自觉行动。政府应掌握好改革推进的力度，使大多数企业经过努力可以继续发展，少数企业被淘汰出局（淘汰的也就是所谓的落后产能和过剩产能）。（2）消费税方面。以节能降耗为取向推进消费税改革，需对消费税的征收范围、税率、征收环节等进行适当调整，着力发挥其调节经济结构促进生产和消费低碳化的杠杆作用。(3)环境税方面。发挥环境税收使污染主体的外部成本"内部化"而促进绿色发展的积极作用,同时合理处置增加企业负担的问题,一方面积极推进现行税种的"绿化";另一方面研究开征针对二氧化碳、二氧化硫等特别污染物排放的增量税种。在增加环境税收入的同时,可按照追求"双重红利"的原则,在维持宏观税负大体稳定的前提下,考虑适当降低企业的所得税水平,同时免征减征污水处理、垃圾处理等污染治理企业的生产经营性住房及所占土地的房产税和城镇土地使用税等,对环保企业给予激励。

(四) 积极合理提供政策性金融服务

第一,加强公私合作伙伴关系(PPP)模式与政策性金融的结合。从现阶段来看,财政需从以往较简单的贴息、政策性信用担保等模式向PPP等更复杂的金融机制开拓创新。PPP实际上必然带有政策金融的性质,在我国以往主要以政策性银行为核心的政策融资领域,今后应更多地借鉴PPP模式下国内外已有成功经验支撑的融资模式和管理运营模式,大力支持绿色低碳取向下的适宜项目发展。随着中国多级多元资本体系的建立,证券化融资之路也将进一步打开,可考虑以开设特定目的载体即特殊项目企业(Special Purpose Vehicle,即SPV)为标杆,在法治化、规范化形式下开展特定项目投融资。第二,营造良好的市场环境,包括改革深化金融体系、发展产业基金,培育创业和风险投资的引导基金或母基金,提供多样化的政策性金融产品,为结构升级提供更加有效的融资服务。第三,在政策性融资机制创新中构建多层次、广覆盖、可持续的小微金融服务体系,在切实改进小微企业金融服务的机制建设中加入绿色、创新的导向。第四,在市场经济环境中积极将政策性金融业务与商业性金融对接,部分政策融资业务可以招投标、贴息等方式交由商业银行等机构承办,充分发挥各自业务优势,实现双赢、多赢。

(五) 在全面改革中破解过度垄断,攻坚克难

中国能源领域的特殊性,还表现在国有大型能源企业"几家独大"的局面,石油方面的中国石油和中国石化、电力方面的国家电网和南方电网等企业。一方面各

自为政、极难统筹；另一方面以"大"为尊、弊端高发，国际竞争力受限。以石油行业为例，中石油、中石化已是跻身世界500强的能源巨头，但与国内另外两家中海油、中燃气合并在一起，营业额也才勉强可与美孚石油相当，而利润则远低于美孚。事故、腐败等问题频频出现伴随着创新动力不足、技术进步和服务优化乏力现象；高管超高工资，职务消费奢华，"劳务派遣工"却待遇明显偏低；运营绩效低下、发展创新滞后，伴随着的是节能降耗减排治污的潜力空间不能充分打开。究其原因，核心问题还是在于过度垄断，压抑生机与活力。因此，必须优化制度供给，致力于建立公正、公平、公开的市场环境，降低准入，在能源行业内较充分地引入企业竞争机制，攻坚克难，破解国有大型能源企业只手遮天的局面，增强能源企业的创新力和国际竞争力，寻求全球化背景下以"混合所有制"与世界能源企业的合作共赢和高水平低碳化发展。

第七节 小结与余论：以理论烛照、引领实际——正视供给管理的重大课题

以"胡焕庸线"揭示的"东南半壁"人口分布格局这样的基本国情为初始线索，我们指出了中国能源消耗、环境压力的三重叠加，即人口密度、汽车空间密度、能源消耗空间密度所实际存在的"半壁压强型"特征，叠加了重化工业为主要支撑、带有明显的"压缩型—密集式"外延型粗放型特征的高耗能经济增长阶段，又叠加了能源格局长时期无法改变的"以煤为主"环境压力。基于此，我们得出中国亟须针对性地优化能源、环境全局战略的基本结论，并通过回应"为什么摆脱不了煤"这一问题，引申到控制煤炭依赖度和提高煤炭清洁化利用水平所必须解决的体制机制问题等的特殊针对性，再结合能源结构通盘规划的欠缺、产能过剩的形成、体制机制的不良与环境危机压力的关联逻辑这一线索和供给端共性特征，勾画出本文论题与"供给管理"的天然联系，并结合优化中国能源、环境战略必须把握的特殊针

对性，探讨了对于"供给管理"的特定要求，进而提出了"供给管理"应当遵循的"顶层规划→战略思维与策略要领→政策倾斜"这一贯彻路径，认为其落实于对策层面可从聚焦于环保绿色低碳取向的"现代国家治理"体系、节能降耗和升级换代、完善环境税收、优化政策性金融服务和破解过度垄断五方面着手。

以上"理论结合实际"的考察，合乎逻辑地表现出"供给管理"的特定意义和以相关理论认识的廓清与深化为解决现实重大问题提供烛照与引领作用的客观必要性。中国学者的新供给经济学研究近年已在这一领域有所铺垫和进展。

毋庸讳言，"供给管理"的理论分析往往明显更复杂、更艰难于需求管理，并且由于需要政府通过"区别对待"的供给端发力来实施，所以在更大程度上带有政府失误的可能性与不确定性：处理得好，能够有效地帮助达成预期目标，发挥"超常规"发展的支撑效应；处理不好，也有可能事与愿违，在改革不能够实质性推进的情况下，供给管理的最大风险就是以政策支持为名带来一系列的设租寻租和紊乱、扭曲、不公等不良后果。

尽管如此，我们也不能由于供给管理可能会带来的不良后果而放弃中国"追赶—赶超"式现代化追求过程中所可能依仗的这一利器，不应一味地在供给领域畏首畏尾。简单沿着需求管理的思路走，在前述中国"三重叠加"现实国情面前，注定是无望冲破重重约束实现"后来居上"的。从前面几十年间的中国实践看，即使是常常被人们指责的地方融资平台这样地方政府以潜规则强制替代明规则而实际实施的供给管理，也是根据地方发展战略而联通到策略，以政策倾斜的方式支持超常规发展，虽然存在着不透明、不规范等带来的一些不可忽视的问题，并容易存在种种设租寻租行为，但是从中国经济发展的主流上来看，这种"跌跌撞撞"中出现的供给管理，仍然在各地起到了不少积极的推动作用，并在很多情况下开始倒逼阳光化制度的产生。在十八届三中全会、四中全会全面改革的全局部署之下，我们理应更有信心、更为积极地在中国特色社会主义市场经济发展中，以实质性推进配套改革为核心处理好无可回避的全局性供给管理重大课题，守正出奇、稳妥有力地应对好"三重叠加"式能源、环境挑战，以非常之策破解非常之局。

第八章

增供与收税：房地产领域的改革思路与策略

房地产的健康发展问题，已在多年来成为反复出现的社会热点、难点问题。相关背景框架上，要从全局掌握中央表述为战略方针的"供给侧结构性改革"，它显然是匹配"四个全面"战略布局的。"战略方针"不是一般的方针，其所突出的核心问题就是，解决中国改革深水区有效制度供给的问题。制度供给是创新驱动的龙头因素，抓住这个"制度供给"问题啃硬骨头、过险滩，才能够在改革深水区取得意愿中的进步。按照供给侧结构性改革战略方针来认识，解决中国房地产市场领域的现实问题，必须坚决贯彻中央关于以着力推进基础性制度建设来打造房地产领域健康发展长效机制的指导精神。本章从三个层次来展开讨论。

第一节　如何认识房地产领域的现状与问题

众多社会成员对房地产这个概念之下的现状和问题有很多感触。房地产作为一个产业，它关联着市场，但不全是市场问题。其实房地产既要对接市场经济，同时它又有其特殊性。如果说"房子是用来住的，不是用来炒的"很符合民众意愿，但实际的边界怎么掌握？谁敢说现阶段能够把中国的房地产市场控制得一点短期投资的因素都没有？这个问题需要学者来做认真讨论，然后再回到政策层面上，争取政策设计尽可能科学、合理。现状已经引起了普遍的高度关注和社会焦虑以及民众大量的不满。十多年来中国的房地产市场运行方面的表现是：屡次出手调节，但前面约十年总的趋势是在成交均价方面不断往上走。可是，到了2014年以后，开始出现明显的分化。在明显有企稳和回调的时候，有人说"这是中国房地产市场出现了一去不归的拐点"，甚至说要"崩盘"，但我们那个时候就认为这个说法显然是太极端化了，新情况带来的是市场分化，而不是一去不回的向下调整。现在注意力又转到另一边了，其实分化的格局没有变，还是"冰火两重天"，相关统计数据显示，700多个城市里面，大量的中小城市、三四线城市仍然是"冰"的状况。但矛盾主要方面，是一线城市带动一些二线城市、"2.5线"城市，迅速地在交易方面出现了价格上涨。现在几乎人人都在说"不解决不行"，但是看看现在解决这个社会焦虑的方案，有什么实质性进步吗？最重要的首先是观念和决策指导方针方面的进步，表现在2016年中央经济工作会议明确要求：房地产健康发展所需的长效机制（这个概念其实已提出了多年）需对接的是基础性制度建设。但遗憾的是，其后两年，基础性制度建设的安排乏善可陈，还是原来的一套限购限贷，而且变本加厉地运用行政手段，甚至还有学者提出的观点就是：把行政手段长期化就解决问题了。这是完全错误的一个思维方式和认识框架。

　　社会焦虑的确存在，怎么解决？一定要有正确的符合整个现代化战略和社会主义市场经济内在逻辑的一套看法。

　　我国住房供给的制度框架，与房地产调控有内在的关联，在这方面还得承认是有进步的：经过十多年的调控，至少在房地产概念之下"保障轨"方面"双轨统筹"的要领，比过去有明显的进步。1998年朱镕基同志主导的应对亚洲金融危机，发行长期建设国债来做反周期扩张，同时就要解决供给侧的结构问题。那时他排出了长期国债资金使用的"六大重点"，有一个重点就是经济适用房建设，它要解决的就是意识到住房必须与市场对接，但完全对接市场并不能解决所有的问题，为较低收入的人群托底靠什么呢？当时的概念就叫作"经济适用房"，其形式上也是跟市场对接的，但是一定要有特殊的政策去处理它。以后实际上搞出了十几种五花八门的经济适用房的具体形式，里面的设租寻租、乌烟瘴气的事情太多，总结经验教训后这几年的进步是，终于把"保障轨"上主打的"保障房"的具体形式归为两个：一个叫"公租房"，一个叫"共有产权房"。"公租房"是把"廉租房""公租房"两个概念并在一起了，因为实际生活中已经划不清什么叫廉租、什么叫公租的边界了。茅于轼老师作为一个经济学家，曾提出一个观点，就是政府应该把廉租房的标准图纸规定为一家一户没有单独的卫生间，只有公共厕所。因为要解决社会最底层"住有所居"的问题，要靠纳税人的钱来托底供给，这个住房供给所接纳的这些人，并不意味着他们一辈子都是最低收入阶层，以后收入提升了，按照管理上的合理化要求，政府应该动员他搬出去，但如果他住得很舒服，政府要动员他搬出去是很困难的——按照茅老师的那个设计，当他的收入上升以后，他会因忍受不了公共厕所的低下条件，自己就"用脚投票"地搬走了。但是，茅老师这个建议在网上当时被骂得狗血淋头，考察各个地方政府所有的廉租房建设，没有一家敢用这样的方案思路来设计图纸，因而实际上就是"廉租房""公租房"分不清了。到后来，决策方面、管理部门的意见就是不再区分它，就并成"公租房"一个概念。"公租房"上面，还有一个出价要高一些但是也不能简单跟市场接轨的"共有产权房"。这个认识是非常正确的，虽然推动的力度还不够，但毕竟有了越来越多的认可和响应。"共有产权房"对在低收入阶层上边的"收入夹心层"最适合，比如大量的年轻白领、大学毕业生，他们在支付能力上比最底层要高一些，但是也很难一下子对接到"市场轨"里面的低端去争抢供给资源，哪怕靠"啃老"、靠其他一些手段把房子买到手，也要当"房奴"，会非常痛苦，有一大堆对社会的不满，所以比较合适的供给应该是"共有产权房"。"共有产权房"在一些高校里其实早就有，你出钱买这种房子比较体面，但是要想上市，对不起，第一买主是公家，你不能够随行就市。这样，虽然产权证还是很体面地给买主了，但封杀了其后的套利空间。如果按这个方式来做，年轻白领、大学毕业生走上工作岗位没两年，有了心仪的女朋友要谈婚论嫁的时候，"丈母娘制约"这个环节就比较好解决了，也合乎中国老百姓既要面子，又要过得去，还要把事办成的特色心理与综合要求。就是说，按照这样的办法，"收入夹心层"可以相对顺利地渡过这个关口，这是一个很好的办法，应该肯定。住了一些年，收入上升了，房子又满意，可以再出一笔钱转化成完全产权房。再住些年，收入更高了，也完全可以对接改善升级时的市场化置换。

在肯定已经聚焦到两大有效供给形式方面的"保障轨"上的这套方针的同时，再要加入其与"市场轨"统筹的一个通盘的认识，所以现状视角的考察接下来就要讲"市场轨"。针对"市场轨"的政策调节，我们必须承认，这些年来下了很大的功夫，但是"治标不治本"，形成了"打摆子""过山车"的特征。已经打了好几轮"摆子"，摆到哪一端，转到哪个位置上，都是不满。有人大概地算了一下，从一边摆到另一边，前面这三轮大概是15个月，那么合在一起，30个月走一圈走回来，走了10年出头，"火"这边也难受，"冰"这边也难受。在强调限贷限购限价的当下，其实已有很多人难受，因为打压、误伤了很多的刚性需求和改善性需求，等到不得已再放开的时候，还是难受。很多人会说："没有达到我的意愿，政府控了这么长时间，我还是买不起房"，买得起的，在前面环节上，也错失了很多他认为应该出手的时间和应得的生活质量等，总而言之是一大堆的不满。《人民日报》2016年下半年的评价是比较中肯的，就是强调治了标但没有解决治本的问题，这也是我们过去强调了相当长一段时间的一个基本认识。光靠政策调控是明显不够的，所以非常认可中央政治局给出解决基础性制度问题的方针，那也就是解决"治本"的问题。

当下阶段我们面临的仍然是"冰火两重天"的格局，在这个格局之下，似乎注意力都在"泡沫"这方面。实际上不能只看"泡沫"这方面，还有去库存的问题。2016年上半年众口一词"去库存"，到了下半年感觉突如其来舆论都倒向另外一边，讲"过热"，讲"房地产市场的价位上升过猛"。其实要全面地看问题，我们现在已经应该看得很清楚，市场分化还会延续很长的时间，逐渐进入需更全面考虑问题的新阶段。我们在国际上观察，其他经济体的房地产市场走过某一个阶段的"单边市"以后，也必然出现市场分化。把我国2016年年度的数据拿来看，一二三四线城市在"市场轨"上成交价格的变化、分化还是比较明显的，销售情况经过一段起伏以后，到了9月以后跟着往上走。一二三四线60个城市放在一起，走势方面有一些共性，但始终在分化方面有明显表现。"库存"的情况方面：2016年虽然反复强调"去库存"，但一年下来，库存里面得到消化的部分是有限的。如图8-1、图8-2所示。

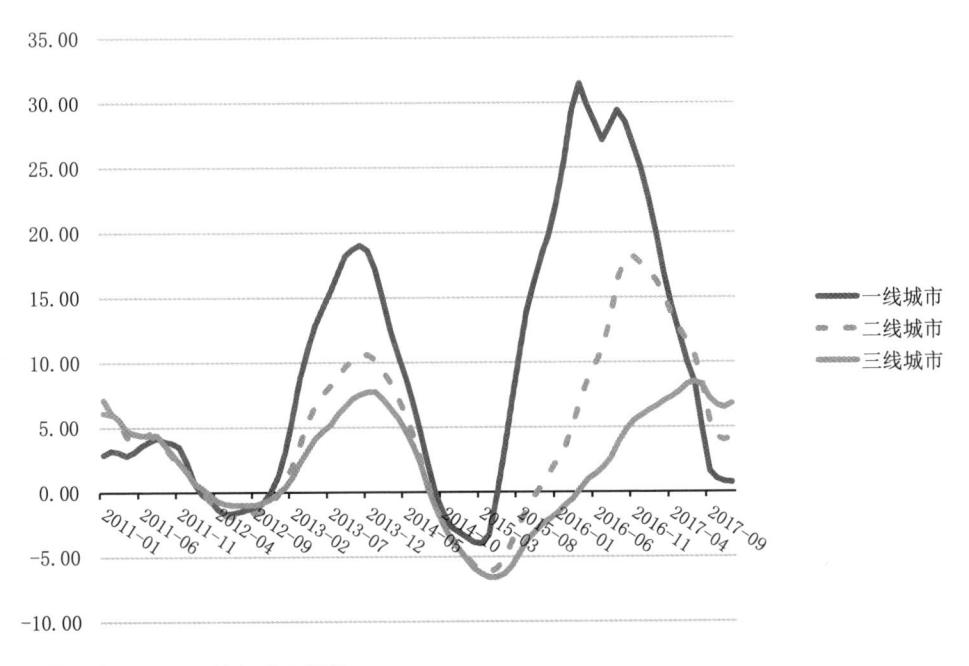

第八章 增供与收税：房地产领域的改革思路与策略

数据来源：Wind 资讯整理所得。

图8-1 一二三线城市房地产市场价格走势图

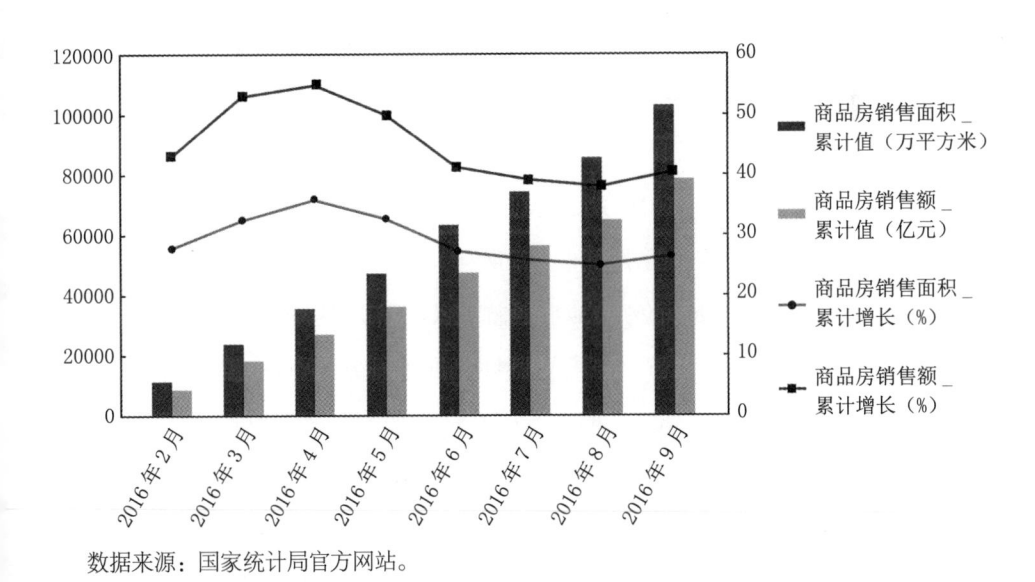

数据来源：国家统计局官方网站。

图8-2 全国2016年前三季度商品房销售情况

把前述一些现状摆出以后，第一层次实际上强调的，是一定要从十几年的"治标"推进到更高水平的"治本"。那么为了体现"治本为上"的水准，总结经验，现在应该能够看清楚实质性推进和房地产相关的制度建设这方面的一些基本判断，以及和它相配套的一些基本要领。

（1）中国仍然有巨大的城镇化发展空间和充分重视房地产国民经济支柱产业作用的客观必要性。最主要的指标上的表现就是，2016年年底国家统计局的《统计公报》里面已经按照五中全会精神，明确给出户籍人口的城镇化率，这一年比上年上升1.3个百分点，达到41%。从国际经验来看，中国真实城镇化率41%的水平所处的位置，是城镇化高速发展阶段的前半段，过了30%那个关口，进入高速发展阶段走了一小段，后面还有差不多30个百分点，走完了才会转入低平发展阶段，到70%左右的高位，才有重大的市场态势的变化。从查得的资料看，日本房地产泡沫破灭时，它的城镇化水平是77%。如果中国现在真实的城镇化水平是41%，正好印证了李克强总理所说的"城镇化是中国发展的引擎和动力源"，因为整个城镇化的过程是在未来几十年内差不多还要接纳4亿人从农村到城镇定居，而且要成为市民，要成为基本公共服务均等化、一视同仁的供给对象。他们要得到这些美好生活的实现条件，一定要有一轮又一轮的建成区的扩大，一轮又一轮的基础设施的升级换代，一轮又一轮的产业互动和一轮又一轮的人力资本培育。从现在我们所说的各种教育形式、各种培训形式，从农民工培训到所有的扩展训练形式，从职业教育到高等教育再到终身学习制度，而且还覆盖了原来大家不太看重的所有的从幼教到老年人学习形式，所有这些配套要素都是在释放需求，而释放需求时中国的可能性就是在全面开放条件下得到全球有效供给要素的回应，用和平的方式、做生意的方式、经济交易的机制，我们就可以和平发展、和平崛起。这是中国在邓小平"和平与发展"主题之下，走通人类共同体共赢之路的一个基本逻辑。

我们所说的房地产业、建筑业概念上有差异，但合在一起就可以说清楚——房地产业和建筑业这两个概念合在一起，可看作伴随城镇化过程的一个国民经济支柱产业，它的作用是非常明显的，它的重要性不是我们故意要夸大。而使这个支柱产业健康发展的"治本"之道，就是中央现在强调的基础性制度建设要具体化：我们要解决相关的制度建设、配套改革的问题。

（2）以基础性制度建设支持房地产健康发展的具体考虑，我们认为至少包括四个方面：土地制度、住房制度、投融资制度和税收制度。

①土地制度。从现在的一级开发、土地批租开始，应怎样解决已经凸显的矛盾？如果按照老路走，这条路会越走越窄，综合成本之高已经过不去了。比如北京，几年前城乡接合部的征地拆迁补偿费是1∶5（拆一平方米旧房要补五倍面积的新商品房），最新的情况肯定又抬高了。一轮又一轮的"钉子户"不断地抬高社会成本。实际上土地溢价升值的部分来源于中心区土地的稀缺性，它带来的是自然垄断，谁拿到开发权，谁就自然垄断，谁就有可能在这方面形成卖方市场的相对优势。而城镇化的前提条件就是原来占用土地的这些人需要征地拆迁补偿，按照原来的办法，运动式地去做工作，谈好了以后，就拿钱走人，成本会越抬越高。如果说北京几年前那个时候是1∶5，那么现在如按照1∶6算，将是多大的一个代价？谁要拆100平方米，6倍面积、600平方米商品房的对价，现在五环内的均价是5万元出头，这不就是不断成批制造千万富翁、亿万富翁，社会上"公平"等方面的机制是掌握不好的。过去在孙中山那里，在美国人那里，都讨论过土地溢价的问题，就是地块增值部分的溢价，是不是让当事人完全拿走就合理分配了呢？绝不是这么简单的事，孙中山说得绝对了一点，叫"涨价归公"，周其仁和华生争论中，周其仁也承认，至少是"涨价分成"——你总得分吧，但现在却没有分的机制。

但是，重庆的"地票制度"实际上就引入了分的可行机制。它在"占补平衡"的前提之下，把远离城乡接合部地方的农民的积极性调动起来，通过宅基地和"小田变大田"整合而腾出来的土地面积复垦，认可环节上政府给它划五档（是解决土地的产出当量问题），然后进入地票市场交易，可卖个好价钱，这个价钱卖出来以后，75%分给农民受益，25%留给集体经济，这样就拉着一起进入了城镇化、工业化过程里面的土地溢价共享。它与土地收储等制度配合，也解决了我们现在说的征地拆迁补偿谁撞上了谁就拿一大笔钱、其他人没份的问题，以及地价形成机制中十分容易价位暴涨的问题，改变了相关的分配格局。很遗憾，重庆"地票制度"改革这么多年，一直只许那里一地试点，成都曾经跟进被迅速叫停，有些地方政府偷偷摸摸小打小闹在试。为什么不能够扩大试点？很显然，土地制度改革必须要全套考虑，"地票"只是一个切入点。重庆还有"土地收储制度",按城镇化客观需要对住房建设从容供地。在城镇化过程中,中心区域或者周边地区城乡接合部的土地明显有自然垄断性质,谁拿到了谁就可形成卖方市场的优势,一定要有政府特定的、合理的、理性供给管理跟它配套。地票又得配上土地收储,重庆就是可以相对从容地按照一个合理的国土开发顶层规划,较均匀地不断供地。在既有占补平衡和地票制度保证基本粮食安全而且把较广大的农村社会成员拉进来一起受益,又有土地收储缓冲和通盘合理供地规划的情况下,这个土地无论谁拿到以后,由自然垄断带来的一些偏向情况,都会减少。

②住房制度。重庆的住房制度就是在双轨统筹的运行方面有非常明确的指标,35%～40%的住宅必须按照保障房来供给,这就把托底和收入夹心层的事一起解决到"住有所居"的供给平台上。剩下的才是"市场轨"上大家谈的市场房价变化和资源配置问题。当然,这种大手笔的国土开发、片区的建设以及城市建设里的各种类型的小区,怎样掌握好结构视角的类型搭配,是很讲究的。多少年前李克强总理就说要"花插着建",不能把中高端区和低端区截然分开,如果截然分开一定会出社会问题。但是,"花插着建"又不能硬把高端别墅区跟廉租房、公租房等低端的公益住宅简单化地拼在一起,但所谓"花插着建",至少应该使一般商品住宅和保障房尽可能有混合片区特征。

③投融资制度。如重庆,要依靠自己的合理顶层规划,再把土地制度、住房制度结合在一起,再加上投融资、PPP创新等(实际是从"八大投"投融资平台开始形成的体系)。政府按照自己的发展战略,有清晰结构安排地去布局所有的城市建设,包括所有的住房建设。也就是说,这些是在投融资支持之下,按通盘规划比较快地把不动产相关的好事做实,实事做好。当然也不否认,如果政府的管理水平差或者把这里面的政企等关系搞得乌烟瘴气,那么一定会出很多的问题。重庆在双轨运行("保障轨"和"市场轨")下处理得较好,这可以叫作"出奇制胜"——守正以后的出奇制胜。处理不好,那就是乌烟瘴气。官员经常振振有词地讲"我在实施政策调控",实际上带来的是很多的扭曲。因此,这也必然要按照"双刃剑"来理解。政府任何的一个政策调节,都会体现区别对待。区别对待处理不好,就是设租寻租;处理得好,那就是在这方面真正掌握好了理性供给管理的应有水准。

④房地产税在基础性制度中不可或缺。前述三个制度后,还要在此主要展开

说明税收制度，相关财产税制度是不可回避、不可或缺的。在住房保有环节上的税制，当然要跟整个税制协调和打通，合理地形成系统工程式的配套。但是，最需攻坚克难的地方，就是怎么在中国使消费住房保有环节从无到有地施加税收调节。达到这种"治本为上"的水准，实际生活中就表现得非常有难度了，到现在仍困难重重，很多的事情说了多年，也没有多少实际进展。但前面重点说到的重庆案例还是可观察的试点，相对而言，重庆至少在第四个方面也做得可圈可点——它在税制方面跟上海一样"敢为天下先"，做了中国本土的试验。房产税的试点有的同志批评说"法理上有问题"，但是按照其框架来说它并没有问题，因为房产税早在20世纪80年代就已经由人大给出授权，国务院可以在授权之下制定具体的实施方案。国务院批准重庆、上海两地的试点就是利用这个授权，在原来只对经营性房产收税的情况下，加入对非经营性的一部分房产收税。上海方案是只动增量，重庆方案是除增量以外，还带上了一点高端的存量，就是它辖区之内的几千套独立别墅。所谓独立别墅就是排除了双拼、联排，有很容易清楚认定的自家院落，管理上对其一望而知独立的"花园洋房"，这几千套存量也要在规范的方式上接受税制的调节。综合在一起看，我们认为可以解释为什么2016年下半年其他的一线城市和大部分二线城市个个都心急火燎地解决"过热"的问题，而重庆相对来说却如此稳定。当然，那里的房价也有点上升，但是上升的幅度相当低，那个时候也就是几个点。后来听说市领导变动以后，有投机势力想借机炒作，但似乎也没炒起来。总之，从现象来看，认识框架上要"治本"，"治本"要对接中央的基础性制度建设，要抓至少以上四个方面的制度建设问题。制度创新是要在改革中啃硬骨头的大事。

第二节　在"税收法定"轨道上推进房地产税改革

在曾有过多轮社会热议之后，党的十九大闭幕以来，中国社会舆论场中，又再次出现关于房地产税改革的热议局面。

一、税收法定，加快立法

税收是政府"以政控财，以财行政"来履行其职能的基础性制度，中国构建现代化经济体系、走向现代化社会的过程中，无可回避地必须经历税制改革的历史性考验。税制中在住房保有环节的房地产税（亦可称房产税、物业税、不动产税等；美国称 Property Tax；英国称 Council Tax；香港特别行政区称"差饷"）是纳税人税负很难转嫁的直接税，讨论它在中国大陆"从无到有"的改革，必然牵动千家万户、亿万公民的利益和感情，并遭遇全世界皆然的民众"税收厌恶"倾向下表现出来的不满、质疑、抨击乃至群情汹汹的舆论压力。但税收制度的建设，却是无法简单地依据一般的舆情和"少数服从多数"的公决来决定的，现代文明的相关规范，是在我国亦早已明确的"税收法定"，即通过"全面依法治国"原则之下的税收立法程序，决定一个新税种可否设立，以及依据何种法定条款开征。税收法定原则，在人类文明发展路径上，国际经验可以追溯到1215年英国"大宪章"限制王权的渊源，以及北美十三个英属殖民地1763—1776年首提的"无代表不纳税"的法理原则，在中国则可以援引辛亥革命推翻千年帝制之后，国人关于"走向共和"的共识，它体现的是在公共事务、公共资源配资领域解决"如死亡一样无可回避的税收"问题的"规范的公共选择"机制，即社会代价最小、最符合人类文明发展基本取向的博弈机制。我国的国名就是中华人民共和国，所谓"共和"，不是只强调民主或只强调法制，而是强调社会成员尽可能充分地表达不同意愿、诉求后，经过阳光化、规范化的立法程序而达成的"最大公约数"的社会和谐状态，是民主与法制结合而成的"法治"，是现代化国家治理的真谛。以此对应于税收，可知"共和"取向下的税收法定，就是使必然各不相同的种种"民意"，经过阳光化的立法过程，结合理性、专业的意见引导，最终形成合理性水平尽可能高、最有利于"公共利益最大化"的可执行的税法。

中国共产党的十八届三中全会，在确认"税收法定"的同时，还明确地指出了"加快房地产税立法并适时推进改革"的大方向，呼应"逐步提高直接税比重"的财税配套改革要领。这与前面党的历次最高层级指导文件的精神是一脉相承的，但在操作路径指向上的清晰性则前所未有，但令人遗憾的是，改革实践中还没有真正看到立法的"加快"。党的十九大报告指出：要"加快建立现代化财政制度""深化税收制度改革，健全地方税体系"，又是与十八届三中全会的要求及其后中央政治局审议通过的财税配套改革方案的设计一脉相承、相互呼应的。

直率地说，近些年最高决策层关于房地产税在税收法定路径上"加快立法"的明确要求，与我国改革实践中启动立法的行动"千呼万唤不出来"、举步维艰状况的巨大反差，直观上是表现了立法机关实际的"不作为"，其后面却是与改革深水区"冲破利益固化藩篱"的极高难度相连的种种苦衷。体制内早早就着手编写、修改过不知多少遍的草案文本，总会面对种种理由、顾虑而对其正式提交全国人大启动一审一拖再拖，迟迟不做此举，草案一直秘而不宣。社会公众却对官方断断续续透露的一些相关信息和口风极为敏感，多次热议，十多年来舆论高潮频频出现，客观上形成的可能就是民众焦虑情绪的积累、传染、激荡，而较好的改革时机可能丧失，政府公信力则会发生滑坡。这些不良效应，会加重甚至恶化十九大指出的"社会矛盾与问题的交织叠加"，值得高度重视。

应当强调，在税收法定轨道上，以"加快立法"方针、"立法先行"的原则而积极启动并规范化走完我国房地产税的立法程序（具体链条为启动其草案的一审、将草案文本公之于众征求全社会的意见，并继续向前推进到二审、三审乃至四审以求完成立法），恰是使全社会成员运用公民权"走向共和"式地形成"规范的公共选择"的重大而关键的事项。"立法先行"，进入立法程序，是最好、最权威的房地产税改革方案的研讨与谋划、博弈机制，是改变民间议论隔靴搔痒、内部研讨久拖不决、有可能贻误改革时机和现代化大业这种不良状态的必要风险防范和控制，是中国人阳光化地寻求最大公约数、经受建立现代税制历史性考验的重大机遇和应取机制。

在当下，本着2017年中央经济工作会议"在经济体制改革上步子再快一些"，"推进基础性关键领域改革取得新的突破"的指导精神，亟应在房地产税税收法定、加快立法路径上积极取得各方的如下共识。

应寻求的共同点一：不再延续"体制内保密、社会上空议"局面，积极启动相关立法，使房地产税草案进入一审，对全社会公布已有初稿，征求各方面意见，听取全社会的诉求与建议，必要时结合研讨举办系列听证会。

应寻求的共同点二：排除极端化的对住房保有环节税收全盘否定意见，明确在中国实施这一税收改革的必要性，进而聚焦于研讨税改方案的可行性。

应寻求的共同点三：在"可行性"上的研讨应积极廓清至少以下六大问题。

（1）法理障碍问题，即是否存在"国有土地上不能对房产征税"和"与土地出让金构成重复征收"的"法理硬障碍"。

（2）广义的房地产税制与相关房地产开发、交易、保有各环节各类负担的全面整合、配套改革问题。

（3）住房保有环节房地产税制度设计如何处理"中国特色"问题——最为关键的是如何处理"第一单位免征（扣除）"的方案选择，以使社会可接受地先建成此税制度框架。

（4）如何认识和防范此税开征可能引起的社会冲击问题（是否可能、如何防范此项税改引发房地产领域、国民经济乃至社会的动荡，成为所谓"压垮稳定局面的最后一根稻草"）。

（5）开征此税必须处理好的技术与管理问题（是否可以及如何依据市场"影子价格"做税基评估、如何实施公众参与和监督等）。

（6）此税如能完成立法，如何在其后按照中央对地方充分授权、分步实施的要领渐进推进、适时地区分不同地区不同时点开征。

二、房地产税改革的必要性、可行性

房地产税在我国开征的必要性、可行性和设计与推进要领的看法，可简述如下。

必要性方面可以梳理出五大正面效应：

一是房地产税为房地产市场及相关领域的运行产生一种"压舱促稳"的作用。它在保有环节上形成的可估量的年复一年的成本，会引导相关主体的预期和他们的行为，产生的效果一定有利于抑制肆无忌惮的炒作。经济行为分析中涉及的无非就是利益考量，在这个持房成本方面造成制约以后，行为会往哪方面发生变化？这种成本在抑制肆无忌惮的炒作的同时，也一定会鼓励越来越多的人在购买选择上面更多考虑中小户型——特别有钱的人不会太在乎，但是更大比重的人们在财力上总是要掂量地做出选择。原来是努力买个大户型最满意，现在考虑到以后可能要有税的调节，便会放松这方面的要求，改为中小户型，其他的什么地段、楼层、朝向，按自己偏好还是可以一丝不变的。还有就是会减少空置。有些人手上愿意持有几套房的，当然可以继续持有，但是很多人会考虑在持有期间把房子租出去，来对冲税负压力。有一部分人说有了一套基本住房以后，还愿有第二套、第三套，这叫改善性住房，买改善性住房的同时，因为有一些基本的经济知识，认为是给自己买了一个"商业化的社会保险"，因为自己有生之年买的第二套、第三套房，其市价演变会符合城镇化过程中不动产成交价的上扬曲线，怀有这个信心，依此不是做买了以后就很快出手的炒房。但是，有了税以后，他会考虑不再让房子空置，会把它租出去，于是就有了租房市场的增供，而社会在这个情况下带来的结果是什么呢？上面这些效应综合在一起，提高了土地的集约利用水平，提高了资源配置的效率。整个社会在减少空置房方面，没有一分钱新的投入，但一下子涌出一大块有效供给，会促进租购并举局面的发展，这当然是好事。这是房地产税在房地产市场方面的所谓"压舱促稳"作用。有的同志特别强调："从所有的案例观察，上海也好，重庆也罢，收税以后没看见它们的房价回调。美国也好，日本也罢，收了房产税也没有看到房价回调，所以收房产税对抑制房价没用。"我们不认同这样的分析，经济学分析中需要把所有的参数合在一起，然后尽可能看清它们的合力，在这个合力中，不同因素其作用方向是不一样的。你还得反过来问：为什么美国也好、日本也好，其他的经济体也好，到某个阶段上一定就得逼着推出房地产税？如果不推出房地产税，以后的房价会是怎么表现？你得问：重庆、上海如果没有房地产税的试点，在这一轮一线城市行情的发展变化过程中，上海的房价是不是会上升得更猛？重庆是不是不会只有5%的上升幅度？需要这样来探究问题。不能说这个税出来以后，一招鲜就吃遍天，就决定整个的走势。它不是定海神针，但是它是使整个方案优化的选项中的必要选项，该选而不选也是不行的。税不是万能的，但是税制应有的制度改革进步，我们不去推动，又是万万不能的。

二是房地产税与地方政府职能合理化是内洽的，它会"内生地"促进地方政府职能转变。我们都希望地方政府专心致志地稳定和改善投资环境，提高公共服务水平，如果它的财源建设中以后可培养出来一个不动产保有环节大宗稳定的收入，是年复一年依靠在辖区内的持有房环节取得税收，那么恰恰就是这样一个机制。经济学逻辑与案例经验都在证明，房地产税就是这样一个与市场经济所客观要求的政府职能合理化内洽的引导机制。一旦地方政府意识到他只要把自己该做的"优化投资环境，提升公共服务水平"的事做好了，也就会使辖区内的不动产进入升值的轨道，每隔一段时间做一次税基评估，就是在套现"财源建设"的成果。尽政府应尽之责就把财源建设问题基本解决了的话，他有什么必要像现在这样拼命去做其他那些他认为不做就出不了政绩、就解决不了财源建设的事呢？这样的国际经验和我们自己在现实生活中的分析都可以来印证。这是与所谓转变政府职能内在相关的、一个十分值得肯定的正面效应。

三是房地产税会在给予地方政府一个稳定长久的财源、使它成为地方税主力税种之一的情况下，匹配我国搞市场经济必须建设的分税分级财政体制。分税制要求必须做好地方税体系建设，它的基本道理是，到了分税制境界，是实现经济性分权。原来我国体制有集权也有分权，在分灶吃饭的时候只是做到了行政性分权，各级政府仍然按照自己的行政隶属关系组织财政收入，一个地方政府辖区之内的不同层级的企业都是按照隶属关系，把自己应该交的收入交到不同层级政府"婆婆"那里，所以仍然是条块分割，"婆婆"对"媳妇"会过多干预和过多关照，仍然不能解决让所有企业在一条起跑线上公平竞争，从而真正搞活企业的问题。1994年实现的是这方面的一个重大突破，使所有企业不论大小、不看行政级别、不讲经济性质、不问隶属关系，在税法面前一律平等，该交国税交国税，该交地方税交地方税，至于共享税，由中央地方自己在体制内去区分，企业就认一个税法。交税以后，后面可分配的部分，按产权规范和政策环境自主分配。这样，就把所有企业公平竞争的"一条起跑线"真正刷出来了，也打通了以后包括国有企业淡化行政级别、发展混合所有制概念之下的股份制和跨地区、跨行业、跨隶属关系"兼并重组"的通道。因此，这个制度变革的意义是全局性的、意义深远的。既然搞市场经济，必须搞分税制，而分税制要可持续运行，就必须解决地方层级税种配置概念下的地方税体系建设问题。中国现在没有像样的地方税体系，省以下迟迟不能进入真正分税制状态，我们维持的实际上是中央和以省为代表的地方之间的这样一个以共享税为主的分税制框架。值得肯定的是，共享税虽越搞越多，但是所有的共享都是规范地一刀切的：上海、北京按照原来的75%∶25%，现在的50%∶50%来分最大税种——增值税，西藏、青海也是这个办法，这就封杀了原来的讨价还价、"跑部钱进"、靠处关系来形成财力分配"吃偏饭"的空间，使得最基本的分税制度的公正性看起来能够得到维持。但是，这也不是长久之计，不能总是主要靠共享税过日子。应该进一步调整到有中央和地方各自大宗、稳定的税基，不得已的部分才处理成共享税的状态，这才是百年大计。现在在省以下落实分税制方面往前推不动了，不要说欠发达地区，就是发达地区在省以下也不是真正实行了"分税制"，还是"分成制"，到了一些困难地方和基层，干脆就是"包干制"。所以，这些年说的"地方财政困难""土地财政"，还有"地方隐性负债"，所有这些弊病都关联一个非常重要的判断："打板子"应该打在哪里？有人说这是1994年"分税制"造成的。错！我们认为这是一个大是大非的判断，它恰恰是由于1994年"分税制"在省以下不能够落实、是由于我们过去的那种毛病百出的财政分成、包干旧体制在省以下由过渡态演变为凝固态造成的。那么这个体制怎样才能够调整过来？从技术上来看，有很多的分析，我们强调大前提是扁平化：五级分税走不通，三级分税就可能走通了。三级分税框架下一定要有地方税体系建设。所以看起来房地产税跟财政体制似乎还隔着好远，其实并不远。眼下哪怕能推出房地产税，也不会一下变成主体税，但从国际经验和中国国情下的分析预测来说，以后是可以逐步把它培养成地方税收体系里面的主力税种之一的，这当然具有非常重要的制度建设意义。

四是房地产税改革正是贯彻中央所说的逐渐提高直接税比重的大政方针，总体上降低中国社会的"税收痛苦"。直接税是现代税制里面非常重要的税种，国际经验表明它应具有主体税种这样一种地位。趋向现代化的国家都是以直接税为主，但在中国的现状恰恰反过来了，我们没有多少像样的直接税。一些人把企业所得税视为直接税（但学术讨论中尚存疑），在中国它的比重稍微像样一点，但个人所得税在整个税收收入中这几年只占6%，即1/20出一点头，是非常边缘化的一个税种。美国的个人所得税最新的数据是占联邦政府收入的47%，差不多是半壁江山了，再加上与它的社会保障相关的工薪税，美国联邦政府80%左右的收入就是靠这两种税过日子的，也就是说，主要靠这两个税就履行中央政府职能了。它的州一级也要在个人所得税里按比例税率拿一小块，一般情况下要占到州财政收入的10%。现在特朗普减税，主要是减企业所得税和个人所得税，但中国要照这个学，绝对学不来，因为我们的税制跟它几乎完全不是一回事。我们在直接税方面占比低，不能起到经济的自动稳定器的作用，不得已靠间接税唱主角，而间接税恰恰不是稳定器，它还是加大我们运行矛盾的一个"顺周期"机制，以及加大收入分配矛盾的一个"累退"式调节机制：间接税会进一步强化中国社会低中端收入人群的税收痛苦，因为它转嫁到最终消费品价格里面要占相当大的一个负担分量。如果按照建立现代税制的方向来说，逐渐提高直接税比重现在可打主意的一个是个人所得税纳税人的高端，还有一个就是财产税概念之下的房地产税。当然，还有一个以后条件具备的时候才可以考虑的遗产和赠与税。遗产和赠与税现在只能研究，在官员财产报告和公示制度不敢正式推出的情况下，怎么能设想政府堂而皇之地要求所有的公民自己把财产报告给政府，准备身后接受遗产和赠与税的调节呢？与房地产税相比，它更需要在法理上面说得过去的约束条件与公信力交代。至于说房地产税里面的法理问题的澄清与解决，后面会专门说。

五是房地产税主要落在地方低端，是一个培育我们中国社会从底层开始的法治化、民主化的公共资源配置机制、规范的公共选择机制的催化器。人们了解到美国地方政府靠财产税过日子的基本情况后会说，这不就是个"民主税"吗？我们多年前就注意到，美国政府三层级中的最低端Local层级，你看它的财产税（他们所称的财产税就是房地产税），所占的收入比重一般没有低于40%的，高的则可以达到90%，虽然差异性很大，但它无疑是一个非常主力的税种。这个税种怎么征呢？一般情况下，当地的预算制定过程是阳光化的，要说清楚，年度内其他所有收入计算完了以后，按满足支出需要差多少财力，就可据此倒算出一个当年的房地产税税率，这个税率要落在法制给出的区间，一般不超过2.5%。倒算出这个税率经当地走预算决策程序认可而执行。再往后，这个辖区之内所有的家庭、有房地产的纳税人交了税以后，跟着就会问："这个钱怎么用？"美国地方政府普遍会向纳税人书面提供细致的相关信息，纳税人有知情权以后，自然而然后面就会行使质询权、建议权、监督权、参与权（即参与公共事务），这样就形成了一个"规范的公共选择"的机制，这就是"民主税"。针对我国现状，美国"进步时代"的启示就是：能做的事情，"形势比人强"的事情，应该从基层、从大家绕不过的方面着手。在直接税的建设方面就有这样一个切入点，切入了以后，大家就必然要关心地方所有的公共资源的配置。这样，在法治的条件下，大家进行公共参与、公共选择，于是就会自下而上地、很好地促进培育出中国"走向共和"的政治文明进步机制。

以上是五大方面的正面效应，从构建现代社会的视角可看出，这些正面效应是非常宝贵的。

接着须讨论，房地产税的可行性怎么样？

可以通过回应最主要的五点诘难来说明。

第一，很多人讲国外这个税，是在土地私有的情况下征收的，而中国所有的城镇土地都是国有的，还在上面再加一道税，这不是法理上面的硬障碍吗？包括一些很高端的人士也都表达过这个意思，网上更是广泛流行此种诘难。但我们实证考察，国外可不是如所谓一律土地私有的情况，比如英国是工业革命发源地、典型的老牌资本主义国家，但它不是所有的地皮都私有，既有私有土地，也有公有土地。公有土地里面还有不同层级政府所有、公共团体所有的区别。建筑物（包括住房）和下边土地的关系方面，大的区分是两类，第一类叫作 Freehold，即我住在这个房子里面，没有任何条件可讲，下面的地皮就是我的，这就是终级产权上地与房是一体化的。第二类叫作 Leasehold，我持有这个房产，但地皮是要签一个契约的，使它成为一个合法的占有权、使用权的形式。这个 leasehold 可以把最终所有权跟使用权极度地拉开，最长是999年，但在法律框架上产权是清晰的，是毫无疑问的，即最终所有权在哪里非常清晰。总之，在英国，土地跟建筑物、跟住房的关系就是这两种类型，但是被称作 Council tax 的房地产税是全覆盖的，并不区分哪种可以征，哪种不能征。再比如中国香港（当然也是源于原来英国治下的既成事实），那里没有私有土地，土地全是公有的，但是香港地区征了多少年的差饷，从来没断过，所称的差饷就是住房保有环节的房地产税（至于香港地区的物业税，是营业性的房产要交的另外一种税）。香港地区差饷来由也很有意思：你要住在这里，就得有警察来保证安全，而治安警察当差要开饷那么钱从哪儿来呢？大家住在这里，那就参与进来分摊吧。所以，从国际的、海外的实践来说，并不存在这样一个人们听起来很有道理的说法，即只有土地产权私有了，房地产税的合法性才能够成立。再者从理论分析来讲，也可以印证：中国改革在20世纪80年代前期要解决的问题之一是国营企业要"利改税"，要与其他企业一样交所得税，走了两步达成了这个制度。这个制度建设过程中就有这么一个学理启示：不要以为国有企业产权终极所有者是国家，那么国家对它征所得税，就是自己跟自己较劲。这不对，这些主体是有相对独立物质利益的商品生产经营者，必须加入市场竞争，而竞争又必须要有一个基本的公平竞争环境，所以国家可以通过立法来调节终极产权在政府手里，但是有自己相对独立物质利益的国有企业和其他企业的利益关系，合理的设计是把它们放在企业所得税一个平台上（所有的企业包括外资企业现在是一个平台）。当然后面跟着的还有一个产权收益上交制度，这就合乎了现代企业制度各个角度的审视。这一分析认识实际上可以比照地引申为：现在最终国有土地上的这些住房的持有者是具有相对独立物质利益的、各自分散的主体，在最终的土地所有权归国家的情况下，通过立法可以用征税方式调节他们的物质利益关系，无非也就是这个逻辑和道理。中国大陆上与国有土地连为一体的居民住宅，在其土地使用权（通常为70年）到期时怎么办？我国《物权法》已对这一"用益物权"问题做出了明确的"自动续期"的立法原则规定，有关部门应制定相应细则，以回应公众的关切和诉求，引导和稳定社会预期。

第二，土地批租形成的地价负担已经包含在房价里面，现在再来开征一个税收，这不是重复征收吗？很多人听了也是愤愤不平。但是，实话实说，不要说地价是租，而是税，就是税本身，作为现代的复合税制表现为多种税、多环节、多次征，也必然产生重复的问题，真问题是各种不同的税负重复的合理与否的问题，不可能只有一个税，其他统统去掉；而"租"和"税"，更不是两者必取其一的关系，所有的经济体都是在处理它们之间的合理协调关系问题，所以理性地说，这个问题也不可能构成硬障碍。

第三，如果按照开征房地产税来做的话，新的地皮和以后其上新生成的住房的供给，价格水平会与原来的有一定差异：原来没这个税收因素的时候，动不动出"地王"，以后不敢说有了这个税就不出"地王"，但最大可能是不像原来那个市场氛围和密集频率，因为各个方面预期都变了，市场更沉稳了，这就是它调节的作用。那么这个价位落差怎么处理呢？必要的情况下，"老地老办法，新地新办法"，中国早就有这些渐进改革中的办法与经验，社会保障方面老人、中人、新人不就是区别对待吗？最后老人、中人因自然规律退出历史舞台了，又回到一个轨道上了，所以这个问题也不形成硬障碍。

第四，有人强调这个税在操作方面过不去。比如一位较活跃的教授，在一个论坛上强调的就是：税基评估太复杂，中国要搞这个税而解决税基评估的问题，那是150年以后的事了。但实际上我国10多年前有关部门就安排有物业税模拟"空转"的试点，也就是要解决税基评估的问题，开始6个城市，后来扩为10个城市。我们去调查过，是把所有的不动产基本数据拿到，录入计算机系统，计算机里面早已经设计有软件，分三类（工业的不动产、商业的不动产和住宅），然后自动生成评估结果。专业人士要做的事就是解决这个软件怎么合理化的问题。在这里面模拟"空转"不就是要解决税率评估和对接操作的事吗？中国早就在这方面考虑到铺垫和技术支撑，没有任何过不去的硬障碍。实操时还会借鉴国际经验来处理好评估结果与纳税人见面取得认可，以及如有纠纷如何仲裁解决等问题。

操作视角还有一种说法就是："这个事情太得罪人，你征这种税，逼着人家来跟你拼命，这动不动会形成大面积的抗税，政府怎么收场？"我们观察重庆，这就可以说到试点的作用——本土的试点其意义的体现。上海、重庆敢为天下先而进入试点，破冰试水，在柔性切入以后，便可看看动静。重庆方案更激进一点儿，敢动存量，涉及的是最高端的独立别墅。辖区内这几千套住宅要缴税了，但给出了一个"第一单位"的扣除，把180平方米扣掉以后，才考虑该征多少税。如果恰好是一个小户型的独立别墅，正好180平方米，照样不用缴税。重庆做了以后，没有听说产生什么暴力冲突或者对抗性矛盾，没有出现抗税事件，只是少数人迟迟不露面，找不着人在哪儿，其他的缴税人一般都是没有多少摩擦就缴上来了。可想而知，这些成功人士犯不着为一年缴1万多元、2万多元的税跟政府去拼命。这些都是本土的试水实验给我们的启发。这方面我们虽不认为在操作上就是过不去的事，当然也应强调审慎对待。为什么这两个地方要柔性切入？就是这个事不好碰，但是两地毕竟有战略思维，"敢为天下先"，在本土先行先试。本土的试水经验进入立法过程，它的意义不言而喻，非常宝贵，第一单位的扣除正是从这里也可得来的一个本土案例经验。我们一开始就直觉地认识到中国不能照搬美国普遍征收的办法，上海、重庆的做法使我们更感受到在中国似乎就应是按照这个技术路线，首先建立框架，再相对从容地动态优化。重庆这个180平方米的边界也在调整，最新调整是收紧了一点，无非就是让社会慢慢适应这个过程，但是一定要做第一单位的扣除。操作方面可能还会有其他一些大大小小的挑战，但无论怎样，总体来说，我们认为绝没有过不去的硬障碍。配套杠杆如处理得较好，这个税改决不应激生动荡、形成所谓"压垮稳定局面的最后一根稻草"。

第五，如开征这个税，小产权房的问题如何解决？小产权房确实是一个中国特色，有这么多的小产权房，征税时怎么办？我们调研后形成的想法就是：小产权房问题不能久拖不决，必须解决。在深圳调研后已写了调研报告，深圳的实践使我们在这方面已经看出一个前景，就是分类处理，一次把通盘方案摆平，双层谈判（政府不在一线上去谈判，先跟那个小区形成一个框架，小区再向住户做工作，就好像现在拆迁，很多时候都是靠小区层面在做工作），谈妥了以后具体兑现可以分期来。小产权房分类处理是早晚要做的事，早做比晚做更主动、更积极。如果这个房地产税改革能够推动，那我们认为正好借势应该倒逼着把小产权房的问题解决，这是好事，必做之事，也不成其为所谓硬障碍的理由。

第三节　房地产税制改革的推进要领

总体来说，房地产税制改革的推进要领至少应提到以下几条：

第一，按照中央的要求，应该积极考虑加快立法。"税收法定"是一定要做的，但一直到现在，没有看到立法加快。2017年"两会"信息是："纳入人大的一类立法，今年不考虑，交下一届人大考虑"，把这个烫手的山芋交给了下一届人大，下一届人大五年之内我们希望能够解决。进入一审后多长时间能走完立法全程，确实还不好预计，但关键是应先启动，不宜再作拖延。一俟立法以后，可以根据情况分区域、分步推进。假定2018年就可以推，那显然不能全国700多个城镇一起动，一线城市，还有一些热得难受的城市，是不是可以作为第一批，先依法实施这个地方税，其他城市区域以后可以从容地分批走，"去库存"压力大的三四线城市慢慢考虑，不必着急。

第二，适应国情与发展阶段，在法定规则中一定要坚持做住房"第一单位"的扣除，否则社会无法接受。"第一单位"社科院曾有方案提出人均40平方米。人均多少平方米，我们依靠不动产登记制度可以把信息掌握得一清二楚，但可能还有一些更复杂的事。网上有个反馈意见，它是以假设情景的方式表达的反对：按照社科院方案，人均40平方米，有一个家庭父母带一个孩子共三口人住120平方米，不用交税。但是，不幸的事件发生了，孩子在车祸中身亡，在父母悲痛欲绝之际，"当、当、当"有人敲门，政府官员赶到说"你家情况变化，要缴房地产税了"。这是以此假设情景表达了对社科院这个方案的不认同，那么给我们的启发就是：社会生活中真的发生这种事，政府一定会很尴尬，依法执行呢，那么你就得上门去收，但依法收税的时候，虽从法条来说严丝合缝，但从情理来说呢？老百姓不认同，执行者自己也会非常难受，那么这个事怎么办呢？没有万全之策，那么通过立法程序大家可以讨论：还有什么可选的方案？放宽一点，可选的方案就是干脆不计较人均多少平方米，按家庭第一套住房来收缴，第一套多大面积都没有关系，反正这就是一个更宽松的框架。但是这个方案也会有问题，如果按第一套房扣，正如有人说的那样"一定会催生中国的离婚潮"，这也是很现实的问题，因为前面凡是在政策上有弹性空间的时候，公众为了赶上政策"末班车"，屡次出现排队离婚的"离婚潮"。如果按照现在提出的思路来解决问题的话，可能就还得放松，放到单亲家庭扣第一套房、双亲家庭扣两套房，这个事情就解决了。

当然，另外一种意见就是："那是不是差异就太大了？"但我们总得寻找"最大公约数"，潘石屹过去的建议就是从第三套房开始征收，许多人听起来都觉得合情合理。无非是先建框架，寻求"最大公约数"。所以从"第一单位"扣除说的例子值得再强调一下，我们的立法应是一种全民参与，让大家理性地表达诉求和建议，没有绝对的谁正确，谁错误，无非就是找到我们一开始框架里走得通、按照"最大公约数"社会上能接受的税制改革方案。

第三，相关的其他税费改革应一并考虑，处理好协调配套关系，这显然是一个大系统。"房地产税""不动产税"这个概念广义地说包括和房地产、不动产相关的所有税收，更广义地说，跟不动产相关的其他收费负担、地租等也应该一并考虑，优化为一个系统工程。到了具体落实中央所说的"加快房地产税立法并适时推进改革"，我们认为主要聚焦的是狭义的保有环节的不动产税，这个概念的不同口径在不同的语境里面要说清楚。但是从宏观指导来说，相关的税费，所有相关负担的改革，一定要放在一起考虑，开发、交易环节的负担总的说应尽量减轻（炒房除外）。这方面的信息与技术支撑条件都有，最重要的是现在中央所说的2018年不动产登记制度要到位，实际上在2017年所有城镇区域工作应该做完。当然，能否如期做完那可能是另外一回事，但是这件事情早一点晚一点，肯定是要做完的。

第四，应对立法突进的困难有所准备。立法过程的速度是不可能强求的，应该是决策层下决心，启动一审，再争取走完立法的全过程。立法中应该充分讲道理，摆依据，积极运用系列听证会等方式尽可能阳光化地促成各个方面的共识。与其在没有立法安排的情况下并没有多少效果地在舆论场这样争来争去，不如按照中央的精神加快立法。到了立法过程中间,各方发声便都需要慎重考虑,尽量理性地表达各自的诉求。整个社会应耐心地走一审、二审、三审,很可能要走到四审,一定会有社会上创造天文数字新纪录的各种意见建议,要收集,然后梳理出到底实质性有多少条,如何吸收其合理成分。这是一个全民训练"走向共和"的过程,在公共资源、公共社会管理方面,这其实是一个很好的、必须要经历的客观的社会培训过程,也成为使我们的现代文明得到提升的过程。我国房地产税立法过程哪怕需要10年,它在历史的长河中也只是一瞬,但是这个"税收法定"的制度建设既然是肯定要做的,就应该争取积极地尽快做起来。

第九章

PPP创新的制度供给效应、特征与法治化关键要领

政府和社会资本合作的PPP，是政府职能转变方面非常重要的制度供给创新，直观地看是一种融资模式的创新，实际上它必然带动管理模式，与整个社会、国家治理模式这方面的深刻变革。在中国全面深化改革背景下，从政府、公众、企业等多重视角，都可以肯定其显著的正面效应，随着PPP更大发展空间的展开，也要进一步认清PPP相关的重要特征，并且在探索实践的基础上，以法治化制度环境为基本保障，进一步推进PPP创新发展。

第一节 PPP的六大正面效应

一、缓解城镇化、老龄化带来的财政支出压力，构建政府履行职能的有效机制

首先从政府的视角来看，面对中国的城镇化和老龄化，未来长期发展要对接现

代化伟大民族复兴这样一个战略目标，政府无可选择、势在必行要推进 PPP 的创新。这样才能够使政府相对胜任地去履行它应该履行的职能。这几年中国的决策层、管理部门、政府有关管理环节上的人士，不遗余力地都在推进 PPP 的创新发展，其背景我们现在看得很清楚，中国前面改革开放 30 多年以后，进一步推进现代化的任务还是非常艰巨的，中国的真实城镇化水平才刚刚走到 40% 这样的高度，即按照户籍人口的城镇化率 40%，这是跟国际上真实城镇化率可做对比的指标，这说明我国今后还有几十个百分点的城镇化快速发展空间。

这个过程中，一轮一轮建成区的扩大，基础设施的加快建设和升级发展带来的产业互动，产业园区进一步更合乎现代化意愿的建设，以及人力资本的培育，相互交织之下，就是弥合二元经济过程在不断释放需求，与此同时我们又有全面开放格局，可以得到全球有效供给的回应。那么以后从基础设施到产业园区开发等这样大规模的建设投入，其实动员的资源是政府体制外业已雄厚的民间资本、社会资金，再加上国际方方面面可以参与的资金力量和资源，一起来推动这样一个中国弥合二元经济的过程。政府在这种情况下，才可能在财政支出压力面前，找到自己可以相对胜任、愉快履行职能、可行的运行机制。

二、以 PPP 的推进实现社会公众的共享发展，形成"1+1+1＞3"的公共服务绩效提升机制

其次，显然要说到政府更好地履行职能是要落到社会成员、人民群众的共享发展上面的，而 PPP 在这方面的意义，笔者认为是最关键的。中国进入中等收入阶段，老百姓对美好生活的向往被进一步激活以后，怎样让公共服务供给尽可能跟上需求方？供给侧改革如何打开有效供给的潜力空间，激发各种各样的活力？从 PPP 来看，适应的是社会公共需要、人民群众的需要，其机制方面的特点是可以把政府、企业、专业机构，所有相关各方的相对优势结合在一起，使 PPP 形成一个在公共服务的硬件支撑和以后的管理运行体系中间"1+1+1＞3"的绩效提升机制，我们在一系列 PPP 的案例上可以非常突出和鲜明地感受到这种绩效提升机

制的可贵，它将可以很好地使我们社会生活中大家看到的那些需要"好事做实、实事做好"的建设项目，更快地投入建设和更快地进入运行来发挥它们应有的正面效应。

人民群众得实惠，这是中央现在说到的现代发展理念，从创新发展带出协调发展、绿色发展和开放发展，落到归宿上的共享发展。也就是在中国矛盾凸显的过程中，我们怎样以 PPP 促进社会和谐，使人民群众的获得感、幸福感尽可能得到提升的一个非常重要的创新。

三、拓展一批企业的生存发展空间，有利于进一步构建成熟健全的现代市场体系

再次，要特别肯定 PPP 将使我们一大批有偏好和政府实行长期合作的企业，得到他们生存和发展进一步的舞台和空间。在现实生活中，PPP 的机制实际上并不适合所有的企业、所有的社会资本，像风投和天使投资，他们并不适合来做 PPP。但是我们观察在社会中、市场上愿意认定自己的偏好是跟政府实行长期的（至少 15 年、20 年、30 年，甚至 50 年，还有更长时间的）合作，一下锁定这个合作期内获取"非暴利但可接受"的投资回报水平的企业、民间资本、社会资本大有人在，更不用说中国特色下一大批国有企业可以成为符合条件的社会资本方来一起实现合作，共同推行 PPP。国有企业和民营企业在 PPP 概念之下的发展，观察来看中国特色是非常鲜明的。

但同时从长远来看，不会是像有人所说的，国有企业把这一块市场"吃完"了，民营企业没有多少空间，事实并不是这样。所有这些企业，他们在偏好上，如果是可以跟政府作为合作伙伴长期合作，接受"非暴利的但可接受"的投资回报水平，他们的参与自然要带来前面所说到的绩效提升机制，同时也使我们的现代市场体系更加丰富多彩，更加符合一个现代国家应有的常规情况。

四、实现与"混合所有制"改革的内在联通，形成国企改革和民企发展的共赢局面

最后，PPP 非常重要的正面效应，是直接对应十八届三中全会以后中国深化改革方面企业改革主打的混合所有制改革这样一个重要思路的贯彻与推进过程。PPP 在实际的实行过程中，凡是有运营期，都要形成一个 SPV，即特殊项目公司，而这个特殊项目公司必然是一个现代企业制度标准化的股份制产权架构。在这个产权架构里边，政府方面的动机，恰恰就是不想一股独大，它不像在其他某些领域里边民营企业抱怨的"我想混合进去，但是只能让我们参股"，国有股一股独大使很多的民营企业望而却步。而 PPP 恰恰是政府方面天然就不想一股独大，我们观察到很多案例，政府方面恨不得尽量少持股，尽量少出资金，来带动这些体外的民间资本加入以后，产生所谓"四两拨千斤"的放大效应，这是它出政绩、对公众都可以交得出来的漂亮的工作业绩。它的内在动机是少花钱多办事，是顺应着实际生活里面政府所用的资金是纳税人的钱、要尽量让它形成放大效应的一种绩效导向。

混合所有制如果能够在这方面和 PPP 天然对接，它成气候的过程在中国就有望比我们原来设想的走得更快。越来越多在中国本土上，以及我们这边的主体和国外可能的伙伴在"一带一路"上推进的越来越多的 PPP 项目，按照混合所有制来形成它的产权架构，实际上就是在改革方面，大家来共同认识和贯彻中央所表述的中国特色社会主义市场经济基本经济制度的重要实现形式，是混合所有制这条企业改革之路。国有企业的改革和民营企业的发展，在这里面是完全可以争取实现一种共赢的发展状态的，它的意义又是全局的和长远的。

五、以一种选择性的"聪明投资"机制促进"过剩产能"转变为有效产能，增加有效供给，引领新常态

PPP 非常显著的一个重要效应，就是在认识、适应和引领新常态的过程中，PPP 显然可以成为一种选择性的"聪明投资"来增加我们的有效供给，把实际上已经有的

为数可观的一批所谓"过剩产能",便捷地、可靠地转化为有效产能。比如在北京,这跟上海和其他很多中心城市大同小异,公共交通体系建设别无选择,必须赶快学习纽约、东京、巴黎、慕尼黑等城市的经验,尽快建成中心区域四通八达、密度足够的轨道交通网。这样一个中心区域如果是平原的话,那么就是密密麻麻的地铁网,社会成员在任何一个位置,往任何一个方向走,几百米之内,都能够有一个地铁的出入口。只有这个境界达到了,北京才可能取消实际上带有一定荒唐意味的机动车的限购、限行、限入。纽约、东京机动车的拥有率比北京高很多,为什么这些城市不限购、限行、限入?比较之下就会明白。当公共交通体系的建设所需要的天文数字的资源"砸"到地底下去,如何加快进程、确保质效?前些年不得已逼出了北京地铁四号线 PPP 项目,通过引入外资,与香港地区方面的资本合作,而且引进他们的管理经验。现在十六号线又签约,继续做 PPP。那么设想一下,如果没有 PPP,十六号线什么时候能够动工还是个未知数。因为有了 PPP 的创新,马上签约,后边紧跟着的是一批关于这个项目建设的钢材、建材、施工机械等投入品的订单,市场上一部分对应的所谓过剩产能瞬间就转为有效产能。这样一种转变,带来了真正淘汰落后产能的竞争效应,这对中国经济社会的发展,对引领新常态的意义,又是非常重大的。

六、天然对接"全面依法治国",倒逼、催化中国高标准法治化营商环境的打造

最后一点应特别强调的正面效应就是,PPP 显然是和中央反复强调的"全面依法治国"天然对接,它会倒逼、催化中国高标准法治化营商环境的打造。没有一个让社会资本方面认为可预期的、踏实的法治保障,PPP 是不可能有可持续性的。政府方面的"强势"会在 PPP 实施中得到约束,应当看到,不管前期政府所处地位有多少"主导性"或者"特许权在手",PPP 都对政府提出要求形成以"平等民事主体"身份与非政府主体签订协议的新思维、新规范,对实质性地转变政府职能、优化政府行为和全面推进法治化,无异于一种"倒逼"机制。因此这种倒逼对于中国长远发展的现代化进程的意义,怎么估计都不会过分。

第二节　PPP 的四大重要特征

结合上述正面效应的分析，PPP 显然是一个在我们现实生活中非常重要，但不可能一拥而上的创新，它是一个需要非常审慎地加入专业性的力量，需要提高规范程度的一个长期的可持续的创新命题。因此，理解 PPP 的重要特征，对于充分发挥 PPP 的正面效应，提升制度供给有效性，意义重大。

一、PPP 的创新性

创新性首先表现在 PPP 内在机制所表现的具体模式，即我们所说的公私合作伙伴关系、政府和社会资本合作这个机制下大家已耳熟能详的 BOT、TOT，还有其他的可以排列上的 ROT、BOOT、BO、BOO 等（广义的 PPP 也包括 BT）。这些具体形式，在创新发展的过程中仍是一个敞口的概念。笔者根据前几年的观察发现，在我国的实践中，有些具体的操作模式一下还走不到可以简练地以英文提炼出它单词首个字母的表达程度——比如有的地方推行的交通基础设施建设方面的"存量带增量"，以后是否能够形成一个类似于 BOT 和 TOT 等这样的规范表述，当然这只是一个表达问题，但反映着在实际生活中，这些具体操作模式一定还会在探索中丰富起来。这个创新过程展开的同时，中国特色下还有一些特别的兴奋点，比如说连片开发，英文的缩写是"RC"（Regional Concession，区域特许权），但在国际上对此重视程度较低，而中国现在在这一领域做得风生水起，是地方政府和相关的市场主体特别容易形成明显的激励冲动的一个概念。我们已经看到的有固安这种民营企业做连片开发成功的经验，也看到了在汕头由国有央企牵头做的大刀阔斧的连片开发，都已表现出它的成功性质。未来这种连片开发在中国是不是还会更多形成方方面面更高度的重视？这些方面的创新当然也就意味着要接受挑战，且其可能会带来一些出现错误的风险因素。但既然是创新就得给出一定的弹性，要允许有一定的试错空间，要有一定的对于出现了偏差以后的包容性，关键是要及时发现和纠正偏差，而不是简单地看到有了偏差而去绝对否定 PPP 这个创新过程。

总体来说，PPP 应被纳入"大众创业、万众创新"这个大概念，而"双创"之中 PPP 又带有重点的引领和突破意义。这是第一个应该认清的创新性。

二、PPP 的规范性

规范性首先表现在上述提及的 PPP 对于法治提出了前所未有的要求，它对于中国全面依法治国的过程是一个客观上的催化剂和倒逼机制。没有一个使社会资本方能够形成相对清晰稳定预期的法治环境，即一种高标准、法治化的营商环境，就不要设想作为社会资本方的这些主体能够可持续地始终保持应有的进取姿态参与 PPP。从长期来看，如果没有这种法治所代表的高水平的规范性，至多能够把若干 PPP 项目培育成那种示范的"盆景"，而不能真正让它按照我们的意愿继续有一种内生的动力推广开来，形成长期应有的大发展。在立法的规范性后面，当然还有不同层次的一系列的规范要求，比如笔者注意到，按照我们现在已经有的指南和规范文件，PPP 必须要有全套的流程，且应对这里面和规范性概念相关的风险控制予以越来越多的重视。风控也要靠规范来体现出它的功能，在看准的各个要领的把握上，就要强调在前面所说的"创新中发展"理念后面跟上"规范中发展"的一些特定的要求。这两个概念本来是有一定的矛盾点的，但是又有它们的互补性。在并没有成熟经验的时候，不能上来先讲"规范中发展"，应该更多地鼓励"发展中规范"。一旦看准了风险点，一定要注意风险防范的时候，那就必须坚定地强调"规范中发展"。

现在我们注意到，各个方面对于 PPP 的认识还有种种见仁见智的不同之处，对于它的评价也有高有低，社会上也有不少的疑虑。但是越来越多的一线工作者——无论是政府方面还是企业方面，大家都越来越感受到 PPP 在当前错综复杂的这样一种矛盾交织环境中间，是最有可能把好事做实、实事做好的一个推进机制。而这个推进过程的规范性,要从法治环境覆盖的总体环境条件,落到实际推进的流程、程序,操作层面大家必须对接到有非常清晰的风险分担方案的协议契约,来形成全套的规范。当然,现在很多人已有这方面的感受:一个PPP项目从一开始形成几方的基本共识到走完全套的程序,真正让它启动起来,常规情况下没有几个月、半年,甚至是大半年的时间,是做不出来的,这和它整个程序越来越讲求周到细致有关。笔者认为这也是在这一阶段上所必要的,但是以后并不排除我们积累经验到了某种相对成熟的程度以后,再来一轮删繁就简。现在看起来这么多的规定,有没有可能抓住关键的部分形成一个链条,删繁就简以后,会使大家感受到整个程序做起来,不会像现在有这么多细致的要求。但是这需要一个水到渠成的过程,有关管理部门也会总结经验,并做出相应判断,现在已经列出来的这么多的规范哪些是属于繁文缛节,哪些是属于一定要坚持的规范。这也需要有一个大家共同努力的过程。

三、PPP的专业性

PPP涉及公共工程、基础设施、产业新城运营、新区连片开发等项目建设,它是把原来理论上所说的准公共产品的开发跟市场机制对接,实际上还会带出来一边和纯粹公共产品的对接——单独做不成PPP的纯粹公共产品项目,放到一个打包的项目里就可能做成,另外一边跟私人产品性质的一些产业开发又可以对接——纯粹是市场竞争的一些产业要素,作为产业集群是完全可以跟PPP的产业新区、产业新城结合在一起的。所以它涉及的几乎是全谱系。在这个全谱系里面,很多专业的事情确实要更加注重强调专业的人来做。大家已经认同政府方面、企业方面,还要加上第三方面,就是有独立性的专业资质的中介机构、会计师事务所、设计师事务所、律师事务所,以后还有一些资本运营、产权交易方面的专业团队,包括以后的税收方面还有税收筹划等问题,以及各个具体专业领域里专业团队应有的参与和贡献。这要求"专业的人做专业的事情",我们才能把一个一个的PPP项目推进到看起来是"一个隆重的婚礼"而启动,后面还跟出一段"百年好合的婚姻"。专业机构的参与在某种意义上也是全生命周期的,政府、企业可以在前、中、后几个大的阶段以购买服务的方式实现共赢。这个专业性当然不排除地方政府和企业、企业集团自己在探索和发展中"干中学",组织自己的专业团队,但是总之在现实生活中会不断产生这种专业方面的需要,这些专业团队在自己专业能力提升的同时,必定会碰到很多新的领域和综合的领域,积极地用购买服务的方式形成特定力量的专业组合,将始终是有必要的。

四、PPP 的长期性

笔者认为,在 PPP 建设上应该更好地树立一个长期性的概念。这个长期性不仅是指 PPP 项目的建设运营周期很长,而且是指现在看得很清楚,在中国的本土上,我们推进中的 PPP 方兴未艾,以后要做多长时间、前景如何?现在看来几十年之内这些项目会源源不断地涌现出来,是做不完的。当然它以后形成了稳定长效机制,可能就要永远做下去。但是我们现在首先要看到中国为实现伟大民族复兴,从争取 2020 年全面小康到 2050 年前后,这 30 多年的时间里,这个大有作为的空间对应于长期发展的特点非常鲜明。试举一例,前一段时间有关部门说中国的城镇区域粗略估计缺 5000 万个停车位。计算下来,未来若干年内,增加这种基础设施建设,一个停车位平均按 10 万元建设,那是多大的投资规模?千头万绪的事情里的仅仅这一项,现在静态算账就至少是 5000 亿元以上的投资需求,更不要讲动态以后还有更复杂的停车位建设,以及要有那种便捷的立体停车场等这样一些配套。其他的大项目,也可以举两个概念,一个叫"综合管廊",现在全中国已经建设和在建的综合管廊总计不超过 100 公里,试想未来是多大的发展前景?至少我们要看到万公里这样一个数量级。这样大规模的投入,特别适合以 PPP 的方式来做,当然我们要循序渐进地推进。另外一个概念是"海绵城市",下雨时吸水、蓄水、渗水、净水,需要时将蓄存的水"释放"并加以利用这样一项工程。北京市海淀区的海淀公园是海绵城市概念的一个试点,就是无论多大的降水量都能迅速把水排出去,并非简单地全排走,排出以后还有蓄水区,能蓄存的尽量蓄存下来以备后用。诸如此类的海绵城市的建设,在中国需要天文数字的投资,也是特别适合以 PPP 的模式来做。近来网上热议的雄安新区概念，这样的大手笔，被现在官方媒体称为"千年大计"的连片开发，里面又包括多少可能的 PPP 项目？这些项目要做起来，未来几十年都做不完。

当然，我们还可以观察"一带一路"建设。现在"一带一路"在推进过程中有了更清晰的投融资支持机制，我们的亚投行已经开始了一大批项目建设。笔者关注到近来中国的高铁在印尼已经签约 47 亿美元的一个项目，后面跟着的这条高铁沿线是不是会有一些物流中心、特定的宜居城镇、区域配套基础的建设，是不是会对接 PPP 项目？显然机会在我们眼前正在展开。而这些事情在"一带一路"的轨迹上来发展，它又是一个长期的、至少几十年做不完的事情。很显然，PPP 这种长期性的特征是一望而知的。

第三节 PPP 创新发展中制度机制的探索实践

相关数据显示，截至 2017 年 9 月末，全国 PPP 入库项目数已达 14220 个，投资额 17.8 亿元，已经签约落地了 2388 个，总投资达到 4.1 万亿元，未来还有很大的发展空间。同时，从总体发展情况来看，目前，PPP 在中国还处于初创、探索的阶段，如果以后走到了进一步大发展、更成熟的阶段，这个空间还能够更充分地打开。

在实践当中，从政府这个角度来看，如果考虑 PPP 的全生命周期，它的管理架构和流程里边，从一开始到最后，涉及相当多的环节与复杂因素。地方政府也好，企业也好，推进 PPP 的建设，应该通过"购买服务"等机制，带动以后颇有成长空间的一批具备资质的第三方中介机构、专业咨询的主体，一起推动一个个 PPP 项目。除此之外，在签约以后的运行过程中，我们也较早认识到还需要有产权及相关资产的交易平台。这一交易平台，是使初始参与方（不论一开始，企业方面进去的是国有企业还是民营企业）可以对接到社会其他更多的多元化的主体，大家实际上以后要一起来面对这个产权、资产交易平台。笔者所接触到的很多市场人士，已经敏锐地意识到了这方面有所作为的空间，认为这一交易平台的建设是创新意义和实际作用的高度结合。在这一改革创新发展的过程中，上海市和天津市已顺应这一发展潮流，率先启动建立了相关交易平台，下一步就应力求提高它的专业性，同时加入法治化保证下的规范性。这样的创新发展中的重大进步，非常值得我们加以肯定。

与此同时的一个观察就是在一线城市、大的省会城市、中心城市，地方政府方面首选PPP的合作伙伴确实是国有企业。符合条件的国有企业，不仅有中央级的国企，还有别的地方辖区内的原来的融资平台，这些融资平台没有完成市场化转制时没有条件跟它自己作为行政主管的"婆婆"即当地的政府一起做PPP项目，但是它可以到其他的政府辖区，与该辖区内的地方政府合作，一无产权纽带，二无行政隶属关系，就成了符合条件的国有企业。地方政府首选这些国有企业，当然是中国特色之下，他们现在要最大限度规避风险的一种理性选择。但这就引发不少人的一个疑问：民营企业还有什么空间？实际生活当中，这一担忧虽有道理，但我们看到的具体情况是大城市、中心城市的项目比较多地被国有企业得到，但是靠近低端的、市县级的、为数众多的PPP项目，其实也有一定规模，甚至有连片开发、规模很大的项目。很多民营企业抓住这样的机会，在市县这个层级、较靠近基层的这一层面，对应到具体的项目，现在已经在生龙活虎地推进，进入做起来的状态。按照财政部前段时间所掌握的信息，整个PPP项目库里做成的项目数，民营企业拿到的比重达到45%，已接近半壁江山。以后的演变，无论是高一点还是低一点，总体来说这个空间是客观存在的。

进一步来看，如果我们有了一个交易平台，大家可以设想一下，这个交易平台后面展开的机会，那更是不分国有企业和民营企业还是社会公众的。这几年中国在经济下行过程中，一路高歌猛进的财富管理、理财公司、保险业（险资对应到财富管理需要），和其他社会上的各种各样的资金，包括境外的资本，一起推进的金融多样化的过程中，都有机会参与进来。基于PPP一般项目都有很长运营周期的特点，因此它一定要求各种各样的资本在流转交易方面有制度框架和法治条件之下的交易平台，能够使实际生活中不同的投融资偏好在一个交易平台上各得其所。其中，它要实现资产证券化，要实现一些不同时间界限的资本的调期，就要通过这个交易平台，促进我们所说供给侧改革里最为推崇的公平竞争条件之下资本要素的合理流动。

从这方面看，现实生活中已经有案例印证这一交易空间的打开势在必行，即使在没有非常规范交易场所的情况下实际上已经在推进。笔者试举一个例子：前些年央企中信地产为主的社会资本方和汕头市的地方政府，已经正式启动了汕头海湾濠江区168平方公里的连片开发。这一项目的启动是圆汕头人的百年之梦，即在汕头海湾中间最宽阔的地方建成一个海底隧道，通过这样一个交通大动脉使以后整个海湾区域连接成为全天候的公共交通体系，台风来时海面上左右比较窄的地方已建的桥梁需要封闭，但是整个交通体系有了这一海底隧道以后仍可全天候贯通，一定会激活前面几十年汕头整个区域里已经形成的产业集群、宜居城市建设等要素进入"升级版"的发展境界，将带来的是连片开发概念下几十年的滚动开发。在这一轮轮滚动开发过程中，中信第一步是在全球招标并已启动这一海底隧道项目，预计2019年完工，交付使用后不收费——这是最符合现阶段民众意愿的举措；紧接着一定会激活不动产开发，在这一过程中，机关土地和不动产开发、连片开发中的溢价收入部分中信参与分配，这就是其投资回报的基本模式。中信正是秉持着这一战略耐心，开始时以大规划、大资金、大手笔投入，就是因其有这样的全周期算总账的收益制导能力。本来以为，中信地产要很多年才能看到其现金流为正，但是现在刚刚开工运行两年，中信方面提到他们的现金流已经为正。这就说明社会方方面面包括很多民营资本都认识到以后几十年连片开发的意义所在，都积极地参与进来。所以就一系列的后续项目，在大家合议下开始组成各种基金、组成各种各样特定的子项目、组成SPV等，使中信得到的现金流开始为正。这里不就内含着交易平台问题吗？

因此，在交易平台这一舞台上，有各方一起争取共赢的机会，会更规范地与现代市场体系的市场制度建设融为一体，来促进PPP的正面效应更好地发挥出来，很多市场人士和专业人士也正摩拳擦掌，期待有更高水平的与PPP对接的金融产品，而交易平台正是能够提供更加丰富、与现代金融发展前沿状态可对接的这样一些金融创新。应当看到，建立交易平台当然跟我们现在整个市场体系的健全发展是同向的，是会合流的；交易平台及其所产生的辐射效应在整个现代化推进过程中也将会产生越来越多的、千丝万缕的联系。建立相关产权、资产交易平台既是相关地市在推进PPP创新发展中的有益探索实践，也是PPP制度机制建设中的重大进步。

总之，PPP这一制度供给的正面效应及其重要特征值得重视与期待，其探索实践中的创新发展值得总结与推广。在各界对PPP的高度关注和积极推进中，也已表现出这一制度供给创新在中国将迎来巨大的发展空间和重要的发展机遇。既然有这样的空间和机遇，就蕴含着效益和挑战。因此应更加积极理性、扎实稳妥地推进PPP探索实践，在创新发展中全局贡献于长远造福人民的事业。

第四节　PPP的立法应正视和解决矛盾，以合理法规保障其可持续发展

当前，PPP急需一项专门性法规弥补法律空白。2017年3月20日，国务院办公厅指出，要抓紧出台《基础设施和公共服务项目引入社会资本条例》，年内由国务院法制办、国家发改委与财政部共同开始起草。在业界看来，目前，PPP领域尚无国家层面的顶层设计标准化方案，在部分较为关键问题上的规定模糊不清，影响社会资本在投资PPP项目时的积极性，因而，本条例的出台将有望成为社会资本的"定心丸"。

当前加快PPP立法进程的必要性，客观上植根于PPP是催化也是倒逼法治化进程的机制创新。没有法制强有力的保障，就不可能形成PPP发展的可持续性。如果能形成条例，要比现在红头文件在立法层级上有所升级，这是非常值得我们做出积极努力的。

关于PPP立法中的基本问题，我们需要更好地深入研讨，不同观点应该充分摆出各自论据。有关立法程序不排除要做更广泛的社会研讨。因为立法本身就应该是一个阳光化的过程，对一些重大问题的讨论是很有必要的。我们观察，PPP立法无法回避的一个重大问题，是PPP项目所形成合同的契约性质问题。我们的基本观点是：政府和非政府主体一起做PPP项目，既然是伙伴关系，自愿签字，那么双方在签字时就应是平等民事主体的身份，而不是行政的上级和下级的关系，因此PPP合

同应该是民事合同。

但目前有一种观点认为，它是一种特殊的行政合同，对此我们完全不能认同。行政关系是隶属关系，是上下级关系，不需要合同，只需要上级对下级发文件、发指令。

从中国改革的历史来看，有过去值得总结的经验和教训。在20世纪80年代后半期，我国曾大力推行企业的承包，实行各种形式的经营承包责任制。当时就是在政府以行政隶属关系控制企业的情况下，由行政主管部门和企业的承包者签合同。看起来他们似乎是平等的甲方和乙方的关系，但实际执行过程中，政府可以依靠行政权力不断对合同做出修正、调整。所以，这种承包通常情况是行政管理部门根据自己的想法，从年初到年尾不断调整承包合同，完全背离了原来制度设计的初衷。如果把这样的"行政性合同"的定义落到PPP立法中，就会毁了PPP这个创新的事业。

另外，还有一种调和的说法，说PPP合同契约可以是民事合同和行政合同的混合体，两者性质兼而有之。我们也不能同意这种观点，这种调和在实际执行中会矛盾百出，非常混乱，最终一定会不可持续。

按照我们作为研究者的分析，在PPP签合同之前，政府方面公共权力在手的情况下，政府当然有裁判员的身份。但是当具体的某一个地方政府，作为伙伴一方，和另外的非政府的主体即社会资本的一方自愿签字形成具体的PPP项目合同的时候，双方则形成了平等身份，这时候都是运动员，而裁判员是法律。当然，上级政府也会有某种裁判员的身份，是要监督和推动法律实际约束效力的落实，但是具体参与PPP项目的这家地方政府，是绝对不可能再保持着行政主管部门的身份去和自愿签字的对方企业一起，来形成契约履行中的实际关系。如果它依仗"行政合同"的行政主管身份，随时可以蔑视或者改变、撕毁原来的契约条款。这样的一种所谓的PPP机制，是无法形成企业的稳定预期和企业可持续参加PPP项目的长效机制的，那就真可称为"伪PPP"了。

PPP是一个创新事物，非常需要给出一定的创新空间，但是同时，我们凡是看准了的原则和要领，就应该及时设立规则来规范它。确实当前常常有一些项目被批评为假PPP、伪PPP。我们如果有这样一个立法的升级，应该尽可能清晰地划定什么是非假、非伪的PPP，这是很现实的重大问题。

立法是一件很严肃的事情，希望能够积极推进这个过程，但总体上关键的是不能回避矛盾问题，在立法过程中，力求充分地调动专业人士共同讨论，还应该广泛听取企业和社会各界的诉求以及意见建议。在重大问题上应该召开专题研讨会，对于一些特别的关键点，也不排除在立法的一定阶段上以听证会的方式体现它的阳光化和优化与社会各界的互动，以凝练可能的共识，来促成法的制定尽可能达到高水平。总之，我国的PPP立法应尽可能把专业智慧和社会诉求的互动过程掌握好，努力寻求以公平正义为取向的最大公约数。

第十章

论国土开发城乡顶层规划与供给体系的优化提效

一切规划都是在土地开发利用的基础上进行的，当国土这一"自然垄断"性质的空间独占性资源要素明显表现出制约时，规划水准的重要意义就一定会显得尤为突出。这方面的供求错配显然不能简单地以减少需求、牺牲发展来求得均衡，那么人们的思考自然就聚焦在如何通过科学规划来更为集约、更加有效地利用土地资源、腾挪更多发展空间上来。这也是我们作为研究者高度关注规划问题及其供给侧意义的起始原因。

尽管西方规划学在将建筑设计思想、技术发展、管理科学、生态环境等学科和方法引入以城市规划为主的研究范畴之后已经具有相对成熟的体系，但这些理论大都更适用于自然演进过程为主的城市相关规划，对于中国这样后起的发展中大国而言，以这些理论指导实践存在诸多局限，且西方规划学一贯更倾向于严格位于工学边界内思考问题，在城市从起源到发展的过程中显然不能摆脱经济学规律这方面，有较多的忽略或力有未逮。正如经济增长与发展过程并不能自动解决收入差距等问题而需要税制、转移支付等人为设计的机制一样，合理的空间布局同样不会随经济增长与发展而自然而然地达成，公权主体（政府）对于国土开发、利用的规划设计，也就势所必然，但确有"高下之分"的考验。对于囊括了诸多正负外部性、公共品性质、不对称信息特征的规划领域而言，市场存在失灵，而试图弥补和校正市场失灵的政府规划，也可能带有"政府失灵"问题。发展经济学理论则可进一步阐明，一般而言，所编制的规划越宏观，这两种失灵的叠加就可能越突出；越是带有经济赶超性质的经济体，其发展过程中宏观层面的高水平规划就越重要和无可回避。

空间经济学和制度经济学以"交易"这一元素为聚焦点，阐述制约城市规划的因子。新古典框架则通过对交易的地理模式、交易效率及分工水平之间关系的研究，阐述了城乡之间人的"自由迁徙"的重要作用。新供给经济学则认为，规划不合理所带来的经济社会问题，一般都带有突出的结构失调特征，仅仅通过需求侧总量调节难收消解之效，尤其是城镇化进程中的相关问题多表现为发展中所面临的瓶颈制约，只有通过供给侧有针对性的管理手段，纳入具有统筹安排全局要素功能的顶层规划覆盖面，才能解决这种结构性问题，从而减少其对经济社会发展的制约：从"事在人为"的积极角度考虑，在国土开发中由于"地皮"独占性所带来的自然垄断因素，客观地要求政府以规划这种"供给管理"手段防范、摒除空间布局优化上的"市场失灵"。当然这也是对一个个具体存在的政府决策集团如何不落入"政府失灵"状态的严峻考验。

自改革开放以来，在"三步走"现代化赶超战略的指导下，中国经济历经30多年高速增长，已步入上中等收入阶段，在"中等收入陷阱"真问题带来的多方考验中，先行的工业化与相对滞后的城镇化之间的矛盾，不断产生对区域、城乡、城市中心规划水平提升的诉求与压力，而顶层规划必然是供给侧的结构性布局安排且理应先行，"谋定后动"。顶层规划的设计与实施过程，正是供给管理的过程。政府作为顶层规划这一供给管理活动的主体应以"多规合一"方式实现原来不同部门所管理的多项规划。

第一节　思考的起点

关注经济增长与发展，人们的视线很难离开"城市"这一概念。由《易经》言"日中为市，致天下之民，聚天下之货，交易而退，各得其所"，可知所谓"市"，正是由"交易"开始而形成的。交易的前提是分工,从农业与畜牧业的第一次劳动分工到商业、手工业与农业的第二次劳动分工,产业的形成激荡前行。与"市"带有突出的经济交易活动特征相比,"城"则更多带有社会成员聚居区特征。字面上理解,"城"指以武器守卫土地,可见其基本特征首先是来自安全层面。城市与农村相比,显然是产业结构更高级的地方,有更多居民聚集的地方,自然也是更加繁华的地方,同时又是更加讲求安全的地方。不同时期的城市侧重不同的功能,但总体而言,这些功能都体现在经济和社会两个层面。古巴比伦城筑有两重围墙,这是基于防御的需要;埃及卡洪城为长方形,以墙分为几部分,西为贫民区、东北为贵族区、东南为中层区,是为奴隶社会阶级划分所需要;欧洲城市多以庄园为主发展而成,是封建领主制下经济形态运转的需要。在生产要素和相关资源更加充足的地域,经济发展水平不断推动"市"的形成,从而也推动"城"的发展,进而发挥更多的社会职能。基于土地而设计其上各种功能区、设施和生产生活条件建设的方案,这项工作就是规划。人类社会发展到一定阶段之后,政府所牵头的规划事项当首先处理的是中心区的城市规划。

可认为明确地起源于英国维多利亚时期的规划学科,在规划主体、规划内容、规划方法等诸多方面进行了深入研讨。西方的城市规划学在很大程度上为中国城市规划工作奠定了理论基础,在相关法律框架下进行的中国的城乡规划工作,主要包括总体规划和控制性详细规划,依据"国民经济和社会发展规划"且与国土开发、土地利用总体规划相衔接。总体规划的内容包括城镇的发展布局,功能分区、用地配置,综合交通体系,禁止、限制和适宜建设的地域范围以及各类专项规划等,内容则至少要包括规划区范围、规划区内建设用地规模、基础设施和公共服务设施用地、水源地和水系、基本农田和绿化用地、环境保护、自然与历史文化遗产保护以及防灾减灾等大量具体而细致的方方面面的设计。

尽管这些内容可谓"事无巨细",但其特别值得注意的概括性问题还是引发我们的思考:一个统筹全局的"顶层规划",自然是一种"社会工程",正如钱学森教授所言,"范围和复杂程度是一般系统工程所没有的。这不只是大系统,而是'巨系统',是包括整个社会的系统",它"是与环境有物质和能量交换的,是一个开放系统，其复杂性就在于它是一个开放的系统，不是封闭的系统"。[①]"顶层规划"一词源于工程学中的术语"顶层设计"，本义是统筹考虑项目各层次和各要素，追根溯源而统筹全局，最终在最高层次上寻求问题的解决之道。用在国土开发利用的空间规划上，当然其广义就是罩住其一切要素的通盘设计。"顶层设计"的内涵比"总体规划"更丰富，表达更形象，它具有将各个层面、各个视角的规划有机联通的含义。这种整体把握的系统性联通或称贯通，实际上应落实在中国现阶段已经开始注意到并且正在强调与践行的"多规合一"，在相关理论探讨的基础上，绝非简单地将已有的各个层面进行汇总，而是要真正形成"社会工程"的系统化"升华版"规划，这种规划是一种全面的供给活动与供给体系解决方案，依托于对供给侧优化规律的认识来力求高水平地编制和实现。

第二节　西方规划学理论脉络梳理与反思

现代城市规划学科自16世纪建立以来，关注焦点集中于城市空间布局、改造、重建与景观等工业与技术视角。经历以简·雅各布斯为代表的社会学批判后，西方规划学科加入社会学视角，开始进入综合发展阶段，并随着全球化进程而更加关注世界城市与永续发展问题。然而，如对西方规划学发展脉络做一综述，我们认为其一直未很好解决的问题，就在其浅尝辄止的经济学层面。

一、源起与发展

从托马斯·莫尔16世纪提出乌托邦（Utopia）、康帕内拉提出太阳城方案、罗伯特·欧文提出新协和村（New Harmony）到傅立叶18世纪提出以法郎吉

[①] 吴志强，李德华. 城市规划原理[M]. 4版. 北京：中国建筑工业出版社，2010:223.

（phalange）的生产者联合会为单位而组成公社，社会主义以"空想"为特征的滥觞时期，思想家便将城市逐渐从社会经济形态中凸显出来，成为一个较为独立的研究对象。霍华德于1898年提出"田园城市"理论，将城市作为一个发展中的动态对象、并将其规划作为一个联系城乡关系、适应现代工业发展的系统问题进行深入研究。工业化进程加速了城镇化进程，随着大城市的恶性膨胀，昂温于20世纪初提出了卫星城市理念，为疏散人口控制大城市规模建言献策。第一代卫星城以巴黎"卧城"、赫尔辛基"半卫星城"等为代表，第二代卫星城市以英国的哈罗和斯特文内奇等8个城镇、瑞典的魏林比、苏联的莫斯科和列宁格勒（现更名为彼得格勒）等为代表，第三代卫星城市则以英国的米尔顿—凯恩斯为代表。卫星城市还与20世纪30年代流行于美、欧地区的"邻里单位"理念相结合，以覆盖更为广袤地域的规划来达成在保障效率的基础上扩大中心城区容量的目标。

20世纪初，主张提升建筑高度、增加人口密度的"新建筑运动"代表人物勒·柯布西耶与主张空间分散理念的赖特在极端不同的规划主张下，同时强调了新技术对城市产生的影响。在柯布西耶等人思想的影响下，1933年《城市规划大纲》（后更名为《雅典宪章》）强调了将城市及其所影响的地区作为一个整体来研究，并强调了其居住、工作、游憩、交通四大功能。"二战"后，城市设计理念一次又一次与城市规划理论结合，呈现出"设计需求（解决社会问题的重要方面）—供给响应—供给过剩（设计师过于孤芳自赏并造成财源浪费）—回归朴素规划"的反复。1960年起，城市规划操作方面开始出现以侧重科学为基点，以系统工程、运筹学、发展模型与控制模型等为主要内容的理性主义规划控制理念。1978年的《马丘比丘宪章》则进一步认为城市发展中应注重人力、土地与资源的有效利用，并开始注意发展与环境的问题。

二、社会学批判

如果说这可以看作以建筑设计美学视角对城市规划的优化过程，那么1961年的社会学批判则给予城市规划理论发展更多、更开阔的思考。简·雅各布斯极具批判锋芒地表明了对城市规划供给主体利用这一过程和结果导致利益向当权者一方倾斜的思考立场，从而将城市规划的主体、客体推向探讨的前沿，并将城市发展中许多尖锐问题的相关探讨引致社会、经济和政治制度本质的深刻反思层面。如她所强调的好社区应具有四个条件，包括具备多种主要功能、大多数街区应短小而便于向四处通行、住房应是不同年代和状况的建筑的混合以及人口应比较稠密，从以人为本的城市生命力视角颠覆着"现代城市主义"就工学论工学的机械思考和主张。1990年后，大量城市规划研究者开始注意投入世界城市的相关研究中，与此相伴的是20世纪70年代以来逐步被认识和重视的环境保护理念主导下的永续城市思想的发展。

三、一些重要反思

发展实践中不难发现，在西方，规划学作为一门问题导向的学科，源起于社会中心区域快速发展中在交通、卫生、供水、住房等领域出现的尖锐矛盾，通过"规划"这样的手段，实现资源配置的组织与协调，从而力争消除或者抑制聚居式发展所产生的消极影响，增加推动有序发展的积极影响。在将建筑设计、技术发展、管理科学、生态环境等学科和方法引入规划范畴之后，规划学已经具有相对成熟的体系。然而，规划学一直以来并未很好解决的问题，恰恰是与经济学规律的有机组合。正如经济规划是作为城市规划"红线"而存在，本来不可分割的城市规划与经济规划，其间往往悬而不决的割裂问题，也正集中体现为中国经济发展实践历经"黄金增长"后的"矛盾凸显"之一。城市的产生源自最初的分工与随之而来的专业化，分工使交易成为可能，专业化使交易得以长足发展。分工与专业化的组织安排也以一种看得见的制度规则方式开始存在，那就是经济生活中所必然形成的城市的相关规划与安排，这种较农村更为先进的制度规则代表着和推动着人类文明的进步，因为其又是新技术、新业态产生的土壤。如盎格鲁—亚美利加这样的先进地区之所以先进，不仅为后起之秀提供了产业范式与新技术，而且提供了可供参考的国土空间规划与安排版本。然而，以第一次工业革命为开端的技术飞跃在推动人类经济社会大步前进的过程中，也以生产力进步不断改变着自己曾经诞生于斯的城市面貌，倒逼原有城市规划与安排瓦解式重建，并促成生产关系的演变而改变分工与专业化的原有形态。城市人口的增长，不仅源自产业结构演进而产生的大量人口逐利式聚居，而且源于人口出生率的提高与死亡率的降低，社会问题则往往随着人口在城市中并不均衡的增长而变得更加尖锐。简·雅各布斯的批判，正是建立在对城市所形成的制度究竟将所达成目标指向哪些利益团体的思考之上，而自此，城市制度供给者再也不能继续践行鸵鸟政策，规划学理论自身及其在发展中国家的实践，均亟待有效结合经济学视角和系统论思维，继续深化探索。

第三节 规划的经济学理论基础

西方规划学所认同的城市规划本质功能，在于消除或抑制发展带来的消极影响，并增进其积极影响。正如简·雅各布斯所问："在你还不知道城市是如何运行的，需要为它的街道做些什么之前，你怎么能够指导如何来应付交通问题？"对这一问题的思考正是探索"城市无序的表象之下存在着复杂的社会和经济方面的有序"[1]逻辑之所在。经济学以自己的视角认识城市相关问题的起始远早于现代规划学，从"城"和"市"初具雏形，经济学家就给予了颇多关注，如色诺芬注意到大小都市生活中分工程度的不同[2]，威廉·配第论述分工与生产率增长和成本降低的联系[3]，亚当·斯密对分工的系统分析[4]，马歇尔对产业集群、分工集聚及报酬递增的研究[5]等。针对现代规划领域，经济学原理已经告诉我们，正如经济增长与发展并不能自动解决收入差距问题那

---

[1] 雅各布斯. 美国大城市的死与生（纪念版）[M]. 南京：译林出版社，2006：7-15.
[2] 色诺芬. 色诺芬注疏集：居鲁士的教育[M]. 北京：华夏出版社，2007：420. 原文为："在小城小镇中，譬如像床榻、椅子、犁锄以及桌案都是同一个人做的，而且，这个人时常还要去盖房子；如果他能够雇佣足够多的人来做这些事情，那么，他会极为高兴。而在这里，要一个人来做这十几种手艺，又要做好，是根本不可能的；在大都市，各种特定的手艺都会有方方面面的要求，这样，有一种手艺就足以谋生了，通常甚至只掌握了某一种手艺的一部分就足够了……"
[3] 配第. 政治算术[M]. 北京：商务印书馆，1960：24-25.
[4] 斯密. 国民财富的性质和原因的研究[M]. 北京：商务印书馆，1974：2-9.
[5] 马歇尔. 经济学原理[M]. 北京：商务印书馆，1981：90-114.

样，合理的规划同样不能随着经济增长与发展而自动达成，对于囊括诸多正负外部性、公共品、不对称信息的规划领域而言，市场往往是失灵的。空间经济学和制度经济学以"交易"为焦点，阐述制约城市规划的因子。新古典框架则通过对交易的地理模式、交易效率及分工水平之间关系的研究，阐述城乡之间"自由迁徙"的重要作用。新供给经济学认为，纵观规划不合理所带来的经济社会问题，都带有突出的结构性特征，仅仅通过需求侧总量方面的调节势必收效甚微，尤其是城镇化进程中产生的相关问题，表现为发展中所面临的瓶颈制约，只有通过供给侧"问题导向"有针对性的管理手段，尤其是统筹安排全局的顶层规划，才能解决这种结构性问题，从而减少其产生社会问题的概率与严重程度，降低其对发展的制约。

一、政府规划关联经济学原理中的市场失灵范畴

从霍华德提出"田园城市"这一现代城市规划学开端向前追溯，不难发现其理论源头的代表人物大都属于空想社会主义的群体，从托马斯·莫尔的乌托邦、康帕内拉的太阳城、罗伯特·欧文的新协和村到傅立叶的法郎吉理念，都在规划对象的所有制方面强烈主张公有制这一实现形式。若试从经济学角度考评这一源起，则可更多看出主张者欲站在更高层面上对有限资源进行统筹安排以实现更加合理规划的追求与意愿。以西方发达国家作为观察对象，工业革命以后，其工业化得到飞速发展，而在此过程中，经济社会问题亦不断凸显，城市人口压力巨大、贫民窟比比皆是、交通拥挤不堪、生态环境不断恶化，从巴黎到伦敦，从欧洲到美国，历经工业化发展阶段的发达经济体，无一不在发展的道路上遇到类似的困扰。由此可见，如同收入分配差距这一问题一样，经济增长也不能自动解决规划不合理的问题，且在经济发展过程中，收入分配差距的过大往往还能够通过城市中随处可见的贫民窟得以体现。这种市场机制调解不力的领域恰是体现经济学原理中所强调的市场失灵。无论是城市规划、城乡区域规划还是都市圈规划等，所提供的成果更多属于公共品范畴，所提供的运转机制则往往囊括诸多正负外部性，加之私人部门往往由于视界较窄、较短和信息不对称等原因，加之空间配置一旦形成不动产再做调改则代价极

高甚至不可能,引发"试错"机制难以解决好的"市场失灵",所以基于经济学原理对规划主体定位,应当主要是政府部门充当规划的牵头人与主持者。当然,从规划的产生到规划的最终落实,全套流程势必是政府机制与市场机制共同作用的结果。与此同时,特别值得注意的是,针对某些特殊问题,政府由于受到利益集团绑架等因素的影响,也会出现失灵,此时以非政府组织(NGO)为代表的第三方主体的介入往往能够成为使相关规划做得更好的促进主体(例如:1923年,美国纽约为了实现多行政区划共同联合的区域规划,跳出政府的公权范畴,以矩阵组织的形式成立了区域规划委员会,即以NGO的身份参与并落实纽约地区的区域规划)。

二、发展经济学强调的后发优势阐释后发经济体对顶层规划的诉求

借鉴发展经济学视角看待不同要素,土地、人口、资本是作为一定程度上可互相替代的竞争性经济增长要素来认识的,制度、技术、信息等则是作为相互关联的非竞争性经济增长要素来认识的。五类增长要素囊括在规划对象区域的运行与发展中,所不同的是,对于某区域、某个城市而言,土地是不可流动、不可再生的垄断资源,而人口和资本是可以流动的,制度、技术、信息等则都是具有网络共享特征的,可加以综合运用。实际上,经济发展过程中工业化与城镇化阶段性不匹配时常发生。工业化由技术发明和创新来引领,创新的技术首先应用于生产领域,即首先表现出对工业化的推动,由此而产生的城镇化诉求的实现(满足)过程,往往表现出滞后的特征,这种滞后通常一方面表现为对经济增长产生制约,另一方面则表现为社会问题层出不穷。城市的形成和发展,通常遵循其内在逻辑而呈现一种出生——成长——成熟——平衡(衰退)的生态演变,而经济发展在赶超战略的作用下,则可能"压缩"这一过程。由于主要表现在技术层面的后发优势的存在,以中国为代表的、经济赶超战略推动的、超越一般自然生态演变而带有加速工业化特征的经济体,其工业化过程所经历的时间长度被大大缩短,加之本来就存在的城镇化滞后,所以由于错配而引发的矛盾势必表现得更为突出和集中。

与此同时，发展中国家普遍存在的城乡二元结构，也随着工业化的不断深入而依靠城镇化进程来弥合。加速工业化进程中对城市规划前瞻性的高要求，超越一般自然发展、带有共享特征的对非竞争性要素的模仿和学习，表现为经济增长目标更多需要依靠成功的顶层规划来实现，因为通盘规划基本已无试错空间，一旦不成功，十之八九是落入"中等收入陷阱"的命运。

基于发展经济学视角，可认为中国作为发展中经济体和转轨经济体，顶层规划至少有四项基本要求须同步落实：一是顶层规划总体方向应牢牢把握住"以经济建设为中心"，即为放眼于实现现代化全期的经济赶超战略服务，这就要求对都市区、城市群、产业集群的规划基于经济组织的发展、演变规律基础上；二是顶层规划要打足提前量，在对有必要进行规划的相关支撑条件进行全周期科学预测，从而适应后发赶超的工业化与城镇化，降低高速发展过程中基础设施建设等的更新率（当然这需要投融资机制创新——如 PPP 的有力支持）；三是顶层规划应充分加强对技术要素的重视和组合，一方面通过规划营造适合供给侧技术创新的土壤，另一方面将可用的一切新技术覆盖于规划中，将技术红利充分融入发展进程，为未来技术应用留足动态优化的空间；四是顶层规划应把握全球化进程中"经济增长极限"的思想，并特别关注自然资源与生态环境的制约，实现人类社会的永续发展。后发经济体可能运用的"后发优势"，在很大程度上关联于其能否通过"高水平顶层规划"的历史性考验。

三、空间经济学与制度经济学基于"交易"描述城市静态均衡

从经济现象上看，城市的产生实际上源自分工形成后生产的聚集作用，并在交易的聚集作用下不断升级。聚集过程形成的中心区被称为城镇和工业区，非中心区则被称为乡郊、野外和农村。这就形成了带有明显结构特征的区域结构、空间布局结构的问题。空间经济学的已有认识是，城镇化是一个城乡资源空间配置问题，资源在空间中的配置结构首先是一种自发演进的有机体，并随着专业化组织与分工的不断升级使城市更具交易的前提条件。福基塔—克鲁格曼模型证明，农业是土地密集型的，所有农民必须分散居住在农村地区，而工业品不是土地密集型的，所

以制造业可以集中在城市；以工业品为需求对象，农业与工业不同的空间布局导致城市居民之间的交易成本更低而农民与城市居民之间的交易成本更高。工业生产本来就比农业生产的效率更高，越来越多的制造业者选择居住得更为集中，从而导致城市的出现[1]。盛洪[2]注意到以交易为联通点的空间经济学与制度经济学的联通（见图10-1）：由于城市显然是比农村更具效率的地理区域，在市场理性的作用下，交易行为的聚集空间显然更多集中于城市，而有限的空间在不断聚集的作用下产生拥挤外部性；与此同时，制度经济学认为交易能够带来交易红利，正是无数经济人对这种交易红利的追逐导致人群的聚集，而聚集进一步产生市场网络外部性；以交易为联通空间经济学和制度经济学的基点，最优解产生于拥挤成本与交易红利的均衡，而城市的经济密度和规模也由此决定。

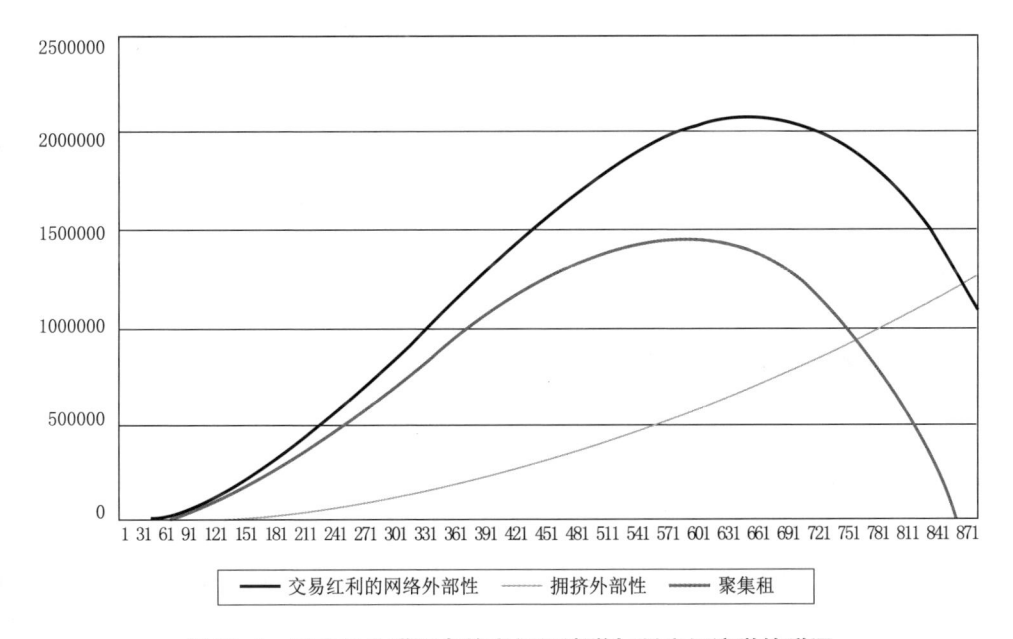

图10-1 以交易为联通点的空间经济学与制度经济学的联通

---

[1] Fujita, M. and P. Krugman. When is the Economy Mono-centric: Von Thunen and Chanberlin Unified [J]. Regional Science and Urban Economic, 1995, 25 (04).

[2] 盛洪. 交易与城市[J]. 制度经济学, 2013, (3).

四、新古典研究框架强调城镇化进程中的"自由迁徙"

杨小凯在利用新古典分析框架对城镇化问题进行解析时,认为一个地理集中的交易模式节省交易成本的潜力,取决于分工的水平,因为交易效率不仅取决于交易的地理模式,而且取决于分工的水平,反过来,分工水平也受到交易效率的影响。所以交易的地理模式、交易效率及分工水平具有交互作用。在有关城乡二元结构及弥合过程的解释中,认为随着交易效率的提高,城市和农村将会出现一个非对称的分工的转型阶段,此时城市居民的专业化与生产水平、人均商业化收入水平及商业化程度都比农村居民高,自由迁徙将保证城乡之间人均真实收入的均等化,而随着交易效率的进一步提高,这种用生产力和专业化水平差距表示的城乡二元结构将被充分及平衡的分工所取代,此时城乡两个部门之间的生产力和专业化水平将趋同,城乡二元结构也就随之消失[1]。

五、新供给经济学解困:供给优化腾挪城镇化及城乡一体化永续发展空间

以上经典的经济学理论当然为城市的产生及发展奠定了重要的认识基础,但与此同时,我们也不得不注意到相关论述尚不能满足指导实践的实际需要,其中联系到城市运行的关键环节,经典经济学的相关阐述少之又少,而这恰恰是经济学视角下理解以城市为核心的经济增长与发展的焦点所在。如上文所述,观察城市均衡规模的平衡点试图建立在交易红利作用下的网络外部性与拥挤外部性交点,弥合城乡二元结构的关键则在于非对称分工转型阶段后城乡两部门生产力和专业化水平的趋同。至此,最值得注意的要点已不言自明:无论网络外部性还是拥挤外部性,其实在经济运行实践中都不是一个静态项,而是随着城市规划水平的高低呈现变化;且城乡二元结构弥合过程中两部门生产力和专业化水平趋同,

---

[1] 杨小凯. 发展经济学:超边际与边际分析[M]. 北京:社会科学文献出版社,2003:274.

势必要通过城乡之间所谓的"自由迁徙"来实现,而迁徙是否自由的关键,则恰恰在于随着城镇化进程人口不断向城市集中的时期,是否能够达成非常合意的规划而在实现城市生活有序运行的前提下提供足够巨大的容纳空间。"交易""自由迁徙"所涉及的中心区不动产、基础设施建设,具有较长周期的特点,一旦形成某种格局,还会"自我锁定"某些基本的匹配关系,若以"试错法"的逻辑来解释其结构优化状态的达成,便与实际生活中的客观制约情况相冲突,即"改错"的社会代价将极其高昂,甚至是不可能的——往往只可将错就错在其后的"增量"因素上去"找补"(试观察时隔半个多世纪后,人们以何等沉重的心情回顾北京城建规划"梁陈方案"的夭折和当下不得不做的新一轮"京津冀一体化"规划)。虽然缘起是自发的,到了一定集聚度或趋势表现以后,就一定需要"规则先行"式的社会集中规划。在市场对资源配置起决定性作用的运行机制下,单从需求侧进行考察或者不区分需求及供给两侧进行总体考察,都很难解决这一困惑,而若这一其实来自土地"自然垄断"属性及"市场失灵"的困惑不能得到解决,那么经典理论探讨所要达成的经济发展结果也就不能实现。鉴于此,我们认为必须运用结合发展经济学、制度经济学视角的新供给经济学理论来解困。

新供给经济学所强调的供给侧关注,是建立在市场机制于资源配置中总体上起决定性作用的基础上,进而特别要聚焦关注的是需求侧总量视角下和"完全竞争"理论假设下于非完全竞争的现实生活中难以解决的结构性问题。采用新供给经济学的分析视角,不难发现:即使市场机制正常运行、甚至是以可达到的最优均衡水平运行,城市中心区许多供给也不能够满足需求,这是城市发展中常常碰到的问题,也是难以保障城市有序的核心原因,这一矛盾随着特大型城市越来越多,尤其是千万人口规模以上城市在发展中经济体越来越多、"城市病"的种种矛盾也日趋突出而表现得更为不可回避。以汽车这一产品为例,其生产者和消费者构成供给侧和需求侧的两端,按一般理解,汽车的供给数量显然应当与人口数量线性相关,但是汽车的更多使用所带来的除了其产量的需求,更重要的是还带来了对道路、停车场、加油站等公用基础设施的需求,针对这些需求的供给并不像一般产品供给那样可以随机分割并通过市场竞争充分提供。市场机制主导下汽车交易行为的增加,不仅仅对规划当中基于"给了张三就不能给李四"的地皮之上公用基础设施的供给提出了要求,而且也对相关资本供给、能源供给和生态环境可持续供给等方面提出了一系列相关要求。以汽车为例可以举一反三:通信、管道、水电气网状系统,医院学校、产业园区之点状群式布局等无一例外,都会对城市相关的供给产生综合性的要求,这些领域总体协调成配套后不可分割的"一揽子"组合式供给,所运用的基本要素,首先就是基于同一块已既定的国土面积上的自然垄断性质的公共资源——地皮。所以,随着城市发展,由社会权力中心牵头人为做出"顶层规划"的迫切性越来越明显,相关种种不动产配置必涉及的工程须依"建筑无自由"原则而放入规划的笼子,这成为各国实践中的基本事实;规划水准的高低,也逐渐成为经济社会发展中所不能忽视而必须超越"交易""迁徙"眼界给予特殊对待和处理的事项;"规划先行""多规合一"也就自然而然已成为并将继续成为人类社会国土空间利用领域的主流。在规划领域,实际上我们早已经通过各个专项规划试图对国土空间进行统筹使用,例如:国民经济和社会发展规划、城乡建设规划、土地开发利用规划、生态保护规划以及公共交通、市政设施、水利、环卫、文教医疗等专业规划,并由各有关部门承担编制、执行,但在诸多因素的共同作用下,这些基于规划全局可用土地的功能区和公共资源配置框架,必然具有非常明显而复杂的结构关系,如何让这些非均质的千差万别的因素得到合理衔接和搭配,是一个典型的在供给侧有机结合实现通盘结构性优化的问题,也正是一个新供给经济学关注视角下市场机制难以充分发挥作用但又必须与市场机制对接、兼容的领域。显然,通过顶层规划合理安排所涉及的各种要素,为国土的城镇化和城乡一体化永续发展腾挪空间并激发经济增长活力,这一通盘优化问题已成为必须应对的严峻挑战。对于发展中经济体,其挑战性实质亦关联如何克服矛盾凸显、力求跨越"中等收入陷阱"的历史性命题。

第四节　从中国看顶层规划的供给管理属性

如上所述，用已有规划学理论来指导中国经济社会发展实践存在局限性，经济学原理、发展经济学、空间经济学、制度经济学、新古典分析框架等虽然都对城市的产生和发展进行了研究，但还没有基于现代化进程要求提供指导实践的系统化支撑。我们结合基本现状、发展阶段及中国经济发展战略共同决定的基本国情，基于理论与实际紧密结合的出发点，认为应注重新供给经济学分析框架，把政府义不容辞须牵头做好的通盘"顶层规划"及其与市场的有效对接和兼容，作为"理性的供给管理"的重大命题。

中国现阶段城乡发展中的经济社会问题，在很大程度上都带有突出的结构性特征，仅仅通过需求侧总量方面的调节和市场自发的要素流动，在国土空间格局优化上势必收效甚微，尤其是城镇化进程中产生的"城市病"等相关问题，更多表现为中心区及周边发展中所面临的瓶颈制约，这种制约的缓解只有通过供给侧有针对性的管理方略和手段，首先是具有统筹安排全局不同要素功能的顶层规划，来争取充分利用发展空间和提高社会综合绩效。鉴于此，我们试从中国目前规划前瞻性不足的表现及其影响、经济赶超战略实施中城镇化对顶层规划的诉求、顶层规划过程正是供给管理、顶层规划这一供给管理活动的牵头主体应是政府四个方面，展开对中国顶层规划的供给管理相关分析。

一、中国规划前瞻性不足、水准不高的表现及影响

中国基础设施与基本公共服务供给在前面几十年的一大教训，是规划缺乏前瞻性与有效统筹，主要体现在以下三个方面：

第一，因"顶层规划"层面的前瞻和统筹不到位而不得不在短期内重复施工。作为基本公共服务设施的重要组成部分之一，上下水管道系统和类似涵管、光纤等的建设及翻修窘境，近几十年来在全国多个城市为人们所熟知。这些多埋藏在地下而与城市道路交通系统并行、共存，一旦涉及建设或翻修，需要对城市道路"开膛破肚"。在统筹规划不到位的情况下，各地被老百姓称为"马路应装拉链"的现象屡见不鲜，每多做一次路面的挖开和复原，必多一次为数可观的固定成本投入，同时每一次整修所带来的停水、停电、交通堵塞、环境污染等问题又必然给公众生活带来诸多不便，引发不满和抱怨。与城市道路交通系统并行的地下管道系统通常有自来水、污水、供暖、地热、光纤、光缆等，各种管网系统在地下盘根错节、错综复杂，且分别归属于不同的专业管理部门，哪一个系统出了问题，都扯动别家，避免不了大动干戈。规划与建设的前瞻性和统筹不到位，某一个系统内的问题往往在一次排查、处理后又于短期内重复出现（如由于下水管道直径较窄所导致的排水不畅等），而不同系统内出现的问题通常需要分别施工解决，从而表现出"今日为你开膛破腹、明日为他大动干戈"的熙攘景象。至于某处立交桥因净高不足在建成使用不到十年时就不得不炸掉重建，某个地标建筑因设计不周在短短几年内经历"热闹非凡的剪彩，颇费周章的拆除"过程的折腾案例，与上述情况皆属同类。每次建、每次拆和每次再建，都创造统计上表现"政绩"的GDP，但总合起来绝不是人民之福，实成民生之痛。除以上的市内中心区典型问题案例外，随着中国道路交通的发展，高速公路建设中也明显存在前瞻性不足的问题。北京最长、最繁忙的干道线路之一的八达岭高速公路，于1999年动工，2001年全线正式通车，总投资48.85亿元，全线一期为四车道、二期为六车道。然而，建成没几年光景，便开始出现经常性的堵车，到后来，八达岭高速公路似乎已经不适合称为"高速"，"一堵九天"的例子使公众视为畏途而又无可奈何。随着人口、经济、旅游活动和上路机动车数量的激增，八达岭高速不系统化改造显然已无法满足公众需求。当年沈阳—大连间的沈大高速，刚建成时还有人批评"超前了"，没几年却面对拥堵而不得不全线封闭，让施工力量重新进场全程增建车道，历时一年有余，百姓怨声不绝。江苏—上海的沪宁高速，建成没几年就塞车严重，因不敢再用沈大路封闭施工的加宽模式，改为逐段单边双向行驶在另一边加宽的施工方案，同样怨声如沸。有了这么多的教训，亟应反向思考：若在修建当初，能够将建设的前瞻性与财力预算安排更多地体现"提前量"，算总账下来要合算得多！随着中国城镇化水平持续提升，相关建设事项中若继续忽视公共服务设施供给前瞻性的问题，那么同类困扰将有可能继续在各地凸显。实践已反复证明：基础设施和公共服务条件建设中，既要注意防止过度超前、大而无当，又要防止提前量不足、反复折腾，但这几十年最主要的教训是来自于提前量不足的方面，原想可以紧打紧用节省一些，结果是很快落伍，不得不折腾，反倒劳民伤财。

需要说明，不时听到有人批评中西部欠发达地区高速路建设超前了，因为"路上空空荡荡，没有几台车"，但需对此从全局规划视野认清：高速路作为准公共产品客观上需要在全国尽快成网，这个网在东部发达地区可以密一些，在中西部欠发达地区可以稀疏一些，然而一定需要成网，由此才能以这种准公共产品性质的基础设施服务于欠发达地区加快发展，调控、缩小区域差异，因为"要想富，先修路"正是反映了通路、通高速对于相关欠发达地区加快发展的先导性和支撑性：路刚开通时，主要是外面的车辆去这些欠发达地区收土特产等，但会带入商品经济意识和市场观念、示范作用，其后本地一些"能人"会加快原始积累过程并仿效着经商与创业加工，也会由租车跑生意发展到自己买车做生意，路上跑的车辆也就会越来越多了。

第二，轮次间供给满足需求的区间较短而不得不频繁升级。基本公共服务设施"需求供给双方达到均衡"，意味着该基本公共服务设施恰好满足公众真正所需。如按照时间序列在一定时期内连贯观察，基本公共服务设施的供给相对于需求，大体上呈现这样的轨迹：伊始表现为需求高涨，政府着手组织供给，总规模适度大于需求，或至少使供给与需求达到均衡，其后需求又高涨，下一轮供给侧的条件建设不得不再度开始。若前瞻性较高，从"供给大于需求"过渡到"需求供给双方均衡"的区间持续时间较长，下一轮供给开始的时点可以较晚，在全周期内公众满意度较高，从长期看其综合性绩效水平也较高，但对于每一轮次的集中投入规模要求亦较高。任何供给主体的投入能力都是有限的，所以这种设施条件建设只能分轮次逐步

"升级换代"地进行。由于规划水准和前瞻性不足是主要问题，中国目前基本公共服务设施建设项目施工后供给满足需求的时间段较短，这在一定程度上表现了初级阶段国力支撑较弱，而同时也往往反映着前瞻性不到位，从现象上表现为短期内便需要扩建或重建，并以公众满意度的损失等为社会代价。首都机场扩张工程二十几年内不得不重来三次，是典型案例之一。

第三，部分地域配套事项明显滞后，使综合效益无法如愿发挥。转轨时期基本公共服务设施前瞻性欠缺的另一个突出表现是配套要素到位相对滞后。例如，某些城市近年目标规定下的棚户区改造和保障房建设能够按时竣工，但部分地区供暖、燃气等配套系统并未随之落实。在廉租房、公租房小区内，群众子女入托和入学、老人赡养以及就近就医等问题，也未得到配套解决。再如，在一些边远县、乡镇和欠发达地区，政府"金"字号工程既已落实，各项补贴转入"人头卡"内，群众因缺乏金融网点而难以取现的情况也时有发生。所以在基本公共服务设施落实的概念内，需要有关于必需配套事项的长远打算和足够的前瞻性分析与安排，才能因地制宜、发挥建设项目的正面效应，真正满足民生所需。

基础设施和基本公共服务条件建设缺乏前瞻性带来许多问题。首先，重复建设造成的资金浪费。在同一时点下，提升前瞻性的基本公共服务设施供给与不提升相比，是需要更多的资金规模予以支持的；然而若将较长时期作为比较区间，提升前瞻性后的供给，可避免重复建设带来的固定成本费用叠加，且有助于提升公众满意度，从综合绩效的角度考虑应更具明显优势。其次，给社会公众生活带来的不便与不满。主要表现：一是反复施工对公众生活带来的负面影响；二是供给滞后使公众满意度降低，不满情绪上升。最后，为"寻租"增加机会。基本公共服务设施的供给中，如高速公路、市政建设、"住有所居"的保障性住房工程等，往往需引入合作或外包等方式，在广纳社会资金为公共服务建设所用的过程中，也一定程度上带来了设租寻租的风险。虽然中国在加强监管、优化招投标管理方式等方面已做出不少努力，但透明化、规范化程度往往仍难令人满意，非规范的不良行为问题与每一轮供给环节仍存在设租寻租空间相关而处于高发状态，加之已形成的利益集团存在强大的关系网，并且易和强硬的行政权力联通，资金绩效管理体系往往难以有效形成，还有可能引致前瞻性不足与寻租机制相互激励,"越寻租——前瞻性越差——越不规范——越易寻租"的恶性循环。

二、经济赶超战略实施中的城镇化迫切要求顶层规划

以上规划前瞻、统筹不足的问题,实际上正是经济赶超战略实施中城镇化滞后于工业化的突出表象之一。城市诞生伊始,大都是"孤岛"式的存在,城市的较小规模决定了对规划没有过高的要求,且城市之间看似都是规划者可轻易利用的广阔空间。然而,城市作为经济增长的引擎,会粒子加速器式地见证要素利用中乘数效应的实现、反复实现和更快实现,引擎动力带动下的经济社会产生的量变和质变,促使城市群落的生态问题快速显见。城市绝非一个封闭系统,而是一个开放的巨系统:城市发展所需要的要素不仅来自其系统内部,而且来自外部,这个外部开始是指相邻区域,后来随着全球化时代的到来而重注新内涵,扩展至更大得多的地理范围;城市发展所产生的无论正外部性或是负外部性,都产生着至关重要的影响,这种影响可以是将固体垃圾排入城市周边的农村,可以是将雾霾吹进海洋对岸的国度,也可以是将技术扩散至落后的城区或将创新的产品交换至农村。与现代城市规划起源时期不同,这种内部颇具成长性、外部广泛联系性的城市生态系统,恰已构成了中国城镇化进程的最重要背景,而中国在此阶段上显然已不适合再走发达经济体曾经走过的、在较落后技术基础上、在较缓和交互影响背景下所践行的规划老路。

此外,中国极为特殊的基本国情所形成的多方约束,也决定着经济赶超战略下的中国城镇化必须从顶层通盘把握。

首先,中国城镇化进程面临作为最大发展中国家弥合二元经济走向"共富"过程的严峻现实挑战。由于自然和历史原因,中国是世界上最大的多民族城乡二元经济体,改革开放以来,虽力求通过首先允许一部分地区、一部分人先富起来而走向共同富裕,但意愿中的"共富"进程明显滞后,并由于主要的制度变革尚未到位,城乡二元特征仍然十分明显,区域差距和居民收入及财富差距有所扩大,最发达的

东南沿海、北上广中心城市景象堪比发达国家,而广大的中西部一些地区则形似贫穷落后的非洲国家。如何将城乡、区域差距和居民收入差距、财产差距保持在各方面能够承受的范围内,已形成一种严峻的挑战,并将深刻地影响、联动发展进程中的供给环境与机制优化问题。

其次,本书前文已强调指出,中国城镇化进程中必须考虑"半壁压强型"的巨大能源、环境、空间压力约束。在"胡焕庸线"所提供的重要认识线索下,中国高度集中于东南沿海一带的人口密度、汽车空间密度及能源空间消耗密度等,形成了明显的"半壁压强型"资源、能源耗用及相伴随的环境压力,再加上前些年"压缩饼干式"和粗放式外延型经济发展阶段中超常规的高峰期密度提升系数,再加上中国资源禀赋条件决定的基础能源"以煤为主"伴生的异乎寻常的环保压力,势必引发高压力区和高压力阶段上基础能源禀赋结构叠加而成的中国"升级版"可持续发展面对的矛盾凸显,其所形成的"非常之局",使得以供给管理"非常之策"调整结构、优化供给环境、释放增长空间的任务,越发迫切和不容回避。

最后,"中等收入陷阱"历史性考验阶段。"中等收入陷阱"作为一种全球统计现象,是真实世界中的"真问题",更是一个在中国"十三五"及中长期经济社会发展过程中关乎现代化"中国梦"命运的顶级真问题。基于1962—2013年全球数据,对成功跨越"中等收入陷阱"经济体的路径进行研究,可得到相关结论:成功者跨越"下中等收入陷阱"期间GDP增长率均值则至少为8.50%,跨越"上中等收入陷阱"持续时间均值为15.9年,这期间GDP增长率均值为5.08%;中国前面跨越"下中等收入陷阱"持续时间为14年,GDP增长率均值为9.87%,表现不错,但今后在"十三五"及中长期将面临跨越"上中等收入陷阱"的严峻考验。前文已论及,国际经验还表明,中等收入经济体成员在试图摆脱"下中等收入陷阱"和"上中等收入陷阱"的过程中,不乏出现"晋级—退出—再晋级"的反复。我国如何避免这种问题,顺利走出"中等收入陷阱"的潜在威胁,又伴随有国内外一系列矛盾纠结和棘手难题,特别是渐进改革"路径依赖"之下制度性"后发劣势"的可能掣肘。这是摆在决策层及全体国民面前一道严肃的历史性考验课题,并对优化供给环境和机制提出了重大要求。

我们认为，中国中等收入发展阶段所强调的规划，即"顶层规划"，与西方所研究的规划学范畴并不完全重合，其所强调的应是比城市规划、区域规划更高层次的通盘规划安排，是在囊括事无巨细的规划学所研究范畴基础上加入更丰富的经济学认识、带有国情针对性和"追赶—赶超"战略目标的全套开发安排，实际上也是一种"以非常之策破解非常之局"的重要的制度安排与设计方案供给。区域规划一般分为以城市为中心的区域规划和以整治落后地区、开发资源为目标的区域规划，相关的国土规划、主体功能区规划、都市区规划、城市群规划等类型，实际上从要素、对象、关系等方面显示城市规划的内容层次。与先"自然发展"、再针对性规划的西方发达经济体不同，中国目前城镇化所处的时代背景和国情约束势必要求总体上的规划先行，这里所指的规划绝非仅停留在城市规划或者区域规划层面，而是综合各个维度需要覆盖一切相关因素的顶层规划。而且，这种规划绝非各特定子规划由各部门制定后简单捏合就能"内洽"的，特别应当注重其打通各项的逻辑联系，在规划学基本原理基础上，特别注重经济学相关理论成果的融汇。在所有相关因素的通盘考虑下，我们认为，政府应力求从供给侧优化视角搭建大系统控制框架，为达到"多规合一"的高水平提供可行路径。

三、顶层规划过程正是供给管理过程

　　基于新供给经济学的分析框架，"规划"的实质可被重新定义为，从国土空间结构着眼，通过组织供给来处理生产力结构和社会生活结构中区别对待和通盘优化协调的过程与方案，即通盘供给管理的过程与蓝图。规划中必然涉及、覆盖产业结构、技术经济结构、功能区间的结构、企业布局和产业集群结构、物流中心与网络结构等生产力结构，一旦其基于国土空间布局的厂房、路网、地下管网等不动产的落地及相关要素的投入得到实现，就自然而然地再难以随意实现自由流动与调整。在城市产生和发展的自然过程中，这种空间上的选择起初都是市场主体本身决策，且在规模效应、集聚效应等的作用下，市场主体的规模结构、产业的技术结构等都在不断发生变化，同时，市场个体在生产、交换、分配、消费过程中形成的空间布局结构伴随需求的产生以及供给的回应而形成初级阶段的试错式调整，在城市发展过程中还随经济增长自发形成富人区与贫民窟的分隔等，但很快会有试错不能解决的难题出现，如人口激增后环境恶化。个体理性却自发地形成了布局上的集体无理性，城市中各类不动产布局失当的矛盾问题不断累积，在社会实践中通常便以不得不出手的政府运用带强制性的旧城改造、城区扩大、城市重建等规划活动来做出重新安排，进而实现生产要素的有序供给，减少发展过程中的成本与制约，这实质上就是一种供给管理中掌控空间布局结构的过程。这一点在发展中国家的特殊性更为突出，因为发展中国家拥有借鉴先行国家相关经验教训的"后发优势"，可以自觉有意识地从一开始就把这种空间上的结构选择主体明确为政府。在实践操作中表现为地方为达成经济发展目标所进行的招商引资等，是在政府已经通过的国土开发等相关规划基础上进行的。与此同时，产业的培育、技术进步的推动、经济区域的协同发展、企业空间位置布局可能产生的集聚效应等，实际上都建立在当地政府相关规划的基础之上。不仅如此，与生产力结构相关的市政基础设施结构也必须被囊括在规划范畴之内，从住宅区布局到交通、供电供热、给排水、文教卫生、生态环境等配套系统的建立健全，越来越带有包罗万象的特征。这就对全局视角下的顶层规划提出了更高的要求。从中国与国际经济社会发展实践来看，不论多么细致的专项规划，若不能实现供给侧的多种规划有机结合及合理衔接、匹配，就不能达到供给优化的目标。

回顾新供给经济学对"供给管理"的定义及其内涵的阐发，作为与经济学理论框架中"需求管理"相对应的概念提出的这一概念，合乎逻辑地强调在供给侧机制中多样化而理性的政府作为，特别注重与政府产业政策、区域政策等相关联的结构优化，强调增加有效供给的宏观调控[①]，也包括有针对性的财政政策、货币政策供给以及制度供给。顶层规划的过程是供给管理的过程，顶层规划应当作为供给管理的重要手段来加以认识和定位。

---

① 贾康，苏京春．新供给经济学[M]．太原：山西经济出版社，2015：66．

四、顶层规划这一供给管理活动的牵头主体应是政府

西方社会，也包括中国学界不乏对于政府充当规划主体角色的怀疑与抨击。"我发现整个 20 世纪，不仅仅是现代文明摧毁了前世留下的大多数建筑结构，在我们和过去之间挖掘了一条宽宽的鸿沟，而且更糟的是，在每一个大陆，我们都采用了一种毁灭性的文化，这预示着我们将丢失更多。"[①] 作为纽约市地标保护委员，安东尼·滕（Anthony M. Tung）明确表示在权力、贫困、政治等因素的影响下，以政府作为规划主体造成城市保护无力。不仅如此，西方规划学某种意义上正是起源于对政府作为城市规划主体无力亦无意解决大量贫民窟等社会问题的质疑。如彼得·霍尔所言，"城市规划运动早期的许多远见，尽管不是全部，都源于在 19 世纪的最后数十年和 20 世纪初盛极一时的无政府主义（Anarchism）运动……，当这些理想付诸实践时，往往是讽刺性地通过他们所憎恨的国家官僚机构来实施的"[②]，甚至认为城市规划就是具有无政府根源的性质。但其后的各国实践，却大同小异地走上了不得不依仗政府作用处理规划问题，即由政府运用其强制力牵头形成规划后予以实施，是已形成的全球主要经济体的通行做法。

与西方发达国家相比，中国更是如此不同，在由计划经济转向市场经济的同时，全面践行经济"追赶—赶超"战略，在社会主义市场经济体制认识中将市场由"基础性"升为"决定性"作用的进程中，国民经济黄金增长期的工业化飞速推进，同时暴露出城镇化的滞后及其水平的低下。这种经济发展显然是超越自然过程的发展。基本国情势必将供给优化手段中的顶层规划推上至关重要的位置，也势必将顶层规划的供给主体锁定为政府。

顶层规划是市场失灵领域的供给，这一失灵绝非表现在需求侧无力，而是基于土地的自然垄断和不动产布局调整的极高成本而无法便捷形成供给的回应机制及其优化结果，表现为结构性问题的瓶颈制约，十分有必要由政府进行针对性的供给管

---

① 滕. 世界伟大城市的保护：历史大都会的毁灭与重建[M]. 北京：清华大学出版社，2014：1.
② 霍尔. 明日之城：一部关于 20 世纪城市规划与设计的思想史[M]. 上海：同济大学出版社，2009：3.

理来统筹协调。综合来看,"城市病"等如仅以市场作为基础、以企业主体为依托,会因为眼界过于微观而落入竞争式试错的僵局,无法解决总体布局的高水平合理性问题,如基础设施规划的协调性与打足"提前量"问题,水、电、气等多种网管的"准公共产品"式充足配置问题,等等。因此,顶层规划的制定是在多种综合要求之下成为政府(针对跨区域规划则更多是指中央政府、针对跨国规划则是指各国政府协调)必须牵头承担的重要职能。当然,在顶层规划下,势必有更多细分的城市规划、专项规划、专业规则等,表现形式必然是一般已成既成事实的"建筑无自由(少自由)"式的管束、审批之类。当然,这些顶层规划框架设计及供给优化原理下的布局,也必须与市场机制的充分发挥作用兼容和对接,其规划实施过程,也越来越需注重PPP式的通过市场机制、更多发挥市场主体作用来进行公用设施建设等的机制建设。

第五节 从国际典型案例看规划供给管理的实践及实现路径

国际和历史双重视角下,世界诸多著名城市区域的规划都颇具借鉴意义。其中,以巴黎19世纪中期和20世纪中期两次大型城市整顿为优秀典范,尤其是20世纪颇带"奥斯曼"回归性质的交通系统规划,更是成为现代城市规划的标杆案例。同样以城市规划闻名全球且时常作为教科书案例的巴西利亚,则长期面临两极评论的争议。就经济追赶进程中以科学的区域规划推动赶超的已有案例来看,我们认为对中国经济社会发展颇具借鉴意义的典范,当数日本的全综系列规划。综合看来,无论城市规划、都市圈规划或是区域规划,国际案例可证实"多规合一"的顶层规划作为供给管理的重要手段,能够通过实现供给侧的优化来化解经济增长和发展过程中已经产生或即将产生的诸多结构性问题。

一、从规划到顶层规划的巴黎供给管理案例：奥斯曼规划及"奥斯曼"回归

正如爱德华·格莱泽所言，"纽约是一场有些混乱但十分精彩的爵士乐即兴演奏会，杰出的音乐家对于他们身边正在发生的事情只给予了最微不足道的关注，而巴黎则是一首精心创作的交响乐"[①]。巴黎这座城市的规划工作多年来被全球各界奉为典范。沿时间纵轴看，现在呈现于眼前的有序巴黎得益于两次大型综合规划工作，一是19世纪拿破仑三世统治时期奥斯曼男爵主持的对巴黎的重建，二是1966年戴高乐时期保罗·德罗维耶主持的对巴黎的改造。其中，后者更是对现代城市规划树立了标杆。

1850年之前，巴黎无论城市风貌还是治理秩序均乏善可陈，甚至有成千上万的贫困人口拥挤于狭窄街道和古老建筑中。奥斯曼主持对巴黎的重建，总结来看有四个关键要素，即法治框架、旧格局的破除、迎合时代感的交通体系重建、公共空间的创新。巴黎很早就有关于土地利用的法规，且在1589年制定了建筑法规，相关规划设计（如建筑的高度限制）都必须在法治框架下进行，尽管有批评认为这对整体重建工作带来限制，但这也使相关工作在可循边界内得以顺利开展。为了破除旧格局，奥斯曼拆除了圣日耳曼德普莱街区的修道院监狱且砍伐了卢森堡公园的一部分树木，将这些区域纳入整体规划方案。在电梯还没有出现的年代，奥斯曼大量使用了当时较高的建筑，并通过修建更宽、更直的街道来适应公共汽车和蒸汽火车的发明使用。布洛涅森林公园等公共空间的创新，为市容市貌加分不少，同时也为居民提供了追求更为健康生活方式的环境条件。

1966年的改造发生在饱经"二战"之苦后的巴黎，与奥斯曼花了17年的长时间代价不同，保罗·德罗维耶仅用7年就完成了改造。此次规划充分体现了对前瞻性的考虑以及于大区域内综合地、整体地体现了各专项规划的有机结合。巴黎此次改造的特点可总结为四个方面：第一，未来人口的预测。在规划之前，规划组对人

[①] 格莱泽. 城市的胜利 [M]. 刘润泉，译. 上海：上海社会科学院出版社，2012：142.

口进行的预测是预计20世纪巴黎地区的人口将从900万人增加到1400万~1600万人之间。第二，待建区域的划定。在人口大幅膨胀预测结果基础上，规划组认为应当划定一个巨型区域，作为改造巴黎的待建区域。第三，建设模式的选择。在巨型尺度上，规划组没有严格模仿霍华德·阿伯克隆比在大伦敦模式中创建的卫星城模式，而是采用斯德哥尔摩式的卫星城模式，在更大的区域、以更大的尺度来开展。紧邻内城西侧的拉德芳斯作为最大的一个卫星城，至今都是巴黎都市圈内最著名区域之一。第四，交通系统整体布局。由于准备在大区域范围内创建巨型卫星城市，交通系统的整体布局成为整个规划成功的关键，实际上，这也正是此次巴黎改造的亮点和核心所在。由于规划地域广袤、涉及人口众多，保障城市运转效率的关键在于公交是否能够实现高效，巴黎规划并建成的是当时世界上最为先进的高速交通系统，具有通勤铁路的特点，可以在短时间内长距离地运输旅客，从而使巨型区域规划之下的卫星城之间及其与内城中心成功融为一体。巴黎的整体改造规划中，交通系统建设方面开支巨大，公路总费用达到290亿法郎、中心区公共交通90亿法郎[①]。与此同时，大区域规划下新住宅的建设、办公楼、购物中心等的匹配，为经济社会发展产生了巨大的不动产溢价乘数效应。

二、产生于顶层规划的巴西利亚：静态与动态理性看待两极评价

不同于巴黎的"交响乐"气质或纽约的"爵士"个性，巴西利亚与这些城市相较，处处透出浓重的跃进式色彩。尽管巴西利亚于1987年12月7日已被联合国教科文组织确定为"世界文化遗产"，但是对其总体规划却因其近似柯布西埃的特性而经常得到近乎两极的评价。对巴西利亚的负面评价主要集中在这座城市的规划建造过于"乌托邦"，仅利用三天时间就敲定规划方案，而且没有进行相关的人口预测、经济发展分析、土地使用规划，甚至没有模型和制图。秉承功能主义的方针，整个城市整齐划一且丧失人文生气，与城市居民拉开了距离。此外，交通运

---

① 霍尔.明日之城：一部关于20世纪城市规划与设计的思想史[M].上海：同济大学出版社，2009：360.

输、阶层固化等细节问题的不良处理，也为城市规划带来了一些负面评价。然而，持赞赏态度者认为，对巴西利亚规划的评判更应放在其时所处的历史背景中，巴西利亚为当时巴西加快内地开发和经济社会发展贡献巨大，且不可否认的是，在卢西奥·科斯塔对其的规划之中，土地利用分工明确，功能清晰，布局合理，便于组织居民生活。作为城市设计史上的里程碑，巴西利亚几乎是在"一张白纸"上对居民区、行政区、建筑物等做出通盘设计规划，还匹配建立了国家公园、阿瓜斯·埃曼达达生物保护区、依贝格和加瓦萨瓦多自然保护区、圣巴尔托罗摩和德斯科贝托环境保护区等自然景观，集中体现了城市和谐并全面彰显了城市总体规划的强大与有效。

从较狭隘的两极评价中跳出来看巴西利亚的规划，我们不难得到结论，这一原本只有20万人口的城市，经过总体而言成功的城市规划吸引了大量人口，迅速成长为巴西四大城市之一，是依靠顶层规划实现的。这种规划并非像世界许多城市那样主要进行旧城区的改造，而是在近乎"白纸"式的土地开发区建造一座以行政中心功能为主的新城。正如世界遗产委员会评价所言，"城市规划专家卢西奥·科斯塔和建筑师奥斯卡·尼迈尔设想了城市的一切"，巴西利亚的规划正体现了经济发展规划、国土规划、功能区规划、生态环境规划的有机结合，是所谓"多规合一"的现实版典范。然而，与此同时，值得我们注意的是，相比旧城区改造规划，巴西利亚新城的创建显然具有更大的空间优势，基于此进行的科学布局与想象力的发挥，在极小程度上受到限制，这是全球许多待改造城市并不具备的先决条件。此外，没有哪一次规划能够一劳永逸，随着新城的成长，人口、车辆、住房以及诸多配套设施的需求和供给系统势必更加错综复杂，比如现阶段看，巴西利亚的交通规划，已经由于过多的车辆而与当初所建高速公路期待的高运转效率出现了矛盾，诸如此类的发展矛盾未来还可能出现在方方面面。

三、多轮顶层规划下的日本：经济赶超下城镇化的典型范例

日本首都东京是全球人口承载量最大的城市区域之一。东京及其周边所承载的

人口规模高达 3600 万人之多，但这个在全球范围内不多见的大首都、超大型城市，同时也是全球生产效率最高的城市区域之一。对于拥有全球最多人口数量的中国而言，同样经历经济赶超并最终成为发达经济体的日本，其东京都市圈规划的成功经验非常值得思考与借鉴。

通盘看，日本共进行了五轮"全综"规划，每一轮都是典型的顶层规划，通过供给管理有针对性地化解发展中不断产生的结构性问题，焕发整体经济社会增长和发展的活力。第一，1947—1973 年，日本经济经历高速增长的黄金期，年均增速在 9% 以上。1960 年前后，日本重化工业高速发展，沿海工业带形成。基于"国民收入倍增计划"中提出的"太平洋工业地带构想"引发太平洋沿岸与非太平洋沿岸之间的矛盾。1962 年，以地区间均衡发展为目标，日本开始进行全国性综合开发计划（以下简称"一全综"），通过规划东京、大阪、名古屋、北九州四大工业基地在地方层面的扩散，试图达到缩小收入差距、区域差距，实现国土均衡发展的目标。第二，1969 年，日本通过第二次全国综合开发计划（以下简称"新全综"），在发展相对稀疏的地区，规划建立了大工业基地、大型粮食基地和大型旅游基地，推动劳动密集型工业产业向太平洋沿岸集中。"新全综"囊括通盘的网络规划（包括信息通信网、新干线铁路网、高速公路网、航空网、海运网等）、产业规划（包括农业基地、工业基地、物流基地、观光基地等）和生态环境规划（包括自然保护、人文保护、国土保护、资源适度开发等）。通过信息网络和交通网络成功连接"城市点"，实现了"城市面"的战略性整体开发。第三，1977 年，日本以"三全综"主要对居住问题进行顶层规划，以同时推动历史及传统文化复兴、自然与生产生活和谐、抑制人口与产业向大城市集中等为规划内容，建立新的生活圈，为第三产业的健康发展培育良好环境，使地方经济得以振兴。第四，1987 年，日本的"四全综"以分散型国土开发规划和交通网络规划相配合，以顶层规划有效缓解了东京发展极化问题。"四全综"是加速日本"后工业化"进程浓墨重彩的一笔，在国土规划的基础上要求：全面铺设交通网，建立"全国一日交通圈"；全面铺设通信网，切实提高各个中心的连接能力；全面铺设物流网，以高效的物流服务加强中心之间的连接；在广域、圈域内同时建立社会治理网络，全面防范社会安全问题。

可以说,"多规合一"的顶层规划推动和保障了日本多中心的过渡和实现。第五,日本1998年全国综合开发计划是由"硬件"建设向"软件"建设转变的标志,在既成规划网络和布局基础上,以行政、居民、志愿者组织、民间企业为合作规划主体,进行了生产生活环境的全面提升。

四、顶层规划下所完成的供给管理是经济增长与发展的关键之一

以上典型国际案例首先证实,无论是在老牌发达国家法国的首都巴黎,还是通过后发追赶最终成功实现赶超的日本首都东京,或是同为发展中国家巴西的首都巴西利亚,无论是城市规划还是区域规划,关键时点所开展的重大规划,供给管理的主体都是政府。殊途同归的选择再次向我们印证了一个结论,那就是中国在以经济建设为中心的历史阶段,尤其是经济赶超战略践行中攻坚克难的发展阶段,顶层规划的牵头主体只能是政府,这一点应毋庸置疑。

文中所选取的巴黎、巴西利亚和东京三个典型案例,其顶层规划供给管理过程最终达成的具体目标各不相同。从巴黎的案例来看,供给管理的具体手段是以政府为主体进行的城区重建和改造,其有效地、针对性地解决了战后工业化建设进程中大量移民和农村人口无处安居、住房短缺、配套设施不齐全、缺乏改建空间、土地资源利用率不高等一系列当前发展已经存在及后续发展可能面临的经济社会难题,尤其保罗·德罗维耶主持完成的城市改造,是一个典型的立足于更高层面、针对于更大区域、融汇了各个专项规划的供给管理解决方案,最终将人口、不动产、资源能源、土地等诸多要素进行了空间上的重新分布,并通过专项规划成功建立了空间分布相对分散要素的联通机制。与巴黎的旧城改造不同,巴西利亚则较为极端地体现了通过顶层规划这一供给管理过程,能够从供给侧完成"城"的建造和"市"的搭建:在"城"的建造方面,巴西利亚独特的建筑风格得到"世遗"组织的褒奖;在"市"的建造方面,则颇具极端色彩地突出印证了新供给经济学所强调的"供给创造需求"能够成为现实,在规划这一供给管理过程完毕之后,相关链条上的要素得以在短时间内涌入、运行、互动、发展。中国最值得重视的通过顶层规划供给管

理实现发展优化的典型案例当属日本，同样顶着经济赶超战略实施中先行工业化与滞后城镇化错配的压力，日本坚持通过五轮"全综"系列规划逐步理顺了供给侧发生结构性问题的关键要素，"全综"这一名称及其实际内容，就是我们所强调的"多规合一"的顶层规划。沿时间纵轴综合来看日本的各次顶层规划，其接续之间呈现出鲜明的螺旋式上升特点，这也印证了通过供给管理对解决供给侧结构性问题、真正实现供给侧优化的动态特点与动态平衡规律性。

特别具有价值的细节，是针对人口要素的处理。无论是巴黎极大扩充自身辐射区域后通过高效率的通勤交通维持原中心城市的高效率，日本通过建立交通网络实现人口要素流动的畅通，还是巴西利亚并不完美的公路规划致使城市运行出现阻滞而遭到诟病，交通运输系统无疑都是城市运转效率的保障，同时也是区域发展、大城市功能优化的前提条件。从国际经验来看，四通八达、密度足够且立体化的网状公共交通以及交通运输体系建立和运营过程中，以现代化交通工具提供人口与要素便捷流动功能的落实，是提升城市承载能力的重要基础支撑条件。

第六节 "多规合一"顶层规划的供给管理对策建议

我们一直所强调的规划，首先就是从地上地下大系统的空间结构入手，通过组织供给来处理生产力结构和社会生活结构中区别对待和通盘协调问题的解决方案，实质上就是形成综合要素供给体系必须前置的规划供给，以其带出供给管理的全过程。基于此，中国现阶段必须先行且走向"多规合一"的顶层规划至少应考虑环境、层次、逻辑和模式四个方面。落实到供给管理的对策建议层面，依次为实现法治框架下的规划先行、开展多轮针对结构性问题的顶层规划、把握"多规合一"内在联系逻辑、锁定不同发展阶段每轮顶层规划的主要矛盾四个方面。

一、实现法治框架下的规划先行

规划必须从全局、长远视野注重经济社会发展的生态演进，发展中经济体更应注重践行经济"追赶—赶超"战略过程中城镇化与加速工业化匹配方面特别应当打出的"提前量"。这种前瞻性之意并非在于所有规划都要在精确科学预测下做то丁一卯二严丝合缝，而是科学地打出有弹性的"提前量"。这就要求顶层规划一方面做到避免规划中缺乏前瞻性导致很快出现严重供给短缺所引发的试错式沉没成本，另一方面做到可放可收。例如，巴黎虽然在1966年规划前期进行了人口预测，从而划定了巨型规划区域范围，但在实践中，1969年突然爆发的经济危机和人口变化使原计划不得不重新调整，8个新城中的3个被取消[①]，其余的也相应缩小了规模，这样的调整并没有对整体规划造成过大的影响或阻滞，通盘规划只是缩小规模，而大部分综合功能仍然得以实现。

经济社会发展尤其是其高速发展进程中，最大限度避免"试错—改错"巨大社会成本的有效手段就是"规划先行"，所有项目建设都应当建立在具有前瞻性、力求高水平的科学规划基础之上，法律所规定的规划权的行使绝不能独断专行、率性而为、朝令夕改。顶层规划关系一个经济体通盘的经济增长和社会发展，尤其是关系到发展中经济体能否实现赶超战略目标，具体内容涉及一个经济体国土范围内从城市到农村的所有区域，在落实中涉及土地开发利用、生态环境、文教卫体、交通、市政、水利、环卫等各行各业各个方面。

二、打开制度结节，开展先行的多轮顶层规划

现阶段，中国尤其应当在多轮顶层规划开展之前打开行政审批制度结节，达成"多规合一"的合意结果。截至目前，"行政审批制度改革"显然已经涉及更深层的系统性体制性问题层面，要从"减少审批项目的数量"推进至"真正使审批合乎质

---

① 霍尔. 明日之城：一部关于20世纪城市规划与设计的思想史[M]. 上海：同济大学出版社，2009：361.

量要求"，真正达成法治化、系统化、标准化、信息化、协同化、阳光化，就必须结合"大部制"改革，实现政府职能机构的协调联动。除了提高行政法治程度，顺应精简机构的要求之外，更要扩充动态优化设计，以后择时启动整个"大部制"框架下的、行政审批的国家标准化工作，而后联通"规划先行、多规合一"相关工作的开展。多年来相因成习的由不同部门分头来处理的国民经济发展规划，形式上可以具体到国土开发、城乡建设、交通体系、环境保护、产业布局、财政跨年度规划等，都应该纳入"多规合一"的综合体系，并基于全国统一的行政审批信息数据库和在线行政审批平台里的有效连通，矫治多部门管规划、"九龙治水、非旱即涝"的弊端，提高政府决策的信息化和整合水平，并实现业务流程的优化再造。这样一个系统工程，设计不可能毕其功于一役。

经济社会是不断发展变化的，城市规划和区域规划，某一次的规划都做不到一劳永逸。尤其就中国的经济社会发展现状而言，所有发展中出现的矛盾和问题不可能通过某一次顶层规划全部解决，势必要通过动态处理结构性问题的多轮顶层规划逐步落实、解决。但每一轮顶层规划都应当建立在基于现状对未来进行力求科学预测的基础上，应积极利用先进信息技术（如云计算和大数据）进行国土开发功能预测、人口预测、产业发展及结构变动预测、资本增长及流动预测、各项需求的预测等，对人口数量和结构、产业总量和结构、环境压力和制约等做到心中有数，再将这些合理地打上"提前量"纳入城建、交通、文教卫体、市政、水利、环卫等方面规划的考虑，从而最大限度避免沉没成本的发生并引导各种要素有序流动与功能互补，提高增长质量、社会和谐程度和发展可持续性。

三、基于要素分类对"多规合一"的内在把握

立足于中国目前所处的中等收入发展阶段，沿经济增长与经济发展这一线索思考，如何通过顶层规划实现供给侧各项要素安排的统筹协调、结构优化，是"规划先行、多规合一"的目标所在。经济增长要素可分为竞争性要素和非竞争性要素，前者包括土地、劳动力和资本，后者则随第三次科技革命的爆发在以往所强调的技

术和制度基础上，增加了信息。除了这些经济增长的动力要素以外，某一经济体发展过程中还存在制约要素，主要包括财政三元悖论制约、社会矛盾制约、资源能源制约、生态环境制约等。顶层规划，显然就是将以上经济增长要素与经济发展制约要素全部纳入系统考虑的一种通过供给管理实现供给侧优化从而促使经济活力最大化的手段。竞争性要素具有效用分割式专享、仅供有限使用的特点：土地要素总量固定、可流转其使用权但不可流动其形态；劳动力要素可流动、有变化，但其变化具有代际特性与职业黏性；资本要素可变化且可流动，但"一女无法二嫁"。特别值得注意的是，在经济增长中，土地要素对经济增长产生贡献的效应往往与交通网络有关，交通网络越发达，土地要素对经济增长做出有效贡献的能量（经济上可量化为"级差地租"）就越大。科技创新与制度供给，则大体或完全属于效用不可分割、受益无竞争性的"公共产品"。随着经济发展，无论采用发展经济学中所强调的弥合二元模式的城乡一体化这一说法，还是采用规划学中所强调的区域性、大都市圈或城市群这一说法，都是体现城市自身形态的升级，而这一升级于经济增长的要素支持效应方面，实际上就是特定国土空间上环境承载能力、多元要素流通能力、合意配置能力等实实在在得到的提升。除了数量增长以外，国内外经济学家持续追踪的研究已经不断印证和揭示着非常竞争性要素的重要作用，以技术、制度和信息构成的非竞争性要素更多决定着质量增长的实现。技术的发明创造即人们所称的创新，其主体正是劳动力（人力资本）要素，在国内外学者对城市的相关研究中不难发现一个共识，那就是人与人思想交流碰撞中产生的智慧火花通常是创新产生的先决条件，而顶层规划下制度的通盘安排实际上决定着这种碰撞产生的概率，信息互联互通的程度则决定着多大范围内的智慧可以出现碰撞和同一范围内的智慧可能产生碰撞的次数。最后，经济发展的相关制约要素则决定着经济增长要素在多大程度上能够顺利发挥作用，顶层规划中应当尽量通过合理的供给侧安排缓解经济增长制约。

我们现所强调的"多规合一"，实际上包括国民经济和社会发展规划、城乡建设规划、土地利用规划、生态环境保护规划以及文教卫体、交通、市政、水利、环卫等专业规划，即专门规划涉及的方方面面。从专项规划上看"多规合一"，城市通盘规划中的交通规划决定着城市的运转效率。由于能够切实缩短空间距离，城市交通规划同时也是都市圈、城市群规划是否能够形成的关键。城市生态环境规划目标在于通过规划实现人工生态、自然生态、环境保护与经济发展的有序组合和平衡，在稳态中实现城市和谐、高效、持续发展。城市生态环境规划在工业化时期，首先是体现制约特征，因为生态环境达标是劳动力再生产和社会成员生存与发展的基本条件，是不能击穿的底线，在后工业化时期，则颇具更高层次追求特征（如人文、生态视角的"望得见山，看得见水，记得住乡愁"）。

四、锁定不同发展阶段每轮顶层规划的主要矛盾

经济社会发展的不同阶段所面临矛盾的紧迫性会有所不同。"多规合一"的顶层规划下，每一轮顶层规划都应当首先锁定解决当时面临的主要矛盾。经济发展实践从国外经验来看，首先应当解决的矛盾就是，在原有产业布局基础上进行均衡性区域规划。就中国现状看，东南沿海以长江三角洲、珠江三角洲为代表的工业地带已然形成，东、中、西部发展不均衡，城乡发展不均衡。顶层规划首先应当考虑的是工业化相对落后地区增长极的培养、工业化中等发达地区城市点的扩大以及工业化发达地区城市辐射力的增强，这势必要求通过国土规划、产业布局规划、交通规划、环保规划及专项规划的合理衔接、合理搭配，形成有效合力。中国广袤土地上，经济发达程度还没有达到所有城市点能够广泛实现便捷连接的阶段，势必要针对工业化程度不同的区域进行规划中重点的区别对待。

针对工业欠发达地区，可启动依托当地资源禀赋建立差别化工业基地的规划项目，工业化水平的提升势必吸引更多人口入驻目标城市，因此目标城市应根据工业、产业发展规划预测未来的人口增长、收入增长，并针对劳动力数量、人口结构及居民收入的预测，有针对性地配以交通、文教卫体、市政、水利、环卫等方面的专项规划。

针对工业化中等发达地区，可启动以几个"城市点"共同带动"城市面"的一体化规划发展。这一轮顶层规划，是基于由几个"城市点"所划定的大区域共同构成"都市圈"，而其最终追求的发展目标则要形成"城市群"式的均衡发展。以中国

现阶段经济社会发展的案例观察，京津冀一体化就是这一阶段必须优化顶层规划的典型。北京"大城市病"已非常突出，其周边的河北地区在全国范围内却在某些方面甚至属于落后地区，显然有协调化、均衡化的必要和可用空间。这一类型的顶层规划，应特别注重"网络"和"网状结构"这一概念的应用和落实。交通运输网络是"一体化"规划中的首要关键，地铁、公路、城际铁路等的供给全面跟进，能够实实在在地缩短附属中心与原城市中心之间的空间距离。就中国目前通信网络、物流网络已然近乎全面建立且正趋健全的状况看，是否能够如愿建立高速便捷的交通运输系统，落实到居民交通成本的降低，是"一体化"式顶层规划能够合意实现的必要条件。空间经济学和制度经济学原理所阐述的交易费用成本和红利，对于原本住在大城市的居民而言，红利是远远大于成本的。此外，就发展经济学所强调的发展和改革释放的红利而言，大城市的居民能够更快、更多、更好地享受，也是人口集中于大城市的重要原因。然而，对于人口已达2300万人以上的北京市而言，城市运转中所面临的问题绝非再建几条环路可以解决，势必要突破现有格局，建立"大首都圈"，以北京市、天津市为点，以外围的河北省为一体，在顶层规划中疏解首都非核心功能，确立卫星城式的"副中心"所在地、所承担职能等，在既有信息网络、物流网络的基础上，首先通过高速交通运输体系的落成提升京津冀区域空间上的整体性，缩短"副中心"、边缘区与主城中心的空间距离。与此同时，应当在"副中心"等区域全面落实国土规划、产业规划、功能区规划、公共交通规划、住宅区规划等一系列规划有机结合的顶层规划，完成新城建设。在这一点上，中国京津冀一体化进程其实颇具与巴西利亚建设相类似的优势，河北地区作为北京和天津两大直辖市的外围，一直以来发展相对落后，固安等连片开发的快速发展与原有开发不足直接相关，也显示了超常规改进的潜力，疏解首都非核心功能给出旧城改建的较大空间有利于科学、合理的顶层规划下城市群综合功能的实现。在新城建设的过程中则应当特别注重为未来发展预留动态优化的空间，同时可在预算约束线以内尽量高水平地加入对建筑设计规划、自然生态规划与人文保护规划的创新。

针对几大片工业化发达地区，应在着力推动产业结构转型、优化升级的过程中灵活掌握因地制宜的都市圈、城市群规划模式，以最大限度提升这些地区的辐射面，提振大都市圈以及大都市圈构成的城市群模式下聚合效应的产生。如前文所述，现代城市的产生和发展是生产力不断集聚的结果，城市在诞生伊始数量少，相互之间影响小，而随着城市自身规模扩大、数量增多，已形成或未形成都市圈的几个甚至更多数量的城市，在地理区位、自然条件、经济条件、贸易往来、公共政策、交通网络等多重作用因子下，会逐步发展形成一个相互制约、相互依存的统一体。中国目前较为典型的城市群包括沪宁杭地区、珠三角地区、环渤海地区等，这些区域已经形成的"一体化"态势，需在进一步发展中高水平制定区域层面贯彻总体发展战略的顶层规划，至少应把在区域内会产生广泛关联影响的产业发展、基础设施建设、土地利用、生态环境、公用事业协调发展等方面的规划内容进行有机结合。

第七节 京津冀一体化协同发展

京津冀一体化协同发展，是很值得理论密切联系实际来探讨的国土开发顶层规划和理性供给管理这一问题的一个代表性案例。可分三个层面来讲。

（一）京津冀协同发展是我国区域发展战略推进中的前沿部署

区域发展战略在中国已有多年探讨和部署，千年之交以后的西部大开发、中部崛起、东北等老工业基地振兴、沿海率先现代化等战略要求，又跟上了各个地方几十个区域发展战略规划经中央级批复，上升到国家战略层面。目前特别注重而主打的区域规划，一个是京津冀，一个是长江经济带，还有一个立足于本土对外的"一带一路"。

在中国改革开放之后，决策层战略思维是要允许一部分地区先富起来，然后推进共同富裕。此过程中，由深圳作为一个突破口而形成了后来广东一带的南部沿海珠三角增长极，以及基于上海及周边产业基础由浦东的超常规开发作为突破口确立的东部沿海长三角增长极。在北方，京津冀协同发展可认为是在中央关于滨海新区的战略意图上的升级版和最新表现。当年关于滨海新区中央下文件的时候可说是寄予厚望的，后取得了一系列进展，但总体来说其成效不尽如人意，整体态势尚未达到在珠三角、长三角之后迅速崛起一个北方强劲新增长极的综合效应。而现在的京津冀协同发展，显然比滨海新区有了更大的覆盖面，是要求在三个行政区打破原有的行政区划局限性这样一个大框架之下，抓住统筹协调来实现中国北方经济增长极和社会与经济协调发展的超常规发展、区域性崛起的战略意图。同时，这也是在"问题导向"之下要解决首都城市病、京津整合不足、河北发展滞后等突出矛盾。

最新的京津冀协同发展的方向现在已经明朗：一个是前几年各方已注意到的北京市各大管理机构要外移到五环以外通州的潞河镇，现在已经表述为"北京城市副中心"。在潞河方案加快建设之后，雄安新区规划浮出水面，这是继深圳经济特区和上海浦东新区之后又一具有全国意义的新区。设立雄安新区，对于集中疏解北京非首都功能、探索人口经济密集地区优化开发新模式、调整优化京津冀城市布局和空间结构，具有重大意义。

按照京津冀整合在一起、以打造雄安新区为现在最重大的带头事项进而形成整个增长极区域的通盘发展，需要把三个行政区划里的产业集群、各个功能区、交通网、环保项目，以及能想到的所有和民生相关的医院、学校、住宅区、社会场所、娱乐设施等，统统放在一个大规划之内。这个大的规划作为现在区域发展战略的带头的前沿事项，显然要求我们抓住历史契机、实现优化整合来支持全局的可持续发展和支持中国的现代化战略目标的实现。

（二）京津冀协同发展迫切需要政府牵头提供高水平顶层规划供给

结合理论密切联系实际的学理审视，我们认为有必要讨论应确立的政府"理性供给管理"这一概念。国土开发规划必须要有通盘的谋划设计，可以简称"辖区顶层规划"，它是要处理经济社会资源配置的空间结构，属于供给侧的规划供给。它的设计和实施过程，正是和需求管理形成了一对概念，也是现在我们要特别注重进一步认识的"供给管理"这一概念下的实现过程。

现代社会的供给管理，已经可以总结一个基本规律：如果说到政府辖区通盘的空间结构、布局怎么优化的问题，很显然已经无法运用市场主体、基层单位的"试错法"来形成合理结构状态。在人类社会早期，没有政府实施有效规划的时候，是分散的主体运用类似于"试错法"的方式形成中心区域的结构状态。比如有人考证现在汉语里讲的买"东西"，就是由东边、西边大家自然而然形成的不同集市而来的基本格局，买东西就是要去这两个方向的集市去买自己生活需要或者生产需要的不同物品。而人类社会走到当下的文明阶段，实际上要求凡是建成区，即城镇概念下的这种区域（当然也包括乡村里的一些聚居社区），必须有一个事先尽可能周到细致的设计和谋划。这可以在学术讨论里更深入地做一些观点比较。一些不同看法的对撞和交锋是有积极意义的。

此前中国两位重量级的经济学者周其仁教授和华生教授，做过几轮的观点交锋，各有非常给人启发的一些观点和论证，但总体来说，我们倾向于华生教授确立的一个从现象形态上必须肯定的基本情况：在人类社会现在一般的建成区的开发中，其实已经存在着一个"建筑无自由"的必然状态——在不动产大兴土木完成建设项目之前，一定要做合规的审批，任何现代经济体已经无法在这方面取消必要的规则。当然，并不应说"无自由"就是绝对的，必须给出一些弹性空间，但是总趋势似乎是此类规则越来越细，包括建筑物的层高、一些特定的技术要求，甚至建筑外观外貌等。

多年前贾康在美国做访问学者时就注意到，美国是市场经济发达的国家，但在城镇建筑方面的控制是非常细致的。当然也有一些弹性的机制。例如，在纽约，在一般的控制之外，如要想把建筑往上增加楼层，一些情况下可以探讨出钱解决的方式，而出钱往往还有竞争机制，叫作买空间的使用权。但总体而言不是自由状态，而是要经过审批的状态。中国现在的开发建设过程中，应是借鉴一切有益经验寻求超常规发展。雄安新区也好，京津冀协同发展也好，大量的建设事项涉及不动产的配置，显然我们需要有一个统领所有这些因素的高水平的通盘设计和谋划。我们认为这就是理性的供给管理所必须形成的供给侧规划支撑，是一个由政府来牵头、要经受历史考验、无法通过试错法形成的供给管理方案。政府必须尽责地牵头做好这种顶层规划。通盘的京津冀涉及的所有和不动产相关的建设事项，在政府尽可能调动高水平的专家团队贡献他们的意见建议，以及尽可能充分地听取民众诉求、引进民间智慧之后，总要有一个拍板定案，然后照此实行，而且按照决策层的说法，要"一张蓝图绘到底"，不能在这个方面再犯明显的错误。这一套做法，即为国土开发事项理性的供给管理。

这方面可多借鉴国际经验。比如，巴黎的下水道如何符合人们现在所说的"海绵城市"要求：即便较大的降水量，巴黎的下水道系统都实际能像海绵一样把水吸收和疏浚、疏散走，据说巴黎城下的下水主管道许多年前就不惜工本地建成卡车都能开进去那样的规模，其四通八达则有通盘的设计。那时候不惜工本把此事做好而管用好几百年，是非常值得现代人深思的。曾听到过一种说法：现在如果从城市面貌看，发达国家和发展中国家区别不大，都是高楼大厦林立，但是一场暴雨之后就可以检验，水很快被疏散、被排走，社会生活秩序不出什么大事的，那是发达国家；而水迟迟排不走、还可能出现事故的，是发展中国家。按照这样一个判断，很显然不要看北京现在建设得如此具有现代气息，但曾经在几年之前一场大雨下来以后，一些主要的立交桥下面因积水变成了淹死驾车人的灾害状态。由此检验出来，我们必须承认北京在管网排水方面的实际水平还是处于发展中经济体的水平，必须尽快改变这样的落后面貌。

京津冀协同发展方针指导下的雄安新区等，显然必须吸取城市规划开发的经验教训，要努力追求高水平。不必讳言，这是对于决策者综合水准和素养的一种历史性检验。专家的意见可能众说纷纭，不同的思路和观点摆出来，最后需要决策集团拍板，总要有这个程序。在实际生活中时不我待需要尽快推进的雄安新区和京津冀协同发展，不客气地讲，就是一次新的历史性考验，希望能够以所有的经验和教训为支持，在规划先行、多规合一的框架之下把整个棋盘的布局谋划好，把各个具体项目像摆棋子一样摆出尽可能高的水平。从这个观察来说，就是要强调理性的供给管理在政府方面的责任，这是不可推托的，但其他非政府主体在这方面的互动和参与，显然也是需要积极考虑的。

(三) 京津冀协同发展开发建设一定要对接 PPP 机制创新

在非政府主体参与方面，从企业和市场主体来说有一个非常重要的视角，即京津冀协同发展设计中包含这么多项目，一定要积极地去对接 PPP，即公私合作伙伴机制的机制创新。

现在中国本土的经验里，已经有北京南边固安由民营企业和当地政府合作、而现在列为国家示范项目的 HX 公司主导的连片开发。HX 公司这个当年并不为人所重视的民营企业，在固安这个过去默默无闻的农业区域与当地政府合作，以企业的相对优势，不惜重金聘请美国规划团队做出全套规划，而与政府积极磋商以后，由政府确认规划，然后企业筹资，市场运作，即由 HX 公司招商引资，与市场对接运作建设出产业新城。这个产业新城把所有的功能区、绿化带、所需要的民生设施全都打包在内，而使固安迅速成为北京南边河北省辖区内的一个明星般的增长极区域。

另外，我们也看到央企在特区之一的汕头，近年已经拉开实施整体部署，以大规划、大资金、大手笔建设濠江区 168 平方公里的滚动连片开发项目，首先以 PPP 方式切入的是要圆汕头人"百年之梦"的海湾中间最开阔地带的海底隧道。一旦这个隧道在 2019 年竣工，整个区域的公交体系就变成全天候的，而不像现在这样出现不良天气、台风频频来袭的时候，海峡左边右边比较窄区域的大桥都必须封闭。如果有了这样一个全天候公交体系的基础设施支撑，原来的产业集群、宜居城市建设等要素，都会被进一步激活，一下子会使汕头的发展上一个新的台阶，乘势再推进滚动、连片开发。和地方政府合作的央企中信地产有战略耐心，要做几十年。一开始建的海底隧道，接通以后交付使用是设计为不收费的，最符合现在的民众诉求和整个社会的"获得感"，后续的该区域大发展的预期由此项目激活后，滚动开发过程中会有不动产不断的溢价升值部分，中信地产和后续由它引入的企业，要在这里面参与分配。这是"在商言商"的视角，但是要有这样几十年的战略谋划和战略耐心。这些给我们的启示是非常值得看重的。

以后京津冀、雄安新区，以及其他的各个功能区，我们认为要把 PPP 的创新从明显缓解政府财政支出压力的融资模式创新，如实地上升到管理模式创新的认识。各方主体把相对优势合在一起，共同控制风险，是一种强强组合，是一个"1+1+1>3"的绩效提升机制，实际上也会使星罗棋布的项目呼应在一起之后，形成由政府牵头必须要负责的社会治理的升级。这个"治理"是明显有别于单纯自上而下的"管理"的，是要把组织和自组织、调控和自调控、管理和自管理融合在一起，更充分地使政府和非政府主体横向互动，激发一切潜力和活力，使这种治理的境界达到十八届三中全会所要求的现代化治理。

在PPP方面大有可为，当然也不能一哄而起，要很好地引入专业的智慧和力量。相关的专业机构、专业团队，以饱学人士的团队身份进入市场和各自专业领域，与政府管理部门和企业一起，面对现在京津冀协同发展的历史机遇，面对着类似PPP创新这样的客观要求，将会大有作为。

第八节 结语：供给侧优化的实现与经济增长潜力、活力释放

以供给管理优化推动"规划先行、多规合一"的顶层规划的功能实现，至少能够从以下五个方面进一步激活中国经济的增长空间：第一，产业布局优化能够通过集聚效应提升要素投入产出效率。第二，城市承载能力的提升能够切实缓解城镇化中"城市病"因素的制约，一方面能够容纳更多生产要素的共存，另一方面能够给予相关生产要素之良性互动的合理空间，从而使全要素生产率的提升成为可能，比如主体功能区的合理配置、产业孵化园区的建设和高新科技的勃兴等。第三，"多规合一"能够消除"九龙治水、各自为政"的低效、不经济弊端，使要素安排更为合理，各项运转费用节省，制度运行成本降低，提升经济社会综合效率，并给予多元化观点碰撞带来创新以更大空间，以更好的环境条件允许市场机制和投资活动充分发挥作用，增进经济活力。第四，优化能源结构、减少资源浪费及减少代际间负外部性。顶层规划能够有效促进能源资源使用结构和方式的优化，最大限度提升前瞻

性并减少能源资源浪费来缓解发展中的能源、资源瓶颈制约，并降低代际间负外部性。第五，减少治理成本、缩小贫富差距及经济社会发展成本的降低。"多规合一"能够实现以更加良好的城乡一体化布局降低社会治理成本，并有助于缩小贫富差距，避免助推收入阶层固化，减少社会安全隐患，提升公民幸福感，等等，以最大限度提升供给体系的能力、质量和效率，减少经济发展中社会矛盾摩擦所带来的负面影响。

第十一章

要素供给与制度创新（之一）

——区域实践谋划：Z市供给侧结构性改革研究

第一节 供给侧结构性改革战略方针及基本要领

现阶段的中国正处在"中等收入"发展阶段到来后，需认识、适应和引领"新常态"的新时期，需力求跨越"上中等收入陷阱"，对接全面小康和伟大民族复兴"中国梦"历史任务，演进中如何顺利走出"中等收入陷阱"的潜在威胁，伴随有国内外一系列矛盾纠结和棘手难题，特别是中国渐进改革"路径依赖"之下制度性"后发劣势"的可能出现，将成为摆在决策层及全体国民面前严峻的历史性考验，并对优化供给环境和机制、形成经济增长新动力机制提出了迫切要求。中央已明确提出并反复强调了"供给侧结构性改革"的战略方针，贯彻中，我们特别需要注重供给侧结构性问题，在"三农"、区域协调、环境保护、社会保障、科技创新、国防、重点建设等方面补短板、优结构，特别是以制度供给、深化改革来解放生产力、化解矛盾累积与隐患叠加，引领新常态，形成中长期可持续发展后劲，各个地区政府辖区，都需要设计推进供给侧结构性改革的"定制化"方案。

一、供给侧结构性改革的核心内涵和基本要领

"供给侧改革"实为在认识、适应和引领"新常态"的新阶段，以攻坚克难的全面深化改革为核心内涵，进一步解放生产力、实现动力机制转换和体系转型的系统工程。作为一个转轨中的发展中大国，追求"追赶—赶超"式后来居上的现代化，大思路定位必然是"守正出奇"，在充分尊重市场的资源配置决定性作用的同时，在政府职能方面有意识地把总量型需求管理与结构型供给管理相互紧密结合。以中国特色社会主义政治经济学学理创新支撑、科学决策和政策优化，在新阶段要以改革为龙头，结构为侧重点，在问题导向之下攻坚克难，调动一切潜力活力因素，解放生产力，实现升级版的发展，继续超常规的现代化赶超。

从概念上讲，"需求"和"供给"是经济社会中相反相成的一对概念，政府的调控职能在于如何实现总需求和总供给的动态平衡。在调控的"技术路线"上，过去就已很清楚地区分为需求管理和供给管理，而现实生活中经验比较丰富、比较成熟的主要是需求管理，它属于总量型，指标是单一可通约的，掌握整个市场中的流动性，以对银根的抽紧或者放松、总需求的抑制或刺激来实施反周期操作。中国改革开放后，特别是邓小平"南方谈话"确立市场经济目标模式之后，也在这方面积累了相对丰富的反周期的需求管理调控经验。但是，中国在认识、适应和引领经济新常态当前的阶段迫切需要构建经济增长的新的动力机制，传统的需求管理的三驾马车框架下，显然所强调的消费、投资和出口需求三大方面分别的认知，只有连通到消费供给、投资供给和出口供给才可能对应地形成各自需求满足的机制和状态，其中包含的就是由需求侧的所谓"元动力"引发供给侧响应、适应机制，即其相关的要素配置和制度安排动力机制的优化问题，这些又必须对接十八大以来的全面改革和全面法治化的通盘部署。

中国所强调的供给侧改革，所要抓住的矛盾主要方面就是有效制度供给与供给体系结构优化，即以改革为统领，解放生产力而打造发展"升级版"，引领新

常态而继往开来。这其中的所谓"守正",就是认识、顺应、尊重和敬畏市场规律,充分发挥其总体而言在资源配置中的决定性作用,所谓"出奇",就是充分认识到并不能简单搬用发达市场经济体的已有经验和我们自己过去的经验,必须以特定国情下特定阶段上的成功创新来支持中国完成从追赶到赶超的现代化全过程。新的历史起点上为继续"大踏步地跟上时代",在推进工业化、城镇化、市场化、全球化、民主法治化趋向下,在改革深水区面临的真问题,就是怎么攻坚克难,怎么把硬骨头啃下来,处理这种经济社会转轨升级的问题,实现升级版是新常态的"常"必须落到的一个境界上,而打造这个升级版最关键的就是创新驱动,以在供给侧以有效制度供给为龙头的三层次创新的结合(生产力和生产关系在供给侧打通的动力体系中,制度创新是"解放生产力"的最关键的创新,它也会打开管理创新和技术创新的空间,技术创新亦会"倒逼"管理创新和制度创新),以有效的制度供给支持结构优化,激活全要素生产率的所有潜力来对接全面小康,连通中国梦。

  以理论创新基本认识引出的基本政策主张,是供给侧改革的着力点。我们所在的中国新供给经济学研究群体,认为可具体概括为:以改革统领全局的"八双"和面对"两个一百年"任务的"五并重",即"八双"("双创、双化、双减、双扩、双转、双进、双到位、双配套")引领我国经济可持续健康发展。"双创"——走创新型国家之路,大力鼓励创业;"双化"——推进新型城镇化,促进产业优化;"双减"——加快实施以结构性减税为重点的税费改革,大幅度减少行政审批;"双扩"——对外开放格局和新的国际竞争局面之下,扩大中国对亚非拉的开放融合,适度扩大在增长方面基于质量和结构效益的投资规模;"双转"——尽快实施我国人口政策中"放开二胎"管制向逐步适当鼓励生育的转变,积极促进国有资产收益和存量向社保与公共服务领域的转置;"双进"——在国有、非国有经济发挥各自优势协调发展方面,应该是共同进步,摒弃那种非此即彼截然互斥的思维,在"混合所有制"的重要概念之下,完善以"共赢"为特征的社会主义市场经济基本经济制度的现代化实现形式;"双到位"——促使政府、市场发挥各自应有作用,双到位地良性互动、互补和合作,尤其看重在公私合作伙伴关系PPP模式下寻求共赢;

"双配套"——尽快实施新一轮"价、税、财"配套改革,积极地、实质性地推进金融配套改革。

"五并重"的基本内容:一是"五年规划"与"四十年规划"并重,研究制定基于全球视野的国家中长期发展战略;二是"法治经济"与"文化经济"并重,注重积极逐步打造国家"软实力";三是"海上丝绸之路"和"陆上丝绸之路"并重,有效应对全球政治经济格局演变;四是柔性参与 TPP 与独立开展经济合作区谈判并重,主动参与国际贸易和投资规则的制定;五是高调推动国际货币体系改革与低调推进人民币国际化并重。以上"八双""五并重"引出的消除供给抑制、放松供给约束的取向,正是对应于十八大以来延续市场化取向下"国家治理现代化"的制度转轨、机制优化的最核心内涵。

针对供给侧五大要素(劳动力、土地与自然资源、资本、科技创新、管理制度),我们提出如下主要的政策建议:

第一,尽快实施我国人口政策中"放开二胎"的转变,从控制人口数量转向优化实施人力资本战略。

第二,积极审慎推动土地制度改革,逐步建立城乡统一的土地流转制度。

第三,全面实施金融改革,积极解除"金融抑制"有效支持实体经济升级换代。

第四,切实以改革为企业经营创业活动"松绑""减负",激发微观经济活力。

第五,大力实施教育改革和创新驱动战略,培育高水平人才,有效建设创新型国家。

供给侧的以上举措,离不开我国行政、财政、国企、收入分配、价格、投资等多方面的综合配套改革。对此,我们亦有合理化建议(参见本书第四章)。

二、Z 市供给侧结构性改革的基本要领:聚焦"全要素生产率"的规划先行

基于供给侧改革的核心内涵是有效制度供给问题这一理解,供给侧改革必须放在统领全局深化改革来解放生产力的命题上。在改革深水区面临的真问题,就是经

济社会转轨的升级版,最关键的是创新驱动,以有效制度供给支持结构优化,激活全要素生产率的所有潜力。从供给侧相关因素看,五大要素(涉及劳动力、土地和自然资源、资本、科技、制度这五项)中的前三项是竞争性要素,在一个经济体实现中等收入水平的过程中,比较容易表现出它们对于发展的支撑力和贡献度,但其后却要转向衰竭。后两项要素的潜力巨大,"全要素生产率"就是主要聚焦于后两项。Z市自1980年成为经济特区以来,依靠电子及通信设备、电子仪器及机械、办公室仪器等主要工业产业实现了较快发展,引进外资带来了技术和管理经验,民间资本日益壮大,2011年人均地区生产总值达8.98万美元(见表11-1、图11-1)。在土地和自然资源开发过程中,无价变有价,低价变高价,形成了物质利益驱动的生机勃勃的超常规发展。在最近发展的这几年,工业转型升级遇到新的问题,先进制造业和高技术制造业的发展还需要新的动力,环境资源约束日益明显,工业等常规投资普遍出现边际收益递减,五大要素前三项都出现了支撑力明显滑坡的问题。引领新常态,必须更多依靠后两大要素的潜力释放,即科技第一生产力和制度改革带来最大红利,这也是提高全要素生产力、对冲下行因素、打造发展"升级版"的最主要的能量来源。

表11-1 某省Z市2011—2015年GDP在全省的情况

年度	Z市GDP（亿元）	某省GDP（亿元）	Z市GDP占比(%)	Z市人均GDP（亿元）	某省人均GDP（元）	GDP排名	人均GDP排名
2011	1403	53000	2.6476	89794	50807	11	4
2012	1504	57068	2.6351	95931	54325	10	3
2013	1662	62164	2.6742	105041	58760	10	3
2014	1857	67792	2.7397	116789	63688	10	3
2015	2025	72813	2.7811	125448	67897	10	3

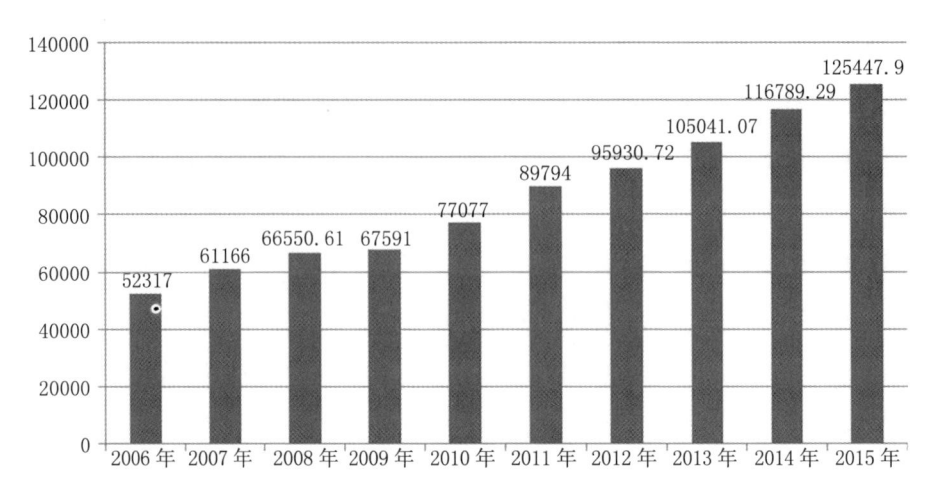

图11-1　Z市2006—2015年人均GDP情况（单位：元）

推进供给侧结构性改革是前瞻性谋划、战略性调整、综合性改革，事关经济全局，事关长远利益，事关未来发展。在供给侧结构性改革中，Z市需要紧紧抓住"供给侧"和"结构性改革"这两个关键点，用改革的办法破解供给侧结构性矛盾。考虑从根本上通过一系列的改革衔接短期诉求与中长期目标，化解制约长期发展和全要素生产率进一步提升的深层制度因素。从地上地下大系统的空间结构入手，通过组织供给、运筹有效供给来处理生产力结构（产业集群、物流条件等）和社会生活结构（功能区、公共服务基础设施体系和不动产配置等）中区别对待和通盘协调问题的解决方案。形成综合要素供给体系必须前置的规划供给，并以其带出立足全局、放眼长远的顶层规划性质的理性供给管理全过程。具体应关注三方面：

（1）抓好必须先行且走向"多规合一"的顶层规划，实现法治框架下的新一轮规划先行、针对结构性问题的顶层规划设计与实施。经济社会是不断发展变化的，所有发展中出现的矛盾和问题不可能通过某一次顶层规划全部解决，势必要通过动态处理结构性问题的多轮顶层规划逐步落实、解决。这就要求法治框架下授权于政府牵头编制的顶层规划，一方面做到避免规划中缺乏前瞻性和提前量导致很快出现严重供给短缺所引发的试错式沉没成本；另一方面做到留有余地和适当弹性空间，可放可收。顶层规划关系一个经济体通盘的经济增长和社会发展，在落实中涉及土地开发利用、生态环境、文教卫体、交通、市政、水利、环卫等各行各业各个方面。经济社会发展尤其是其高速发展进程中,最大程度上避免"试错—改错"巨大社会成本的保障条件,就是"规划先行",所有项目建设都应当建立在具有前瞻性、力求高水平的辖区通盘国土开发科学规划基础之上。

(2) 锁定当下不同发展阶段新一轮顶层规划的主要矛盾。"多规合一"的顶层规划下,每一轮顶层规划都应当首先锁定解决当时面临的主要矛盾。从国外经济发展实践经验来看,首先应当解决的矛盾就是,在原有产业布局基础上进行均衡性区域规划。Z市当下应当考虑的是重点定位地区(如某新区高端服务业)增长极的培养、工业化发达区域转型升级的进展等关键问题,势必要求通过产业布局规划、交通规划、环保规划及各有关专项规划的合理衔接、合理搭配,形成有效的合力。在重点定位地区,可启动依托当地资源禀赋建立差别化产业规划项目,工业化水平的提升势必吸引更多人口入驻目标城市,因此应根据工业、产业发展规划预测未来的人口增长、收入增长,并针对劳动力数量、人口结构及居民收入的预测,有针对性地配以交通、文教卫体、市政、水利、环卫等方面的专项规划。也可启动以几个区域共同带动"城市面"的一体化规划发展,最终形成以"产业集群"为支撑"升级版"式的均衡可持续发展。

(3) 把握"多规合一"内在联系逻辑。供给侧改革的"多规合一",实际上包括社会发展规划、城乡建设规划、土地利用规划、生态环境保护规划以及文教卫体、交通、市政、水利、环卫等专业规划,即专门规划涉及的方方面面。比如,城市通盘规划中的交通规划决定着城市的运转效率。由于能够切实缩短空间距离,城市交通规划同时也是产业集群、产业链是否能够合理设计的关键所在。城市生态环境规划目标在于通过规划实现人工生态、自然生态、环境保护与经济发展的有序组合和平衡,在稳态中实现城市和谐、高效、持续发展。这种城市生态环境规划在工业化时期,首先是体现制约特征,因为生态环境达标是劳动力再生产和社会成员生存与发展的基本条件,是不能击穿的底线,在后工业化时期,则颇具更高层次、人文、品位追求的特征。

三、要把"三去一降一补"放在供给侧结构性改革整体逻辑关联之内

在"四个全面"总体布局新时期，攻坚克难地从增加有效供给角度实施制度创新供给和结构优化，衔接从短期到中长期目标的运行调控。因而供给管理的手段，既需注重充分地尊重和敬畏市场，又要理性地、"守正出奇"地引导和建设市场，以经济手段为主，与深化改革优化制度供给紧密结合，进一步解放生产力、构造"又好又快"发展的持续动力源。在包括制度供给、规划供给、政策供给、投融资的供给、科技的供给、人才的供给、资源的供给和环境的供给等方面找到工作对接的切入点，抓好主要矛盾，实施针对性对策。

"三去一降一补"放在供给侧结构性改革整体逻辑关联之内，意味着要在抓住切入点的同时，正视我们以攻坚克难的改革带动整个供给体系质量效益提高、进一步解放生产力的复杂性，又要落在整个供给体系通过结构优化而总体质量与效率的提高上。

第一，"去杠杆"。国家实现全局的去杠杆并不排除局部的加杠杆，而且局部的加杠杆一定是要求"理性供给管理"的结构性加杠杆。需要以一种理性的供给侧的管理方案来设计，以求达到优化结构、从而也服务于降低总体杠杆风险程度的意愿。货币供应量的去杠杆主要是从宏观角度、从间接调控来说，Z市在这方面要理性处理好怎么样以必要的结构性加杠杆来顺应全局去杠杆，从而贯彻好本地发展战略的问题，同时防范部分企业负债率高杠杆的可能风险。

第二，"去产能"。现在必须聚焦的，其实是要去除落后产能，并找到替代的新动力机制，必须处理好产业结构问题，实际上直接对应于打造升级版。所谓过剩产能，可以通过一些创新机制（比如PPP）转为有效产能。发展实体经济产业集群、产业链时，可以连片开发，项目包等形式吸引已雄厚起来的民间资本、社会资本包括外资一起来做，一系列正面效应不仅包括利用过剩产能，更包括缓解政府未来长时期为城镇化和老龄化压力之下的财政支出压力，使老百姓得实惠而且实惠可持续，落实共享发展，并对接混合所有制改革，以及必须推进的法治化、民主化制度建设，

是一种对全面法治化的倒逼机制和催化剂。

第三,"去库存"。去库存主要针对的是房地产,而房地产要结合制造业发展与整个 Z 市发展战略问题通盘考虑。当前房地产业在 Z 市 GDP 中分量很重,在解决房地产问题时,必须注意不是简单依靠已有的商业性消费信贷、商业性的融资支持,还必须处理好"政策性加杠杆"的合理化问题,把一些房地产库存,从原来的"存"的状态转为"用"的状态。在基本的房地产供给方面,要坚持优化双轨统筹,在"保障轨"托好底(主打就是公租房和共有产权房),解决好农民工的迁移问题以及"夹心层"居住问题,使其在城镇中"住有所居"从而形成与他们的需求所对应的供给(即低端和收入夹心层都能"住有所居",而且体面、有尊严)。另一"市场轨"则要求绿色宜居宜业的引导政策配套,以市场公平竞争机制为主,配合 Z 市产业升级,与商业地产、工业地产等相互呼应,形成相关房地产资源配置优化局面。

第四,"降成本"。从政府角度来说,企业自己努力可降的成本无须过多由政府操心,真正需要政府发力的降成本,一定要针对制度性成本。在制度性成本里,税收上已经在做一系列的减税改革,但税收之外的非税收入这方面的成本,比如各种各样的行政性收费,以及社保体系的"五险一金",还有降的空间和必要,特别是隐性的成本,是需要综合配套改革才能覆盖和解决的问题,制度安排层面深刻变革的取向是坚定不移地市场化,但又不能简单限于或止步于市场化概念下的作为。政府要创造公平竞争的环境,让市场环境运作过程当中,通过公平竞争使企业可以做到极致,使有效机制可以良好运行。截至目前,"行政审批制度改革"显然已经涉及更深层的系统性体制性问题层面,要从"减少审批项目的数量"推进至"真正使审批合乎质量要求",真正达成法治化、系统化、标准化、信息化、协同化、阳光化,就应考虑结合"大部制"改革,实现政府职能机构协调联动的精简瘦身消肿。除了提高行政法治程度,顺应精简机构的要求之外,更要扩充动态优化设计,择时启动"大部制"框架下行政审批的国家标准化工作,联通"规划先行、多规合一"相关工作的开展。

第五,"补短板"。供给侧结构性改革和供给体系质量效率提高,在补短板方面的原则是非常鲜明的：它一定是要解决结构问题，而这个结构问题在具体分析基础上的对策，必须"对症下药"，既要全面推进，更要突出重点，抓住关键。供给侧的补短板强调因地制宜、因企制宜、因水平制宜，抓好加强生态环境保护、产业转型升级、补齐软硬基础设施，提高协调发展、绿色发展、共享发展水平，不断改善供给的结构、质量和效率，从而实现发展升级版。

第二节　Z市现阶段"三去一降一补"的基本情况、重点任务和对策

一、Z市现阶段"三去一降一补"的基本情况

推进供给侧结构性改革，是党中央、国务院做出的重大战略决策，是适应和引领经济发展新常态的重大创新，是推动经济发展方式转变和经济结构战略性调整的关键举措。"去产能、去库存、去杠杆、降成本、补短板"，是当前推进供给侧结构性改革的重点和抓手。Z市根据当地的实际情况，扎实推进供给侧结构性改革"三去一降一补"的五大改革任务。

（一）Z市现阶段"三去一降一补"的行动计划

为贯彻落实中央、某省关于供给侧改革的决策和部署，Z市2016年4月在某省率先出台了《Z市供给侧结构性改革总体方案（2016—2018年）及五个行动计划》，明确了供给侧改革的目标任务、工作措施、时间安排、责任分工和督察机制，建立了由市领导牵头负责的协调工作机制；随后，由市发改局、市科工信局、市财政局、市住规建局、市金融工作局5个牵头部门分别印发"去降补"2016年工作方案，提出了当年"去降补"的目标任务和保障措施。

(二) Z市现阶段"三去一降一补"的进展情况

目前，Z市"三去一降一补"各项工作正有序推进，并取得了阶段性成效。

从去产能来看，通过积极采取深入推进"三清"（清理用地、清理政策、清理项目）、分类处置"僵尸企业"、淘汰落后产能和化解过剩产能、遏制产能盲目扩张、推动地区产能梯度转移、加强国际产能合作等措施，截至2016年7月底，Z市实现18家国有企业关停出清，完成年度目标17.6%；10家国有特困企业脱困，完成年度目标66.7%；企业对外投资5.95亿美元，完成年度目标132.2%；Z市与某地合作共建产业园工业增加值共计64.4亿元，完成年度目标35.8%；6个项目向该省东西北转移，完成省下达年度目标30%。

从去库存来看，受利好因素影响，Z市房地产市场处于需求旺盛时期，去库存压力不大。截至2016年7月底，全市完成房地产开发投资349.43亿元，同比增长40%。新建商品房屋交易登记面积344.22万平方米，增长115.58%，其中住宅交易登记322.12万平方米，增长121.47%。商品住宅库存面积约为420.38万平方米，去化周期约为10个月，低于本市设定的16个月控制目标值。

从去杠杆来看，通过采取加强监管预警、加快处置不良贷款、严厉打击非法集资、推动直接融资发展、着力优化信贷结构等一系列措施，截至2016年6月末，地方法人银行机构杠杆率达到银监会规定的4%的监管最低要求；小额贷款公司没有外部融资行为，杠杆率接近1；融资担保行业放大倍数为2.87，小于10倍杠杆的监管要求；全市25家证券公司分支机构、3家期货公司分支机构的杠杆率控制在合理水平，50家保险公司分支机构的偿付能力正常；全市银行业机构不良贷款余额73.18亿元，不良贷款率为2.06%，高于全省平均水平0.51个百分点。通过去杠杆、促融资、防风险，全市金融业保持了较快发展势头，上半年金融业增加值79.59亿元，同比增长11.2%，占GDP比重为7.8%。

从降成本来看，2016年上半年全市共计降低企业成本34.6亿元，完成年度目标45.18%（见表11-2）。其中，通过全面清理规范涉企收费、清理规范行政审批中介服务事项及服务收费、规范涉企经营服务性收费等措施，降低制度性交易成本1.05

亿元；采取合理调节最低工资标准增长、加强公共就业服务、提升企业劳动力技能水平以及失业保险稳岗补贴等措施，降低人工成本 1.19 亿元；借助推进营改增全面扩围、落实降低制造业增值税税负政策、落实小微企业一揽子税收优惠政策、落实高新技术企业优惠政策等，降低税负成本 17.63 亿元；运用适当降低社会保险费率、妥善处理养老保险欠费历史遗留问题、降低住房公积金缴存比例等手段，降低社会保险费（含住房公积金）1.57 亿元；运用政策性产业基金减轻企业资金压力、通过支持企业增加技术改造和研发创新投入等，降低财务成本 9.09 亿元；通过调整电、气价格以及盘活工业用地存量等，降低电力等生产要素成本 3.998 亿元；通过鼓励创新运输方式、出台电子商务物流扶持政策、构建全市物流信息平台等措施，降低物流成本 0.07 亿元。

表11-2　2016上半年Z市降成本任务完成情况表

降成本项目	年度目标任务（亿元）	实际完成任务（亿元）	目标任务完成进度（%）
降低制度性交易成本	5.68	1.05	18.49
降低人工成本	1.4	1.19	85.00
降低税负成本	27.9	17.63	63.19
降低社会保险费（含住房公积金）	6.8	1.57	23.09
降低财务成本	28.6	9.09	31.78
降低电力等生产要素成本	2.1	3.998	190.38
降低物流成本	4.1	0.07	1.71
合计	76.58	34.6	45.18

资料来源：根据《Z市供给侧结构性改革总体方案（2016—2018年）》及相关部门提供的资料整理计算而得。

从补短板来看，2016年1—7月，各项工作顺利推进。①新一轮农村电网改造升级累计完成投资5.2亿元（其中农村电网建设投资2.7亿元，农村配网项目可研2.5亿元），完成年度投资计划的64.2%，提升了农村配电网供电能力。②天然气主干管网建设累计完成投资 0.45 亿元，完成年度投资计划的 15%，累计完成 31.6 公里市政燃气管道建设（东部 6.1 公里，西部 25.5 公里），完成计划的 45%，扩大了天然气主干管网覆盖面。③新一代信息基础设施建设工程累计完成投资 7.52 亿元，完成年度投资计划的 75%，提高了信息基础设施与中高端发展需求相适应的水平。④新能源汽车充电设施建设工程累计完成投资 0.123 亿元，完成年度投资计划的 5.59%，加快了新能源汽车充电设施建设的步伐。⑤地下管网已开始某新区第三通道综合管廊（管廊长度 2.8 公里）建设，完成计划的 11.2%，城市综合管廊建设全面开展。⑥交通网络建设不断加快，交通基础设施项目、市政基础设施项目相继完成投资，其中，高速公路工程累计完成投资 3.6 亿元，完成投资比例的 28.94%；城际轨道交通工程——Z 市市区至机场城际完成投资 6.21 亿元，完成年度投资计划的 46%；某航工程累计完成投资 11.53 亿元，完成投资比例的 93.36%；普通公路工程累计完成投资 0.0985 亿元，完成投资比例的 8.91%；公共交通工程累计完成投资 2.68 亿元，完成投资比例的 38.02%。⑦水利基础设施建设进一步完善。城乡水利防灾减灾工程，累计完成投资 1.87 亿元，完成年度投资计划的 71.92%，目前本市海堤达标率为 81.7%，已超过全省 50% 的平均值；城镇供水工程累计完成投资 0.5 亿元，完成年度投资计划的 10.42%。⑧环境污染治理力度逐步加大。生活垃圾无害化处理工程累计完成投资 1.4 亿元，完成年度投资计划的 51.9%；污水处理设施工程累计完成投资 3.8 亿元，完成年度投资计划的 76%；城市黑臭水体治理累计完成投资 0.29 亿元，完成年度投资计划的 58%。⑨积极推进现代化教育事业发展，加快实施高层次人才计划。加强义务教育，上半年新开工建设中小学各两家；深化市校战略合作，与大学签订战略合作协议，新引进各类高端产业人才 47 名、新增"千人计划"专家 8 名、新引进院士（发达国家院士）2 名、新招收培养博士后 8 名，进度比例超过 40%。⑩大力推进城乡协调发展。旧城更新累计完成投资 26.03 亿元，完成年度投资计划的 86.71%；新农村建设方面，累计完成投资 1.6 亿元，完成年度投资计划的 53.27%；基层文化基础设施建设方面，累计完成投资 0.56 亿元，完成年度投资计划的 21.46%；基层医疗卫生建设方面，累计完成投资 0.3 亿元，完成年度投资计划的 37.5%，全市千人医疗床位数超过 4 张，超额完成年度目标；编制养老服务规划和加快养老服务业发展的实施方案。

表11-3　2016年1—7月Z市补短板投资任务完成情况表

序号	补短板项目		年度投资计划（亿元）	实际完成投资（亿元）	年度投资计划完成进度（%）
1	农村电网改造升级工程		8.1	5.2	64.2
2	天然气主干管网建设工程		3	0.45	15
3	新一代信息基础设施建设工程		10	7.52	75.2
4	新能源汽车充电设施建设工程		2.2	0.123	5.59
5	地下管网建设工程		1.1	0	0
6	交通网络建设工程	高速公路建设工程	12.3	3.56	28.94
		城际及城市轨道交通工程	13.5	6.21	46
		港航工程	12.35	11.53	93.36
		普通公路建设工程	1.106	0.0985	8.91
		公共交通工程	2.68	1.019	38.02
7	水利基础设施建设	城乡水利防灾减灾工程	2.6	1.87	71.92
		城镇供水工程	4.8	0.5	10.42
8	环境污染治理	生活垃圾无害化处理工程	2.7	1.4	51.85
		污水处理设施工程	5	3.8	76
		城市黑臭水体治理	0.5	0.29	58
9	现代化教育示范市建设	业务教育工程	7.5	0.82	10.93
		提升西部及海岛教育发展	1	1	100
		深化市校战略合作	24.84	0.52	2.09
10	城乡协调发展	旧城更新工程	30.02	26.03	86.71
		新农村建设	3	1.598	53.27
		基层文化基础设施建设	2.6	0.558	21.46
		提升医疗卫生服务水平	0.8	0.3	37.5

资料来源：根据《Z市供给侧结构性改革补短板行动计划（2016—2018年）2016年工作方案》及相关部门提供的资料整理计算而得。

（三）Z市现阶段"三去一降一补"面临的困难与问题

尽管Z市供给侧改革总体进展顺利，"三去一降一补"也取得了阶段性成效，但"三去一降一补"仍然面临着不少困难和实际问题。

（1）去产能方面。目前，Z市国企"僵尸企业"出清重组工作进度仍然缓慢，国有"僵尸企业"处置存在困难。部分国有僵尸企业产权不完整，无税务登记，资产不清晰，属于历史遗留问题，很难追溯，无法进行清算。部分国有"僵尸企业"营业执照已被工商部门吊销，无法进行清算。部分"僵尸企业"资料缺失、法人代表和股东无法联系、注册资本金不到位等，难以完成工商注销。部分国有"僵尸企业"欠缴税费和负有大量金融债务，清退时难以办理完税证明和银行账户销户，需要研究完善相关处置政策。此外，国有"僵尸企业"数量较多，涉及债务、税费、司法费用等多方面支出，所需资金缺口较大。

（2）去库存方面。Z市房地产业的去库存主要应在商业地产上着力。相关的现存问题，一是房地产开发投资在全社会固定资产投资中占比较大，不利于良性经济增长机制的形成。房地产开发投资占比近年来基本在35%以上，2016年1—7月达到46%（同期全省占比为34.07%，全国为18.42%）。由于房地产行业除受市场调节机制的影响外，还直接受国家宏观调控政策的影响，这就为Z市经济发展增加了不确定性。二是市外和涉外人士在Z市的购房群体中所占比例较大。据统计，2016年1—7月，在Z市购房的非户籍居民占59.1%。三是受城市环境、区域位置和整体市场因素的影响，今年Z市房价增长较快，高房价有可能会过早、过度地透支Z市未来的发展前景，打乱Z市既定的城市发展和产业发展路径，甚至会丧失城市竞争力和可持续发展力。

（3）去杠杆方面。一是由于缺乏证监会、保监会的分支机构，开展市内证券期货业、保险业金融机构去杠杆、防风险工作缺乏有力的主体。二是结合Z市创新驱动发展现状，科技型企业普遍存在融资难的问题，鉴于绝大部分科技创新项目处于初创、成长期，难以达到在资本市场融资的要求，银行贷款还是主要融资渠道，因此控制企业杠杆率与Z市这一现状存在一定矛盾。三是金融风险，尤其是涉众型金融风险呈现防范难、查处难、化解难的特点，其原因是三个"不匹配"：新兴金融业态监管机制和制度建设与新兴金融业态的发展不匹配；地方金融监管力量配置与新兴金融发展速度不匹配；公众金融投资的低风险意识与新兴金融业的高风险不匹配。四是经济下行期企业生产经营压力持续加大，银行业金融机构的信用风险相应增大。

（4）降成本方面。由于种种原因，部分降成本任务进展偏慢，有待加快。根据2016年上半年数据对比各项任务全年目标，目前有落实国家和省全面清理规范涉企行政事业性收费减费、降低企业融资成本、降低社会保险费（不含住房公积金）、利用"四位一体"融资平台减少中小微企业融资成本等几项任务进度偏慢，如表11-4所示。

表11-4　Z市部分降成本任务进展情况表

降成本任务项目	责任主体单位	全年目标任务（亿元）	目前完成（亿元）	目标任务完成进度（%）
全面清理规范涉企行政事业性收费减费	市财政局	4.5	0.75	16.67
降低企业融资成本	市金融工作局	20	0.35	1.75
降低社会保险费（不含住房公积金）	市人社局	6.1	1.56	25.57
利用"四位一体"融资平台减少中小微企业融资成本	市科工信局	0.65	0.1	15.38
取消普通公路车辆通行费	市财政局	3	0	0

资料来源：根据Z市相关部门提供的资料整理计算而得。

（5）补短板方面。一是项目前期审批慢。如Z市特殊教育学校扩建职业康复楼时，仅财政投资预算审批就用了86天，导致开工时间推迟3个月。二是相关各方协调难度大。如综合管廊建设涉及规划调整、投融资、土地开发、道路建设等诸多行业领域，因协调难度大，整体进度缓慢；再如农村电网改造，各级规划部门办理规划报建要求不一，导致规划报建难，推进协调难度大。三是基础设施投资推进较慢，东西交通存在瓶颈制约。上半年基础设施投资完成117.96亿元，同比下降43.0%，重点项目计划中基础设施项目投资落后时间进度7.9个百分点。规划中多条东西通道桥梁、高速路等重大交通项目前期工作时间长，开工时间难以保证，对加快东西部地区协调发展造成影响。

二、Z市现阶段"三去一降一补"的重点任务

(一) 去产能的重点任务

积极稳妥处置"僵尸企业",重点突出处置国有"僵尸企业",大力淘汰落后产能和化解过剩产能,加快推进产业转型升级。具体包括:①建立"僵尸企业"数据库;②分类处置"僵尸企业",完善市场机制,促进企业规范退出;③妥善安置"僵尸企业"职工;④加快淘汰落后和化解过剩产能,遏制产能盲目扩张;⑤加快产业梯度转移;⑥加强国际产能合作。

(二) 去库存的重点任务

逐步构建多层次、全口径住房保障体系,积极促进城市公共服务设施和基础设施均等化,改善居民居住环境,促进房地产市场平稳健康发展。具体表现为:①进一步明确深化住房制度改革方向,建立购租并举的住房制度;②合理控制土地出让节奏,改善商品住房供需关系;③完善交通和公共服务设施配套,促进区域间房地产市场均衡发展;④推进房地产信息化建设,建立数据监测平台;⑤重点推动商业地产的去库存。

(三) 去杠杆的重点任务

加强金融监管和监测预警,积极防范和稳妥处理各类金融风险,有效化解地方政府债务,促进金融有效服务实体经济发展。具体体现在:①全面开展去杠杆风险排查,分析研判去杠杆可能造成的风险和影响,确定重点领域、关键环节的"风险点",研究应对措施,制定防范化解风险的预案;②强化监测预警,切实加强监管,防范化解地方金融风险;③加快处置不良贷款,提高金融资产质量;④着力优化信贷结构,降低企业融资成本;⑤推动直接融资发展,有效服务实体经济。

(四) 降成本的重点任务

加快市场化的资源性产品价格改革,以降低企业生产要素成本为重点,提高资

源配置效率，打好政策"组合拳"，有效降低企业制度性交易、人工、税负、社会保险、财务、生产要素以及物流等成本。最为关键的是降低制度性成本，具体包含以下诸方面：①严格落实国家和某省全面清理规范涉企收费措施，积极推进部分国家规定涉企行政事业性收费市级及以下收入减免工作；②加快落实省定涉企行政事业性收费"零收费"；③实行涉企行政事业性收费目录清单管理；④清理规范行政审批中介服务事项和服务收费；⑤规范涉企经营服务性收费；⑥坚决取缔对企业的乱收费，避免政出多门，层层盘剥。

（五）补短板的重点任务

加快水电气路、新一代信息基础设施、新能源汽车基础设施、城市地下管网、城际交通基础设施互联互通、水利基础设施、生态保护和环境治理、新型城镇化等建设，加大投资于人的力度，提高投资的有效性和精准性。具体包括：①开展农村地区"低电压"治理，提升农村配电网供电能力；②推进天然气主干管网建设，完善全市天然气管道设施建设；③加快新一代信息基础设施建设；④加快电动汽车充电设施建设，形成布局合理、便捷高效的充电设施网络；⑤推进城市地下管网建设，争创海绵城市样板工程；⑥加快交通基础设施建设步伐；⑦加强水利基础设施建设，提高水利防灾、减灾和水利安全保障能力；⑧提升城市环境污染治理水平，打造山青水净天蓝的生态环境；⑨推进现代化教育示范市建设，打造面向全球的人才高地；⑩加快新型城镇化步伐，构建城乡协调发展格局。

三、Z市"三去一降一补"重点任务的对策分析

（一）Z市推进"去产能"任务的对策建议

一是按照年度工作方案和目标，扎实推进"僵尸企业"处置工作。重点推进国有"僵尸企业"处置。落实工作联络、周工作例会和日常工作制度，国有"僵尸企

业"处置工作领导小组定期召开工作会议,通报推进相关工作的情况,交流工作经验和做法,沟通出清"僵尸企业"工作中遇到的困难和问题,协商工作意见和建议。推进非国有规模以上工业"僵尸企业"处置,强化各区主体责任,定期跟踪各区"僵尸企业"数量变化及"僵尸企业"处置进度,采用市场化退出、并购重组、扶持发展等方式,确保按照时间节点妥善完成"僵尸企业"处置任务。

二是部门协同,形成处置"僵尸企业"的合力。工商部门开设"僵尸企业"工商登记"绿色通道",对列入"僵尸企业"名单的企业,优先办理,加快推动"僵尸企业"市场出清。税务部门强化兼并重组业务后续管理。严格按照48号公告建立企业重组后续管理台账,及时跟踪和管理企业兼并重组业务,依照上级部门规定做好特殊性重组统计工作,及时关注跟踪并适时介入开展管理工作,提高企业申报准确性和税收遵从度。

三是妥善处理国有"僵尸企业"职工安置工作。继续做好职工处置方案审核、经济性裁员备案,加大指导力度,督促企业按照国家有关法律法规和政策规定研究制定并落实职工安置方案,确保职工安置政策到位、资金到位、服务到位。落实"僵尸企业"职工社会保障待遇。对符合条件并申领失业保险金的"僵尸企业"下岗职工,及时发放失业保险,保障下岗职工基本生活。大力推进劳动力技能晋升培训,积极帮助"僵尸企业"下岗失业职工实现再就业。

四是加大"走出去"服务力度,加强国际产能合作。做好本市企业的走出去服务工作。推进与"一带一路"沿线及其他不发达国家地区的合作,重点开展基础设施、建筑建材、轻工产品、海洋渔业、旅游文化等产业领域的并购投资,同时重点推进与海外国家的合作。

五是加强监督管理,遏制产能过剩。严格执行《Z市产业发展导向目录》,对产能过剩行业新增产能项目,不予办理土地供应、安全许可和备案等相关业务。对违法排污、不具备安全生产条件的企业(设备或生产线),责令限期整改,经整改仍不符合安全条件的,依法关闭或取缔。

(二) Z 市推进"去库存"任务的对策建议

（1）进一步明确 Z 市房地产业的发展思路和总体目标。

为贯彻落实中央经济工作会议精神和省委、省政府关于推进供给侧结构性改革的决策部署，切实做好 Z 市供给侧改革去库存工作，根据《某省供给侧结构性改革去库存行动计划（2016—2018 年）》和《Z 市供给侧结构性改革去库存行动计划 2016 年工作方案》的具体要求，认真推进去库存各项工作，维护房地产市场的健康、稳定发展，Z 市房地产业的发展思路和总体目标，应紧扣 Z 市是口岸核心城市，具有独特、宜居的地理环境和良好规划布局的实际，紧紧围绕市委、市政府的工作部署，建立完善房地产市场平稳健康发展长效机制，通过多方面努力，实现 Z 市房地产业生态宜居、布局合理、结构协调、供需平衡、优质安全、配套完善、规范和谐的发展思路和总目标。

（2）坚持房地产市场供应和住房保障的协调发展。

第一，加快推进住房保障货币化改革，构建 Z 市特色的保障性住房建设和市场供应。以保障和改善民生、营造良好投资营商环境为基本出发点，将抓好住房保障和市场供应体系建设作为实施新型城镇化战略、建设宜居城市、推进新城新区开发建设的重要工作，坚持政府主导、社会参与、适度保障的原则，建立满足群众多层次居住需求的住房供应体系，积极促进房地产市场的平稳健康发展，建立、完善符合 Z 市实际的房地产市场平稳健康发展的长效机制。

各区加快制定棚改货币化实施意见，采取提高货币化安置奖励标准、协助群众购买安置住房等措施，引导棚户区改造居民选择货币化安置；加大住房补贴发放力度，通过利用社会住房作为公共租赁住房房源等措施，推进住房保障和市场供应体系建设，确保住房保障与房地产市场统筹规划、协调均衡发展，构建 Z 市特色的住房保障体系。

第二，积极探索建立购租并举的住房制度。抓好"保障"和"市场"，不断完善以公共租赁住房为主的保基本、宽覆盖、多层次、可持续、能循环的住房保障体系。继续提高住房公积金个贷率，支持缴存职工购买首套和改善型自住住房，落实关于放宽提取公积金支付房租的相关政策，落实国家对公共租赁住房建设和运营免征房产税等政策，构建"先租后买、购租并举、梯度消费"的住房制度；鼓励发展以住房租赁为主营业务的专业化企业，鼓励物业服务企业兼营住房租赁业务，按照"低端有保障、中端有支持、高端有市场"的保障原则和支持"合理自住需求"的市场调节原则，加快推进住房保障和市场供应体系建设，处理好住房保障与房地产市场发展的关系，确保住房保障与房地产市场统筹规划、协调均衡发展，充分发挥住房保障稳定经济、改善民生和房地产市场分类配置、促进增长的作用。

（3）配合供给侧结构性改革总体方案和去库存行动计划，多措并举，努力提升城市宜居宜业品质，吸引、鼓励有效需求。

第一，加快实施新型城镇化战略，抓紧完善主城区外围地区交通和公共服务设施的配套，推进新城新区的开发建设。以Z市"十三五"总体规划为引导，加快完善中心城区外围地区的交通、教育、医疗、文化、体育等公共配套设施建设，促进多功能土地用途开发，进一步优化"三旧改造"的政策，均衡Z市的房地产开发类别和规模。

第二，进一步优化人才政策。培养和引进引领Z市创新驱动产业发展和占据科技前沿的研发创新类的人才，完善以医疗保险和养老保险为重点的社会保障制度，逐步扩大对各类人才的社会保障覆盖面，更好地吸引更多的人才，鼓励他们到Z市安居置业，助力Z市创新驱动产业的发展。

第三，引导房地产开发企业提高房地产项目的规划建设水平。加大推广使用新工艺、新技术、新材料的力度，采取有效措施切实提高建筑设计水平，严格建筑工程质量监督和管理，实行优质优价，为社会提供"质价相符"的精品楼盘、放心楼盘。

第四，进一步将社区建设与住宅小区物业管理工作有机结合，不断提高Z市的物业管理总体水平，从完善公共设施配套等"硬件"建设，到提高城市管理、服务水平等"软件"配套，进一步提升Z市的宜居、宜业品质，引导房地产市场发展适应城市发展和产业发展，吸引、鼓励市场有效需求，促进产城融合。

（4）进一步加强房地产市场监管，规范房地产市场秩序。

第一，规范房地产开发建设、经营行为和房地产市场秩序。严格依照法律法规和Z市即将实施的《Z市房地产开发企业信用信息管理办法》，积极采取有效措施，进一步加强对土地供应、规划审批和施工许可后的跟踪服务和监督，规范开发企业诚信经营；严格履行土地出让合同，保证配套建设的保障性安居工程及教育、医疗卫生等公共服务设施、基础设施，与商品住房同步规划、同步建设、同步交付使用。

第二，进一步强化对商品房预销售许可和预售资金监管。推进"商品房预售监管系统"的建设，设定预售网签时间，设定销售实时监测，通过信息系统监督平台，促使市场可售房源公开透明，从源头遏制"囤货待涨""捂盘惜售"等容易导致恶意炒房的行为，维护市场的健康稳定。

第三，国土、金融等部门发挥土地供应调节和金融服务等作用，合力维护房地产市场的健康稳定。

为平抑热点区域的高房价，国土部门合理控制土地出让节奏，平抑房价，防止区域分化拉大或出现区域过热现象，积极引导房地产开发企业提高房地产项目的规划建设水平；为有效遏制市场恶意炒楼行为、减少和杜绝市场上利用各种名目、手段进行"非法集资"的风险，金融部门、银行系统应围绕市委、市政府的统一部署，密切关注市场运行情况，发挥金融监测、调控和服务作用，从首套房认定标准、房贷首付比例、二套房贷政策、公积金政策等方面进行政策储备，防止房地产市场过热，合力维护市场的健康、稳定。

第四，进一步理顺住房管理体制，整合政府管理资源，完善房地产管理机构。设立房地产行政执法队伍和房地产信息研究、市场监测专业机构，增强政府对房地产业调控和监管的力度，为Z市房地产业的持续健康发展提供体制保障。

第五，正确处理好房地产业发展与Z市经济社会发展的关系，正确引导社会舆论。始终坚持经济发展与人口、资源、环境相协调的可持续发展的理念，正确处理好局部与整体、眼前与长远的关系。各级政府、各部门、媒体要加强房地产法律、法规和政策的宣传，加强正确的舆论引导，客观、公正地报道房地产市场情况，宣传、推介Z市的投资和居住环境、城市发展前景，继续打造宜居宜业的城市形象，促进Z市房地产业的健康、稳定、可持续发展。

（5）充分发挥规划的"龙头"作用，合理调整房地产发展布局和开发结构。

第一，切实做好住房发展"十三五"规划，促进Z市房地产市场持续健康发展。结合实际，务实编制Z市住房发展"十三五"规划，贯彻落实市委、市政府实施新型城镇化战略和宜居宜业城市建设战略以及推进新城新区开发建设的战略目标，以规划为引领，积极推动Z市住房供给侧结构性改革，构建符合Z市实际的、满足群众多层次居住需求的住房供应体系，促进Z市房地产市场健康持续发展。

第二，以规划为引领，进一步优化Z市的房地产发展布局和开发结构。结合主城区和新城新区各区域的人口密度、产业结构以及与之相适应的交通、教育、医疗、文化、体育等公共配套设施的匹配性，分区域定位和规划。通过不断优化调配全市土地资源，分类指导住房开发建设，将房地产业发展与城市建设、经济社会发展有机结合。主城区要加快"城市更新"的力度。完善"一规划三评估"更新机制，非住宅用地不得调整作商住及配套开发；旧厂房更新鼓励"工改工""工改产"，严格限制"工改居"，进一步限制"工改商"，原则不新增住宅供应，着力发展新型产业项目，以拓展创新驱动载体；旧村改造严格控制规模，无法原地消化的建筑体量按照"异地平衡"原则实施转移，或推行政府购买棚改服务模式；旧城（老旧小区）更新按照原合法建筑规模的20%做新增建设规模总量控制，原则不新增建设规模和人口。东、西部板块要科学合理定位地产项目发展方向。进一步优化东西板块和产业园区组团的规划，东部多推高端服务、高端文化、休闲于一体的综合项目；西部结合产业园区组团地域特点，在西部中心城区多推住宅房地产项目，园区多推产业房地产项目和配套生活服务设施。

（6）进一步加快产业的转型和提升，努力培植、发展创新驱动产业，避免经济发展对房地产业的过度依赖。

各级政府、各部门采取积极措施，实现一、二、三产业均衡发展，努力培植、发展创新驱动产业，壮大经济规模，逐步减少房地产开发投资在全社会固定资产投资中的比例，逐步减少社会经济对房地产业收益的依赖，促进房地产市场和社会经济同步、可持续的良性发展。

（三）Z市推进"去杠杆"任务的对策建议

（1）继续加强金融监管，强化金融部门杠杆管理。

一是积极争取上级部门的指导和帮助。省有关部门发挥专业和信息优势，对各地重点领域的机构杠杆、产品杠杆以及金融风险的排查、控制和处置进行针对性指导，推广好的经验和做法，集中有限资源有效开展去杠杆行动。二是针对非法集资高发时期和跨区域蔓延的特征，加强省一级的协调指导，以有效防范处置非法集资案件。三是完善金融监管的协调机制。会同中央金融监管部门，建立完善金融部门风险防范协同工作机制，落实国家去杠杆工作部署，强化对跨市场、跨行业交叉性金融业务的监测分析和风险管理，指导杠杆率偏高的金融业企业减少风险资产、补充权益资本。

（2）完善债务管理体系，严控新增债务投向。

一是对政府债务实行规模控制和分类管理。地方政府债务分为一般债务、专项债务两类，分类纳入预算管理，并依据债务的性质，实施分类管理，有针对性地化解债务风险。二是增加债务信息透明度，建立充分的信息披露制度。三是完善政府债务预算的编制方法。参照政府收支分类科目中的支出功能分类，科学设置债务收入科目；根据债务的投向并结合公共财政预算的科目，设置债务支出科目类别。同时，确定上下级财政之间的债务事项与范围，以及债务预算结算关系。四是建立完善的地方债务风险预警机制。控制债务规模上限，建立偿债准备金制度，通过可量化的风险指标如负债率、债务率、偿债率等，建立和完善监测债务风险的指标体系。五是建立考核问责机制，明确相关责任。六是拓宽筹资渠道，减轻地方债务压力。采取PPP等模式，吸引社会资本参与基础设施建设，为社会更有效率地提供公共产品和服务。

（3）发展股权融资，降低非金融企业杠杆率。

一是支持企业利用多层次资本市场股权融资。完善上市企业后备数据库，推动入库企业对接创业投资基金、股权投资基金、产业投资基金，争取设立相应的中小企业对接资本市场扶持基金，鼓励区域性股权交易市场挂牌的成熟企业到"新三板"挂牌、定向增发。支持符合条件的企业发行可交换债权、可转换债权，鼓励上市公司再融资及开展并购重组。二是大力发展私募股权融资。发挥政府基金作用，鼓励更多民间资本设立创新投资基金。鼓励龙头企业设立上下游创业者服务的产业创投基金。三是积极吸引境外股权投资。制定优惠政策，吸引境外私募股权基金、并购基金及上下游产业链金融服务机构进驻Z市。

（4）拓宽融资渠道，改善企业资产负债结构。

一是大量发展金融租赁业务。大量发展设备租赁业务，鼓励将商业银行存量授信转为融资租赁业务。鼓励有实力的企业设立金融租赁公司、融资租赁公司，提高融资租赁市场渗透率。二是鼓励企业发行中长期债券融资。大力发展企业债券、公司债券，稳步扩大银行间市场债务融资工具发行规模。支持符合条件的企业发行各类专项债券、并购债券、并购票据等直接债务融资产品。三是合理控制企业债务水平。支持金融机构和相关部门共享信用信息及大数据应用，对资产负债率过高、存在盲目扩张，或负债关系复杂的企业和项目严格信贷准入。

（四）Z市推进"降成本"任务的对策建议

（1）采取综合性改革措施，降低制度性交易成本。一是进一步简政放权，深化行政审批制度改革。取消和调整制约经济发展、束缚企业活力和创造力的行政审批事项，更好地向市场和社会放权，特别是围绕当前民间投资下降问题，完善市场准入机制，健全企业投资项目核准、备案、监管等制度，实施企业投资项目准入负面清单、行政审批清单、政府监管清单管理。二是清理规范中介服务项目和收费，取消或降低部分涉企经营服务性收费。在落实中央和省涉企收费优惠政策和继续清理行政事业性收费的基础上，全面清理中介服务事项。对一些中介收费实行目录管理，明确各项前置性评估、年检收费。无论是实行政府定价的，还是实行市场调节价的收费项目，都纳入收费目录，目录以外的项目，不能收费。规范行业协会的会费收取，禁止以各种行为、名义向企业摊派。三是建立公平竞争的市场秩序，降低企业维权、打假等成本。进一步加大打击侵权及假冒伪劣商品的力度，加大扶持企业品牌建设，建立公平有序的市场竞争环境，保护企业尤其是高新技术企业的创新积极性。

（2）进一步做好各项税收优惠政策落实，规范税收优惠政策工作流程。国地税合力重点对固定资产加速折旧和新研发费加计扣除政策进行大力宣传。

（3）加大政府支持力度，帮助企业降低人工成本。一是实施社保扶持、优惠政策。对"个转企""小升规"等实行社保扶持政策，减少小微企业社保负担，对符合条件的困难企业可在一定期限内暂缓缴纳社保费。对于人员流动性较大的劳动密集型行业，如商贸流通企业，可适当放宽五险缴纳的时间和降低缴纳的额度。二是加大政府支持力度，帮助企业降低人工成本。实行多元化的筹资机制，支持劳动力转移就业培训和企业开展技能晋升培训等职工技术培训，着力培养高素质、适应性强的应用型人才，鼓励高校与用人单位加强校企合作，实行人才实训，缩短新人磨合期。三是加大政策扶持和企业技改力度，鼓励企业开展"机器换人"，积极引入自动化设备，提高生产线机械化、自动化水平，减少劳动力数量，压缩人工成本。

（4）创新金融支持政策，构建降低融资成本的长效机制。进一步引导和督促银行业金融机构严格按照相关要求合法、合理收费，杜绝乱收费等行为，同时加强金融产品和金融服务创新，多种方式减轻小微企业还款压力，降低其资金周转成本。同时，鼓励有条件的法人机构在银行间市场发行支持"三农"、小微企业、绿色项目的专项金融债、二级资本债等。逐步建立地方小微企业征信系统，发展小微金融服务体系。对于纳入Z市征信系统的小微企业不仅优先享受各类政府扶持政策，同时由政府向金融机构推荐，获得优惠融资。政府对给予支持的金融机构优先提供风险补偿和奖励。通过提升小微企业运营的透明度，降低金融机构服务小微企业的成本，创造良好的信用环境，促进小微企业低成本阳光融资。加快转贷引导融资平台建设，尽快发挥降成本作用。

（5）推进现代物流体系建设，降低物流成本。规范港口等经营服务性收费。全面落实国家《港口收费计费办法》，通过"减项、并项、降费"，降低航运企业和进出口企业的负担。加快机场、铁路运输服务市场化改革，推进港口、机场、铁路服务升级改造，规范运输经营方与货主通过协商或交易平台等方式议定价格行为，降低货运服务成本。全面清理进出口环节收费，制定进出口环节收费目录清单，推进进出口环节服务市场化改革，放开竞争性服务和收费，降低企业进出口流通成本。此外，加强市科工信局、市交通局、市商务局等在降低物流成本方面的协商与合作，明确物流行业降成本数据汇总牵头单位。

（五）Z市推进"补短板"任务的对策建议

（1）围绕Z市创新驱动发展战略，将补科技创新作为下一阶段补短板的重中之重。

Z市市委市政府一再强调，创新是Z市未来发展的出路所在，要真正把创新驱动发展当成核心战略来抓，抢占动力转换的先机。为了促进创新驱动发展战略实施，需要加快补科技创新短板，即加大促进创新和自主研发方面的投资，以及促进产业结构调整和转型升级的投资。

一是围绕飞机制造、新能源汽车、电子信息等产业，下大力气打造制造基地，吸引国内外龙头企业在Z市投资，设立研发中心，产生科技创新的集聚效应，形成一批具有较强国际竞争力的跨国公司和产业集群，实现Z市高端产业大发展。加快国家自主创新示范区建设，制订自创区和自贸区"双自联动"工作方案，推动形成"双自联动"政策框架，探索自创区与自贸区的产业联动和资源共享，发挥政策叠加优势，促进各类资源要素的自由流动与合作。

二是转变政府投资理念和方式，更加注重采取PPP、政府购买服务、投资引导基金等多种形式，激发社会有效投资，支持企业的原创技术研发投资，促进投资升级。例如：设立产业发展与创新引导基金等专项基金，采取市场化运行模式，吸引社会资金支持创新、发展。

三是优化、整合资产和负债存量结构，释放创新的动能。加大资产负债整合、冲销力度，优化、调整贷款存量结构和债务结构。完善市场淘汰机制，适当引导市场"创造性破坏"，加快推进"僵尸企业"重组整合或退出市场，盘活资产，优化资源配置。

（2）大力推进交通基础设施、市政基础设施重点项目建设。

一是做好重点项目协调服务工作。尽快协调解决项目建设涉及的征地拆迁、管线迁改、用地及交叉施工问题。重点推进东西部骨干路网建设。二是要做好国家专项建设资金、省财政资本金、社会资本、企业债等各类项目资金的统筹工作。三是要妥善解决已开工项目遇到的征地拆迁等问题。四是坚持鼓励民间投资，进一步放宽民营资本准入，同时认真研究进一步做好民营资本参与项目的管理问题。

（3）补公共服务短板，凝聚经济社会发展活力。

一是加大力度解决公办学校学位短缺、医院看病难等突出问题，抓紧推进基础设施建设，促进基本公共服务均等化。二是实施"劳动力再造和升级"工程，加快职业教育和普通教育衔接互通,加强职业技能培训,打造升级版"劳动力优势",形成人力资本优势,以人才红利替代人口红利。在劳动力再造和升级中,既要发挥政府的引导、激励和监督作用,也要发挥企业的积极性及其作用,构建符合我国实际的职业教育体系。三是突出"高精尖缺"导向,实施人才智力集聚载体扩容工程,加快培养聚集复合型创新人才、高科技领军人才、战略性新兴产业高端人才和高技能领军人才队伍。

(4)补农业发展和农村建设短板,打造特色生态农业体系。

一是着力补齐农村基础设施短板。加快推进50人以上自然村村村通水泥路建设工作;推进县道改造建设;抓紧完成水利工程建设年度任务;继续推进农村电网建设等基础设施建设工作。二是大力发展生态渔业、特色种植业、休闲观光农业、社区支持农业等新业态,围绕优势产品,通过龙头企业带动,建设一流种业基地,推动农渔产品精深加工,培育一批名优品牌,构建起以农产品供应链为纽带的农业产业体系,以生态、观光、休闲为特色的农业生态旅游产业体系,推动传统农业向产品标准化、品牌化、产业化的现代农业转型。

(5)加强沟通协调,形成联动机制。

对工作推进中存在的困难和督察发现的问题,责任单位要深入研究,提出具体可行的解决方案,并随工作进度一并报送Z市发改局;Z市发改局要做好与省直相关单位的沟通协调,积极反映工作推进中存在的各类困难问题,并跟进后续落实情况。同时,强化督察,确保实效。Z市发改局作为补短板牵头部门,对落实行动计划负总责,对工作落实情况实行全过程跟踪督察。无法完成全年指标的补短板任务,该项任务牵头单位要向Z市政府做出书面说明,并提出整改措施。

第三节 推进Z市供给侧结构性改革的综合思路

供给侧结构性改革的基本思路:以创新为龙头、结构优化为侧重,弥补"实业发展支撑力不够"这一Z市的最大短板,形成"宜居亦宜业"的综合优势与超常规发展态势，具体要点如下。

一、以前期"三去一降一补"的工作为基础，打造优势产业集群、优化产业链条，实现新一轮实业振兴带动的升级发展

Z 市在中央和省委供给侧改革导向下，出台了区域性的中期供给侧结构性改革总体方案，对"三去一降一补"已有明确部署，前期工作也为后续改革奠定了较好基础。中期来看，Z 市社会经济发展不仅要守护好"宜居优势"，也要创造好、提升好"宜业环境"。Z 市既有传统企业的先发优势，也有高新技术领域企业的后发优势；既有经过近 40 年发展形成的产值超千亿元的大型企业，也有某新区 5 年建设出现的大量创新型中小微企业。市场主体多元、产业分工明晰等特征，成为 Z 市打造优势产业集群、优化产业链条，实现实业带动升级发展的较好基础，但与深圳特区和其他一些增长极区域相比，大型骨干企业偏少，产业集群不够强大。下一阶段 Z 市要充分发挥骨干企业的外溢效应，围绕关键产业、优势产业、创新产业聚集一批产业链、技术链、供销链相互衔接的企业群，以大带小、以强逼弱、以优势淘汰劣势，实现先进装备制造业、高新技术产业、生产性服务业"三位一体"引领产业升级的格局。

二、依托基础设施优势和重要战略机遇期，实现 Z 市超常规"跃升"式发展

随着供给侧结构性改革的不断深入，应依托以基础设施为重点的投资环境改善，特别是抓住某大桥竣工通车的重大契机，助推区域经济超常规发展的整体跃升。长期以来，Z 市为破解城市东西分置的发展格局，积极改善以交通为重点的基础设施条件，营造良好人居环境，贯彻绿色低碳的发展理念，这些都为 Z 市供给侧结构性改革推动社会经济整体阶跃式发展创造了良好前提，而以某大桥建设为龙头的交通大会战，又为 Z 市基础设施改善提供了良好的战略机遇期。Z 市需要打造高标准、高水准规划，利用好、依托好、发挥好先天优势和后天机遇，以现代化基础设施为先

导,加快建设高快速交通网和高标准信息基础设施,推动工业园区扩容提质,建设西部生态新区,加快新型城镇化建设进程。

三、立足市情,精准把握Z市供给侧结构性改革的政策内涵

具体分析,在Z市改革面临的五大任务中,"去产能"不是重点,"去库存"也没有压力,"去杠杆"需要依托自上而下推动的降低债务率解决路径,重点和难点主要是"降成本"和"补短板"。Z市金融系统中的潜在金融风险不明显,全市融资杠杆率也不高,"去杠杆"不是供给侧改革的焦点。Z市低端产业包袱相对较小,近年来某省都没有向Z市下达淘汰落后和过剩产能的工作任务,"僵尸企业"出清进展也比较顺利,"去产能"压力较小。Z市作为宜居城市,居民住宅价格长期高于周边城市,去库存的压力也不大,房地产去库存的任务主要在商业地产方面。"降成本"应以"负面清单"原则取向,围绕简政放权、适度降低企业社保缴费率、进一步清理收费和减少企业隐性负担四个方面展开,关键是降低制度成本。降低企业成本不能仅着眼于减税,而是要在减税的同时清理各种政府性基金,并去除企业不该承担的各种隐性成本。要去除由审批管制夹杂的诸如政府"乱伸手"、红顶中介收取各种过高费用等"隐性成本",必须为企业"松绑",放松管制,减少政府不当干预,充分打开民间潜力、活力释放空间。"补短板"是Z市完成五大任务的难点,包括补齐人才、土地、资本、科技和制度五大短板。人才方面,补齐高层次、创新型人才团队缺乏的短板;土地方面,补齐"居"与"业"两方面的土地资源配置失衡的短板;资本方面,补齐有效支撑实体经济发展的金融供给欠缺的短板;科技方面,补齐产业发展科技创新能力不足的短板;制度方面,补齐"简政放权""降本提效"不到位的短板。

四、克服眼前困难,坚持以创新驱动战略引领供给侧改革,实现经济增长新旧动能转换

Z市在特区和新区的建设过程中创新能力有一定的积累和提升,目前全社会研

发投入占 GDP 比重达到 2.7%，高新技术产品产值占规模以上工业总产值比重也有55%。自国际金融危机以来，Z 市也主动淘汰加工型电子信息、纺织制衣等传统产业，加快发展生物制药、装备制造、清洁能源等高端产业和新兴产业。但是，Z 市长期积累的结构性矛盾与传统产业受经济下行压力的拖累相互叠加，供给体系的质量和效能在短期内还很难有效提升，传统产能下降对经济的冲击无法依赖新经济有效对冲，导致区域经济增长压力日趋加大。这些供给侧改革过程中出现的阶段性矛盾，需要依赖创新驱动给予根本解决。总的来说，Z 市没有资源优势，也没有成本优势，有的是区位优势和由此带来的政策优势。Z 市供给侧结构性改革取得成败的关键是要扬长避短、克短、补短，做好 Z 市从区位优势和政策优势向技术优势和人才优势转变，并最终形成市场竞争中 Z 市的综合优势。真正把创新驱动发展当成核心战略来抓，做好结构性改革的加减法，积极培育创新主体、完善创新服务体系支撑，实现由创新驱动的新旧增长动力体系转型升级。

第四节　推进 Z 市供给侧结构性改革的政策建议

下一步深入推进 Z 市供给侧结构性改革，建议结合上述实业带动产业升级发展的基本思路，以提升 Z 市实业发展支撑力为工作重点以投融资机制、房地产、区位优势、产业配套、制度环境等供给侧要素作为工作对接的切入点，深化这些领域相关的结构性改革，增强"去降补"工作的实效，动态优化 Z 市发展战略规划，构筑 Z 市长远发展新优势，打开经济社会超常规跃升新局面。

一、加大投融资机制创新，为产业升级换代提供多样化的资金支持

科技发展和基础设施建设是支撑 Z 市产业升级的先导力量和根基所在，同时，

也是需要巨量资金投入的领域，Z市可以发挥"双自联动"（同时拥有自贸区和自主创新示范区两大国家级战略平台）的优势，广泛吸纳海内外资金和金融机构，加大投融资机制创新力度，形成从政策性金融到商业金融的系统化投融资体系，为科技创新企业提供全生命周期的多样化金融服务，特别是有别于"锦上添花"机制的"雪中送炭"式的金融支持，也更好满足基础设施建设的中长期资金需求。

从政府层面来说，需要对以下工作进行重点关注：

一是整合既有的政府资金投入，建立Z市产业升级投资基金，以Z市产业发展规划为导向，采取母基金形式和市场化专业化运作方式，与海内外各类风险投资基金、产业投资基金、投资银行、商业银行等金融机构深入合作，以发达的金融服务和高效的政府公共服务平台为抓手，聚合创新要素，打造更有活力的生态创新系统，吸引更多高科技企业落户Z市，率先形成以创新为主要引领和支撑的经济体系和发展模式，加快Z市以装备制造业为支柱的现代产业体系的发展，对接"中国制造2025"。过去十多年，以阿里巴巴等互联网公司为代表的浙江企业引领了中国商业模式乃至世界商业模式的潮流，而且至今仍然占据行业优势，这些企业之所以在浙江产生和成长起来，与浙江省政府和杭州市政府营造的良好科技金融生态环境密不可分；与杭州相比，Z市不仅在教育资源、研发资源、金融资源、政府资源等方面具有相似的优势，更难得的是，Z市在装备制造业方面拥有雄厚的基础，如果Z市政府也能够通过适宜的平台把各类创新要素汇集整合，形成有为政府和有效市场的合作格局，提高Z市吸纳和配置全球创新资源的能力，那么，未来装备制造业领域的阿里巴巴可能就会诞生在Z市。我们曾对浙江科技金融模式与经验做过比较系统的研究，相关研究成果见附件一、附件二。

二是主动增强与海内外政策性金融机构合作，为Z市基础设施建设和对外经济交往提供更多优惠性金融服务。

三是充分利用国家鼓励PPP项目发展的有利时机和资金扶持，在西部生态新区、三旧改造、园区建设、轨道交通等基础设施领域，积极探索适宜的PPP模式，着眼中长期，做好项目储备和开发工作，致力于打造具有国际水准的基础设施条件和良好投资环境。目前，Z市陆海空等基础设施条件已处于国内领先地位，下一步，需要在专业化和精细化方面下更多功夫。例如，生物医药产业对园区基础建设具有专业化的要求，综合性的基础社会供给如果达不到医药产业这方面的要求，会使产业配套滞后影响医药产业发展空间，因此，可以采用 PPP 模式，在项目建设中吸纳生物医药企业和专业化产业基金加入，以专门定制方式为企业发展提供最适宜的基础设施条件。

二、构建房地产市场热销与产业升级发展的内洽机制，实现"宜业、宜居"双目标

Z 市的宜居城市建设和绿色低碳发展已得到国内外广泛认可，荣获中国最宜居城市与首届中国生态文明奖，形成了品牌效应和对 Z 市之外购房者的吸引力。现代社会生态环境是非常重要的资源禀赋，正如习近平总书记所言"绿水青山就是金山银山"，Z 市宜居城市的生态环境和得天独厚的区位优势已带来本地房地产的热销和价格攀升，这其中包含合理因素，也不排除夹带市场化的"炒作"因素，并产生对实体经济发展的"比较利益"压力和一部分社会成员的心理焦虑等层面影响，关键在于下一步，如何构建房地产市场热销与产业升级发展的内洽机制，实现宜居环境与财富创造充分对接，打造"宜居又宜业"的双赢格局，消除房价上涨过高过快对实业投资的冲击，是 Z 市面临的重要任务。在这方面，需要把握的核心措施应考虑：

一是在基本的房地产供给方面要坚持优化双轨统筹，在"市场轨"增加供给的同时，政府应该托起"保障轨"，主打的方式就是公租房和共有产权房。政府牵头建立保障体系可以引导民间资本和社会资本参与，比如保障房建设可以和一般商品住宅的建设打包。让居民收入低端和收入夹心层都能住有所居，而且有体面，有尊严。有关网络资料显示，房价高企带来人才流失以及本地培养的大学生留不住等问题，已成为 Z 市产业升级的主要影响、制约因素之一，因此，从"去降补"工作的角度来看，建议政府在补短板工作计划中加大对安居保障工程特别是共有产权、先租后售房的支持力度。

二是在双轨统筹的基础上，坚持绿色发展理念，优化城市规划工作。作为社会

管理者而履职的政府，必须牵头提供高水平的国土开发规划，坚持"多规合一、规划先行"。所谓规划，首先就是从地上地下大系统的空间结构入手，通过组织供给来处理生产力结构和社会生活结构中区别对待和通盘协调问题的解决方案。我们认为这实质上就是形成综合要素供给体系必须前置的规划供给，并以其带出供给管理的全过程。所谓"多规合一"，是指在贯彻总体发展战略的顶层规划中，至少应把在区域内会产生广泛关联影响的产业发展、基础设施建设、土地利用、生态环境、公用事业协调发展等方面的规划内容有机结合。Z市政府应力求从供给侧优化视角搭建大系统控制框架，为达到"多规合一"的高水平提供可行路径。

在政府牵头制定的顶层规划的指导下，把土地供给与产业升级创新驱动相配套，依据高层次的先行规划，统筹协调土地供给工作，把商业地产、工业地产、产业地产等捆在一起投向市场，坚持土地供给的竞争机制，对有利于促进Z市经济增长和创新竞争力的产业，采取倾斜性优惠政策，优先满足他们的用地需求，以避免房地产市场价格上涨遏制实业发展，让Z市企业也享受绿色宜居的红利，让各阶层社会成员"住有所居"，实现绿色环保优美环境中的宜居，成为宜业的助推因素，为Z市产业升级发展发挥积极作用。

三、抓住某新区发展契机，促进Z市产业升级

Z市某新区作为第三个国家级新区，依托地区深度合作，重点发展旅游休闲健康、文化科教和高新技术等产业。经过6年多的建设，某新区各项基础设施已经基本成形，并且成为Z市新的经济增长点。某新区的快速发展主要来自高端服务业特别是金融业的发展，辅之以中医药产业的布局。与国家批复的《某新区企业所得税优惠目录》相比，某新区在高新技术产业特别是高端制造业发展方面步伐比较缓慢，同时，某新区的发展与Z市经济发展之间亦嫌缺乏协同效应。Z市应抓住某新区建设的机会，利用新区优惠政策，加快Z市高新技术产业的进一步发展，争取使高端服务业和高端制造业成为某新区经济发展的两大强劲动力。在发展高端服务业方面，某新区已经走在前列。随着中央对某新区金融改革方面政策的进一步落实，某新区

的金融行业发展将会继续高速增长。现代旅游业也是某新区高端服务业的重要组成部分,某新区可对此加强规划,建设新的连通地区旅游景点吸引游客,Z市其他地区也可以依托某新区的旅游资源,通过发展区域性旅游合作和"黄金旅游一条龙"方案,实现Z市旅游行业的继续发展;此外,某新区依托某大桥的修建,也应乘势大力发展现代物流业,在某新区面积有限的情况下,可以将邻近地区吸纳进入战略联盟,建设物流仓库等。某新区高端服务业的发展对Z市经济起到了一定的带动作用,并且随着行业集聚效应的出现,以某新区为龙头的高端服务业将会继续出现快速发展。

Z市在布局某新区高端制造业发展方面可以考虑如下思路与要点:

一是某新区可以成为Z市高新技术企业的研发基地,其优势在于它可以吸引高端人才,充分利用高等教育资源,并且可以实现科研设备进口的零关税,在增强企业研发水平的同时降低企业研发成本;

二是根据某新区整体布局安排,考虑从Z市或者全国引进一些高科技、无污染的人工智能、移动互联网、3D打印以及电子通信等方面的企业进入高新技术园区;还可以充分发挥某新区岛的优势大力发展海洋产业,构建海洋经济版图;

三是大力发展太阳能、风能和海洋生物质能和海洋能等新能源行业,争取实现某新区在能源方面的自给自足,并且还能够为临近地区提供一定的能源支持;

四是继续发展中医药产业,在现有基础上,引进包括Z市在内的国内外知名医药企业,进一步加快某新区在中医药研发和医疗检测领域的发展。

四、大力发展文化教育医疗服务业,优化软环境,提升Z市产业发展的接续能力和后劲

首先,Z市致力于发展现代产业体系,必然离不开高端人才的供给,而文化、教育、医疗服务水平又是高层次人才流动考虑的基本因素,他们对这些配套设施和人文环境的要求比较高。Z市文化教育医疗服务业在既有发展基础上,需要进一步提高这些领域的服务供给水平,避免因某一领域的短板(比如中小学教育水平不够高,

再比如工业园区周边公共交通、教育、医疗等配套不完善），以具体细节问题影响 Z 市对人才的吸引力。

其次，伴随着人民生活水平的提高和我国步入老龄化社会，全社会对于养生养老、休闲娱乐、教育和医疗服务的需求与日俱增，而这些领域的供给水平尚嫌不足，例如优质国际化教育、精准医疗、养老产业等还处于起步阶段，而在"互联网 +"、大数据、人工智能等先进技术的支撑下，这些产业将成为未来的朝阳产业，国家对这些产业的发展将积极鼓励支持。例如，中央审议通过"健康中国 2030"规划纲要，要求各级党委和政府把人民健康放在优先发展的战略地位，抓紧补齐短板，使发展健康产业成为工作重点之一。Z 市在文化教育医疗服务领域的一些方面已经走在全国前列，例如，某度假区的蓬勃发展改善了本地人民群众的文化娱乐环境条件，成为宜居又宜业的成功典范，有力地提升了 Z 市的吸引力和竞争力。下一步，Z 市需要充分运用绿色宜居的金字招牌、国际合作条件便利以及前期较好的文化教育医疗服务基础，加大政策支持和投入力度，推进文化教育医疗服务的高端化发展，在全国率先让这些朝阳产业成为优势产业和主导产业，增强 Z 市经济发展的后劲。

五、锐意改革，优化升级发展的制度环境

一个国家和地区产业升级发展离不开制度环境，良好的制度环境能够对产业的升级发展起到推动和加速的作用。因此，为了实现产业的升级发展，Z 市可以利用身为经济特区的优势，加快改革步伐，先行先试，优化产业升级发展的制度环境。在此方面可以探索以下几方面的改革：

一是加快国有企业改革步伐，在国家出台的国有企业改革基本政策的基础上，根据市属国有企业的特点，有针对性地出台一些国有企业改革措施，积极发展混合所有制引入民营资本，加强股东对管理层的约束，提升企业管理水平与企业效率。由于国有企业很多是在某一行业或领域的龙头企业，国有企业改革的深化，可以为 Z 市产业升级发展提供较好的制度供给环境。

二是加快政府组织体系改革，实现政府职能转换。前些年政府为了适应新的变

化，设立新的部门进行管理，导致下设部门越来越多，很容易出现争夺利益的多头管理和推卸责任的相互推诿现象。深化改革的内在逻辑是按"大部制"方向实行机构的合并、精简，Z市可以在某新区商事登记制度改革的基础上，深化"大部制"改革，简并政府职能部门，将容易出现多头管理的几个局委办合并，同时明确部门权力和责任。这样有利于改变"五龙治水非旱即涝"弊端，降低行政成本、改进政府服务，杜绝扯皮现象，以高效、透明的政府服务吸引海内外企业扎根Z市。

三是继续营造有利于人才发展的宽松政策环境。Z市在引进人才方面已经出台一系列措施，可以进一步动态改进。首先，增强人才政策的灵活性，根据企业发展需要引进的高端人才都可以享受相应的优惠政策，而不只限定在某些领域，比如，生物医药企业由于药物试验需要引进的畜牧业专业博士也可以与生物医药专业的人才一样享受补贴。其次，在完善面向高端人才的奖励扶持政策的同时，也出台面向企业经营所需要的中端人才的优惠政策，更好满足他们在住房、户口、子女教育、医疗健康服务等方面的需求。

附件一　财政支持科技支行的H市经验及启示
——H市银行科技支行调研报告

财政支持科技金融发展，改善科技型中小企业金融服务环境需要选择适宜的路径和方式，以更好地服务国家创新战略。H市财政部门采取财政间接投入方式，融合政府信息和信用优势，以H市银行科技支行为支持载体，建立了一套简便易行、行之有效的扶持机制，使财政资金在科技型中小企业信贷融资领域发挥了画龙点睛、激活银行资金的关键作用。从经济学理论分析，H市财政部门有效运用了政策性金融的基本原理，通过引导和通道再塑，整合政府与市场各自的优势与资源，化解了银行现有融资通道与科技型中小企业融资需求之间存在的结构性矛盾。从国家层面考虑，各级政府如何构建有利的政策环境和管理机制，运用政策性金融原理，创新财政投入方式，提高政府与市场合作的效率，是我国科技金融发展和科技进步事业亟须规划、实施的重要任务。

进入中等收入阶段的中国要应对潜在增长率的下行和新时期的一系列矛盾凸显，必须走创新型国家道路，实施创新驱动，把科技创新作为提高全要素生产率、社会生产力和综合国力的战略支撑。在科技创新活动中，科技型中小企业是数量最多、潜力巨大的市场主体，又最易面临融资瓶颈制约，为化解它们在发展过程中普遍的融资难题，各级政府已在采取多样化的举措支持科技与金融相结合，改善科技型中小企业的金融服务环境。在信贷融资方面，自 2008 年以来有科技支行蓬勃兴起，让科技型中小企业拥有了专业化的信贷融资通道，据统计目前全国已有科技支行 100 多家。

为鼓励科技支行提供更多、更优质的金融服务，我国财政部门也在采取支持措施，其中，H 市财政部门采取简便易行的支持方式，取得了良好的政策效果，受到当地科技中小企业的好评。我们通过实地调研，认为 H 市财政对科技支行的支持体现了政府与市场主体之间优势合作、风险共担的正确思路和政策理念，核心要点是以财政资金的介入，融合政府信息优势和信用优势，发挥财政资金对社会资金的催化引导效应，适应市场需求实现政策性金融的区域性目标。这种财政在科技领域投入方式的创新，具有启示和借鉴推广价值。

一、H 市银行科技支行的业务概况

2009 年 7 月 8 日，H 市银行科技支行成立，是为浙江省第一家、全国第三家科技支行。H 市科技支行创立之初，就坚持专业专注的理念而确立以"三不搞、一专注"为业务指引的基本立行准则，即"不搞政府融资平台、不做房地产业务、不经营传统行业贷款，专注服务于科技型中小企业"，重点向高新技术企业、创投企业和大学生创业企业等提供金融服务，客户涉及电子信息、新能源、节能环保、医药、文化创意、传统行业技术改造六大行业近 20 个子行业。

截止到 2012 年年底，全行科技金融企业贷款余额 80.31 亿元，服务科技型中小企业549户,其中180余家首次获得银行贷款支持,户均贷款500万元左右。同时,通过科技支行的穿针引线,40余家投资机构为科技企业引入投资30多亿元;目前已有两家企业成功上市,近20家客户成长为国内细分行业的龙头企业,有力扶持了一批处于创业期和成长期的科技型中小企业。

调研中发现,H市银行科技支行的业务经营活动表现出三大突出亮点:

第一,资产业务方面,成立四年来,无论按照贷款数量衡量,还是按照客户数衡量,贷款业务的93%以上投向科技型中小企业,超过总行设定的标准(80%以上),实现了为科技型中小企业服务的经营宗旨。

第二,科技支行探索按照硅谷银行模式为科技型中小企业提供金融服务。作为总行直属专营机构,科技支行具有准法人机构的相对独立性,权限比一般的一级支行更大,为了匹配科技企业轻资产、技术含量高等特征,科技支行制定设计了一系列适合科技型中小企业的制度和产品。具体是根据科技型中小企业生命周期的不同发展特点和核心需求,设计了名为"生命周期服务法"的一系列金融解决方案。针对种子期企业,主要对其进行创业指导和服务,如积极提供管理、营销、财务、金融、政策等方面的知识和经验;针对初创期企业,不仅对其提供包括市场定位、管理团队整合、商业计划精细化在内的创业指导,同时也提供一定的融资服务;针对成长期企业,主要加大信贷支持,开发订单贷款、应收账款质押贷款、知识产权质押贷款、合同能源管理贷款、银投联合贷款等金融产品,满足企业日常经营资金需求;针对成熟期企业,主要对其提供投资银行和资本市场的服务。

第三,负债业务方面,50%以上的存款来自私募股权投资基金或创业投资基金所托管的资金,包括摩根士丹利、经纬中国等30多家基金。作为一家位于省会城市的地方银行的分支机构,之所以受到众多国际知名机构的青睐,主要在于科技支行的客户定位和专业经营。科技支行与创投机构拥有共同的客户群,它们在为科技型中小企业服务的过程中,自然而然地建立了合作关系。科技支行集中的客户资源对创投机构具有非常大的吸引力,而创投机构可以更直接面对和覆盖H市地区科技型中小企业客户,科技支行与创投机构合作,既可以获得存款来源,又共同为科技型中小企业提供综合性金融服务。

二、H市银行科技支行集成政府资源与市场资源的主要方式

(一) 构建"五方联动"的独特运营模式

H市银行科技支行的运营模式体现为"五方联动",即加强自身与政府部门(包括科技主管部门、金融监管部门和经济管理部门)、创业风险投资机构、担保公司和工业园区的联动,构建银政合作平台、银投合作平台、银保合作平台和银园合作平台,形成科技企业金融一体化服务战略联盟。通过强化对政府、创投机构、园区和担保公司的合作,使科技金融服务平台在短时间内聚集了H市、区(县)两级科技部门、40余家国内外知名创投机构、近20家创业园区、10余家担保公司、数十家各类证券公司,以及会计事务所、律师事务所、行业协会、行业研究机构等中介服务机构,打造出独具特色的科技金融综合服务平台。合作伙伴的加入,迅速有效地提升了H市以科技支行为核心的科技金融服务平台的综合服务能力,使科技支行在人力资源和网点资源有限的情况下,快速准确地对接H市地区的科技金融潜在客户。目前科技支行80%的信贷客户都是通过以上合作平台获得。

(二) 财政简易介入科技融资,风险共担机制实现"四两拨千斤"的支持效果

H市政府通过资源整合,建立区域内的科技型中小企业融资扶持机制,化解现有银行融资通道的结构性矛盾。政府支持科技支行扶持科技中小企业融资的简易机制主要有两种:

一是无偿提供贷款贴息。为鼓励科技支行按照基准利率给科技型中小企业放贷,H市财政从科技投入中给予银行基准利率20%的贴息补贴。通过年度1000多万元的贴息规模,可以带动年度新增科技贷款1亿多元,有力支持了H市科技型中小企业的信贷融资。贴息资金可以通过财政现有科技投入资金予以解决,不会对H市财政形成压力,有利于形成扶持科技型中小企业的长期稳定机制。

二是设立信贷风险补偿基金。H市各级政府整合现有的科技投入资金,将原本

拨付用于企业技改、项目研发的财政扶持资金，存入科技支行，地方政府、担保公司与科技支行按照4∶4∶2的池内风险损失补偿比例设立信贷风险补偿基金。三方确定一定的客户范围和准入条件，科技支行按风险补偿基金的一定倍数发放贷款，用于定向扶持一批科技型企业。贷款发生损失后风险补偿基金承担偿付责任。目前风险池基金已顺利运营4个月以上，累计受惠企业21家，基金债权规模7670万元，风险池内实际贷款规模15800万元，带动风险池外贷款16750万元。

这一模式的优势在于：第一，在风险分担机制下，由于政府的介入，担保公司和银行的风险容忍度得以明显提升，对科技型小微企业的信贷准入门槛则显著降低，很多受制于担保条件无法获取贷款的科技型小微企业进入了银行贷款扶持范围。第二，科技企业的融资成本显著降低。与同期H市银行担保类贷款年利率平均8%相比，风险池基金的贷款成本直接下降至人民银行基准利率，担保费用由年2%~3%统一下降至年1%，且不收取保证金。第三，政府财政扶持资金相对有限，通过风险池基金模式，扶持资金规模效果至少扩大10倍，同时将常规一次性补助转变为可连续数年的持续性扶持资金，形成了"滚雪球"的累积扩大效应，达到财政科技投入"四两拨千金"的支持效果。第四，有利于加快金融创新步伐。风险池基金的存在推动了科技支行的金融创新。科技支行针对科技企业可抵押有形资产不足、技术专利商业价值较高的特点，发放知识产权质押贷款。同时，根据部分科技企业缺乏现金流的特点，推出了订单贷、股权质押贷款等。此外，科技支行目前正在积极寻求监管部门的许可，实行"贷款基准利率+收益后分成"的定价机制，通过"基准利率贷款+股权投资"，或者"基准利率贷款+股权投资期权"的业务模式创新，实现科技银行业务风险与收益的匹配，提高科技支行的风险经营能力。

（三）创新风险管理模式，实现资源优势互补

H市科技支行科技金融风险文化的核心，是给予具备成长潜力的科技型中小企业"区别对待"的风险政策：通过建立重大项目的联合遴选评审机制，充分利用政府、担保机构、银行和股权投资机构的不同专业优势和信息优势，实现资源优势互补，风险管理前移，有效降低了事后风险管理成本和损失。

一是客户评估的"两头兼顾"。在进行信用评估时，科技支行实行财务信息与非财务信息、硬信息与软信息的两头兼顾。既考虑传统银行调查所考虑的因素（主要是财务信息和硬信息），也考虑企业技术、产品、营销模式和竞争对手等因素（主要是非财务信息和软信息），以便在评估其潜在风险的同时，发掘其潜在价值。

二是重大项目的联合遴选审批机制。科技支行建立有技术专家、政策专家、信贷专家和投资专家等组成的联合信贷评审委员会，参与重大信贷项目和业务的联合遴选和审批，弥补科技支行在科技领域专业知识方面的局限性。

三是专职审批。由H市银行总行派出独立审批人常驻科技支行，对贷款进行专职审批，达到"在一个机构内完成系列风险政策决策"的效果，授信3000万元，授信项下贷款6000万元，可以在支行一站式完成审批，简化审批流程，提高审贷效率。

四是团队模式。科技支行采用团队模式，将客户经理分成三个团队，实行团队考核，在业务拓展中坚持团队责任制，团队间适度展开竞争。

五是坚持"专注与专业"。在专注方面，科技支行将业务目标锁定为拥有自主知识产权或商业模式创新的科技型中小企业。在专业方面，科技支行引入专家联合评审机制、组织业务培训、加强与创投机构的合作、开展对专注行业的行业研究。

（四）细分客户群，推动风险池基金模式再创新

联合各级政府、担保公司和科技银行三方力量共同建立"风险池基金"，引导社会资本（股权投资机构）共同支持科技中小企业融资，是H市科技支行推动科技金融服务的重要模式。这种模式具有典型的"公私合作"模式下产业引导基金的特征，通过合法规避现有国有资产管理制度约束以及我国金融业"分业经营、分业监管"的现有体制约束，以建立"风险池基金"的创新模式，实现了政府资金撬动商业银行资本对科技企业提供金融支持。在这一模式的基础上，H市各级政府、科技支行以H市"雏鹰计划"数据库为基础，联合H市高科技担保有限公司以及各区（县）科技系统，进一步细分客户群，深化风险池基金的适用范围和合作模式，实现了风险池基金模式的再创新：根据区域需求、行业特征，将市级政府层面的"风险池基金"向区（县）、街

道政府拓展，向细分行业领域扩展。目前已建立 12 个区（县）"区域风险池基金"；同时，取得经信委支持，成立了以 H 市合同能源管理基金为代表的"行业型风险池基金"，规模 2 亿元；在此基础上，科技支行又与浙江中新力合科技金融服务有限责任公司、H 市高科技担保有限责任公司多次洽谈后签署了"知识产权贷款风险池基金"合作协议。通过多方位合作的深化，使风险池基金模式不断完善成为适合多领域营销和培育小型科技型企业的常规化科技金融工具，有利于科技支行安全有效地做大基础客户群，进一步提升科技支行服务科技型小微企业的能力。

三、H 市财政通过支持科技支行业务发展而支持科技型中小企业成长的启示

科技型中小企业融资难的现象虽较为普遍，但科技型中小企业独具的"蓝海特征"，又使其不同于一般的中小企业。实际上，科技型中小企业良好的成长前景往往对银行信贷等金融资源颇具吸引力，只是银行现有的融资通道与科技型中小企业的融资需求之间存在着结构性矛盾，两者不能有效对接。H 市财政部门抓住科技型中小企业金融服务领域的薄弱环节，创新财政投入方式，整合各方资源，建立起一套简便易行、行之有效的扶持机制，将原本无序的科技型企业融资通过制度和机制建设加以梳理，发挥了引导和通道再塑的关键作用。

概括地说，H 市财政部门之所以能够在科技型中小企业信贷融资领域起到画龙点睛、激活银行资金的作用，关键在于他们有效运用了政策性金融的基本原理，对政府与市场各自的优势和资源进行合理整合配置。H 市财政部门支持科技支行业务发展的实践，优化了支持科技型中小企业金融服务的财政政策，我们对其可做出如下评价，并试总结其启示意义。

（一）政府部门要积极营造鼓励科技创新、支持科技型中小企业发展的政策环境与预算依据

政府的政策导向具有显著示范效应，可以吸引各方关注，支持科技型中小企业

发展。H 市政府注重营造有利于科技型中小企业的政策环境，扎实做好基础工作和政策规划，推出"雏鹰计划""青蓝计划"等专门面向科技型中小企业的支持计划。例如，"雏鹰计划"目标是 5 年内培养 1000 家拥有自主知识产权、科技含量高的科技型新企业。"青蓝计划"的目标是吸引高校教师、科研院所专家在 H 市创业发展。这些政府支持计划的推出，为市场参与者提供了稳定的政策预期，有利于激发他们创办和发展科技型中小企业的热情，并促使相关金融机构提供中长期资金投入，同时，也为财政部门安排相关支出提供了预算依据，使各方的努力目标聚焦，为各方开展协调与合作创造了良好的条件。

（二）财政投入方式应积极转变，以间接支持方式提高财政投入管理效率

考虑政府财力的有限性和金融机构在网点零售服务和信息搜寻方面比政府更具优势，因此财政借助金融中介力量，以间接投入方式支持科技型中小企业，更有利于发挥政策效力、扩大政策惠及范围。对于支持科技型中小企业的财政投入方式，H 市财政部门的指导思想是逐步提高间接支持比重。2012 年，H 市科技三项经费 7 亿元投入中有 42% 用于间接支持，2013 年目标是 50% 用于间接支持，借助于科技支行政策性担保机构、创业投资引导基金等金融中介，H 市运用有限的财政资金支持了更多科技型中小企业的发展，并且也拓宽了这些金融中介的发展空间，形成了财政引导、科技与金融良性互动的局面。

H 市建立了科技型中小企业信息服务平台，政府部门运用网络化平台受理、审核、批准科技型中小企业的支持申请，并与科技支行等金融中介保持信息通畅，对相关财政支持资金的使用信息保持公开透明，这不仅促进了政府部门之间相互配合、相互监督地高效运用财政资金，而且为科技型中小企业和科技支行等金融中介提供了便利，有利于提高财政管理和融资服务的效率。

（三）财政支持金融机构的方式宜简便易行，重点发挥引导作用和"定心丸"效果

财政对 H 市银行科技支行的资金支持主要采取贴息和风险池的模式，尤其是

风险池模式,目前受到政府、银行、企业、担保机构等各方的普遍欢迎和广泛认可。无论是前者还是后者,财政资金的投入管理都较为简便,而且都有止损线,不会带来或有负债等财政风险,因此,这些模式更容易推广,便于财政部门接受。财政资金对科技型中小企业的金融服务支持并不是全方位的,主要是针对市场失灵或缺口部分从边际上进行支持,侧重发挥"定心丸"作用,并实现"四两拨千金"的政策效力。

例如,在风险池模式中,西湖区财政局、H市高科技担保公司分别出资1000万元,H市银行科技支行匹配500万元。安排总规模1亿元信贷资金,按照4:4:2比例分担损失。2500万元以内损失,西湖区财政的损失上限为1000万元;超过风险池基金部分,西湖区财政不承担责任,由H市银行科技支行和高科技担保公司按照2:8的比例来分担。从财政的角度来看,一方面财政资金1000万元的投入效果实际扩大到1亿元;另一方面常规一次性财政补贴转变为可连续数年的持续性扶持,财政资金效果非常明显。从企业和银行的角度来看,政府参与风险分担,承担40%风险,提高了银行和担保公司的风险容忍度,显著降低了企业的融资门槛。

(四)良好的部门合作是财政支持获得成功的基础条件

H市银行科技支行核心业务的运作机制为五方联动,联合各级政府、创投机构、担保公司和科技园区展开合作,快速准确对接科技型中小企业,这种联动的基础在于H市拥有规范运作的政策性担保机构和商业担保机构、数目众多的创投机构、高效协同运作的财政部门、科技部门等政府机构。具备这些部门合作条件是形成良好金融生态、提升政策合力来开创财政支持科技金融服务新局面、新业态的必要条件。

(五)政府的公信力和拥有的信息是宝贵资源,财政应以资金流带动信息流,充分发挥政府信息的优势与价值

在调研过程中,我们了解到科技支行非常重视政府的公信力和拥有的科技型中

小企业相关信息。例如，在西湖区风险池模式中，纳入风险池的企业均经过区财政局、科技局、发改局联合评审以及高科技担保公司和H市银行科技支行的专业评估。从银行角度来看，认为区财政局、科技局、发改局对于小企业的评价比单纯的银行和担保公司角度更加完备，出风险的概率就更低。除了有形成本降低，银行也比较注重政府所提供的协调和服务的价值。从企业的角度来看，在风险池模式中，政府不参与盈利分配，而且提供信息便利条件，银行寻找客户成本降低，利率也会下降，企业从中受益，形成了三方平衡的合作模式。

另外，我们在调研过程中发现，无论是科技型中小企业，还是金融服务中介，对科技园区管委会提供的对方信息都非常信任，管委会在化解银行与科技型中小企业之间信息不对称问题上发挥着重要的桥梁作用。因此，财政资金在支持科技型中小企业的过程中，应以财政资金投入为先导，黏合政府的信息资源，促进资金供需的双方即银行等金融服务中介与科技型中小企业之间有效对接。

附件：H市银行科技支行相关情况一览

（一）"五个单独"的管理体制

（1）单独的客户准入机制。科技支行引入单独的信贷打分表，成立专家咨询委员会，实施联合信贷评审，重视"先进技术、商业模式、先进人才和前瞻性市场"。

（2）单独的信贷审批机制。总行派出专职审批人员，达到"在一个机构内完成系列风险政策决策"。

（3）单独的风险容忍政策。总行为科技支行设定的不良贷款率为全行平均指标的2倍。

（4）单独的拨备政策。财政的风险补助资金、对科技型中小企业的期权股权收益资金全部纳入"科技型中小企业专项拨备"项下。

（5）单独的业务协同政策。对行内其他机构推荐、参与的科技型中小企业业务，给予"双边奖励"的特殊政策，鼓励全行机构和营销人员积极捕捉市场信息。

(二)"五方联动"的运营模式

"五方联动"即加强与政府部门、创业风险投资机构、担保公司和工业园区等力量的联动,构建银政、银投、银保和银园合作平台,形成科技企业金融一体化服务战略联盟。科技支行现有80%的信贷客户都是通过以上合作平台获得。

(1)银政合作。地方政府将部分原本拨付企业用于项目研发等方面的财政扶持资金,存入科技支行,地方政府与担保公司、科技支行按4:4:2的比例设立信贷风险补偿基金(简称"风险池基金")。三方确定一定的客户范围和准入条件,科技支行按风险补偿基金的一定倍数发放贷款,贷款出现损失后风险补偿基金承担偿付责任。目前,科技支行已与H市12个区县政府合作建立了"区域风险池基金",累计发放贷款超过8亿元;在H市经信委的支持下,建立了以"H市合同能源管理基金"为代表的"行业型风险池基金",支持节能环保型中小企业,规模达2亿元。

(2)银投合作。科技支行通过托管"创业投资引导基金""产业投资引导基金"两个母基金,吸引了40多家创投机构合作,目前托管的基金有30多个,这样做一方面保障了存款规模,另一方面科技支行可以优先推荐项目和企业给创投机构,同时跟进创投机构投资的项目和单位,实现投贷联动,债权和股权共同扶持科技型中小企业。

(3)银保合作。科技支行已经与H市地区10多家担保公司,特别是政策性担保公司,如高新担保有限公司、高科技投资有限公司等开展合作,发放企业贷款中的40%有担保公司提供担保。此外,科技支行还与浙江中新力合科技金融服务有限责任公司合作开发了"知识产权贷款风险池基金"。

(4)银园合作。H市有较好的金融生态环境,科技支行依托园区进行渠道建设,包括推广订单贷、促进科技型中小企业进园区等。

(三)吻合科技企业各阶段需求的"生命周期服务法"

根据科技企业生命周期不同的发展特点和核心需求,科技支行提供有针对性的一系列金融解决方案。针对种子期企业，主要对其进行创业指导和服务，如积极提供管理、营销、财务、金融、政策等方面的知识和经验；针对初创期企业，不仅对其提供包括市场定位、管理团队整合、商业计划精细化在内的创业指导，同时也提供一定的融资服务；针对成长期企业，主要加大信贷支持，开发订单贷款、应收账款质押贷款、知识产权质押贷款、合同能源管理贷款、银投联合贷款等金融产品，满足企业日常性经营资金需求；针对成熟期企业，主要对其提供投资银行和资本市场的服务。

（四）面向科技企业成长和行业特点的金融产品体系

（1）"成长可贷"系列产品。该产品以企业成长力为核心，根据科技型企业初创期、成长期、成熟期三个不同阶段的需求和特点，以企业股权质押为重要担保方式，适当借助创投机构和专业担保公司的力量，内含美国硅谷银行核心的期权贷款业务（企业出让部分期权给第三方机构，第三方机构提供担保，科技支行发放贷款，科技支行通过财务顾问费获取部分期权带来的收益）、银投联贷业务（科技支行向VC或PE提供担保的企业提供贷款），推出了创新融资解决方案，帮助科技型企业解决在整个成长过程中的融资需求，目前已累计成功向49家科技型中小企业发放贷款6.19亿元。

（2）准信用类贷款。该类产品针对部分科技型中小企业的情况，降低了担保的门槛。

①订单贷适用于有订单但缺乏资金的科技企业。

②存货质押贷款适用于生产过程长、库存压力大的科技型企业，盘活了企业存货资产。

③收入贷适用于未来现金流持续稳定的客户，让企业提前获得未来收益用于企业发展。

④知识产权质押贷款适用于技术先进、持有各类专利资产，但自有资金跟不上业务快速发展的企业，科技支行在该贷款中引入了专业评估机构降低贷款风险，并利用H市银行在北京设立的网点办理知识产权质押登记降低企业融资成本。

⑤合同能源管理贷款产品适用于以自身技术开展合同能源管理服务的科技型企业，以合同未来收益为还款来源，无须提供抵押担保，贷款条件是提供合同能源管理服务的节能服务商或设备供应商已有项目开始获得收益分成，贷款用途为承接新合同能源管理项目。

（五）契合科技型中小企业的风险防控模式

（1）客户评估"两头兼顾"。科技支行在评估申贷客户时，既考虑财务信息和硬信息，也考虑企业技术、产品、营销模式和竞争对手等非财务信息和软信息，发掘潜在价值。

（2）重大项目联合评审。建立由技术、政策、信贷和投资方面专家组成的联合信贷评审委员会，参与重大信贷项目和业务的评审，弥补科技支行在科技领域专业知识方面的局限性。

（3）风险管理前移。总行派出独立审批人常驻科技支行，对贷款进行专职审批。

（4）团队制模式。将客户经理分成三个团队，实行团队考核，在业务拓展中坚持团队责任制，团队之间开展适度竞争。

（5）"专注与专业"。坚持"三不做"，即不做地方政府融资平台，不做房地产，不做传统行业项目，专注于服务拥有自主知识产权或商业模式创新的科技型中小企业；同时，引入专家联合评审制度，组织业务培训，加强与创投机构合作，开展对专注行业的行业研究。

（六）所获得的地方政府部门的政策支撑

（1）H市科技局、财政局、金融办等出台贴息政策，对科技支行对科技型企业发放基准利率贷款给予20%的贴息。

（2）H市科技局、财政局、金融办、高新区联合出台了财政补偿政策，对科技支行开展业务给予一定的补贴，如开业补助、房租减免等。

（3）H市科技局组建专家组，对科技支行开放政府专家库资源。

（4）H市科技局发布存款支持政策，将政府的创业引导基金托管在科技支行。

附件二 "珍珠项链"模式、科技金融生态创新与新供给管理
——基于浙江 ZX 公司调研

在科技型中小企业金融服务领域，ZX 公司从供给端入手，采用整合集成的理念开展创新，依托于丰富的市场资源与浙江省内各地政府支持，通过寻求各方利益的最大公约数打通合作的路径，集中多方资金、信用、信息优势开发出新型金融服务产品，形成类似于珍珠项链的新型商业模式，并以信息积累、数据处理、信用评价为根基，把互联网金融作为发展方向，在更大范围内以更快速度促进科技资源与金融资源相结合。

我们认为，这种微观案例与结合"新供给经济学"理论创新取向和供给管理的思想不谋而合，应提倡我国科技金融政策的新供给机制创新：强调科技金融政策必须针对供给缺口，基于市场机制，面向未来整合既有资源，注重发挥打通、桥接和引导作用，适应互联网金融等新环境，促进形成系统化可持续的科技金融服务网络，优化科技金融生态。运用财政政策和管理，促进"混合经济（混合所有制）型"的市场主体改善我国科技型中小企业金融服务供给短缺境遇，有利于支持和落实国家创新驱动型发展战略。

2013 年，在关于 H 市支持科技型中小企业金融服务的政策实践与经验调研中，我们与 H 市本级及西湖区的相关政府部门、多家金融机构等座谈交流，并实地走访了多家科技型中小企业。调研中了解到 ZX 公司的金融创新业务受到科技型中小企业普遍欢迎，共同的评价是"雪中送炭"的金融服务，同时这也得到政府部门的认可。通过考察，我们认为这家服务于成长型中小企业的综合化金融服务公司的作为，颇具案例价值。该公司以解读科技型中小企业的未来价值为基础，运用现代金融技术融会贯通国内分散的金融业务，为科技型中小企业提供创新型的多种金融服务，对国内科技金融供给的一些缺口和断层有所填补。

见微知著,市场主体的成功实践可为改善宏观管理与调控提供参考,这类业务创新及其发展方向蕴含着改善科技金融生态的重要思路,对有关管理部门优化科技金融政策富有启迪意义。ZX 公司从供给端入手创新科技型中小企业金融服务的微观实践,与宏观层面"新供给经济学"供给管理的思想不谋而合。目前,我国经济总量已相当庞大,今后必须着力深化改革和创新供给,来引领结构优化和效率提升的资源配置新格局,实现经济可持续发展。

一、ZX 公司概况:一家有理想和创新特色的科技金融服务公司

ZX 公司成立于 2004 年,注册资本 4.5 亿元,是一家集金融、信息与网络为一体的综合金融服务机构。目前,该公司具有明显的"混合经济(混合所有制)"特征,股权结构为:10 家中资股东占比 77%,两家外资股东占比 23%,其中,硅谷银行占比 6%,恩颐投资(美国规模最大最活跃的创投基金)占比 17%。该公司的定位是"服务成长型中小微企业的综合化金融服务公司"。

(一)ZX 公司的发展历程与目标:从"蝌蚪"到"王子"

ZX 公司形容自己的发展过程:"最初是担保公司这只小蝌蚪,别人看着挺另类,觉得是青蛙,其实我们自己是想当王子。"具体而言,该公司的发展经历了三种角色的变化:创新型担保机构的探路者、产业经济服务的资源整合者、综合化金融服务平台的构建者。起步是以担保为切入点进入中小企业金融领域,但与一般担保公司不同之处在于,它始终坚持"没有不能贷款的企业,关键是什么样的额度和方案"的解决思路,通过产品设计实现政府组织、信托、银行机构、风险投资商以及担保机构在中小企业金融服务上的资源整合配置,形成信贷市场与资本市场的合力效应。该公司一直致力于为中小企业打造高效综合金融服务平台,2013 年提出发展成为服务中小微企业的中国"高盛"。

目前,ZX 公司为中小微企业提供的产品及服务已不局限于单一的融资担保形式,而是从原本的传统信贷融资"风险分担方",转而走向融资服务市场的"前端",向中小微企业提供整体金融服务,主营业务包括融资方案设计、信用担保、债权基

金、股权投资、融资租赁及其他金融咨询服务等。该公司未来发展重点是互联网金融，建设社会信用评价体系，改善信息不对称，降低小企业融资成本，成为值得信赖且最具合作价值的综合金融服务公司。

（二）基于科技型中小企业融资特性，推进科技要素持续金融化

ZX公司的服务对象主要是浙江省广大中小微企业，尤其是科技型中小微企业，成立以来，逐渐探索适合浙江金融和经济发展的中小微企业综合金融服务模式，实现了业务发展中社会效益和经济效益双丰收。截至2011年年底，公司累计为2226家中小微企业提供了99.4亿元融资资金；近三年企业户均融资额分别为326万元、292万元、330万元，其中纯信用贷款融资率分别为85%、89%、82%；公司所服务的企业客户中，净资产1000万元以下占84%，获得风险投资跟进的企业近40家，并有2家已成功在国内上市。

我们感受到，ZX公司管理层对中小企业融资市场供给与需求的格局具有非常清晰的认识，它的经营战略简要概括为两个方面：一是找准目标，从服务中小企业融资的实践经验出发，运用象限分析法描述不同类型中小企业的融资状况，锁定目标客户群，即成长型中小微企业，这些企业是信贷市场和资本市场都在观望、关注的部分；二是有效布局，明确市场供给的缺口，根据行业、生命周期细分研发产品，通过创新金融服务方式弥补缺口，由卖产品转变为针对中小微企业需要什么就提供什么服务，满足客户的融资需求（这也符合"金融工程"这一前沿概念内含的基本逻辑），实现企业利益、客户利益和社会利益的相统一。具体如下。

1. 运用象限分析法准确定位

ZX公司基于企业融资状况的两大评判维度——信贷市场标准和资本市场标准，将企业划分为几种情形（见图11-2）：在"安全性"高的红色区域往往属于银行机构青睐的优质信贷企业，而"成长性"好的红色区域则多为投资机构看中的高价值、高潜力企业，这两类企业鉴于在各自维度上的独特优势，都不存在融资上的问题，相比之下，处于剩余象限的企业或多或少存在融资难的问题。其中，科技型中小企业往往具备高成长性、高科技含量，但同时面临缺乏有效担保抵押手段、缺少信用记录、轻资产、无形资产估值难等问题。对应图11-2，科技型中小企业往往处于类型 I 和类型 IV 两个区域，

这两大区域企业的融资问题在传统的信贷市场以及资本市场都无法充分覆盖。

基于上述市场分析，ZX公司根据科技型中小企业金融服务的实践经验以及对"三型六新"（微小型、初创型、轻资产型；新经济、新服务、新模式、新农业、新能源、新材料）产业发展的信心，将其目标对象锁定为科技型中小企业，致力于为最需要"被输血"的企业提供专业化金融服务。

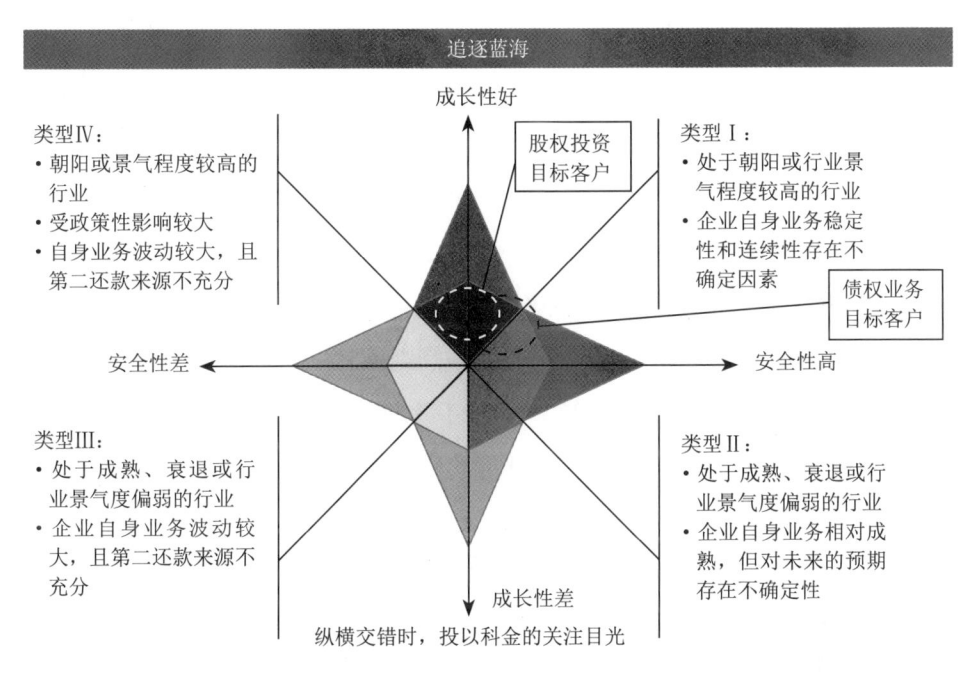

图11-2 基于科技型企业融资特性的目标锁定

2. 有效布局弥补供给缺口

为了向科技型中小微企业提供综合化的金融服务，ZX公司采取纵横交织的组织运营布局，横向布局包括三大板块：一是互联网金融，包括构建社会信用体系等基础工作；二是公司金融，主要围绕企业融资的公司客户；三是微型金融，例如，零售代理业务。纵向体系是针对不同的目标客户群有10多个事业线，不同事业线下有各种产品。组织结构方面，下设浙江ZX担保服务公司（浙江省规模最大的融资性担保公司）、浙江ZX科技金融服务有限公司以及浙江ZX资产管理有限公司等十多家专业子公司；同时，以县市级为单位进行扁平化的分公司设置，目前已在浙江省设立 26 家分公司，并在上海、江苏设立分公司，通过网络化的组织推行融资服务属地化、风险控制集中化、资源整合集成化的综合金融服务机制。

凭借为科技型中小企业广泛提供金融服务的业务优势，ZX 公司与浙江省科技厅、浙江省地市级科技局联合组建浙江 ZX 科技金融服务有限责任公司（以下简称"科金公司"），各级科技局出资 1.2 亿元，ZX 公司出资 1.8 亿元（属于标准的"混合所有制"股份企业）。科金公司作为致力于为浙江省科技型中小企业提供全方位金融服务的专业化公司，它是政府支持平台和市场化的商业运作平台的结合，各股东所在地都设分支机构。

科金公司充分利用省级科技型中小企业综合金融服务平台，紧紧围绕科技型中小企业的投融资链进行有效创新：既在"安全性"维度上充分利用和进一步开发来自以银行信贷为代表的间接融资渠道拓展和资金供给；又在"成长性"维度上作考量，设立和引进不同投资偏好、针对科技企业发展不同阶段特征的股权基金资源，整合多方力量，保障科技投入、促进成果转化；还在为营造"科技型企业融资积聚效应"，设计、开发和应用具有市场培育和扶持性的融资支持与保障手段，如专利资产化等；最终形成投贷联动、债权先行、股权跟进，科技创新要素持续金融化的科技金融服务平台。

二、从供给端以"珍珠项链"模式开展科技型中小企业金融服务的本土创新

科技型中小企业的融资需求迫切，但因普遍具有轻资产的特征，往往达不到传统的银行信贷和股权融资等金融服务方式的供给标准，科技型中小企业时常会陷入融资困境和发展瓶颈。针对这种供需失衡，ZX 公司围绕科技型中小企业不同的融资需求和特征，结合我国金融发展水平，专注于解决科技型中小企业融资问题的创新思路，持续推出若干创新型金融产品，丰富了科技型中小企业金融服务供给方式。

（一）ZX 公司提供的创新型金融产品与服务

1. 科技金融服务产品设计

在中小企业、特别是针对科技型企业的综合化金融服务平台上，ZX 公司近年来陆

续推出创新型金融产品,主要包括天使债、小企业集合债、基于科技型企业不同成长阶段融资匹配的股权投资组合基金产品、知识产权风险基金等,同时与政府合作机构良好互动,拓展知识产权产品合作创新,受托为各地科技局评审科技型中小企业项目,发展增值服务,形成具有系统化特点的科技型中小企业融资产品链条,实现科技创新链条与金融资本链条的有机结合。下面以天使债和小企业集合债为例做简要说明。

(1)天使债系列产品。

考虑到科技型企业普遍具有较强的"成长性"特征,ZX公司根据其整体行业趋势和前景判定,对其"未来价值"加以专业解读,结合适度风险理念做概率控制,通过创新股债结合的融资方法,为大量政府扶持或经营现金流控制良好的科技型企业提供融资支持。天使债是基于ZX公司"桥隧模式"的运作机理,引入风险第四方的角色(包括风险投资者和上下游企业),以债权先行、以股权跟进,为大量具有价值型融资特征的科技型中小企业设计出债权融资产品,包括雏鹰融、专利融、投贷通、税贷通等。

雏鹰融产品以入选H市"雏鹰计划"和"青蓝计划"的科技型中小企业为目标客户,为企业提供纯信用债权融资,企业则通过释放一定比例的未来投资权而获得较为优惠的贷款条件。

专利融产品以浙江省内拥有至少一项以上发明专利或者实用新型专利企业为目标客户,通过ZX公司的资源渠道平台,为该类型客户提供纯信用债权融资,企业可通过释放一定比例的未来投资权而获得更为优惠的贷款条件。

投贷通产品是以获得公司认可的投资机构股权投资的价值型企业为目标客户,通过公司的资源渠道平台,为该类型客户按投资机构股权投资的额度配比一定比例的纯信用债权融资。

税贷通产品是以财务和纳税较为规范但已有融资规模相对较小、仍有一定负债空间的科技型中小企业为目标客户,通过ZX公司的资源渠道平台,为该类型客户提供纯信用的债权融资。

(2)小企业集合债系列产品。

ZX公司运作的"小企业集合债系列产品",则是基于ZX公司"路衢模式"解决中小企业融资难的又一类创新债权融资产品。依据"路衢模式"所设计的产品,进一步拓宽资金来源，利用结构化的产品设计，整合政府引导资金（财政扶持资金）、银行、担保机构、风险投资机构等多方资源，实现多方共赢，风险与收益匹配。目前，该系列产品已经发行15支，整体融资规模超8亿元，有超过400家的小企业直接受益，受益的科技型中小企业绝大部分曾长期面临融资困境，其中，更有超过35%的企业是首次获得贷款。

具体运作思路为：ZX公司通过设计信托产品或成立有限合伙制基金，政府以引导基金认购一部分份额（一般在25%左右），风险投资机构认购风险劣后部分（一般在5%左右），剩余的份额则由银行或社会资金参与认购（一般在70%左右）。在资金的收益、风险匹配方面，风险投资机构享受高收益，同时承担高风险；政府引导基金只要求本金安全，不索取收益，担保公司对除去风险劣后部分的资金提供全额担保，如图11-3所示。

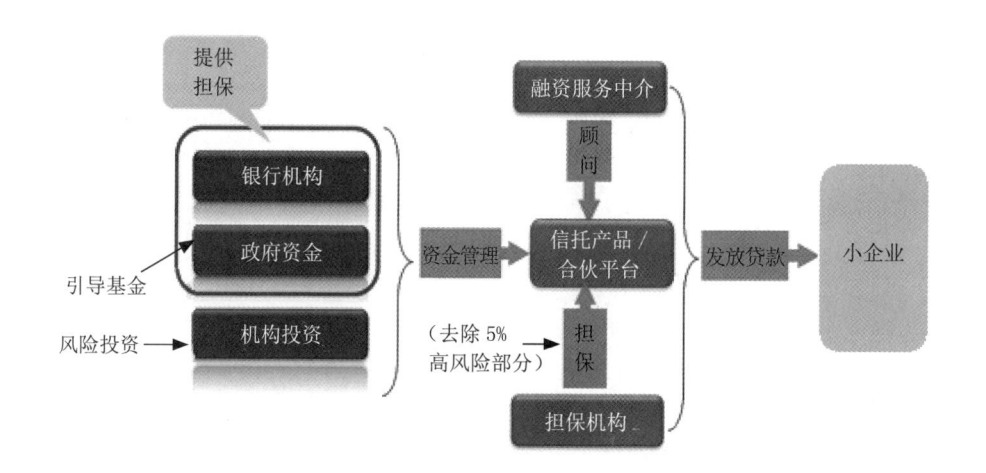

图11-3 小企业集合债产品运作机制示意图

对作为资金需求方的企业而言，在政府无息引导资金的支持下，小企业集合债权基金的融资成本很低。在挑选企业时，企业能否获得资金支持的因素是企业的内在价值而不是抵押物，这样就使大部分轻资产的科技型中小企业能够在纯信用的条件下享受到价格低廉的贷款。

2. 利用地方"四板"市场，提供增值金融服务

2012年10月，浙江股权交易中心暨区域性股权交易市场成立，ZX公司成为首家会员公司。浙江股权交易中心旨在为浙江省内企业，特别是中小企业提供股权债券的转让和融资服务，逐步把区域性股权交易市场建设成沪深交易所和"新三板"的"预科班"，鼓励拟上市公司先在区域性市场挂牌培育。ZX公司以浙江股权交易中心为切入点，围绕科技型企业的需求，积极协同各专业机构开发创新性的金融产品，开展推荐挂牌、报价、私募债承销、代理买卖、股权债权融资、金融衍生产品等业务。以私募债承销为例，2013年7月31日，由ZX公司设计并承销的国内首只纯信用小微企业私募债"中科赛思私募债"在浙江股权交易中心成功发行。为平衡安全与收益，该产品通过结构化设计增信，不同资金类型共同参与认购，风险分层，其中，优先级占比80%，次优先级（劣后）为20%，优先级认购人可跨过制度门槛直接投资低风险、中等收益的私募债券产品，而劣后的购买者为民间投资机构，瞄准浙江高达万亿的民间资本。

目前，ZX公司依托浙江省"四板"市场为科技型中小企业，包括挂牌、股权债权融资、资产管理、价值分析报告、顾问服务、交易服务、上市辅导为一体的全方位综合金融服务，助力实现科技型企业自身价值。

3. 科技金融信用体系建设

虽然ZX公司的信用贷款业务已相对成熟，但解决客户需求均需要投入大量人力和物力进行实地调研和考察，究其原因是没有一个可信赖的信用体系，无法判断间接信息的真实性。同时，各金融中介以及决策机构也需要一个可信赖的信用体系去服务广大的科技型中小企业。为解决科技金融结合过程中存在的信息不对称问题，ZX公司着手建立全方位立体式的风险和价值信息展示平台。

2007年，ZX公司提出"网络信用"平台式构想，开始建设信用体系。2010年，出台"云融资服务平台"建设方案，标志着信用体系建设正式成为ZX公司的核心项目。2011年，公司引入普华永道共同搭建中小企业评价体系模型，建设评价体系。2012年，公司在浙江全省铺设分支机构，全面开展信用体系建设。

对于作为资金需求方的科技型中小企业，信用体系可以帮助信用良好的企业获得监管机构、金融中介以及合作单位认可，进而获得更多的服务和适用优惠政策，降低融资成本。对于第三方机构和政府监管机构，信用体系帮助它们及时获得可信的企业信用数据，有利于做出正确投资决策和政策调整。对于 ZX 公司，作为综合金融服务商，信用体系可以提升其科技型中小企业价值表达体系的可信度和权威性，更好地为客户服务，而且信息服务业务将有可能成为 ZX 公司未来的主要盈利来源之一。

（二）以"合"字为创新理念，运用"珍珠项链"模式打通跨界合作

ZX 公司的上述金融服务反映了其企业文化中的核心理念，运用整合与集成理念进行创新，即"新"与"合"。ZX 公司依托于浙江省内各地政府的大力支持与丰富的市场资源，通过寻求各方利益的最大公约数消解合作的障碍，形成跨界资源共同作业的服务平台，实现科技型中小企业金融服务相关者的资源整合，集中各方的资金、信用、信息优势开发新型金融服务产品，使科技型中小企业的未来价值得以体现，摆脱传统融资方式以抵押品或历史业绩为基础的束缚，实现科技型中小企业融资方式供给链的升级，使科技型中小企业融资选择范围扩大、便利度提升、成本降低，在整个生命周期都可以获得相应的融资服务。这种整合是广泛而多层面的，可简要归纳如下。

1. 不同类型金融服务机构之间的业务整合机制

从早期的"桥隧模式""路衢模式"到"天使债""小企业集合债"等升级版产品，ZX 公司的产品设计普遍具有复合性特点，以风险共担、利益共享、优势互补、高水平专业化为前提，包含整合多方资源的交易机制。根据担保机构、银行机构、信托机构、风险投资商等各种金融机构差异化的风险收益偏好，或是采取跨期安排，或是运用结构化技术加以整合，使它们在自己的业界内协同发挥作用，整体而言，则形成了跨界的创新产品，发挥了信贷市场与资本市场的合力效应。

2. 金融机构资金和民间资金的汇集机制

在中小微企业金融服务领域，ZX 公司从最薄弱的担保环节入手，逐渐发展壮大。它提供的服务产品，在客户端看到的是债权和股权，在资金端，则是运用担保

的工具，从主流银行那里拿到钱，运用资产管理工具，吸引民间的活钱。例如，在"小企业集合债"产品中，对银行等金融机构而言，其角色主要是以对外发售理财产品形式吸纳社会资金并参与部分产品认购。这一方面解决了银行和企业的信息不对称，把难以满足银行准入条件的"潜在客户"培育成银行的"准客户"，帮助企业平稳度过"成长期"——该项目资金并不占用银行额度，而且同样被担保机构全额担保，有效控制了风险；另一方面"小企业集合债"作为回报率比较高的理财产品，也为民间资金提供投资渠道和工具。对 ZX 公司等金融服务中介而言，其主要承担资金管理、企业筛选主体、资金担保的角色，并从中收取相应费用，最终筹集的资金根据企业不同资金需求流向"企业包"。这样，使"天上的水"（主流银行金融机构的钱）、"地下的水"（民间的活钱）对接起来，ZX 公司通过产品服务链打造了主流金融与民间金融的对接机制，拓宽了科技型中小企业的融资渠道。

3. 按照 PPP 的理念开展政府与市场的合作

在科技型中小企业金融服务领域，ZX 公司得到政府的支持，与当地政府部门形成密切的合作。公司根据政府政策导向，结合自身业务优势，通过产品和组织创新，与政府开展资金、信息、组织管理等多方面的合作，不仅共同出资成立科金公司，而且所推出的各种金融产品中通常都有政府的支持以及资金投入（实为地方政策性金融的具体形式），通过这种合作，既达到了政府政策目标，又拓展了公司业务，实现了经济效益与社会效益的相统一，在理论和概念上，可对应于广义的"公私合作伙伴机制（PPP）"。

仍以"小企业集合债"为例，对资金提供方政府来说，政府考虑的是怎样有效地、定向地找到特定企业，并运用财政资金对其给予支持。小企业集合债的产品设计，首先通过风险与收益对等的原则将政府筛选企业的职能大部分让渡给机构投资者和担保公司，在引导资金使用的过程中，政府更多地充当信息提供者的角色，不仅有利于解决政府和企业的信息不对称问题，而且回避了政府管理环节在筛选企业过程中可能存在的设租寻租行为。其次，该产品为政府引导资金的使用提供了一个全新模式，以往消耗性的资金投放模式，变成了资金的循环利用。最后，通过引入担保、社会资本及风险投资，利用金融杠杆，政府财政资金在使用过程中得到放大，而且由于获得全额担保，这部分资金在无风险的条件下得以不断积累投放，为目标企业群进行有效的持续支持，如图11-4所示。

消耗型引导扶持类资金		循环型引导扶持类资金
资金无法放大	资金放大	放大
企业选择标准复杂	企业选择标准清晰	政府资金+社会资金+机制创新
覆盖范围小	覆盖范围大	
资金无法收回	资金全部循环使用	
效果难以评估	效果可确切评估	回收
针对具体企业	针对区域经济或产业群	
易产生设租寻租	可屏蔽设租寻租	政府投入资金

图11-4　政府引导资金运用模式

近年 ZX 公司与当地政府的合作已深入组织层面，以成立科金公司为例证，ZX 公司和各地科技局都成为科金公司的股东，通过股份制这种风险共担、利益共享的"混合所有制"互动合作机制，形成了一个政府与市场贡献各自优势的科技金融服务平台。科金公司的不断发展（包括纳入更多的地方科技局入股以扩大资本金，合作深化、产品创新、服务拓展等方面）将使 ZX 公司与当地政府的合作关系长期化。

上述实践正是公私合作伙伴关系在我国科技金融服务领域的应用，是"我国正在成长的 PPP 的一种方式"，[①]可认为是我国在软性经济基础设施领域中应用 PPP 的创新之举，对于提升财政管理水平具有重要意义，也对于进一步打开这一重要潜力空间具有试验、示范意义。

4. 通过产品设计和信用体系建设化解信息不对称，撮合促成融资交易

信息不对称是制约科技型中小企业融资的基础障碍，ZX 公司从担保业起步，而担保本身就具有化解信息不对称的功能。目前，ZX 公司的产品设计中都包含化解信息不对称的理念，为各方的合作创造条件。"小企业集合债"中通过全额担保化解了

---

① 孔村光. 科技金融创新的"西湖模式"[EB/OL]. http://chinasourcing.mofcom.gov.cn/hz/c/2010-03-30/67543.shtml.

政府与科技型中小企业、银行与科技型中小企业之间的信息不对称；对定位为风险投资的机构投资者不提供担保，但是，它们享受20%~30%的收益，通过该产品设计，机构投资者能够以债权这种风险相对较小的形式进入企业，了解企业情况，也解决了其直接投资过程中与企业的信息不对称问题，一旦遇到理想企业，即可股权跟进，对企业做进一步的投资。

除了担保，ZX公司还利用既有的信息资源，提供纯信用贷款，化解抵押等传统信贷方式对科技型中小企业的制约，探索科技资源与金融资源结合的新方式，例如所开发的"雏鹰融"这种标准化产品，只要进入政府"雏鹰计划"名单的企业，就可以获得50万元的纯信用信贷。

针对许多企业是第一次贷款、缺乏信用记录，以及贷后跟踪评价的信息需求，ZX公司紧紧抓住信息不对称这种基础障碍，实时动态地采集企业基本信息，建立信息体系和信用评价体系。

信用体系的数据平台是集企业的运营数据、管理制度、政府监管数据、市场交易数据、行业信息数据以及第三方数据为一体的数据平台，以及时、动态揭示企业的风险和价值。数据再加工是ZX公司运用自主研发的中小企业价值表达体系（针对特定信息运用一定的数学模型以及指标模型），对企业数据进行分析归类，从而揭示企业的价值和风险，如图11-5所示。

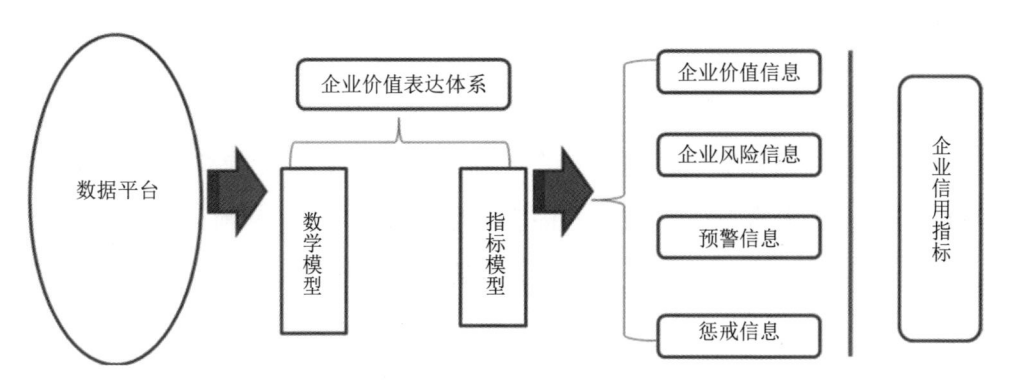

图11-5 数据表达过程

通过做实基础工作，不仅服务于现实的业务需求，而且为公司未来的重点业务——互联网金融创造条件。未来这个体系还可以向社会开放，不同的风险偏好者可以根据需要选取企业信息。

目前，我国互联网金融业务蓬勃兴起，2013年被称为互联网金融元年，互联网的大数据模式可以减少信息不对称，对风险便可以更准确地定价，这为改善科技型中小企业的融资状况开辟了新路径。毋庸置疑，互联网金融需要以企业信息和信用评价作为基础，ZX公司在建设科技型中小企业信息体系的基础上，通过互联网平台传播信息，吸引各类投资者，从而有望在更大范围内以更快的速度促进科技资源与金融资源相结合，促进科技型中小企业成长和发展；在此过程中，ZX公司也可以实现从担保中介到信息中介的商业服务模式转型。

5. 积极响应科技金融政策，促进宏观政策向微观主体有效传导

为建设创新型国家，我国一直致力于培育有利于科技型中小企业发展的金融环境，出台诸多支持政策，并投入大量财政资金，但是，仅靠政府直接投入能够支持的范围有限，更多的情况是需要借助于中介组织的力量，发挥支持政策的辐射作用和财政资金的杠杆作用。

ZX公司注重与政府部门有效互动，契合政策时机开展新业务，例如，配合H市科技型企业培育工程，针对列入"雏鹰计划"和"青蓝计划"的科技型中小企业，提供专门化的金融产品和服务；作为浙江股权交易中心暨区域性股权交易市场的首家会员公司，围绕科技型中小企业需求，积极协同各专业机构开发创新性的金融产品，开展推荐挂牌、报价、私募债承销、代理买卖、股权债权融资、金融衍生产品等业务。与政府合作机构良好互动，在产品合作创新上，与H市高科技担保公司、H市银行科技支行合作开发智汇宝产品，推进知识产权金融化创新；在增值服务方面，公司受托嘉兴市、舟山市、湖州市、金华市等地科技局的各类项目专项评审工作等。

通过契合政策导向和科技型中小企业的需求，ZX公司发挥了重要的联结作用，把宏观政策传导至数目众多的微观主体，助力地方政府科技金融结合政策有效落地，促进企业科技成果转化，同时也有力促进了企业自身做大做强、取得投资回报和实现创业抱负。

三、优化宏观供给管理，改善科技金融生态的思考

（一）ZX 公司的"珍珠项链"商业模式属于新供给因素

作为微观层面的中介组织，ZX 公司在经营战略上运用象限定位寻锁客户群体，以满足科技型中小企业融资需求为基本导向，针对科技型中小企业的融资特性和市场供给的缺口，创新金融服务的供给，尽管其起点仅仅是一家担保公司，但通过前相关、后相关、结构化金融技术等，充分运用担保这种金融工具，为科技型中小企业提供了多样化的新型融资方式。这些创新型的供给方式既是科技型中小企业所需要的，又是科技型中小企业所没有使用过的，属于供给端将产品与机制相结合的创新。

打个比喻，ZX 公司从供给端提供的新型金融服务，对科技型中小企业而言，类似于苹果手机对手机使用者一样，都近乎为一种从无到有的全新体验。在科技型中小企业金融服务方面，ZX 公司的贡献可以用其企业文化中的"新"与"合"两个字概括，"新"是指提供了新的金融服务方式，"合"是指采取整合的方法（风险共担、利益共享、优势互补、专业化整合）开展创新，发挥润滑剂、黏合剂、催化剂的作用促成升级，集合银行、信托、创投基金、担保公司企业、财政等各方的优势资源，在符合市场化运作规律的基础上，形成立体的金融服务体系，系统化、有层次地为科技型中小企业提供全方位金融服务。这种新型的服务模式恰似一条珍珠项链，把不同主体联结在基于利益和追求共赢的脉络上，改造了科技金融服务领域中原有的分散、断层、供给短缺局面，优化了当地的科技金融生态——其中决定性的因素，就是金融供给的创新。

（二）以新供给理论为支持，探索我国科技金融政策的"珍珠项链"模式

见微知著，如果在更广泛层面上思考 ZX 公司的"珍珠项链"供给模式，可以从它作为科技型中小企业金融服务领域的新供给因素，而引出对于优化我国宏观层面

科技金融政策富有启迪意义的思考。

2011年，我国正式启动了科技和金融结合试点工作，加快实施自主创新战略，为科技成果转化、科技型中小企业发展和培育新兴产业提供支持。科技金融是涉及创新财政科技投入方式，引导和促进银行业、证券业、保险业金融机构及创业投资等各类资本来创新金融产品，改进服务模式，搭建服务平台，实现科技创新链条与金融资本链条的有机结合，为初创期到成熟期各发展阶段的科技企业提供融资支持和金融服务的一系列政策和制度的系统安排。

科技型中小企业作为经济体系中最具活力的细胞，也是科技金融政策的重点支持和服务对象，但它们为数众多，从概率上说成功者（做大做强者）只会是其中很有限的一小部分，但庞大的基数又是少数成功案例最终得以脱颖而出的前置条件，政府对它们不能不支持，也不可能都支持，政府的支持政策从何种角度、以何种力度介入需要采取适宜的机制和方式。在充分尊重市场规律的基础上，应针对市场发育水平，运用有限的财政资金弥补市场运行的薄弱领域和支持其科技成果转化的关键环节，通过政府与市场主体、中介机构等的互动，优化科技金融生态——这种政策理念与ZX公司的"珍珠项链"模式具有相通性，宏微观之间以伙伴关系机制联通而一脉相承，共同的现实背景和相关理论基础可初步讨论如下。

1. 现实背景：经济系统化运行的基本特征需要以系统化考量切入的创新思维

科技型中小企业在起步期、初创期、成长期、成熟期等不同发展阶段，有着不同类型的融资需求，我国金融业发展壮大和经济升级换代的内在要求，为科技型中小企业融资提供了氛围和机遇，但是我国银行、信托、投资机构等，由于多种原因总体上处于"各自在做自己的事"的状态，科技金融服务成为散落的珠子，资本市场、信贷市场、创投市场、科技资源市场并未实现"无缝联结"，未能适应经济系统化运行在"走创新型国家道路"新阶段上的客观需要，大量科技型中小企业的融资通道依旧梗阻，各种潜力和相对优势未得组合、释放的机缘。ZX公司积极参与融资模式创新的作用就是以润滑剂、黏合剂、催化剂的功效，把相关的各方整合起来，形成一个科技金融服务的完整链条。

随着我国市场经济发展水平和开放度的提高，经济运行系统的复杂程度日益增强，财政对科技型中小企业金融服务的支持早已不再适宜传统的"点对点"简单模式，而是需要合理的顶层设计与畅通的基层信息衔接，形成一个系统发挥合力作用的可持续机制，在各地与经济运行系统和科技型中小企业的发展布局相对接，避免政府资金投入的过度分散或者低效投入，避免重复支持资金的"消耗型"状态。同时，从知识转化为商业技术的全过程来看，在基础研究、以应用为导向的基础研究、应用研究和商业开发阶段这四大不同阶段，应采取不同的财政支持方式。科技型中小企业承载着科技成果转化的重要功能，财政对应用型技术及其商业化的支持更适合采取间接方式和"四两拨千斤"的放大方式，以最大限度地调动市场积极性和激发企业家精神。

无论是市场经济运行的规律，还是科技发展的规律，都需要政府科技金融政策具有整体视角和注重跨部门、多主体合作的联接机制，借助于专业化的中介和企业组织体系，以政府与市场的互动，促成一种类似于"珍珠项链"的支持链条，促进科技资源、财政资源和市场资源、金融资源的良性整合、优化配置。

2. 理论基础：新供给经济学为突破发展瓶颈提供创新路径的理念支持与逻辑引导

如前所述，ZX 公司为科技型中小企业提供的金融服务属于创新型供给，它通过基本金融服务业务的重组和设计结构化新产品，使各方承担可接受的风险并获得具有针对性激励效应的相应收益，突破传统银行信贷注重抵押的经营与风险防控理念，根据科技型中小企业轻资产等特征设计多种创新型金融产品并配套呼应地发展多方合作、公私伙伴式的融资机制，为科技型中小企业提供融资支持和促成可持续的相关制度供给，同时，又以信息积累、数据处理、信用评价为根基把互联网金融这种新兴金融业态作为发展方向（与传统金融相比，互联网金融具有低成本、快捷便利、海量供求对接端口等优势，有望为科技型中小企业提供全新的融资通道）。

上升到理论层面，ZX 公司上述业务活动实质是在与政府互动合作中以在供给端发力的创新为鲜明特征的，在科技型中小企业金融服务领域，它所供给的新产品和伴生的新机制是对既有金融产品和传统机制的冲击、补充与升级，也成为对市场缺口的填补和市场范围的新拓展，改善了区域性科技金融生态，在总体效应上，使政府的发展战略和政策意图、企业的发展潜力和专业化优势、社会的绩效与进步诉求，一道实现"共赢"。

新供给经济学以关注、强调、深入认识供给和供给端的作用这样一种更具对称性的理论框架，支持实践方面的优化资源操作调控与改革与发展的攻坚克难，强调正视现实强化优化结构、升级换代、可持续发展的针对性、可行性、有效性，我国科技金融政策的优化与操作，需要针对科技金融服务领域的瓶颈与缺口，抓住科技型中小企业亟须同时又是市场供给薄弱或不足的环节进行机制创新引领的合理有效的重点支持，例如，初创期科技型中小企业的融资需求、成长期科技型中小企业的中长期融资需求、不同类型中小科技企业的债权股权等直接融资需求、信用贷款需求、信息体系建设等，都应纳入政策支持的着眼点和选择性的发力点。

在中小企业金融服务领域有一个值得注意之处：虽然从世界范围内来看，中小企业融资难是一个普遍的问题，但对科技型中小企业而言，融资难却不是一个世界性的普遍问题，越是经济发达的国家，越是创新能力强的国家，科技型中小企业越容易便捷地获得所需的金融服务。这一方面与这些国家金融业的发达特别是风险投资等前沿业态的发达有关，另一方面与这些国家政府对科技型中小企业的"区别对待"式的供给管理、政策倾斜支持有关，例如，美国、德国、日本等，它们通常在国家创新战略导向下要建立发达的科技金融服务供给系统，各具特色地借助多样化财政投入方式、政策性金融机构、多层次资本市场、创业引导基金、技术成果转化中心等建立网络化的支持体系，而这种发达的科技金融服务供给系统正为我国现阶段所短缺。自20世纪90年代，我国总体上告别"短缺经济"20余年以来，发达金融服务体系和高绩效资金配置机制的短缺问题，却一直是制约我国经济升级转型的主要因素之一。当然，这与我国体制改革、机制转换进程中的"攻坚克难"具有内在联系。在十八届三中全会《决定》的精神和"政策性金融"概念的重申等重要方针指引下，中国生机勃勃、潜力无限的市场经济发展实践正呼唤着新一轮在"全面改革"进程中的金融包括科技金融的创新。

与此相关联，我们可以在新供给经济理论框架下，以新供给的理念支持和逻辑引导创新科技金融政策，借鉴"珍珠项链"新供给模式的启示，加强管理部门统筹规划设计，激发千千万万个市场主体、中介组织、非政府机构的潜力与活力，更多地在公私合作领域发挥打通、桥接和引导的综合作用，面向未来，形成系统化的科技金融服务网络，优化科技金融生态，缩小科技型中小企业金融服务方面与发达国家的差距，以增强我国经济增长与升级的内生动力，实现在市场决定作用和政府更好作用结合的基础上由要素驱动向创新驱动的历史性转变。

第十二章

要素供给与制度创新（之二）

——以制度供给创新推动 S 市工业园区发展

本章主要谈一下在发展新阶段上，怎样认清宏观指导思路方面的新思维，再结合 S 市工业园区新起点，讨论如何进一步开创新局面。

第一节 认清有关工业园区的宏观指导思路

S 市工业园区是中新合作的旗舰项目，已有 20 多年的发展，回顾当然是弹指一挥间，但是过程中间是有很多可圈可点的创新过程和非常值得总结的经验。按照此处的理解，可以这样说，S 市工业园区的发展建设，是在邓小平有里程碑意义的"南方谈话"之后，中国在市场经济轨道上实现超常规发展的一个非常典型的区域案例，而它的意义又必然是全局性的。

现在中央强调要认识、适应还要引领新常态，是要站在新的历史起点上，继续大踏步地跟上时代，这一要求的内涵非常丰富。在十八大提出"五位一体"总体布局之后，十八届三中全会给出全面改革的顶层规划，四中全会把经济改革为

第十二章
要素供给与制度创新（之二）

重点切入的创新驱动过程对接到"全面法治化"，五中全会又给出了系统化、条理化表述的现代发展理念，就是以创新发展带动协调发展、绿色发展、开放发展，落实于共享发展。创新发展，中央表述这是第一动力，它和协调、绿色、开放结合，要落在人民群众对美好生活的向往变为大地上的现实，就是我们的奋斗目标、党的执政宗旨，是使人民群众得实惠，而且这个实惠可持续，形成一个共享发展、共同富裕的推进过程。现代发展理念有了这样条理化的表述之后，面对实际问题，我们需要克服中央特别强调的矛盾累积、隐患叠加。虽然已有这么多的成就、进步，但还要继续大力推进中国现代化过程，现在是到了改革的深水区、攻坚克难的阶段，以及面对历史性考验，要处理好如何实现全面小康而且要跨越"中等收入陷阱"的问题。在这样一个阶段上，国家战略层面上的各种举措里面，又像在棋盘全局上摆棋子一样，明确地把S市园区放到了"开放创新综合试验区"的位置上。

得到中央层面这样一个正式的批复文件，按照通常理解就是这个区域的发展规划上升为国家战略。国家战略必是一个全局的考虑、长远的考虑。在全局方面，我们要总结过去的经验，面对新的挑战，在今后的发展过程中，乘势进一步调动我们的潜力，为本地、本省，乃至整个中国现代化轨道上的发展做出更大的贡献。其实中央也是寄予厚望，希望S市工业园区能够产生进一步的示范作用。

这些年我们一些有共识的研究者，十分注重按照新供给经济学的框架，反思世界金融危机冲击带来的一系列必须做的经济学理论创新，并在经济学理论创新基础之上密切联系实际，特别是中国的现实重大问题，希望能够给科学决策和政策优化，提供一些建设性的意见。基于几年努力之下形成的一些研究成果，在中央的几次重要会议——十八届三中、四中、五中全会之前，都上呈了新供给研究报告。我们非常欣慰地看到，在全局指导方面，配合着"四个全面"战略布局，最高领导层给出了一个非常清晰的表述，就是要着力推进供给侧结构性改革，着力提升整个供给体系的质量和效率。现在各个方面按照这样一个表述，还都在进一步探索、领会。这个表述后面，我们认为确实有事关全局的新思维。

如果非常简单地说，"供给侧"这个概念，其实过去在经济学表述里并不陌生，只是社会上一般不把它作为一个经济学的术语去说。所以有很多同志说，这个词听起来挺陌生的，甚至不少人把这三个字的顺序都说不好，往往说成"侧供给"了。

所谓供给，跟需求是一对相辅相成不可截然分离的概念。政府要发挥作用，它在宏观角度解决的问题就是怎样调控总需求和总供给的动态平衡。但是经验比较丰富、比较成熟的，主要是在"反周期"的总量型需求管理方面。这在经济学理论上的依据很清晰，就是20世纪"凯恩斯革命"以后确立的国家干预理论，也在"罗斯福新政"之后形成了实践经验的积累。这种干预是有必要的，干预的基本套路就是反周期操作。

中国在邓小平同志"南方谈话"确立市场经济目标模式之后，不得不认真地考虑运用需求管理经验去应对亚洲金融危机和世界金融危机，这方面也积累了我们成功的经验。但是到了现在，世界金融危机给我们特别大的启示就是，在发达经济体里面，其实它最关键的应对危机手段，绝不限于需求管理。比如，美国人这次怎么应对危机？最关键的手段恰恰是另一侧的供给管理，决定性举措是当局反复斟酌以后，突出重点，区别对待，给花旗、"两房"先后注资，一直把注资的操作推到实体经济层面的通用汽车公司。最后给通用注资，成为整个过程中扭转市场预期的一个转折点，再以后就进入了实际的稳定和复苏进程，当然也配合着原来需求管理轨道上的量化宽松。以结构型的供给管理配合上总量型的需求管理，美国人现在已经告别量化宽松，开始对付经济复苏以后的通胀压力，人家进入升息轨道了。遗憾的是在西方主流的经济学文献里面，在有影响的经济学家群体里面，对这些还没有做出什么像样的总结。我们的研究，就是希望在这方面把理论密切联系实际，直面现实，敢于有所作为和创新。

顺此逻辑，我们认为，在经济学原来的基础理论框架里面，存在着认识不对称的明显偏颇，未能展开供给侧的分析认识。与此相关又有一个重要认识：实际生活里面，真实情景不是完全竞争，而必然是非完全竞争。哪怕是美国这样的发达经济体也不可能是完全竞争，也必须动用供给管理的手段。中国作为一个经济社会转轨的国家，市场发育不足，我们的结构问题又特别突出，一系列各种各样的结构性问题摆在面前,真正在理论联系实际方面能够体现指导实践的理论高度和应有的逻辑力量的,应该是供给管理。所以我们致力于在这方面形成条理化的认识,而且建设性地去对接我们的政策设计问题、实际工作中的改革和发展问题。

西方世界没有明确地说到位的供给侧改革的概念,我们中国人现在从决策层面有了明确表述和指导,而根据这样一个指导,后面跟着的是从供给侧特征非常鲜明的结构这个着眼点切入,并且在做出优化制度结构的努力后面,跟着的是整个供给体系功能、质量和效率的提升。

我们特别看重的是改革所代表的制度供给,将进一步打造整个供给体系的升级版,把各种要素的供给和制度供给结合在一起,使生产力和生产关系合成的发展方式加快转变,来最大限度地释放中国的潜力、解放生产力、实现经济社会发展中动力转型的升级版。按这样一个思路,那么它必然是一个系统工程,不是简单地像有人所说的,中国人只是在模仿学习美国里根经济学的那个供给学派。供给学派比较简明地强调了减税等操作,对于我们当然有启示。但是中国人现在所谈的供给侧,要宏大得多,是我们对于整个中国完成现代化转轨要处理的系统工程,而且是一个长期问题。

第二节 以供给侧改革创新推动 S 市工业园区的升级发展

在以上理解之下,结合 S 市工业园区以后在发展过程中间继续创新的诉求,要进一步给发展打造升级版的新活力,形成源源不断的动力源泉,以及给发展全局提供进一步的示范影响,很有必要紧紧抓住供给侧结构性改革这个概念,做进一步讨论。我们要"重吹集结号,转型再出发",那么粗线条地结合 S 市工业园区的升级发展,可形成几个和供给有关的特定角度上的看法。

首先,既然把中国要推行的供给侧结构性改革理解为一个问题导向下解放生产力的系统工程，那么它在供给侧的复杂性就是不可回避的。需求管理掌握的主要就是一个总量，从每一个年度的判断上，看经济发展是处于周期的什么阶段，再确定反周期操作是什么方向，然后在所谓"流动性"这样一个可通约的总量概念上来操作，是实行紧缩，还是实行扩张，把这个方向和力度掌握对了，宏观调控的任务就基本完成了。过去认为供给侧是靠市场优胜劣汰、要素流动过程当中自发解决结构优化的事情。而回到前面说到的经济学理论突破，认为真实的市场情况不是完全竞争，也就不能完全依赖市场自发解决结构问题——在充分尊重市场作用的后面，政府有所作为的必要的结构性方略与政策就不可回避。这个结构性方略，首先要看到对于中国最有意义的是改革这一实现现代化的"关键一招"——这是习近平总书记的原话，以及改革将带来的"最大红利"——这是李克强总理的原话。我们要寻求的最大红利之所在，就是解决好制度供给问题。所以在新的阶段上，S市工业园区创新发展、转型再出发，首先要特别重视制度供给的创新——要继续坚定地站在改革的前沿，站在开放的前沿。

一开始，我们的园区就有中新合作，说得比较直率一点，它实际上就形成了以开放倒逼改革这样一个力量。其实中国整个发展也不能否定就是"开放倒逼改革"。一开始邓小平判断，闭关锁国死路一条，必须开放，开放能进来新鲜空气的同时，还会带来一些苍蝇蚊子，是一种考验，不能因为看见可能进来苍蝇蚊子，就不呼吸新鲜空气了。而在实际开放过程中，我们的渐进改革得到了开放所带来的倒逼力量，到了千年之交入世，那更是义无反顾——锁定全面开放以后，我们自己整个体制内要"清理文件柜"，凡是跟市场经济通行规则不能对接的，没得可说，你必须把自己的规则改掉。到了现在，自贸区更是这样一个概念，要瞄准世界上最高水平的法治化营商环境，中国人必须自己改自己的规则，而且可认为，自贸区实际上是对应着国际博弈中人家也在考虑创新发展的 TPP 之类。

这方面在 S 市工业园区有相对优势。我们在开放过程中，从园区的政府主体到市场、企业家、社会成员，大家都有这方面的经验和比较容易凝聚的共识。那么在进一步开放过程中间，当然就伴随着自己整个体系在所谓改革深水区的攻坚。攻坚任务在全局来看是非常艰巨的，估计在区域发展过程中间，也会有不少难题。但是认识大框架上，我们的取向可以非常清晰，对于整个制度供给的框架认识说成是：首先是有效市场——这是十八届三中全会定了基调的，即在整个资源配置中市场要发挥决定性作用，那么政府"更好发挥"的作用，从全局来讲充其量是辅助性的，所以首先要充分地认识、尊重市场规律，要敬畏市场。但是又不能简单照搬其他市场经济的经验和我们过去已有的经验，还必须在"守正"后面跟着"出奇"，所以守正出奇的思路很关键。不论本地，还是本省，还是全国，都是要从追赶到赶超，是一种超常规发展。所以政府在这个现代化战略的实施里面，必须在"有效市场"后面加上一个"有为政府"，同时这个政府又应是有限的，所以应说成"有效市场+有为和有限政府"。这里面对应着要做的有难度的事情，那就是政府要真的敢让自己的架构伤筋动骨，甚至脱胎换骨。

S市园区的改革思路里面有一个清晰的大部制概念。这是非常正确的，因为现在搞了这么多年改革，一再强调简政放权，中央部委层面的审批项目已缩减到几百个，但是实际看一下，这些审批项目都是有关部门的命根子了，再往后真正转变政府职能，一定要对应到已经说了横跨两届政府的"大部制"概念。但是很遗憾，横跨两届政府，大部制只走出了一点小碎步。在地方的试验里面，我们知道过去有广东明确宣布要进一步解放思想，在顺德推行大部制，但后来听说在推进过程中也是非常困难的，更没有清晰听到其他地方的跟进。如果在S市工业园区，在中央改革开放转型创新综合试验区的概念之下，我们更积极地按照大部制去推进，完全符合中国的改革逻辑和客观要求。我们认为简政放权的推进必须是"结合式"的，要结合着大部制和扁平化。如果再不对我们的政府架构做这种伤筋动骨、脱胎换骨式的改造，那么很多转变政府职能的要求就会流于空谈，只是说说而已了。这个方面，当然会有可想而知的困难，但协调起来，地方总是要抓住习近平总书记说的要领，还要进一步鼓励地方先行先试。S市园区在制度供给创新方面要站在前沿，要有我们自己的重点和亮点，要借着开放倒逼改革，在这方面有所作为。

往国外看一看——中央现在也重视跨越"中等收入陷阱"问题，咱们可借鉴的经验最直接的还是日本、韩国这种体量比较大的经济体（当然新加坡也很重要，中国人很重视新加坡的经验，但毕竟新加坡只是几百万人口的小经济体，日本则有上亿人口了）。没有10亿人口数量级的经验可借鉴，那么我们就得看看日本，看看韩国。20世纪90年代的时候就可以注意到，虽然那时候韩国经济起飞的势头出来了，但社会矛盾也出来了，闹学潮、闹工潮等。但同时政府这方面的制度建设的掌握，有些已经远远走在中国前面。20世纪90年代前期韩国的规划院（相当于中国的计委，现在的发改委）和韩国的财政部，早就并成一个大部了。

还可以看一下法国。人们说法国是发达经济体里面比较强调中央集权的，但它在以大部制精简机构方面也是一点不含糊的，早早把产业部、规划院、财政部等部门职能合成一个综合管理部门，称为经济、规划与财政部。

中国在推进供给侧改革过程中，要抓住时间机遇。比如说十九大之后，提前召开的十九届三中全会确定了大部制改革安排，国地税合并已经展开，体现出改革魄力和力度（本部分文字创作于十九大之前，未做修改。——编者注）。如果我们工业园区能够抓住这方面的契机，在进一步深化大部制改革的后续推进中先行先试，对全局肯定将是一个贡献。

另外一个角度，在制度供给创新旁边，我们认为还要伴随着政府必须正视的、在世界范围内没有说清楚而我们中国人要说清楚"规划供给"。现代经济体发展到可做经验总结的当下，其实看得很明白，和整个国土开发相关的各种规划一样，牵头者必定只能是政府。不可能依靠下面的基层单位、企业集团，"试错"式地形成辖区之内合理的国土开发通盘规划。不动产一旦形成，如果其布局走错了路，再改就太困难了。当然政府规划就要经受历史的考验：这个历史考验有时候结果看清了以后是非常痛苦的。比如北京要搞京津冀一体化协调发展，因为已别无办法，20世纪50年代初的"梁陈方案"当时迅速被否定，现在大家才知道"梁陈方案"真的是有水平，但是为时已晚。那么现在京津冀一体化协调发展怎么办呢？已有新的大手笔，是不得不做的：北京市级所有的管理机关现在准备迁到通州潞河镇去，而首都的许多单位要考虑结合雄安新区做新的布局了。

现在我们新一轮的、其他各个地方辖区也都要处理的规划方面的供给，我们愿意把它表述为"规划先行，多规合一"。S市工业园区这方面有天然的优越性，因为有中新合作，新加坡的规划经验对我们来说有很好的借鉴意义。过去在 S 市工业园区听到一些同志说，非常佩服新加坡方面派过来的盯在我们规划上的官员，多少年如一日，就是以专业精神盯着这个规划，让它尽可能地优化。这是属于政府牵头要做的事。

政府牵头，当然要充分调动各种各样的高水平专家，要听取民间的意见，也要跟社会方方面面互动，要动态优化这个规划。现在有了新的开放创新综合实验区的概念，我们需要在原来已有基础之上再研究，还有什么动态优化规划的作为空间，其中需要抓住什么要点，这是十分必要的。

所谓多规合一，在本地过去可能已经做了，就是各个部门分头管的规划，如产业布局规划、经济社会发展规划、国土开发规划、城乡建设规划、环境保护规划、公共交通体系规划等。虽然每个部门都得尽责编制，但是相互之间协调往往不到位，今后"九龙治水"的局面要改成多规合一的局面，这才是真正的高水平。

在这方面，如果对区域建设进一步总结经验，对全国来说也会有非常好的示范效应和意义。这里面的一些道理，很多地方层面的领导同志都有体悟。这些年在调研中间，听到很多地方政府层面的领导人已经直言不讳地说，我们一定要抓住规划先行。中央现在抓的其实也是规划先行，全局的"四个全面"不是规划吗？不是顶层规划吗？京津冀一体化、长江经济带、一带一路全都是规划先行，都需要多规合一，这方面接着就是要考验水平的高和低了。

还有就是政策供给的创新。我们现在在自贸区方面积极跟进，是非常正确的，也是有可能得到这样机遇的。自贸区的理念和政策框架，实际上是首先要清晰确立法治化背景之下的行为规则，对企业是负面清单、准入前国民待遇，法无禁止即可为，这些创新创业的主体，他们的环境实际上就是海阔凭鱼跃，天高任鸟飞。反过来要约束政府自己，政府这边公权环节上，叫正面清单，法无授权不可为，而且还要有责任清单，有权必有责。

但是实话实说，也听到体制内很多官员认为这要做到很不容易。但现在得承认，自贸区已经把这个概念确立起来了，我们的方向只能是这个方向，是往这个方向攻坚克难。实际生活里，确实不必讳言，碰到很多问题，到了公权环节仍是权力最大化、责任最小化。什么事情都要管，现在可以管到科研人员横向课题经费里面那张餐票是跟哪些人吃了饭，得一一标明，人均不能超出50元，超出50元钱要退钱——可以这么管，这叫权力最大化。但等到出了什么麻烦事情，谁来处理谁来承担责任呢？都在推，责任最小化，这当然就不符合现代化治理的内在逻辑和要求。

我们现在为打造好的供给环境，在工业园区，这个政策环境一定要瞄准最高标准的法治化营商环境。要确认自贸区概念框架下的所谓负面清单、正面清单、责任清单这个逻辑，在我们这边要身体力行，向这方面去推进。

另外就是注重高新科技供给。已经看到我们这方面指标很好，要进一步在这方面形成我们的相对优势。邓小平同志的直觉非常好，他说科技是第一生产力；而研究中可以注意到，这个意思在马克思、恩格斯那里就说了，但还没像邓小平说得这么到位、这么精辟。第一生产力是什么意思呢？大家都承认生产力有劳动力、劳动对象、劳动工具三大要素，而科技对此不是做加法，它是给这三大要素加一个乘数，所以它是第一。

我们要进一步追求超常规发展，高科技供给当然要对应到现在全球化竞争之下的"互联网+"，对应到这些年反复强调的贯彻国家中长期科技发展规划，对接到大家还在努力的政产学研互动的科技成果产业化。S市这边，江苏等地方，还有长三角、珠三角，这方面都已经有很多的经验积累，应该乘势在高科技供给方面继续形成我们发展的比较优势，这个乘数是非抓住不可的。

中央现在说的全要素生产率——这是学术用语，西方的概念里主要讲的就是科技。当然我们要把科技，再加上中国转轨里面的制度这两大要素的文章做足，在劳动力、土地、资本这三个传统要素支撑力下降的同时，对冲下行因素给出更多可以长期支撑中国发展的新的动力来源。主打全要素生产率，首先就要盯在科技以及科技创新必须要有的更好的制度环境，这个潜力确实是非常大的。

再往下还有必要提出另外两个供给的角度，一个是投融资供给。这在我们发展过程中，过去已经有了金融创新，地方财政部门也有比较明确的认识，还必须有政策性的支持,比如财政过去做的贴息、政策性信用担保,这几年越来越清晰地看到财政还要有对产业基金的支持。

现在地方层面,新的产业基金已经在不断涌现,是对于原来地方隐性负债已做了阳光化的新预算法约束以后,以相对规范的产业基金更多去填补阳光化的地方举债仍不能覆盖的大量融资需要。当然现在也有同志担忧,说地方的基金会不会又走过了头。但是我们觉得小孩子与洗澡水不能一起泼掉。产业基金有国际经验,它的规范性比过去地方融资平台高得多,也是要跟商业性金融对接,哪怕一直推到前沿的天使投资、创业投资、风投,也可以对接政府引导基金这样一个值得去积极探索的投融资促进形式。这方面 S 市显然也有必要结合自己的发展战略,考虑产业基金等机制上的创新。有关部门现在大力推进 PPP,值得关注。虽然现在长三角、珠三角,包括 S 市,估计政府的感受不像中西部那么受到资金约束,资金是相对充裕的,但是必须考虑到,如果支持超常规发展,从公共工程、基础设施,再推到产业园区、产业新城建设、连片开发这些方面,还是应该积极通过 PPP 调动民间资本、社会资金的力量。这方面国有企业在中国 PPP 框架之下也是有一席之地的,比如说中信地产和汕头政府,面对濠江区 168 平方公里,要做几十年的连片开发,有了大资金、大规划、大手笔,这就使整个区域发展跨上新的台阶。北京南面 50 公里过去默默无闻的河北固安,因为有了十几年前民营企业进来而现在已经高调做广告的 HX 公司,他们所做的连片开发,十几年间迅速改变局面,现在已成为那一区域的增长极,这些对我们也会有一些启示。

当然,在本地园区,过去也有类似的经验,今后这方面的投融资可以进一步解放思想、打开思路,在控制风险的同时,寻求乘数效应——把政府财政的资金作为后盾,应该是争取"政策性资金,市场化运作,专业化管理,信贷式放大",这样支持进一步实现有声有色地超常规发展。

最后,供给侧改革势必要落到人才的供给问题上。怎么样吸引人才,留住人才,而且要用好"外脑"——不一定要这个人把户口迁到我们这里来,但他可以在智力方面、必要的人力资本支持方面,把潜力发挥到本地的园区发展战略实施过程中,这还是一篇大文章。自己辖区之内怎么培养人才,包括在职人员的深造和素质提高,以及怎么在政产学研互动中间鼓励一线的创业创新人才发挥他的潜力，还有利用外脑，都还有进一步调动潜力的空间。

第三节　总体思路的进一步凝练

从S市开发创新综合试验这个特定的区域战略来看，其实是体现国家层级的特定考虑，已上升为国家战略全局里的一个重要的区域性布局。在原有基础上继续发展方面，总体上似乎可以提炼出一个思路来，即总体来说，是要在中央强调的深化供给侧结构性改革这个取向上"打开放牌，过改革关，搭创新台，促结构优"。主要就是这四个角度。

一、打开放牌

什么叫打开放牌？整个中国现代化过程追求的是超常规发展战略，在最开始邓小平同志做"三步走"设计的时候，就是在S市这里，一次住了好几天，反复考虑和反复问当地的领导：翻一番、再翻一番有没有可能？之后，他明确提出了"三步走"现代化战略。当时没有多少人真的相信可以达到这样一个超常规的发展结果。后来事实证明，前两步提前实现了。作为研究者，对这个事情感触非常深。明确提出"三步走"的时候，本书作者之一贾康还在读硕士研究生的基础课阶段，看到这样一个战略，实话实说也并不觉得有多大把握。而当时还健在但已身患重病的孙冶方在《人民日报》上有整版的文章，标题是翻两番不仅有政治保证，而且有经济技术保证，是从经济学家角度配合这个决策做了一些论证，也并没有什么数量模型测算等。主要是邓小平同志反复思考而认定的中国不改革开放是死路一条，改革开放的进程可能是"蓄之既久，其发必速"，他凭借着这样一个统观全局的、极具战略眼光的政治家的综合判断，可能再加上一些直觉，认为总得有一个引领全盘发展的战略构想勾画出来。

以后研究过程中反复回想，觉得不能不由衷佩服这个"三步走"战略规划设计——我们现在正是在这个大框架下，在第三步上的50年区间段，又确立了一个中间的节点目标，就是全面小康，实现全面小康还要配上力求全面改革取得决定性成果，形成2020年以后跨越"中等收入陷阱"的后劲，再对接到整个现代化伟大民族复兴"中国梦"的实现。按照这样一个大框架，S市工业园区在其中已经明确定位为开发创新综合试验区，按此概念，是要在新的阶段上把进一步提炼的"创新发展"作为第一动力，来带出后面的协调、绿色、开放和共享发展，这里面"开放发展"对于全局的意义是什么呢？应当强调：开放是倒逼改革的。

从这个角度来说，整个中国超常规发展过程中，得开放风气之先的沿海是增长极区域，特别是长三角、珠三角是已成定局的增长极，而S市工业园区在增长极里面，又是十分突出的增长极，它应该追求比超常规更上一个台阶的"超常规中的超常规"。这应该是一个在战略构想层面的考虑，不是故意把它渲染起来，而是应该具有的一个定位——总体上和本地的比较优势相关，成为一个全局和长远视角结合在一起的定位。如果我们只是长三角增长极区域里面一般的组成部分，可能就没有达到中央的战略意图要求，一定是增长极区域里面突出的增长极，这才真正体现了这个"开放创新综合试验区"战略设计的真实意图。

那么应特别注意与我们园区相伴随的比较优势，就是开放创新有一个弥足重视和珍惜的传统——比较早是说，S市以自费改革搞了和新加坡结合的试验园区，中央不出钱而允许本地做，这就体现了一种改革新时代开放创新的意识。开放格局之中和新加坡的合作，到现在实际上对接到整个全球市场的全面开放，这里面的比较优势传统，应该进一步发扬。利用这样一个基础继续打开放牌，就要真心实意、义无反顾地在全面开放过程中形成全球视野，在全面开放、全球视野后面跟着的，就是合作竞争——竞争是不可避免的，但总体上大的基调，是承认现在有可能实现共赢式的发展，于合作竞争中发展，合作竞争中的和平崛起，是顺理成章的追求。

这里所谓的比较优势具体是指什么呢？可从前面一段的中央决策信息里得到一

个启发：美国人曾考虑推进TPP，而当时我们正准备迎接中央十八届三中全会这一十八大后非常重要的会议，最高决策层人事安排基本到位以后，要有新的一轮通盘顶层规划设计。正是等待三中全会召开、给出指导文件的前夜，网上披露的信息是李克强总理力排众议，启动了上海自贸区。什么叫力排众议呢？报道是说，有的部门不同意，说条件不具备，这样一个按照真正高标准的法治化营商环境来做企业的负面清单管理，后面跟着还有政府的正面清单、责任清单的新制度机制安排，听着原则很好，是不是太理想化了？现行已有法规与自贸区新规则形成的冲突怎么处理？现在讲的是法治，在这些法都没有调整的情况下，一下子就亮出自贸区这个牌子，会有什么问题？听说有的部门就是这些说法，听起来都有道理，但是"大道理管小道理"，当时李克强总理拍桌子力排众议，就这么定了，一定要推出自贸区概念，后面跟着是中央北戴河会议传来的消息说，与自贸区相矛盾的所有现行法规都要让路，就是从上海先开始，等于说这就是局部的变法嘛。自贸区概念下的这个驱动力在哪儿呢？就是开放造成的、开放倒逼着的，率先动作、非动不可。当时决策层是要考虑国内以后可能要适应TPP相关的前景，我们以后在国际合作竞争当中的话语权问题，作为规则制定者参与进去互动，这个制高点一定要赶快争取捷足先登。对上海同志中央随后说清楚了，不要再想搞成一个政策洼地，而是要率先开放、改革，然后可复制，一轮一轮地复制，现在国内是推到第三轮了。

前一段时间说，特朗普声言要废了这个TPP，有人说这对中国是利好，我们却不这么看。TPP本来倒逼着我们义无反顾开放来推进改革的攻坚克难。改革是太难了，没有点压力，很难实质性推进。有了开放逼着改，这其实是一个比较优势，是一个有利条件。本地工业园区在这方面作为"打开放牌"，就是在开放创新中应可以大张旗鼓地特别强调我们的前沿位置，在中国和平发展、和平崛起中的最前沿的全面开放。领导层早有非常明确的"全面开放才能使中国现代化得到比较有效推进"的战略意识，具体到本地工业园区工作中，这可列为第一条。

有了这样一个外部的倒逼，我们很多攻坚克难的事情，是不是有可能在取得共识的方面相对顺利一点？我们自己超常规发展里的超常规，是不是有可能更成气候？现在第二轮、第三轮自贸区跟进怎么样？无论如何，自己的意识就应该放在高标准、法治化营商环境上，全面开放，与狼共舞，和平发展，这是基本思路和宽阔视野上必须有的一个战略思维。

二、过改革关

"过改革关"，内容也是很实在的：本地这几年已经积累了 48 项改革方面的亮点，这里面都有很实在的内容，甚至包括"大部制"和"多规合一"都已经做得像模像样。应注意到在全国，有些地方政府层面也有这方面的意识，但是做起来是非常难的。园区是靠着管委会这个特定的体制，没有五套班子，另外允许"特"，允许有一定的"试"（现在很多人也不敢说邓小平提到的那个"闯"字了），"试"中央是承认的，态度上是要继续允许地方先行先试，继续摸着石头过河。

那么具体看大部制，倒不是什么全新的探索，是中央早定的基调，就是"怎么做"的问题。横跨两届政府一直在说大部制改革，但不容易做出什么特别像模像样的推进，只走了一点小碎步。曾经听到风声：国税地税之间要优化关系，马上想到说了多年的国税地税合并只是政治决心的问题，技术上已经没有任何障碍，结果后来看到的，主要就是走形式为主的优化两边的协调关系，还不敢真的把国税地税并到一起。当时的感受就是，连国地税都不能合并，那么想想大部制改革还能有什么真正实质性的内容啊。

但是要看看其他的经济体，跨过"中等收入陷阱"中，他们走的路，早已经在这方面有实质性推进了。比如，韩国是 20 世纪 90 年代初有了经济起飞的明显势头，也正是它跨越"中等收入陷阱"的阶段。那时去韩国考察就已得知，去见财政部的官员，人家不叫财政部了，叫作规划与财政部，原来他们的计委（就是规划院）已经跟财政部并成一个大部了。那时候韩国社会上还很热闹，一方面是 GDP 高速增长，景气集聚提升；另一方面是学潮不断，工人还闹罢工，动不动还上街形成群体事件，韩国不得不动用军警上街打催泪弹，以这种方式平息事态。他们也调侃地说，因为有这种需要，韩国形成了全世界最高水平的催泪弹生产工艺——这种看起来很紊乱的情况下，靠这种方式做到基本不流血，去走过比现在"阵痛"特征更明显的那样一个混沌阶段。到后来，人家经历了亚洲金融危机考验以后，到世界金融危机的时候，已经稳稳地在高收入经济体里面坐定了。又比如法国，那里的财政部规模很大，但是全称叫作经济、产业与财政部，早就在大部制方面做出实质性的像模像样的安排了。中国到目前为止，能设想这样的大部制改革吗？我们如果在中国宏观层面设想，在某些讨论会上已经说过的，能设想把发改委跟财政部合成一个部吗？现在想都不要想，那么地方先行的试验，可能就特别有价值了。

既然这个大方向没有人否认，其实并不是全新的设计——是大家过去理论上、概念上、改革思路上都认同的，但由谁做起来呢？看本地工业园区做得就特别有价值。在本地这样一个特定情况下，坚定地认准大部制改革，在大部制后面，几个口归在一起，精简为二十几个局委办，在这后面，"多规合一"就可以做得非常像模像样了：发改委的经济社会发展规划、产业布局规划，城乡建设部的城乡建设规划，国土资源部的国土开发规划，交通部的交通体系规划，环保部的环保规划，教育医疗等也都有它的规划，财政还有预算收支中期规划，这么多规划过去也都认认真真在做，就是缺少有机整合协调的机制。九龙治水，非旱即涝，就是衔接不好。现在于大部制后面跟着，顺理成章就是"规划先行，多规合一"，这又是在本地开放的比较优势后面，跟着有这个"过改革关"方面的比较优势，已经走到前沿位置。这十分难能可贵，应该在这方面按照十九大后中央的新要求把改革再进行深化。

建议工业园区领导层、决策层和相关部门，再好好讨论一下抓什么重点。也不可能全面铺开、齐头并进，说实话这可能还做不到。突出重点，可以看在我们已经有的大部制、多规合一、规划先行这方面，还可以形成什么乘势继续发展中的超常规支持力量。

过改革关，实际上最后要走到"决定性成果"——中央列出的时间表上，这是到2020年的要求。我们工业园区不用等2020年，十九大之后，如果我们2018年就取得决定性成果，将是最好的。市场经济体制下现代市场体系上面的上层建筑，如能够与之匹配上，比较成型地打造出邓小平同志说的相对稳定、长期有效的这样一套制度安排，在这里首先实现，那么解放生产力的效应，不光对本地区有莫大的意义，对全国的示范意义也将非常明显。这样一个前景，很值得期待和争取。

工业园区创新点,其中有很多亮点,比如说国有资产分类管理,已说了多年,实际上就是对接混合所有制怎么分类推进:少数领域里边的国有独资,就说不上混合,但更多的领域里,"混改"是有空间有潜力的,就是一个一个企业法人,于内部产权结构中把公的股、非公的股,国有股、非国有股都充分混起来,这是非常有意义的包容性发展机制,使市场经济的潜力在这里面得到充分调动,这些在工业园区都大有可为。

三、搭创新台

"搭创新台",这方面已经做得较好,总结有十条。根据本地领导和有关专家给出的数据,看起来在很多创新指标上,已在全国遥遥领先。但还有潜力,因为创新一旦成为势头,不用跟别的地方比,就应该乘势把潜力充分发挥出来。比如说硅谷,它的指标一定比别的地方遥遥领先,但还在追求继续上台阶呢,没有必要等别人怎么跟上你,你就是要继续一鼓作气往前冲。这个潜力能发挥到什么程度,就充分发挥到什么程度,这就是邓小平同志说的"第一生产力",在某些增长上可先做充分的表现。

那么,这里面是不是有一些还可以继续探讨的可做的文章?已经有了创新的气氛,创新的成果,指标看起来不错,有没有可能再凝聚一些有可能带来颠覆式创新的主攻点?这个我们没有更多地调研,但是注意到,有时候是突如其来就出现的现象。比如前几年没人能设想几家互联网公司现在这么辉煌,前些时候的信息是腾讯市值超过了中国工商银行,成为中国第一大市值公司,早一点儿谁能想象呢?就在若干年前,马化腾想把他的QQ以100万人民币卖给别人,都没人接盘。

2017年1月,在国务院领导主持座谈的时候,一个年轻女孩子讲她搞的摩拜单车(Mobike),是把城市区域已经有地方政府做出来的方便市民的单车以公司的方式来做,不像原来政府做的都是固定地点,这个摩拜车随便停,任何区域,你见到,扫码以后就可以骑,到了地点就扔在旁边。它的工艺是全铝的,不会担心风吹雨淋,出现什么锈迹斑斑的情况,已经考虑了很多细节。这属于创新方面试推共享经济的一个新的案例,可能会出现过去大家没有想到的一种新状态。由民间的公司跟政府合作,往往可以如虎添翼,既提供城镇区域清洁低碳的代步工具,又给宜居城市建设里增加一份亮点,顺应了大数据时代共享经济发展的潮流。

近年有了网约车的发展,又还有单车方面的整个城镇区域的共享机制,这是过去谁也想象不到的。如果有一个比较好的创新环境,有若干个案例的示范效应,会带出后面的创新文化,就有希望进入一个良性循环,有可能越做越有信心,越做越成气候。

四、促结构优

"促结构优",这就回到应理解的供给侧结构性改革的本意。中国现在决策层认定的"矛盾主要方面"是在供给侧,供给侧的突出特征,就不是需求侧的总量问题,而是要面对复杂的结构问题,这个结构问题在实际处理的时候,挑战意味非常明显。

比如说大家都认为供给侧结构性改革是要抓"三去一降一补",这算是它的切入点,地方、企业、行业,都需要考虑自己怎么具体落实它。如果处理得不好,这个机制上是可能有偏差的。2016年有关管理部门讲,去产能最突出的三大行业是钢铁、煤炭和电解铝。2016年一季度的时候,钢铁行业在经过很长一段时间的困难期以后,一下子有回暖兆头了,第二三季度,回暖已成定局,再到了第三季度以后,煤炭跟着回暖,而且来势迅猛,这当然似乎是去产能有效了(有关部门宣布去产能指标2016年是提前实现了),但它说的提前实现是什么呢,是由官员整个计算了钢铁、煤炭全国产能以后,认为要砍掉多少,是说这个砍掉的任务提前实现了。实际上的机制偏差是什么呢?是不是充分淘汰了所谓落后产能呢?很难讲,宣传上只讲过剩产能,实际上是没有说到位的,因为这个产能过剩还是不过剩,它可以瞬间改变。

如北京地铁四号线,这是引入PPP加快建设的一个具体公共工程,所要解决的问题是北京公共交通体系动不动就半瘫痪，必须学纽约、东京、巴黎、慕尼黑等城市那样，尽快建成密度足够、四通八达的轨道交通网，政府不得已在压力之下用了外资，这是PPP创新。后来的十六号线又明确地再次引进外资用PPP方式做。如果没有这样一个新的机制，没有PPP签约，这个十六号线再拖多少年很难讲，现在签了约，马上启动项目建设，跟着一大批对钢材、建材、施工机械以及后面的投入品的订单就发出去了，这不是瞬间把原来一部分所谓过剩产能一下子转成有效产能了吗？中国真正实施去产能，不应是简单落在去"过剩产能"上，去过剩产能是表面的，应该落在一个行业里面高高低低排在一起，去最靠下的"落后产能"。过剩不过剩可以瞬间改变，而落后不落后呢？对成规模的企业，政府用技术准入标准、环境准入标准衡量以后，认准哪些是确切无疑无可救药的落后产能，来关停并转，解决这部分成规模的企业中的问题，而剩下大量的、成千上万的中小微企业，政府就没这个本事了，一定要靠市场优胜劣汰，由政府提供一个公平竞争环境，在优胜劣汰机制作用下把落后产能挤掉，这本来是正路。但是2016年我们听到的问题是，靠行政指令压指标，靠官员自己去甄别，说这个指标压到这里，这个区域里面非完成不可，那谁算是去过剩产能的对象呢？往往就是拣软柿子捏，还报政绩说提前完成这个指标。

跟着是相关行业回暖过程，是不是就猛了一点？到了煤炭行业，就来得更猛了。煤炭行业的情况还更带点荒唐意味，有关部门规定所有矿井生产不再按照无井下大修就365天连轴转的传统方式，强制要求一年只能开工276天，这个硬指标、行政命令，它是明显违反经济规律的。365天分摊的固定成本，现在要摊到276天上去，是人为地行政性地压低了整个综合绩效水平，看起来控制了一部分产能，这里面落后产能和先进产能是一起被控制的，哪里是真正去了落后产能呢？实际是把落后产能保护下来了。形式主义一刀切，限产而已，而且还带来副作用，把整个行业综合效益压低的同时，生产的安全系数也降低了：矿井中那个煤层气是要不断抽取的，只开工270多天，剩出来七八十天怎么办。一线的管理者肯定说，那先停了抽风设备吧，但什么时候要复工，抽风抽得充分不充分？抽风不到位情况下，就使瓦斯爆炸等矿难发生率提高，这个综合成本又会高到哪里去了呢？这些问题上，不尊重经济规律，就带了荒唐意味，值得我们警醒。在促结构优化的角度上，一定要总结经验，尽可能充分地让市场起作用。举这个例子是说明，在有关管理部门指导思想上，看来还得进一步合理化认识在市场经济转轨过程中，怎样促进结构优化的机制问题。

产业政策，技术性经济政策肯定要有，不应像张维迎教授所说的那样全盘否定，没有那么简单，但是他认为政府在这里面做，很容易出偏差，确实是有重要启示的。政府并不是简单地说，这些产业政策设计对不对的问题，其实支持方向较容易认定，中央说的七大战略性新兴产业，再加一个文化创意产业，可能再加一个现代服务业，八到九个重点，方向上是很清楚的，产业政策设计上难度并不太大，关键是靠什么机制去执行。

比如像产业引导基金，在湖北已经设立了长江经济带产业基金，省财政出了400亿元，说得很清楚，这400亿元母基金不许对应项目，它只是放在这里，以特定方式"加一把劲"引导非政府主体进来以后，即第一期2000亿元的整个资金规模形成以后，以一批子基金去做市场化的项目运作，由面对市场的专业人士团队，他们去挑选项目，后面还要求个人以跟投的方式与基金运作捆绑在一起，这就是市场化机制了。政策性资金，市场化运作，专业化管理，再形成杠杆式放大，这就是产业政策、技术经济政策的实施机制一定要跟市场机制打通所应掌握的要领。

这方面，本地工业园区可以考虑在总结过去经验基础之上，面对新一轮任务，优化定制的方案，因为具体到园区碰到的结构优化、实施产业政策与技术经济政策问题，放在一起也算得上千头万绪，理性的供给侧管理的特点，就是定制化，并没有一个可以拿来套用的解决方案。在这方面，深信S市工业园区在已有经验、已经形成这么多亮点的基础上，一定会力求更好的发展。

代跋：
将中国改革开放的现代化伟业进行到底

贾 康

依中国共产党1978年的十一届三中全会计，改革开放迎来40周年纪念。全面深刻地认识和继续实质性地推进改革开放，事关国家的前途、民族的命运、人民的福祉。笔者秉持"天下兴亡，匹夫有责"的社会责任意识，就此做简要的考察与讨论。

一、改革开放的伟大历史意义

自工业革命发生，中国在世界上便迅速落伍，只是当时的中国人还浑然不觉，兀自陶醉于所谓"康雍乾盛世"的"落日辉煌"之中。到1840年鸦片战争爆发，中国这个世界上唯一的"古老文明没有中断的国度"，颓态毕现，自此一路积贫积弱，下滑在被欺凌、被瓜分的危局中，经甲午海战惨败、戊戌维新速夭、八国联军洗劫之后，在20世纪百年间，终于有三件大事依次发生：①辛亥革命推翻千年帝制；②继救亡图存的抗战胜利而于1949年中华人民共和国成立；③20世纪70年代末实行改革开放展开现代化建设新时期——正是在改革开放之中，中国人终于得到了一个可以谨慎乐观的前瞻：近两百年来无数志士仁人追求、期盼和为之献身的伟大民族复兴的愿景,已经"从未如此接近"。中国改革开放正在为古老中华注入新生的活力,同时,也将强有力地影响作为"人类命运共同体"的整个世界。

正如科斯生前所评,中国的奋斗也是世界的奋斗。在最主要的相关经济体"你追我赶式"大国崛起的世界发展历程中,中国的现代化,可望成为最典型的"和平崛起"、与竞争方"共赢"的文明升级案例。

中国目前所处的可进而联通现代化"伟大民族复兴"的这一历史新起点,是在充满曲折坎坷、血泪歌哭、牺牲磨难、前赴后继而不懈奋斗的 100 余年之后,决定性地拜改革开放之功而得以达到的——前人的努力中,从不缺少悲壮、激越、舍身成仁、慷慨取义和惊天动地的英勇行为,但在使人民富裕、国家强盛的成效方面,却从未像改革开放 40 年这般,使复兴之路越走越宽、令全球瞩目。作为世界第一人口大国,中国的经济总量从改革开放初期的全球第十位之后,已一升再升而达到第二位,人均国民收入则已从原来的仅数百美元,不断增长至 8000 美元以上,成为世界银行可比口径的"上中等收入"经济体,并有希望在未来 10 年内跨越"中等收入陷阱"而成长为高收入经济体。邓小平在改革开放之初高瞻远瞩谋划的中国实现现代化的"三步走"宏伟战略目标,在前两步已提前实现之后,未来很有希望先以"全面小康"为阶段性节点,后以综合国力、软硬实力的可持续提升为现实支撑,在中华人民共和国成立 100 周年之际,落实于"伟大民族复兴中国梦"的梦想成真。

在时光流逝中,我们可日益清晰地看到,中国改革开放的伟大历史意义首先在于:回归在人本主义立场上,基于"文革"结束后的拨乱反正,以及对于传统体制弊病的深刻反思,牢牢把握现代化之路的正确大方向,紧紧抓牢再不可错失的战略机遇,使我们得以把经济社会发展的激励机制搞对,将各种潜藏的积极因素释放,使中国社会大踏步地跟上时代,令这艘巨轮迅速驶上人类社会文明发展的主航道,并以超常规的发展来造福于中国和世界人民。

事实胜于雄辩,实践检验真理。"世界潮流浩浩荡荡,顺之则昌逆之则亡",在浩浩荡荡的世界发展潮流中,中国人是以改革开放的壮举,极其明显地缩小了与现代化前沿状态的距离,在追赶文明发展潮头的过程之中,意欲"后来居上",并且顺应"大道之行"的客观规律,于创新中实现"天下大同"取向的包容性增长。正如习近平总书记所说，改革开放成为中国实现现代化的"关键一招"。

二、已有的巨大进步，前行的任重道远

改革开放为中国经济社会带来的巨大进步，鲜明地表现在但又绝不仅限于经济总量、人均收入等方面，这种进步是与物质、精神、政治、文化、生态等多维度文明的推陈出新、再造提升息息相关和紧密结合的。已有论者（如旭东）试图总结锐意改革开放的邓小平、胡耀邦等党的领导人所启动的这一历史过程中形成的贡献与进步。这些贡献与进步至少包括：

（1）几千年来最高领导层第一次呼吁解放思想，以极大的魄力为开启民智打开了"魔瓶"。解放思想、实事求是这一基本方针，体现了马克思主义的精髓，指导着国人冲决原来本本主义盛行、条条框框充斥、思想观念僵化的落后愚昧状态，可称惊天动地、振聋发聩，是中国否定愚民政治、真正走向现代化的基础性、先决性的伟大转折。尽管对于如何进一步解放思想，仍然将"七嘴八舌见仁见智"，思想解放中当然不可避免地还会表现为"鱼龙混杂泥沙俱下"，但这是历史进步的题中应有之义和关键性的前提。

（2）以市场化为取向推进经济体制改革，直至"南方谈话"和党的十四大确立社会主义市场经济目标模式，通过鼓励多种经济成分共同发展、实施多种简政放权措施，打开无数微观主体发挥聪明才智的潜力空间，极大地解放生产力，显著地提高供给体系质量和效率，从而使神州大地迅速地改变种种落伍状态，旧貌换新颜，实力得大增。

（3）明确贫穷不是社会主义，国家要以经济建设为中心，强调这一基本路线100年不动摇，使得社会从无休止的政治运动转为"聚精会神搞建设，一心一意谋发展"，务实以实干兴邦，创新而新意迭出，摒弃平均主义大锅饭，允许一部分人、一部分地区先富起来，并进而追求共同富裕，使物质利益原则和致富努力，与承认私有产权保护等社会的投资、创业环境相得益彰，"加快致富步伐"成为积极和正面的词汇，落到人民群众对美好生活的向往和全社会广泛的实干行动中。

（4）认定闭关锁国死路一条，实行开放走向世界，在国际合作与竞争中抓住"和平与发展"的时代主题和战略机遇期；相应地在外交思想上实现重大调整，从意识形态标签第一转变为国家利益第一，使中国有望从意识形态高热的国家转为走向正常的国家，也得以从边缘国家逐步地和卓有成效地走向世界政治的中心。

（5）在坚持基本政治原则的前提下，推法治、讲稳定、限特权、优治理，允许文学艺术领域的多样化、社会成员偏好的多元化、基层社会管理的自治化，使社会组织和运行走向现代化轨道。

（6）执政党的党内生活从残酷的政治斗争转向较温和的家长制管理，废止领导干部终身制，在政治生活的基本领域开启现代化进程。

（7）平反历史上的冤假错案，废止把国民分三六九等、标明"黑五类"出身的血统论，为人权、民主等现代文明概念与规则奠定基础和提供前提。

（8）强调尊重知识，尊重人才，恢复高考，发展教育，振兴科技，走创新型国家道路，使科技"第一生产力"和"创新发展"成为推动现代化的有力引擎。

正是以上简要提及的改革新时期从思想到经济、政治、社会、文化等方面诸如此类的巨大进步，引出了40年建设发展有目共睹的巨大成就，并与之结合在一起，构成了中国改革开放以数千年文明史、全球200余个经济体为参照系的全方位进步与贡献。我们有充分的理由为此而感到欢欣鼓舞！

同时亟须指出，在中国业已进入的改革深水区，深化改革的难度已空前提高，"矛盾累积隐患叠加"的问题出现，如何在"好吃的肉都吃光了，剩下的都是硬骨头"的情况下，把难啃的硬骨头啃下来，其挑战性有目共睹。继续消除僵化观念的束缚和"冲破利益固化的藩篱"，需要"革自己的命"的极大的胆识、魄力、责任担当和高超智慧。

中国的改革是"行百里者半九十"的长跑，我们尚在半途，前瞻前行之路，可谓任重道远。简而言之，中国经济的总量已全球第二，但如何加快发展方式转变打造升级版，尚未解决；改革启动了使许多人受益的创富运动，但如何很好地普惠于全体社会成员，尚未解决；全面法治化取向下，发扬人民民主的要求十分明确，但如何真正形成公平正义的民主法治社会，还存在很多难题，尚未解决；改革必须坚持市场取向和物质利益原则,形成充分的激励,但如何有效地矫正"市场失灵"和成功地限制"为富不仁",仍有一系列纠结尚未解决;允许一部分人、一部分地区先富起来,符合事物发展的客观规律,但"先富"势头形成之后如何很好地调节个人、区域间的收入分配差异,有效推进"共富"进程,尚未解决;政府积极运用产业政策、技术经济政策以更好、更有作为地发挥其职能作用,确有必要,但以什么样的机制施行好这种政策措施而防止权力的任性与扭曲,尚未解决;领导干部"职务终身制"的废止,十分值得肯定,但领导干部的"待遇终身制"如何改变,尚未解决。

在走向现代化过程中间,在全球合作与竞争中,中国确实在开始挑战美国。表现在总量上按 GDP 计算,超越日本以后中国现在已排在世界第二。但是人们已注意到,从历史经验来看,凡是到美国后面占据第二位置的经济体,都会受到非常明显的"老大"的打压。我们现在已经感受到这样的压力了。

真正说"超越美国",不应认为这是仅在总量上就能够体现的一个历史过程。现在很多人都在预测,多少年以后中国总量上将要走在美国前面。这个过程,如果我们中国人自己不犯大的错误,有可能实现。但是中国真正要超越美国,一定是主要依靠总量之外相伴随的增长质量、综合国力,还有在物质层面的种种发展支撑之上的人们所说的软实力、巧实力——这涉及文化意义的、总体上带有意识形态核心价值观感召力的一种通盘实力的形成,这一点对中国来说,现在看还相距比较遥远。中国当下需要清醒意识到:我们现在仍然是一个发展中国家,虽然是新兴经济体的领头雁,但是在总体综合评判上,总量并不说明关键问题。和美国对比之下,美国仍然是高居于发达国家、现代经济体前列的世界头号强国;中国不过是一个表现着追赶的特征、已经有一种挑战意味的走在发展中国家前列的经济体。一高一低之间已经形成了一个战略均势,就是经济的大循环中,作为主要的两个贸易伙伴之间,经济利益上似乎谁都离不开谁了,但是国际竞争可不止是讲这个层面,它有更加复杂的内容。中国如果不能够把自己对冲种种下行因素的上行因素发挥出来,比如说,改革带来的制度红利,把改革和创新所焕发的"科技第一生产力"实际推进到创新型国家轨道上,并且在节能降耗等方面实质性地往前走,以及中国如果不能够在若干年内实质性地在反腐败、反过度垄断方面真正解决自己的问题、做好自己的事情等，那么这样一个质上的超越，其实是很难设想的。这是一个非常严峻的、长期的、历史性的长跑中，最后才能看结果的高端和低端的竞争。所以必须强调：中国今后的现代化，主要是面对一个质的挑战。具有关键性的、决定性意义的是质量——发展方式转变、经济社会转轨中的增长质量，而且认识和评价这个质量，要进一步推升到整个民众所认同的、带有幸福感和人文评判特征的以及其他相关文明因素相融合的一种综合考量。

在"长跑"中不失时机地解决与这些相关的一系列挑战性问题，正是我们在纪念改革开放40周年时所面对的历史性考验，而且如逆水行舟，不进则退，时不我待。

三、改革发展现阶段的四个基本特征

以40年来中国的改革发展来看，可总结出如下四个方面的纠结与特征：

第一，"发展阶段转变"和"矛盾凸显"相交织。

在中国各地稍做些调研就可以感受到，我们仍然处于"可以大有作为的战略机遇期"，但在经过30余年高速增长成为中等收入经济体后正合乎一般规律地转向"新常态"的新起点，经济增长在基数今非昔比的"大规模"特征下速度不可能延续"两位数"高速增长状况，正在转为"中高速"，然而继续发展的底气和市场成长的巨大潜力，仍在各大经济体中首屈一指，不论是大城市，还是中小城镇和许多农村区域，建设场景比比皆是，给人印象深刻。

但与此同时，来自资源、环境的矛盾制约和来自人际关系的矛盾制约，更是日趋明显、咄咄逼人：雾霾已动辄打击大半个中国，地方某些扩大建成区的拆迁和新上马的重化工项目，一而再、再而三遇到民众的强烈反对且往往演变成震动全局的群体事件；进入"中等收入阶段"后，收入分配问题更为凸显，差距扩大、分配不公问题不可忽视，社会心态越来越明显地倾向于不少其他经济体曾在跌入"中等收入陷阱"前表现过的"端起碗吃饭，放下筷子骂娘"、追求"民粹主义基础上的福利赶超"的特征。

第二，经济运行中的"下行因素"和"上行因素"在对冲。

中国经济"潜在增长率"已在"下台阶"，从 10% 左右下行到 6.5%~7% 的区间，"新常态"的"新"已明确，而"常"还有待达到，即还未像模像样地完成触底企稳，相关的下行因素包括劳动力成本上升、人口红利即将迅速消失，老龄化社会压力正迅速到来，以及较高基数上投资"报酬递减"的影响，实体经济升级换代的难度加大，等等。

但可以对冲下行因素的若干上行因素，是最值得我们重视与争取的，这些上行因素包括新型城镇化红利（"动力源"需求释放引发的"成长引擎"效应）、科技创新红利（走创新型国家道路、跟上"第三次产业革命"大潮从而激发科技"第一生产力"的乘数效应）、社会管理红利（在社区治理、非营利机构和志愿者组织成长等方面的基层自治、社会和谐、兴利除弊效应），而使所有这些红利能够如愿释放出来的关键，是实质性"攻坚克难"的改革能否不停留于口号而变为现实，进而可综合性地凝聚而成提升和保持全要素生产率、化解种种矛盾制约的"改革红利"。

已经受一系列改革洗礼但仍存在艰巨改革任务的国有企业，业已壮大的民间资本、社会资金，以及可随之调动的民间智慧和潜能、活力，必须依托改革摆脱羁绊而更多贡献其"正能量"。新一轮价税财联动改革、投融资改革、国企国资体系改革和行政、司法改革等，实在无可回避。上述的下行因素和上行因素对冲之后，我们应力求争取的，是今后尽可能长时间实现 6.5%~7% 左右年均速度的中高速增长平台、打造出结构优化的增长质量"升级版"。

第三，深化改革的努力和既得利益的阻力相博弈。

自十一届三中全会开始，到邓小平同志"南方谈话"后实施 1994 年宏观层面以财税为重点的配套改革，再到千年之交前后以"入世"锁定全面开放格局，一系列改革创新开启了生产力解放和国家现代化的新时代，但渐进改革中既得利益也渐成局面，尾大不掉，虽然深化改革、加快转型自 20 世纪 90 年代后一路强调至今，但在"利益固化的藩篱"之前步履维艰。

十八大之后，高层关于"壮士断腕"的改革的决心已有明确表述，但社会上、企业界、市场中对于在体制内"自动手术""自我革命"的怀疑仍未消除，且与意识形态因素的阴晴变化叠加。在深化改革努力与既得利益阻力的博弈背后，是改革与社会"矛盾累积"问题的赛跑，早已被人们形象比喻为"两只老虎的赛跑"，这两只老虎各自要素齐全，似乎也看不大清楚对方，但都在往前跑，谁跑得更快一些，将决定国家的前途、民族的命运、"中国梦"的成败。化解既得利益阻碍，是改革的最难之处，又是我们必须面对和交出答卷的历史性的考验。

第四，使改革于2020年取得决定性成果，是挑战和机遇并存局面下接受历史考验的改革新起点和争取"继续大踏步跟上时代"来引领的"新常态"的关键时间安排。

既然追求可持续增长和现代化伟大民族复兴的关键在于进一步解放生产力，实现现代国家治理之下的包容性发展，那么以创新驱动带来"动力转型"，以供给侧结构优化供给和制度供给更有效地支持升级增质，将是决定我们能否合格地应对挑战掌握机遇的关键。为实现中央明确给出的2020年即"十三五"收官时，十八届三中全会以来部署的改革任务要取得决定性成果的时间表，我们必须以更大的决心、勇气、魄力和更高的智慧与操作水准，推进"五位一体"总体布局下的全面改革，在总体"路线图"下还要配之以多轮"最小一揽子"的配套改革设计。

四、全面改革中攻坚克难的压力、动力与可用经验

一言以蔽之，在40年改革开放之后，中国改革已进入了"深水区"，阻力前所未有，所有"帕累托改进"式的"只有人受益而不会有人受损"的改革事项都已做完，现任何一项深化改革的任务都会面临既得利益的"固化藩篱"形成的强有力的障碍，而且各项改革大都已经深度关联交织，"牵一发动全身"，过去在局部发力寻求突破就可以改观全局的空间已明显收窄，更多更大的考验正集中于"全面改革"这个基本概念之上。

"全面深化改革决定可持续增长"，这是在关乎"中国梦"现代化伟大民族复兴命运的经济社会转轨"未完成"，而攻坚克难的改革势不可免情况下，必须确立的重要认识和关键要领。

抚今追昔，与20世纪八九十年代相比，我们今天的改革环境和任务已有极大不同，然而中国经济社会的转轨仍在进行中。进入深水区，有些"石头"可能是摸不到了，显然需要更高水平的顶层规划，而党的十八大、十九大以来的历届全会，正是提供了为社会高度关注、迫切需要的顶层规划性质的方针指导。以此把握改革推进的方向和路径、哲理与要领，正需要继往开来，把邓小平"南方谈话"的创新壮举及其服务于党的基本路线的思想解放精神元素发扬光大。

从压力看，20世纪80年代以后大刀阔斧的开拓性改革，固然是由于"文革"和传统体制弊病已生成了"不改革开放死路一条"的倒逼，再乘势加上思想解放大潮的有力助推，表现为改革者破釜沉舟的"哀兵"式一鼓作气、义无反顾、奋发昂扬地开创新局；而当下阶段的改革深化与攻坚克难，同样有进展之中"矛盾累积隐患叠加"的风险威胁，问题导向和形势逼迫之下，只能奋力向前涉险滩、啃硬骨头，"壮士断腕"般攻坚克难，力求在新的历史起点上继续大踏步地跟上时代，这如同"逆水行舟不进则退"，照样是别无选择的，照样要反复强调"狭路相逢勇者胜""唯改革创新者胜"。

从动力看，党的十一届三中全会开启的中国人认清与把握世界大势和文明发展主流，紧紧抓住以经济建设为中心的基本路线"一百年不动摇"地追求"和平崛起"的伟大民族复兴，已推进到使"从未如此接近"的中国梦实现其"梦想成真"的关键性历史阶段。同时，改革的复杂程度和推进难度，正应得上"行百里者半九十"这句老话。在认识、适应经济新常态的同时，最为重要的是还必须能动地引领它。供给侧结构性改革正是沿着20世纪80年代从制度供给入手推动全局的基本逻辑和创新发展规律，继往开来并升级式地寻求可持续发展，这必须也必将得到20世纪80年代以来"实事求是、解放思想"所构建的创新发展的动力源、动力体系的升级式的支持。

从经验看，其实20世纪80年代后的改革推进中，不仅有农村改革"蓄之既久，其发必速"的高歌猛进，也有城市改革的坎坷试错、"价格闯关"的时机误配，以及其后"经济问题社会化、政治化"的严峻社会考验，但毕竟在探索中积累着改革经验，铺垫了、引出了下一十年邓小平同志"南方谈话"后社会主义市场经济目标模式的确立及其后的巨大成就——改革中的上下互动、凝聚共识,是在风雨波涛之中按"进行时"曲折推进的;党的十八大、十九大之后,我们显然也需要经历新时期、新阶段进一步凝聚共识、减弱分歧的考验,实质性的改革不仅需要有冲破利益固化藩篱的更大决心、勇气和魄力,还需要借鉴国际国内经验形成更高水平的方案优化、运行智慧和协调艺术,争取最广大人民群众的认同、支持和积极参与。把握好人心向背、形成改革合力,既要借鉴自20世纪80年代以来的经验教训,又要超越式和建设性地处理好多种新的问题,应对新的挑战。在这个过程中,精神层面我们理应得到邓小平同志等老一辈改革家的改革信念与榜样力量的支持,实践层面我们要更多地强调实事求是与宽容态度,需要继续鼓励基层、地方在市场取向改革中的先行先试,应"允许改革者犯错误,但不允许不改革"。

五、回顾"南方谈话",进一步解放思想,以全面配套改革冲过"历史三峡"而迎接现代化伟大复兴

弹指一挥间,引出"中国特色社会主义市场经济"目标确立的邓小平"南方谈话"已二十多年。神州大地在经历了"南方谈话"带来的整整20年日新月异、年均增幅超过10%的高速增长之后,中国经济已在近年步入达到中等收入阶段之后合乎一般规律的"新常态"。在先后经受亚洲金融危机和世界金融危机两次大冲击的洗礼之后,2016年以来的国际局面,更是"黑天鹅"乱飞,国家的内政外交、政治经济、社会文化各个方面,似乎都充满着不确定性。当下在"矛盾凸显隐患叠加"的纠结与迷茫中,在"唯改革创新者胜"的新时代召唤中,中国尤其需要重拾邓小平"南方谈话"时锐意改革的闯劲、思想解放的激情。

"南方谈话"所解决的问题,在以理论语言表述"思想解放"方面讲,是终于由邓小平一言九鼎地说清楚,计划多一些或市场多一些,都是经济运行层面的机制与手段组合问题,而不是多少年争议不休的根本制度问题,资本主义也要有计划,社会主义也要搞市场,中国把国情与人类文明发展的大潮流一并考虑,必须确立社会主义市场经济目标模式,以求进而实现和平发展中现代化的伟大民族复兴。这一实

事求是的思想认识,"去意识形态"地打开了贯彻以经济建设为中心的党的基本路线,从而激发中国客观存在的发展潜力的巨大空间,带来了以解放思想而后解放生产力的"中国奇迹"。"南方谈话"被称为"邓小平有生之年的天鹅之舞",并注定将成为中国现代化历史征途上的一座里程碑。

"南方谈话"的内容十分丰富,而"南方谈话"精神的时代内核却可以一言以蔽之:创新发展。创新是一个民族的灵魂,是人类文明一路发展提升的沧桑正道,是中国在工业革命落伍之后完成奋起直追再造辉煌的生命线,也正是邓小平"南方谈话"讲话点睛之笔、思想精髓。要发展,只有创新,要创新,就一定要思想解放,敢于大胆地试、大胆地闯,勇于在正确把握世界潮流和现代化大方向的前提下,实现关键问题上决定全局的突破。党的十八大以来,最高决策层反复强调改革是中国实现现代化的"关键一招",是我们的"最大红利"之所在,在改革深水区"再深的水也要蹚",要把"壮士断腕"的改革勇气、对国家前途民族命运的"历史责任"担当与高超的改革智慧相结合,过激流、涉险滩,啃硬骨头,让市场在资源配置中发挥决定性作用,让政府更好发挥作用,"冲破利益固化的藩篱"而攻坚克难。这些与"南方谈话"的精神内核正是一脉相承的,而且集中体现在中央新近凝练的现代发展理念的第一条:作为"第一动力"的是创新发展,以此来引出协调发展、绿色发展、开放发展和作为发展归宿的共享发展——以人民为中心走向共同富裕的中华民族和平崛起中的可持续发展。

2018年1月23日习近平总书记主持召开的中央全面深化改革领导小组第二次会议,主题就是强调"思想再解放,改革再深入,工作再抓实,推动全面深化改革在新的起点上实现新的突破"。会议所强调的"思想再解放",意味深长。

改革的同义语是实事求是、解决思想前提下的制度创新,中国波澜壮阔的改革如邓小平所说,是共产党领导下"生产关系的自我革命"。在行进到"攻坚克难""啃硬骨头"和"涉险滩"的关键阶段之后,迫切需要以新的一轮思想解放为大前提,冲决落后于时代、阻碍着创新发展的陈旧思维,以开启和推动新时代作为现代化"关键一招",带来"最大红利"的改革实践。

在改革进入深水区、攻坚克难艰巨任务横亘于前的新的历史起点上,再次强调思想解放，就必须进一步地强调和贯彻落实党的实事求是思想路线，牢牢把握我国处于、并将长期处于社会主义初级阶段这个"基本国情"与"最大实际"。我们必须基于把握人类社会发展基本规律，牢记共产主义远大理想这一实现"自由人的联合体"美好社会的初心，但只有在解放思想中真正摆脱屡屡兴风作浪的"左"倾教条主义的影响与干扰，才能在思想认识和实际行动中确有把握防止"跑步进入共产主义"这种为害甚烈的错误，再次损伤和破坏我们的现代化事业。如果超越阶段直接搬用"消灭私有制"的共产主义远景目标来指导现实，听起来冠冕堂皇，却定将损毁实事求是，拨乱反正而形成的多种经济成分并存、公有制与非公有制经济都是中国特色社会主义重要组成部分的基本格局，必然无法确有公信力地保护产权和鼓励民营经济蓬勃发展，导致我们丧失在实现"中国梦"道路上应有的前进定力，毁坏在社会主义初级阶段数十年改革开放带来的生产力解放的大好局面。面对脱离实际猛唱高调的"左倾冒进"言语，非常有必要重温邓小平"南方谈话"中的金句："要警惕右，但主要是防止'左'。"我们党在历史上被极左害苦了，国家和人民在历史上被极左害苦了，以"左倾幼稚病"来试图超越阶段，必将在客观规律面前碰得头破血流。发生沉痛历史教训的般般场景我辈仍历历在目，在思想解放旗帜下坚定不移地贯彻实事求、解放思想，以及经济建设为中心的党的基本路线，正如习近平总书记十九大报告所说，是党和国家的生命线、人民的幸福线。

再次强调解放思想，就要坚持和发展充满生机活力的马克思主义，这正是合格的马克思主义者的应有作为。绝不能停留于生吞活剥地背诵马克思主义经典作家的某句原话。比如《共产党宣言》中确有"消灭私有制"的表述，但紧跟着还说明："共产主义并不剥夺任何人占有社会产品的权利，它只剥夺利用这种占有去奴役他人劳动的权利"。在《资本论》中，马克思还明确地表述了应在资本主义时代成就的基础上，在协作和生产资料共同占有的基础上"重新建立个人所有制"的思想。虽然学术研究中对此还没有形成一个十分一致的解读意见，但我们可以结合《资本论》中马克思已指出的股份制对生产资料私有制的"扬弃"，再结合当代实际生活中股份制的发展使其成为"公有制的主要实现形式"，以及"混合所有制"的股份制形式成为"社会主义基本经济制度的重要实现形式"，来认识其以"资本的社会化"而形成

"积极扬弃"的现实功能。马克思主义本质上是在与时俱进的科学探索中动态发展的思想体系,党中央所重视和强调的"马克思主义的中国化",也就是要在中国的实践中坚持和发展马克思主义,而且今后还要不断发展。如果不能与时俱进坚持和发展科学真理,我们是不配称作马克思主义者的。

再次强调思想解放,就需要正视已经形成的利益固化藩篱而求其破解。只有人受益而无人受损的"帕累托改进"空间已经用完,业已十分坚固的部门利益、局部利益和短期利益的局限性,相当广泛地表现在一系列具体的改革与发展事项上,正日益凸显其惰性和阻碍作用,但是"触及利益比触及灵魂还要难",因为"天下熙熙皆为利来,天下攘攘皆为利往",改革开放以来的动力机制,初始就是"明确物质利益原则"而抓住发展硬道理,调动一切积极因素,"使人民群众认识自己的利益,并团结起来为之而奋斗",但正如邓小平晚年所说,当发展起来之后,问题并不比不发展的时候少,比如,如何针对收入差距扩大情况下部门、地方、小团体利益和短期利益的固化,升级改造相关体制机制、优化再分配,已成为十分得罪人、十分棘手但非解决不可的难题。新一轮思想解放,势必要求在继续贯彻物质利益原则的同时,反思并直言不讳地指出利益格局从原来的"平均主义"向新阶段的"过度分化"的演化及其相关的新的不公正性弊端,借鉴收入再分配调节的基础性制度建设与政策运用的国际经验,并密切结合中国实际,设计实施攻坚克难的提高直接税比重、推行基本社保的全社会统筹、"大部制"与"扁平化"和落实省以下分税制,以及从官员开始实行财产申报制度配合反腐倡廉等改革方案。对方方面面刻意回避的"得罪人"的难题要捅破其窗户纸,就是新的思想解放的重要任务之一,而鼓起捅破这层窗户纸的勇气,却正是要求改革者牺牲自身利益而出以公心的——同时中国社会必须进一步强调给改革者"有所作为"空间的极端重要性。

再次强调思想解放,更需要正视已出现的极端化思维和观点交锋中的暴戾氛围并加以矫治。信息时代的"自媒体"功能加上网上"碎片化"特征的爆炸式传播效应,正面说是使当下观点的多元化表达十分便利,反面说是使非黑即白的极端化思维最易吸引眼球和形成"羊群效应",形成思想和舆论宣传中的挑战性问题。于是在改革"步履维艰,综合疲劳"的深水区,新一轮的思想解放中,一方面仍应在某些

"贴标签"式问题上继续把握邓小平称作"一大发明"的务实明智的"少争论,不争论"来引领舆论倾向,另一方面又需在无法回避争论、亦有必要深化认识的思想领域,培育和倡导理性讨论的国民素质,充分尊重"百花齐放、百家争鸣"的学术发展规律。思想讨论中"我不同意你的观点,但誓死捍卫你发言的权利",应成为中国现代化过程中国家治理锁定"包容性发展"、国民"走向共和"的思维根基,也应构成思想解放在新阶段上文化宣传管理部门(官方)与受众(社会公众)的底线共识。习惯于官本位、行政化框架的舆论管理而行不讲道理的硬性压制,逆党心、失民心,有百害而无一利。新的思想解放,应从"坚持真理、修正错误""批评与自我批评"等中共优良传统和宪法、党章、改革开放基本路线中用好用足观点交流、理性讨论的坚实政治基础和巨大思想空间,鼓励创新发展,容忍试错失误,抑制恶俗弱智,开阔国民心态,从混沌中走出澄明激越、凝聚正气、催人奋进的中国"软实力"提升之路。

再次强调思想解放,一定要正视中国官场和社会仍然流行的一些落后于时代发展的思维定式而力求摒弃。明哲保身、因循守旧、偏狭嫉妒、故步自封,热衷于拉关系搞小圈子,讲排场重形式忽视内涵,凡此种种,都是改革创新的大敌,尤其是诸如此类的陋习积弊,一旦与公共权力结合,更是祸害连连,误事误人,伤国殃民,亟应排除。新的思想解放,正需针对性地引出官民思维特性的良化发展和社会风气的现代化改造,并发掘中华民族传统文化中的精华以弘扬光大,吸收人类文明的一切积极成果来支持改革、振兴中华!

再次强调解放思想,十分需要把中央决策层已明确表述的"供给侧结构性改革"战略方针,正确地把握为改革开放在新的发展阶段和"攻坚克难"中的承前启后、继往开来,澄清思想迷雾,力求决战决胜。改革是解决有效制度供给问题的"生产关系自我革命",进入深水区后冲破利益固化藩篱的实质性推进,首先便是调整制度结构、优化利益格局的问题,所以,"供给侧结构性改革"的表述是符合经济学学理并具有鲜明指向性的。实际生活里面,在改革如履薄冰的艰难推进中,既有以供给侧改革为名实行非理性、违背市场经济规律的"加强供给管理"的扭曲、变味,也有把"供给侧改革"与"深化体制改革"对立起来而横加指责的紊乱认识。我们亟应以合乎供给侧结构性改革本意的理性供给管理与此改革概念相配合，澄清相关的思想迷雾和防止以供给侧改革为名滑入"搞新计划经济"误区，把改革取得决定性成果作为决战决胜的核心任务。

既然中国的现代化是一场长跑，我们就必须有充分的毅力、定力、战略耐心和百折不挠的韧性坚持，去逐步实现她；既然中央已清晰地判断中国为实现现代化的改革已处于取得"决定性成果"的关键阶段，并做出自十八大以来的顶层规划，那么攻坚克难、以全面改革冲过"历史三峡"而对接"中国梦"，就应该成为纪念改革四十年的主线与主题；既然改革是要"把不合理的去除，把合理的树立起来使之合法化"的除旧布新过程，那么继续鼓励地方、基层、微观主体的创新试验、"摸石头过河"中的试错式首创与"自下而上"及时的经验总结，就仍然具有莫大的意义。

改革尚未成功，同志仍须努力，将这一现代化事业进行到底——但在纪念改革开放40周年而前望改革如何完成决定性冲关夺隘之际，我们完全有理由引用当年毛泽东同志在中国革命关键时期所给出的一段著名的预言，来展望中国现代化伟大民族复兴的前景：改革开放所指向的"中国梦"，已是站在海岸遥望海中看得见桅杆尖头的一只航船，是立于高山之巅远看东方已见光芒四射喷薄欲出的一轮朝日，是躁动于母腹中的快要成熟的一个婴儿。

让我们以万众一心的奋斗来迎接她！

参考文献

[1] Asian Development Bank. Growth Energy Efficiency and Climate Change: Considerations for On-road Transport in Asia [J]. Developing Countries，2006.

[2] Fujita M, P Krugman. When is the Economy Mono-centric: Von Thunen and Chanberlin Unified[J]. Regional Science & Urban Economic，1995, 25（4）.

[3] 贾康，苏京春. 新供给经济学 [M]. 太原：山西经济出版社，2015.

[4] 贾康，苏京春. 供给侧改革：新供给简明读本 [M]. 北京：中信出版集团，2016.

[5] 贾康. 供给侧改革十讲 [M]. 北京：东方出版中心，2016.

[6] 贾康，苏京春. 论供给侧改革 [J]. 管理世界，2016，（3）.

[7] 彭鹏，贾康. 从新供给视角重新梳理和解读全要素生产率 [J]. 财政科学，2016，（8）.

[8] 贾康，等. 新供给：创新发展攻坚突破 [M]. 北京：企业管理出版社，2017.

[9] 国家行政学院经济学教研部. 中国供给侧结构性改革 [M]. 北京：人民出版社，2016.

[10] 国家信息中心信息化研究部，中国互联网协会分享经济研究部. 中国分享经济报告[EB/OL]. http://www.sic.gov.cn/News/250/6010.html，2016.

[11] 冯俏彬. 供给侧改革：核心是制度创新与制度供给 [J]. 政策瞭望，2016，（5）.

[12] 冯俏彬. 发展新经济关键要改进政府监管"旧"模式 [N]. 中国经济时报，2016-10-31.

[13] 王俊秀. 新经济：信息时代中国升维路线图 [M]. 北京：电子工业出版社，2016.

[14] 贾康，等. 新供给：创构新动力 [M]. 北京：经济科学出版社，2016.

[15] 贾康. 贾康自选集 [M]. 北京：人民出版社，2015.

[16] 贾康，冯俏彬. 十三五时期的供给侧改革 [J]. 国家行政学院学报，2015，（6）.

[17] 贾康，冯俏彬. 制度供给的滞后性与能动性 [J]. 财贸经济，2004，（2）.

[18] 贾康. 收入分配与政策优化、制度变革 [M]. 北京：经济科学出版社，2012.

[19] 贾康，苏京春. 中国的坎：如何跨越中等收入陷阱 [M]. 北京：中信出版集团，2016.

[20] 贾康，苏京春. 论顶层规划与供给体系的优化提效 [J]. 全球化，2016，(8).

[21] 周金涛，郑联盛. 结构主义的薪火：周期波动、结构演进与制度变革 [J]. 资本市场，2010，(11).

[22] 贾康. 新供给：经济学理论的中国创新 [M]. 北京：中国经济出版社，2013.

[23] 贾康. 新供给经济学：理论创新与建言 [M]. 北京：中国经济出版社，2015.

[24] 习近平. 决胜全面建成小康社会 夺取新时代中国特色社会主义伟大胜利——在中国共产党第十九次全国代表大会上的报告 [EB/OL]. 新华网，2017-10-27. http://news.xinhuanet.com/politics/19cpcnc/2017-10/27/c_1121867529.htm.

[25] 习近平：理直气壮做强做优做大国有企业 [EB/OL]. 新华网，2016-07-04. http://news.xinhuanet.com/fortune/2016-07/04/c_1119162333.htm.

[26] 商灏，贾康. 中国新供给学派对主流经济学理论的"破"与"立" [N]. 华夏时报，2015-12-10.

[27] 贾康，冯俏彬. 新供给：创构新动力——"十三五"时期"供给管理"的思路与建议 [J]. 税务研究，2016（1）:3-9.

[28] 胡焕庸. 中国人口之分布 [J]. 地理学报，1935，(2).

[29] 张林. 不可逾越的"胡焕庸线" [J]. 科学时报，2010，(1).

[30] 凯恩斯. 精英的聚会 [M]. 南京：江苏人民出版社，1998.

[31] 林伯强，牟敦果. 高级能源经济学 [M]. 2版. 北京：清华大学出版社，2009.

[32] 魏一鸣，焦建玲，廖华. 能源经济学 [M]. 2版. 北京：清华大学出版社，2011.

[33] 巴尔扎克，等. 苏联经济地理. 吴传钧译 .[J]. 地理学报 .1951，(1-2).

[34] 祝卓. 关于经济地理学研究对象的探讨 [J]. 教学与研究，1954，(6).

[35] 钱学森. 关于地学的发展问题 [J]. 地理学报，1989，(3).

[36] 陆大道. 西方"主流经济地理学"发展基本议题演变的评述——为"牛津经济地理学手册"中译本所作序言 [J]. 地理科学进展，2005，(3).

[37] 段学军，虞孝感，陆大道，等. 克鲁格曼的新经济地理研究及其意义 [J]. 地理学报，2010，(2).

[38] 白浩然. 废弃食用油制备生物柴油新展望 [N]. 科学时报，2010-10-18：B4.

[39] 杜祥琬. 中国能源可持续发展的一些战略思考 [N]. 科学时报，2010-11-22：B1.

[40] 冯俏彬，贾康."政府价格信号"分析：我国体制性产能过剩的形成机理及其化解之道 [J]. 财政部财政科学研究所研究报告，2013（199）.

[41] 温桂芳，张群群. 能源资源性产品价格改革战略 [J]. 经济研究参考，2014，（4）.

[42] 贾康. 中国特色的宏观调控：必须注重理性的"供给管理"[J]. 当代财经2010，（1）.

[43] 贾康. 关于资源税价联动改革的几个重要问题 [J]. 经济纵横，2011，（2）.

[44] 贾康. 国有经济、国有资产及相关问题的认识与改革探讨 [J]. 财政研究2013，（10）.

[45] 贾康. 现代化国家治理必须匹配现代市场体系. 第九届中国证券市场年会上的发言，2013.

[46] 贾康. 以经济手段为主化解环境危机势在必行——抓住我国基础能源配置机制重大问题实施配套改革突破 [C]. 政协第十二届全国委员会第二次会议发言稿，2014.

[47] 李靖. 我国光伏产业的发展路径与政策空间——基于产业竞争优势的分析 [R]. 财政部财政科学研究所研究报告，2014，（12）.

[48] 蒲实，马斯克. 无限的创想与意志的胜利 [J]. 三联生活周刊，2013，（39）.

[49] 吴志强，李德华. 城市规划原理 [M]. 4版. 北京：中国建筑工业出版社，2010.

[50] 色诺芬. 色诺芬注疏集：居鲁士的教育 [M]. 北京：华夏出版社，2007.

[51] 配第. 政治算术 [M]. 北京：商务印书馆，1960.

[52] 斯密. 国民财富的性质和原因的研究 [M]. 北京：商务印书馆，1974.

[53] 马歇尔. 经济学原理 [M]. 北京：商务印书馆，1981.

[54] 杨小凯. 发展经济学：超边际与边际分析 [M]. 北京：社会科学文献出版社，2003.

[55] 雅各布斯. 美国大城市的死与生（纪念版）[M]. 南京：译林出版社，2006.

[56] 霍尔. 明日之城：一部关于20世纪城市规划与设计的思想史 [M]. 童明，译. 上海：同济大学出版社，2009.

[57] 滕. 世界伟大城市的保护：历史大都会的毁灭与重建 [M]. 北京：清华大学出版社，2014.

[58] 格莱泽. 城市的胜利 [M]. 刘润泉译. 上海：上海社会科学院出版社，2012.

[59] 盛洪. 交易与城市 [J]. 制度经济学，2013，（3）.

［60］金雪军，陈杭生．从桥隧模式到路衢模式——解决中小企业融资难问题的新探索[M]．杭州：浙江大学出版社，2009．

［61］赵昌文．创新型企业的金融解决方案：2011中国科技金融案例研究报告[M]．北京：清华大学出版社，2012（1）．

［62］促进科技和金融结合试点工作部际协调指导小组秘书处．中国科技金融发展报告（2012）[M]．北京：经济管理出版社，2013．

［63］中新力合公司．促进科技金融结合经验交流材料——基于中新力合股份有限公司的创新实践[C]．内部交流资料，2013：8．

［64］贾康，彭鹏，刘薇，等．实施供给侧改革战略方针需要基础性改革的支撑与配套[J]．国家行政学院学报，2017，（6）．

［65］国家行政学院经济学教研部．中国供给侧结构性改革[M]．北京：人民出版社，2016．

［66］贾康，刘薇．供给侧改革的核心内涵与基本举措建议[J]．财政与发展，2016，（6）．

［67］贾康，苏京春．PPP：制度供给的伟大创新[N]．企业家日报，2014-12-28（W01）．

［68］贾康，孙洁．公私合作伙伴关系：理论与实践[M]．北京：经济科学出版社，2014．

［69］欧纯智，贾康．PPP在公共利益实现机制中的挑战与创新——基于公共治理框架的视角[J]．当代财经，2017，（3）．

鸣谢

　　本书是华夏新供给经济学研究院 2017 年度系列课题中的基础理论研究课题成果。本书的写作和出版得到了企业管理出版社的宝贵支持，资料收集、文书处理过程中得到曲丹阳、牟玲佳、张晶晶、孙蒙几位研究生的积极协助，在此一并致谢！

作者

2018 年 秋